군사작전을 통해 본

6·25전쟁

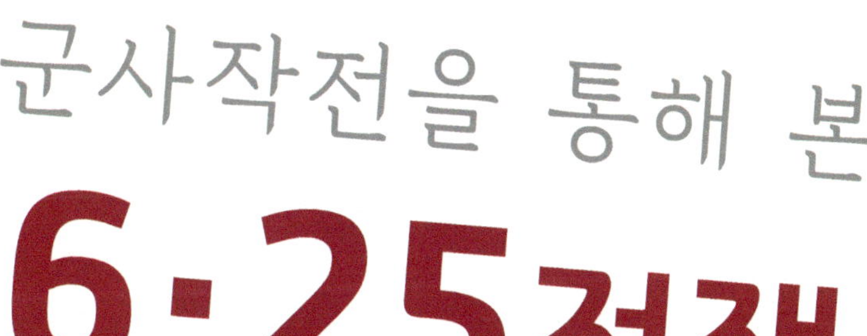

군사작전을 통해 본

6·25전쟁

나종남

도서출판 양서각

머리말

6·25전쟁은 역사상 한반도에서 전개된 가장 큰 규모와 강도로 전개된 군사작전이었다. 1950년 6월 25일 38도선에서 시작되어 1953년 7월 27일 군사분계선에서 정전停戰을 맞이하기까지 가장 많은 국가가 참전 및 관여하였으며, 참전 병력의 규모나 군사작전의 치열함 등이 다른 전쟁과 비교할 수 없는 정도였다. 또한 이 전쟁으로 인한 직·간접 인명 및 재산 피해도 막대하여 폐허가 된 국토를 재건하는 데에도 오랜 시간이 걸렸다. 한편 6·25전쟁은 70여 년이 지난 오늘에 이르기까지 한반도와 주변국의 많은 대소사大小事에 영향을 미치고 있다. 대한민국과 조선민주주의인민공화국은 물론이고, 미국과 중국, 러시아 등도 아직 이 전쟁의 영향에서 벗어나지 못하고 있다. 오늘과 내일의 대한민국 군인軍人들이 이 전쟁을 배우고 익혀 다시는 6·25전쟁과 같은 비극이 반복되지 않도록 노력해야 하는 이유이다.

지난 70여 년 동안 6·25전쟁에 대한 주된 관심은 왜 전쟁이 시작되었고, 누가 먼저 전쟁을 시작했는가에 집중되었다. 그러던 중 1990년대 초에 구舊 공산권 외교문서의 일부가 공개되어 국제정치적 관점의 진실에 접근할 수 있었으며, 이를 계기로 이 전쟁에 대한 관심이 다양해지고 있다. 최근에는 6·25전쟁의 사회, 문화, 경제 등의 시각을 다룬 수준 높은 연구들이 출간되고 있다. 다양한 시각과 사료를 통에서 6·25전쟁을 바라보는 시도가 많을수록 그만큼 전쟁의 진실에 더 가깝게 접근할 수 있을 것이다.

이 책이 다루는 6·25전쟁의 군사작전은 비교적 많은 연구가 누적된 분야이다. 그동안 국방부와 육군의 군사사軍事史 연구기관, 육군사관학교 등 교육기관에서 많은 연구자들이 노력해왔으며, 연구에 필요한 사료史料가 상대적으로 풍부했기 때문이다. 그런데 국방부와 육군이 발간한 공간사公刊史는 범위와 분량이 방대하여 이들을 직접 교육에 활용할 수 없어 아쉬웠다. 국가전략으로부터 전술까지를 망라하는 공간사를 압축하여 군사전략과 작전술적 시각에서 6·25전쟁의 군사작전을 다루는 연구서, 특히 교재로 활용할 수 있는 단행본이 필요하다고 판단했다.

이 책은 사관생도를 포함한 장교 후보생에게 6·25전쟁의 군사작전을 교육하기 위한 목적으로 집필하였다. 그동안 발간된 수많은 6·25전쟁의 군사작전 관련 연구서가 있기에 가능한 작업이었다. 특히 국방부 군사편찬연구소 등에서 발간한 총 4가지 종류(1968, 1972~1982, 1995, 2004~2013)의 공간사는 이 책에서 다루는 군사작전을 분석하는 기준이다. 방대한 분량의 공간사를 제한된 시간에 교육할 수 없었기 때문에 어떠한 형태로든 요약해야 했고, 이 과정에서 필자의 시각과 견해를 덧붙여 정리하였다.

전쟁사와 군사작전 연구에는 지도가 중요하다. 이 책에서는 기존 공간사 등에서 사용한 지도에 비해 진일보한 지도를 사용하였으나, 아직 갈 길이 멀다.

이 책의 기획부터 출판까지 많은 분들의 도움이 있었다. 양서각 출판사 신대영 대표는 약 10년 전에 이 책의 출판을 제안하였다. 사관생도와 일반 대학생에게 6·25전쟁을 교육할 수 있는 '제대로 된 6·25전쟁사'를 만들자는 10년 전 그의 제안을 이 책이 얼마나 충족시켰을지 모르겠다. 부족한 원고를 꼼꼼하게 읽고 의견을 준 육군사관학교 군사사학과 박일송, 정경두, 김진학, 정상혁, 김민식, 박상연, 정진욱 교수에게 감사한다. 이들은 더 나은 책이 되기를 바라는 마음에서 많은 의견을 주었으나, 모두 수용하지 못한 것은 필자의 한계이다. 어려운 지도제작 작업을 맡아주신 박상혁 교수와 안정훈 군에게도 감사한다. 당연하겠지만, 이 책에 포함된 모든 문제는 필자의 책임임을 밝힌다.

6·25전쟁의 종전終戰과 한반도 평화협정平和協定 체결에 대한 기대가 크다. 이제 이 전쟁을 역사의 일부로 남겨두고, 전쟁에 관여한 모든 당사자가 과거가 아닌 미래를 향해 나아갈 수 있기를 기대한다.

2018. 8.

필 자

차례

지도 목차

■ 일러두기

* 본문 서술에 직·간접으로 인용한 모든 문구의 출처는 책 말미에 미주尾註로 작성하여 밝혔다. 이 책은 국방부 군사편찬연구소에서 발간한 『6·25전쟁사』 1~11권(2004~2013)을 근간으로 하였음을 재차 밝힌다.
* 본문에 포함된 사진 자료의 출처는 책 말미에 별도로 제시하였다.
* 이 책은 육군대학에서 발간한 『한국전쟁사 아틀라스』(2006)의 지도 중 일부를 3차원 일러스트로 제작하여 사용하였다. 본문에 포함된 모든 지도는 출판사가 제작하였으며, 필자는 자문하였다. 따라서 지도의 저작권은 출판사에 귀속되며, 무단 전제 및 도용을 금한다.

1장

6·25전쟁의 원인과 배경

광복과 분단

일본 패망 이후 상황에 대한 한국인의 준비가 부족한 채, 1945년 8월 15일 갑자기 일본이 연합국에 항복했다. 1945년 5월 초에 유럽에서 전쟁을 일으켰던 독일이 항복했으나, 태평양 전역戰役에서 연합군에 대항한 일본의 저항이 여전히 완강했다. 1945년 3월부터 6월까지 오키나와 섬 점령을 시도하던 미군은 이 전투에서만 12,000여 명의 인명손실을 입었다. 이후 일본 본토 점령이 눈앞에 다가왔으나, 연합군은 더 많은 수의 사상자가 발생할 것으로 예상하였다. 1945년 7월 말, 포츠담 회담에 참석한 연합국 대표들은 일본에 무조건 항복unconditional surrender을 요구했다. 그런데 일본이 항복할 의사를 보이지 않자, 미국은 일본에 결정적 타격을 가하기 위한 목적으로 8월 6일에 히로시마에 원자폭탄을 투하했다. 그럼에도 불구하고 일본으로부터 별다른 반응이 없자, 사흘 뒤에는 나가사키에 또 다른 원자폭탄을 떨어뜨렸다. 일본은 두 차례 원자폭탄 공격을 받은 이후에야 무조건 항복 의사를 내비쳤고, 이로써 제2차 세계대전이 사실상 막을 내렸다.

소련은 8월 8일에 일본에 선전포고함으로써 태평양 전쟁에 공식 참전하였는데, 일본의 패망과 종전이 눈앞에 다가온 것을 간파하고 재빠르게 움직인 결과였다. 소련의 태평양 전쟁 참전은 1945년 2월 얄타회담에서 미국과의 합의에 의한 것이었다. 미국은 1944년 후반부터 소련의 태평양 전쟁 참전을 요구했으나, 소련은 미국의 요청을 무시하고 있었다. 그런데 태평양 전쟁의 종전이 눈앞에 다가오자, 소련은 아시아의 전후처리 과정에 유리한 입장으로 참가하려는 속셈으로 즉시 참전하였다. 소련은 대對일본 선전포고와 동시에 약 150만 여명에 달하는 병력을 중국 동북지역과 한반도로 보냈는데, 이들은 2차 세계대전 기간 중 미국으로부터 지원받은 장비와 물자로 무장하고 있었다.

소련군은 예상보다 신속하게 태평양 방면과 극동으로 접근하였는데, 이는 미국의 정책 결정자들이 예상하지 못했던 바였다. 미국 국방부와 국무부 실무자들은 대규모 소련군이 만주와 한반도 북부를 신속하게 장악함에 따라 장차 소련이 한반도 전체와 일본의 일부까지 점령할지도 모른다는 위기의식을 가졌다. 이에 따라 1945년 8월 10일 밤과 11일 새벽 사이에 미국의 정책결정자들은 신속하게 한반도를 향해 남진하는 소련군을 저지하기 위한 대책 마련에 착수했다. 미국 육군부 실무자들은 동아시아 전역에 분산되어있는 일본군에 대한 항복접수 지역과 절차 등을 규정하는 일반명령 제1호General Order No. 1를 기안했다.[1] 이 문서의 기안자 러스크Dean Rusk 대령 등

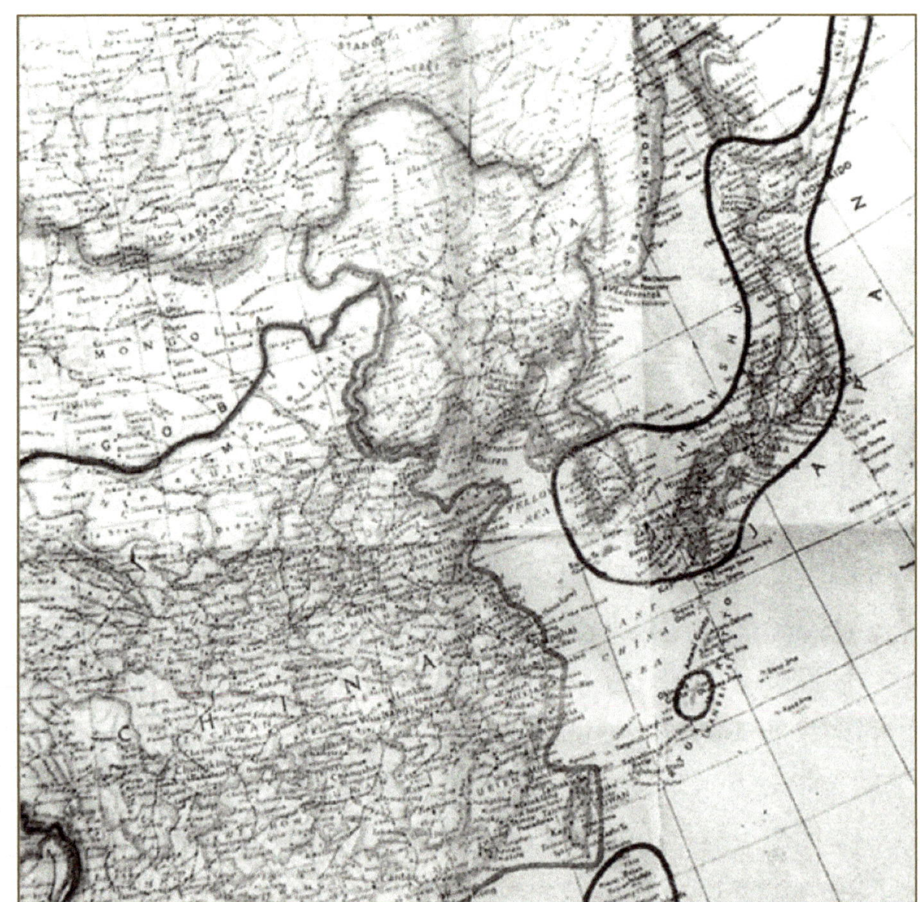

일본군의 항복을 접수하는 분할선으로 북위 38도선을 획정한 지도

은 한반도에서 일본의 항복접수는 38도선을 기준으로 북쪽은 소련군이, 남쪽은 미군이 담당하는 것으로 계획하였다. 이와 같은 내용이 포함된 일반명령 제1호 초안은 합동참모본부, 국무부·육군부·해군부 조정위원회SWNCC, 국무장관 등을 거쳐 8월 15일에는 트루먼Henry Truman 대통령이 최종 승인하였다.[2] 이후 이 문서는 맥아더Douglas MacArthur 장군이 지휘하는 극동군사령부에 전송되어 소련과 협의를 거쳤는데, 소련은 이에 대해 별다른 이견異見없이 수용하였다. 이처럼 한반도 분단은 일본의 항복을 접수하는 주체를 선정하는 과정에서 미국이 제안하고 소련이 수용하여 확정되었다.

그렇다고 해서 미국 육군이 작성한 일반명령 제1호 때문에 한반도가 분단된 것은 아니다. 이 문서는 일본군의 항복접수와 무장해제를 목적으로 미군과 소련군이 38도선을 경계로 각각 한반도의 남북으로 진주하는 근거에 불과했다. 게다가 이 문서에는 미국과 소련이 한반도를 분할 점령하는 과정에서 대한민국 임시정부를 포함한 한국인의 의사가 반영되지 않았다.

그럼에도 불구하고 이 문서가 제2차 세계대전 종전 후 전 세계적 범위에서 진행된 미국과 소련의 냉전 대결, 한반도의 북쪽과 남쪽에 진주한 소련군과 미군의 군정 대결, 남한과 북한에서 독자적으로 진행된 한국인들의 국가수립 노력과 대립 등으로 인해서 고착화된 한반도 분단의 시초가 되었다는 점은 부인하기 힘들다. 국제적, 국내적 정황을 고려하여 군사적 편의에 따라 잠정적으로 설정된 분할선이 장차 정치적 경계선으로 굳어졌고, 급기야 이 경계선을 중심으로 한반도가 분단된 셈이다.

한반도에 대한 소련군의 진주는 일본이 항복을 선언한 8월 15일부터 시작되었는데, 이 시기에 오키나와에 머물러 있던 미군에 비해 약 20여일이나 빠른 것이었다. 소련 공군기는 청진을 포함한 함경도 해안의 일본군 주둔시설을 집중 폭격했고, 치스챠코프Ivan Mikhailovich Chistyakov 대장이 이끄는 소련 극동 방면군 소속 제25군은 동해를 통해 청진, 홍남, 함흥, 원산 등지를 거쳐 8월 24일에는 평양에 도착하였다.[3] 신속하게 한반도에 진주하여 38도선 이북 지역 점령을 마친 소련군과 달리, 미군의 한반도 진출은 9월 초에야 이뤄졌다. 한반도에 대한 미국의 대응이 소련에 비해서 늦었던 이유는 일본 패망 직후 미국 정부의 주된 관심이 일본 점령에 집중되었기 때문이었다.

제2차 세계대전 중 미국을 포함한 국제사회는 수차례 연합국 수뇌부 회담을 통해

카이로 회담에 참석한 장제스, 프랭클린 루즈벨트, 윈스턴 처칠, 1943. 11. 25

전후 한반도 처리문제를 논의하였다. 일본 패망 후 동아시아의 전후 처리를 고심하던 연합국 수뇌들은 일제 강점기에 대한민국 임시정부와 많은 한국인이 일본에 대항하여 지속적으로 독립운동을 전개해 온 사실을 알고 있었다. 1943년 12월에 개최된 카이로 회담에서 전후 한반도 처리 문제가 공식적으로 거론되었는데, 이 회의에서는 한반도에 '하나의 통일국가'가 수립되어야 한다는 원칙이 제시되었다.[4] 하지만 연합국의 정책을 주도했던 미국의 루스벨트Franklin D. Roosevelt 대통령은 필리핀 통치 경험을 비추어 한국인이 완전한 독립국가를 세워 자치능력을 구비하기 까지는 약 40년 정도의 기간이 필요하며, 이 기간에 미국을 포함한 선진국이 신탁통치 명목으로 공동후견해야 한다는 의견을 제시하였다.[5] 이와 같은 미국의 제안에 영국, 중국, 소련의 지도자들이 동의하였다. 그리고 이후 얄타 회담(1945. 2)과 포츠담 회담(1945. 7)을 거치는 동안 전후 한반도 처리는 연합국에 참가한 수개 국가가 공동참여하여 일정기간 '신탁통치信託統治/Trusteeship'를 실시한다는 내용으로 정리되었다.[6]

미군보다 먼저 한반도에 진출한 소련군은 제2차 세계대전 중 연합국 수뇌들이 합의한 한반도 처리방안을 고려하지 않고, 스탈린이 지시한 대로 북한을 점령 및 통치하기 위해 움직였다. 1945년 8월 하순, 평양에 점령군 사령부를 설치한 소련군은 북한 각지에서 일본군의 항복을 접수하며 무장해제를 진행했다. 이때 소련군은 38도선 일대에 경계초소를 설치하여 남북을 왕래하는 사람들에 대한 검문검색을 강화했고, 남북을 연결하는 주요 철도, 도로 및 통신도 차단했다. 한편 소련 점령군 사령관 치스챠코프 대장은 본격적인 군정실시 기관으로 민정관리총국을 설치했다.[7] 소련 점령군은 초기에는 원활한 군정을 실시하기 위해 조만식 등 민족주의자들의 명망과 조직을 이용하였는데, 특히 조만식이 주도하는 평안남도 인민정치위원회를 승인하는 등 마치 한국인이 주권을 행사하는 것처럼 보이도록 했다. 그러나 소련 점령군은 8월 24일부터 9월 말 사이에 민족주의자들이 중심이 되어 자발적으로 조직한 각지 자위대, 치안유지위원회, 건국준비위원회와 좌익 계열의 보안대, 적위대 등의 각종 정치 및 군사단체를 강제로 흡수하여 각 도별 인민위원회人民委員會를 설치하였다.[8]

소련 점령군은 각 도별 인민위원회 위원장에 한국인을 기용했으나, 고문관에는 소련군 장교를, 실권을 갖는 중요 직책에는 소련계 한인韓人을 임명하였다. 따라서 이 기구는 겉으로 보기에는 한국인에 의해 운영되는 것처럼 보였으나, 실질적으로는 소련 점령군이 지배하였다.[9] 또한 점차 민족진영 세력이 배제되면서 각 도의 인민위

북한 주민에게 처음 소개되는 김일성, 1945. 10. 14. 평양공설운동장

원회는 친소련 공산주의 세력이 장악하였다. 10월 14일에는 평양에서 군중대회가 열렸는데, 이때 처음으로 소련군 대위 출신 김일성이 공식 석상에 나타났다.[10] 11월 18일에는 5도 인민위원회를 통괄하는 5도 행정국을 설치하여 행정체제를 정비하였고, 12월 중순에는 김일성이 북조선공산당 책임비서로 선정되어 사실상 북한의 최고 권력자로 부상했다.[11]

한반도 북쪽에서 체계적 군정을 통해 공산주의 체제 조성에 앞장선 소련 점령군과 달리, 미 점령군은 38도선 이남에 대한 구체적 군정계획을 가지고 있지 않았다. 38도선 남쪽에서 일본의 항복을 접수 및 처리할 미 육군 제24군단은 1945년 9월 8일에야 인천을 통해 상륙하였다. 미 점령군 사령관 하지John Hodge 중장은 한반도에 도착한 직후에 남한 사회의 치안 유지를 목적으로 일정 기간 일본의 식민지 통치기구였던 조선총독부 체제를 유지하였다. 이에 따라 일본인 총독과 관리가 유임되었는데, 그것은 광복 직후 극도로 혼란스러워진 남한 사회를 안정적으로 유지하기 위한 조치였다.[12] 당시 남한의 산업경제는 피폐했고, 정치적으로도 수많은 정당이 난립하며 각축을 벌이고 있었다.

1945년 9월 20일, 미 군정은 조선총독부를 폐지한 이후 새로운 군정청 기구를 출범시켰다. 이때 각 국의 국장에는 미군 장교를 임명하였으나, 현직에서 물러난 일본인을 고문으로 임명하기도 했다. 이같이 미 군정이 일시적으로 조선총독부의 통치체제를 유지하기 위해 취했던 몇 가지 조치들은 일본의 식민지배로부터 광복을 갈망하던 한국인의 기대를 외면한 심각한 과오였다. 이러한 과오는 전후 한국 문제 처리에 대해 구체적인 준비를 갖추지 못했던 미국 정부가 한국 사정에 어두운 현지 사령관에 군정을 일임하는 과정에서 더욱 악화되었다. 한반도 군정에 대한 미국 정부의 지침이 하지 사령관에게 하달된 시기는 1945년 10월 중순이었다.[13] 이 지침의 핵심 내용은 한반도에 평화를 애호하는 책임 있는 국가가 수립될 수 있는 여건을 형성하고, 군정과 신탁통치를 거쳐 최종적으로는 독립국가를 수립한다는 것이었다.

그러나 미 군정은 이 과정에서 일제 강점기에 해외에서 독립운동을 주도했던 대한민국 임시정부의 권위를 인정하지 않고, 좌익과 우익을 망라한 모든 정파의 정치활동을 허용하는 법령을 공포했다.[14] 그 결과 1945년 10월과 11월에 김구, 이승만 등 대한민국 임시정부 요인과 주요 인사들이 귀국했지만, 이들은 모두 개인자격으로 입국해야 했다. 또한 남한 내에는 각종 정당과 사회단체가 난립하더니 점차 자유주의 진영과 공산주의 진영으로 나뉘어 대립하는 양상이 전개되었다. 이것은 북한이 소련 점령군의 비호 하에 김일성 한 사람에게 권력이 집중되면서 사회주의 체제로 전환되는 것과 대조적이었다. 또한 스탈린의 명확한 지침에 따라 북한에 소비에트화Sovietization를 추진한 소련 군정과 달리, 미 군정은 처음부터 명확한 방향을 제시하지 못함으로써 자주독립을 갈망하는 한국인들의 불만을 자극하였다.

일제 강점기 중에 많은 한국인이 항일투쟁을 전개하며 광복을 추구한 것은 널리 알려진 사실이다. 그런데 이들이 택했던 항일투쟁의 형태와 방법은 매우 상이했다. 국내에서 활동하던 세력들은 대부분 지하에서 활동하였으나, 일본의 강압에 의해 이들의 활동은 원활하지 못했다. 반면 국외에서는 비교적 활발하게 항일투쟁을 전개하였는데, 대표적으로는 만주 일대에서 무장투쟁을 전개하던 세력과 중국 본토의 상하이에서 출범하여 충칭까지 이동하여 활동한 대한민국 임시정부처럼 총체적, 포괄적 독립운동을 전개한 세력 등이 있었다. 또한 미국과 유럽에서 활동하며 일본의 조선 침략과 식민지배의 부당성을 널리 알리는 등 외교활동에 전념한 이들도 빼놓을 수 없다. 이처럼 다양한 형태와 방법으로 독립운동을 실시하던 독립운동 세력들은 이데올로기와 활동노선에 큰 차이가 있었으며, 이로 인하여 독립운동 세력끼리 충돌하는 경우도 적지 않았다.

그러던 중 1945년 8월에 갑작스럽게 일본이 연합국에 항복하고 광복을 맞이하자, 독립운동을 추진하던 세력들은 일시에 한반도로 몰려들었다. 그리고 이들은 자신들이 추구하는 이데올로기에 근간하여 새로운 국가를 건설하려고 하였다. 이에 따라 광복 직후 한반도에는 공산주의, 사회주의, 민주주의, 자본주의와 같은 다양한 이데올로기가 범람하였으며, 점차 이들 사이에 갈등과 충돌, 통합과 분열의 양상이 전개되었다. 그리고 이러한 양상은 미국과 소련 등 외부 세력과 결탁하여 새로운 국가 건설을 추진한 세력과, 외세 배격을 앞세우며 민족주의적 성향을 강하게 드러낸 세력으로 구분되면서 더욱 복잡하게 흘러갔다.

제2차 세계대전 중 연합국이 수차례 논의하였던 한반도의 전후 처리문제를 종결짓기 위해 미국, 영국, 소련의 외무장관이 1945년 12월 말에 모스크바에서 회동하였다. 한반도 전후 처리문제의 핵심은 카이로 회담에서 합의한 "적절한 절차를 거쳐 자유롭고 독립된 국가가 되도록 한다in due course Korea shall become free and independent"는 구절을 구체화하는 것이었는데, 이중에서 '적절한 절차를 거쳐in due course'라는 구절은

신탁통치 반대 데모, 1945. 12.

구체적으로 한반도에 대한 연합국의 신탁통치信託統治를 의미하였다.[15]

장차 한반도가 강대국에 의한 신탁통치를 거쳐야 한다는 소식이 국내에 전달되자, 곧바로 거센 반발이 일어났다. 광복 직후 귀국을 준비하며 건국 구상에 전념하던 대한민국 임시정부는 즉시 신탁통치가 우리 민족의 총의總意에 어긋난다고 하면서 강력히 반대했다. 북한의 중앙인민위원회도 어떠한 이유로도 신탁통치를 실시할 근거가 없다는 내용의 담화를 발표하였다.[16]

그런데 1946년 1월 초, 조선공산당을 비롯한 좌익세력이 갑자기 입장을 바꿔 모스크바 3개국 외무장관 회의의 결정에 찬성을 표명하였는데, 이는 소련의 사주에 따

제1차 미·소공동위원회 개회식, 1946. 3. 20, 덕수궁

른 것이었다. 좌익의 급작스런 태도변화는 국내 정치세력 간의 대립을 증폭, 격화시켰다.[17] 김구와 이승만을 중심으로 하는 우익세력은 적극적인 반탁운동을 전개하였으나, 이 과정에서 좌익과의 충돌이 더욱 격화되었다.

남한의 정치세력이 친탁과 반탁으로 양분된 가운데, 1946년 3월 중순부터 모스크바 3개국 외무장관회의의 결정에 입각하여 한반도에 주둔한 소련군과 미군 대표가 참석한 미·소 공동위원회(1차)가 서울에서 개최되었다. 그러나 이 회의는 미국과 소련 양측이 자국에 우호적인 임시정부를 세워 한반도에서 배타적으로 영향력을 행사하려는 입장을 고수했기 때문에 곧 중단되었다. 1947년 5월 하순에 속개된 미·소 공동위원회(2차)에서도 미국과 소련 대표는 합의 도달에 실패하였다.

한반도 내 과도정부가 과연 어떤 형태로 구성될 것인지에 대한 논의가 이뤄지기도 전에 협의 및 참여대상 선정문제로 대화가 중단된 것은 사실상 미국과 소련 사이의 협조가 붕괴되었음을 의미하였다. 결국 미국은 소련과의 협조를 통해 한반도에 통일국가를 수립하려던 원래의 방침을 철회하고, 한반도 문제를 국제연합United Nations, UN으로 이관하였다.[18]

북한과 남한의 국가 수립

1945년 9월, 북한을 소비에트화한 뒤 소련의 위성국으로 만들기 위해 준비하라는 내용의 스탈린 지령서가 북한에서 활동하는 소련 점령군에게 하달되었다.[19] 이러한 지령을 실행하기 위해서 소련 점령군은 소련 공산당의 통제를 받는 김일성을 전면에 내세웠고, 1946년 2월 초에 사실상의 국가 권력기구인 북조선 임시인민위원회 책임자에 김일성이 임명되었다. 이 시점부터 소련 고문단과 김일성이 북한의 권력을 장악하기 시작했다. 중앙정부에 해당하는 북조선임시인민위원회를 장악한 김일성은 1947년 2월에 정식으로 북조선인민위원회를 출범하여 사실상의 국가체제를 형성하였다.[20] 이것은 미·소 공동위원회의 협상결렬, 남한 내부에서 격화된 반탁운동 등으로 신탁통치가 불가능하게 되자 38도선 북쪽의 단독정부 수립에 박차를 가한 결과였다.

이처럼 38도선 북쪽에 좌익세력 주도의 단독정부 수립을 추진하던 소련 점령군은 1947년 11월 중순 유엔 총회가 한반도 정부수립에 관한 결의안을 채택하자, 즉시 인민헌법을 공포하였다. 북한이 한반도를 대표하는 합법정부라는 내용을 골자로 하는 이 헌법은 차후 수립될 북한 공산정권의 근간이 되었다. 이어서 북한은 1948년 8월에 북한 전역에서 공산당 단일후보만 출마시킨 선거를 실시하였으며, 9월 9일에는 조선민주주의인민공화국 수립을 선포했다. 같은 날 북조선인민위원회 위원장 김일성이 초대 수상으로 선출되어 내각을 구성하였다. 9월 중순에는 김일성이 최고인민회의에 출석하여 대한민국 정부가 제정한 모든 법률은 무효이며 위법이라고 선언함으로써 대한민국의 존재를 부정했다. 소련은 1948년 10월 중순 조선민주주의인민공화국을 공식 승인했고, 미·소 공동위원회의 소련측 수석대표를 지낸 슈티코프 대장을 초대 북한대사로 임명했다.[21] 소련이 북한 정권을 승인하자 다른 공산국가의 승인도 뒤따랐다.

두 차례의 미·소 공동위원회가 결렬되고, 미국과 소련 사이에 냉전 대결이 날로 심해지자, 미 군정은 더 이상 한반도 내에 통일국가를 수립하겠다는 최초의 정책에 얽매이지 않았다. 또한 남한 내에서 신탁통치 문제를 둘러싸고 찬성과 반대로 갈라진 좌익과 우익 사이의 극한적 대립이 격화됨에 따라 미 군정은 한반도 문제를 유엔으로 이관하였다. 한반도에 남한과 북한을 통일한 통일정부를 수립하는 것이 불가능하다고 판단했기 때문이었다. 이에 따라 한반도의 공정한 선거와 민주적인 정부 수

5.10 총선거에서 전라남도 내천 지역의 투표장 모습, 1948. 5. 10

립을 돕기 위해 1947년 11월 유엔한국임시위원단이 발족했다.[22] 유엔 한국임시위원단은 한반도 전역에서 선거를 치러 대표자를 선출한 이후, 이들로써 의회와 정부를 구성하고, 헌법을 제정하려 하였다.

그러나 소련이 유엔 한국임시위원단의 북한 진입을 거부함에 따라 한반도 전역에서의 선거는 무산되었다. 결국 유엔 한국임시위원단이 들어갈 수 있는 지역에서만 선거를 치른다는 유엔 총회의 결의에 따라 1948년 5월 10일, 제주 4.3사건으로 선거가 불가능한 제주도의 일부 선거구를 제외한, 남한 전역에서 단독 총선거가 실시되어 제헌의회를 구성할 국민의 대표를 선출하였다.

5.10 총선거에서 선출된 198명의 국회의원을 중심으로 1948년 5월에 제헌의회가 구성되었다. 초대의장에 이승만, 부의장에는 신익희와 김동원이 선출되었다. 제헌의회는 7월 17일 헌법을 제정한 후, 7월 20일 이승만과 이시영을 각각 대통령과 부통령으로 선출하였다. 이승만 대통령은 8월 초 국무총리 겸 국방부 장관 이범석 등으로 구성된 초대 내각을 출범시켰다. 그리고 1948년 8월 15일 대한민국 정부수립을 선포하였다.

대한민국 정부수립 경축식 전경, 1948. 8. 15.

1948년 12월 12일 프랑스 파리에서 개최된 유엔 총회에서는 회원국 다수의 찬성(48:6)으로 대한민국 정부를 '한반도의 유일한 합법정부'로 인정하였다.[23] 이로써 1919년 4월 11일 중국 상하이의 프랑스 조차지에서 대한민국 임시정부 수립으로 시작된 한국인들의 공화국 수립의 험난한 여정이 완성되었다.

냉전 초기 한반도의 전략적 불균형

제2차 세계대전 종전을 전후하여 미국을 중심으로 한 자유진영과 소련을 앞세운 공산진영 사이의 대결이 표면화되었으며, 이는 곧 자유주의 세력과 공산주의 세력 간의 경쟁 혹은 냉전 대결로 전개되었다. 소련은 서유럽지역으로 공산주의 세력의 팽창을 시도했다. 이를 위해서 제2차 세계대전 중 점령한 동유럽 국가들을 코민포름Cominform에 포함시켜 위성국으로 만들었으며, 이들과 함께 미국이 주도하는 자유주의 진영에 대항하였다. 스탈린의 공산주의 팽창정책에 직면한 미국은 이를 저지하기 위해 대對소련 봉쇄封鎖정책으로 전환했다.[24] 이를 위해서 서유럽에 대한 경제지원과 대소 방위조약 체결을 통해 서유럽 국가들과의 동맹관계를 발전시켰다. 그 결과 소련은 동유럽 위성국가를 중심으로 공산권을 형성하여 자유진영에 대응하는 데에는 성공했지만, 세계의 공산화를 더 이상 진전시킬 수가 없었다. 서유럽에 대한 미국의 적극적인 경제 및 군사 지원이 이루어짐에 따라 공산세력의 유럽 진출이 봉쇄되었기 때문이다. 이렇게 되자 소련은 서유럽으로의 진출이 봉쇄된 상황을 만회하기 위해 차후 세력확장 목표를 아시아 지역으로 전환하였다.

냉전 초기에 한반도는 전후戰後 미국의 대외정책에서 소외된 지역이었다. 미국은 중국에서 철수한 후 세계 및 아시아 전략을 새롭게 조정하는 가운데 한반도를 주변 지역secondary regions[25]으로 분류하였다. 반면 소련은 중국과 한반도를 전략적 가치가 높은 지역으로 평가하였다. 특히 한반도는 역사적으로 러시아가 영국, 미국과 일본에 대항하는 과정에서 부동항不凍港으로 사용할 수 있는 기지로 인식해온 중요한 군사전략적 요충지였다. 나아가 러시아의 영향력을 동남아, 태평양으로 확대시킬 수 있는 교두보였다. 이와 같은 관점에서 한반도는 장차 소련의 세계 공산화 정책에 긴요한 지역으로 고려되었다.

한반도로 진출한 소련군은 한국인에게 자신들이 연합국 일원이며, 궁극적으로는 '일본 제국주의를 물리친 해방자'라는 이미지를 심어주려 했다.[26] 그러나 소련군의 실제 목적은 소련에 우호적인 위성정권을 수립하여, 장차 소련 국경지역의 항구적 안전을 보장받으면서 태평양지역에서 전략적, 정치적, 경제적 기반을 강화하려는 것이었다. 이것이 미·소공동위원회가 결렬되기도 전에 한반도 내에 친소련 정권을 수립한 이유였다. 이에 따라 소련 점령군은 김일성을 포함한 친소련 인사를 표면에 내세워 북한을 점진적으로 소비에트화Sovietization하였다. 특히 토지개혁, 각종 국가 주요 산업의 국유화 등을 통해 북한에 사회주의 경제 토대를 구축한 소련 점령군은 초기 단계의 공산주의 체제를 정착시키기 시작했다.[27]

약 4만 명으로 추산되던 북한 주둔 소련군은 한반도 주둔 외국군 철수문제가 거론되자 1948년 12월 말까지 철수하였다. 그러나 이 시기에 소련은 향후 18개월 이내에 북한군을 강력한 군사력을 보유한 군대로 확장하기로 결정하였다. 그리고 이 방침에 따라 소련은 약 4,300여 명의 군사 전문가를 북한에 잔류시켰으며, 북한군 약 14개 사단을 무장시킬 수 있는 재래식 무기와 장비를 남겼다.[28]

한편 주한 미군은 1949년 6월 말에 남한에서 철수하였다. 북한과 소련의 침략위협이 상존하는 상황에서 미국이 주한 미군을 철수시킨 이유는 미국 정부의 전 세계적 안보전략이 조정되었기 때문이었다. 미국은 제2차 세계대전 종전 직후 심각한 국가재정의 압박으로 국방비를 대폭 삭감하였으며, 역사상 최대 규모로 확장된 전시동원체제도 해제하였다. 그 결과 동유럽과 한반도에 대규모 지상군을 주둔시키면서 소련의 팽창에 대응하기에는 역부족이었다. 당시 미국이 동원체제 해제와 더불어 재래식 군비를 대폭 감소시킨 전략적 이유는 공군력과 핵무기를 활용하여 이를 보완할 수 있다고 판단했기 때문이다. 이러한 맥락에서 미국은 서유럽으로 팽창하는 소련에 대해 군사 및 경제적으로 서유럽국가들을 지원한다는 트루먼 독트린Truman Doctrine과 마셜 플랜Marshall Plan으로 대응했다.[29]

그러나 극동지역의 경우는 사정이 달랐다. 미국은 중국대륙에서 장제스蔣介石가 이끄는 국민당 세력이 마오쩌둥毛澤東이 지휘하는 공산당에 밀려서 패배한 뒤 타이완으로 쫓겨 갈 것이 명확해짐에 따라 새로운 동아시아 정책을 수립하였다. 1947년 중간에 등장한 미국 정부의 새로운 동아시아 정책의 핵심은 일본을 아시아에 대한 소련 공산주의 세력 확장의 방파제로 삼는 것이었다. 만약 소련이 미국을 겨냥해 아시아 태평양 지역으로 침공할 경우, 미국은 일본, 오키나와, 필리핀을 잇는 아시아 도서지역에서 방어한다는 전략을 마련했다. 이 지역에서 소련과 전면전이 발생할 경우 초기에는 방어전을 수행하다가, 알류산 열도~일본~오키나와~필리핀을 연결하는 도서 방위선에서 해군과 공군, 그리고 핵무기를 사용하여 아시아 대륙으로 반격한다는 내용이었다. 이 방위전략은 1950년 1월 중순 미 국무장관 애치슨Dean Acheson의 연설에서 제시되었는데, 미국의 극동 방위선에서 대한민국과 타이완을 제외하는 내용이었다.[30] 미국이 한반도를 극동 방위선에서 제외시킨 이유는 전통적으로 자국의 안보와 대소련 방어 면에서 전략적 가치가 높았던 유럽에 치중한 결과이며, 한반도가 위치한 극동지역을 덜 중요하게 평가했기 때문이었다.

그렇다고 해서 미국은 주한미군을 철수하더라도 대한민국을 무방비상태로 내버려둘 수는 없었다. 주한 미군의 철수가 확정되자, 약 500명 규모의 군사고문단이 조직되어 국군의 편성 및 훈련 지원, 군사원조 등의 활동을 시작했다. 대한민국 정부는 주한미군 철수가 현실화되자 미국의 군사원조를 획득하기 위한 적극적인 대미 외교 활동을 펼쳤으며, 그 결과 1950년 1월 26일 대한민국과 미국 사이에 한미상호방위원조협정이 체결되는 성과를 거두었다.[31] 그런데 이 협정을 통해 미국이 대한민국에 제공한 군사원조는 공산주의의 침략에 대처하는데 필요한 최소 수량과 품목에 한정됨에 따라, 국토방위에 필요한 만큼을 지원하겠다는 미국 군사원조의 실제 효과는 크지 않았다. 원조량 자체가 절대적으로 부족했을 뿐만 아니라, 국군의 규모가 확대되고 있었기 때문이었다. 이처럼 주한미군 철수 및 군사협정 체결과 동시에 이뤄진 미국의 제한된 군사지원으로는 대한민국에 필요한 군사적 수요를 충족시킬 수 없었다.

북한과 남한의 군대 창설과 6·25전쟁 이전 무력 충돌

미국, 중국, 소련 등지의 해외에서 항일투쟁을 벌였던 한국인들이 광복 직후부터 속속 귀국 길에 올랐다. 자유주의, 자본주의, 민주주의 정치이념을 추구했던 이들은 남한으로 들어갔고, 사회주의, 공산주의, 무정부주의 등의 정치이념을 신봉했던 이들은 북한으로 들어갔다. 소련군이 점령하여 공산주의 이외의 다른 이데올로기에 배타적이던 북한지역 보다는 비교적 다양한 이데올로기가 자유롭게 유입되었던 남한 지역에 많은 사람들이 몰려들었다. 귀국 이후 이들은 국내에 남아 항일과 공산주의 운동을 벌이던 민족주의자 혹은 국내 공산주의자들과 결합하였다.[32]

광복 직후 북한에는 다양한 무장단체들이 난립했다. 민족주의 계열의 자위대, 국내파 공산주의자들이 조직한 치안대, 빨치산파가 결성한 적위대 등이었다. 하지만 북한 내부의 권력 투쟁은 소련 점령군의 개입으로 일단락되었다. 소련 점령군은 스탈린이 북한의 최고지도자로 내정한 김일성을 편파적으로 지원하여 권력을 장악토록 유도하고, 그를 통해서 한반도에 대한 전략적 목적을 달성하려 하였다. 이에 따라 김일성의 빨치산파, 이에 협조한 소련파, 중국 출신의 연안파 세력이 남한을 무력으로 도발하기 위해 협력하는 공조체제가 형성되었다.[33]

김일성과 김책 등이 이끄는 빨치산파는 공산당, 정부, 군대 등의 간부를 양성하기 위해 1946년 2월에 평양학원을 설립했으며, 7월 초에는 북조선중앙보안간부학교를 만들었다. 초기 북한군 간부양성은 이 두 곳에서 이루어졌다. 한편 북한에서는 정규군 창설에 앞서 보안대와 철도경비대가 조직되었다. 1945년 11월 초에 편성된 보안대는 국내치안 유지를 위해 조직 및 운용되었지만, 이후 점차 북한 정권의 군사력 기

창군식을 끝내고 시가지 행진을 벌이고 있는 조선 인민군, 1948. 2. 8, 평양역

반을 이루는 부대로 성장했다. 또한 1946년 1월 중순에는 각 도별 철도보안대가 창설되었다. 이후 보안대는 점차 병력과 규모가 확대되었으며, 1947년 7월에는 철도보안대를 통합하여 북조선철도경비대로 개편되었다.[34]

소련 점령군과 김일성 세력은 보안대와 철도경비대가 증편되고 평양학원, 중앙보안간부학교, 보안훈련소, 철도경비훈련소 등을 통해 군 간부인력이 양성되자 여러 기관을 하나로 통합하여 지휘체제를 일원화할 것을 검토했다. 그리고 1946년 8월 15일에는 다양한 군사 조직을 통합 지휘하기 위해 보안간부 훈련대대부를 창설했는데, 이 조직의 창설은 북한 정규군 건설을 위한 출발이었다.

북한군은 보안간부 훈련대대부가 조선인민집단군으로 개편된 직후 소련제 중장비로 무장하였으며, 1947년 5월 중순부터 1948년 2월에 이르는 9개월 동안 소련 군사고문관의 집중적인 지도 아래 신속하게 발전하였다.[35] 이와 같은 과정을 통해 북한은 조선인민집단군으로 개편한 지 약 9개월 만에 정규군을 출범시켰으며, 1948년 2월 8일에는 조선 인민군을 공식 창설하였다. 북한이 정규군을 창설한 시기는 북한 정권의 수립보다 7개월이나 앞선다. 이처럼 군사적 기반이 마련되자, 김일성은 1948년 9월 9일 조선민주주의인민공화국의 수립을 공포함과 동시에, 북한군 총사령부를 민족보위성으로 격상시켜 각 군의 업무를 담당토록 했다. 북한의 군사업무는 소련군이 철수할 때까지는 소련군 정치사령부가 주요 역할을 담당했지만, 이후로는 소련

군사고문단이 관여했다.[36]

1945년 8월 15일 광복 이후 국내에서 활동했거나 혹은 해외에서 활동하다가 남한으로 들어온 군대 경험자는 약 13만여 명에 달했다. 이들은 장차 국가가 세워지면 건군建軍에 참여하기 위해 군사경력과 연고를 중심으로 여러 가지 군사단체를 조직하여 활동하였다. 1945년 11월에 미 군정청에 등록된 각종 정당 및 사회단체 205개 중 군사단체는 약 30여 개였다. 당시 좌익과 우익 진영 간 대립이 심화되는 가운데 이들 군사단체도 정치적 성향 또는 이데올로기적 편향에 따라 나뉘어져 서로 충돌하기도 했다. 이들 중에는 좌익 성향의 조선 국군준비대와 조선 학병동맹, 우익 성향의 조선임시군사위원회 및 학병단 등이 있었다.[37]

미 군정청은 여러 군사단체의 대립과 충돌이 점차 유혈사태로 확대되자 이들을 정리하기로 결정하였다. 이에 따라 남한 사회의 치안 유지에 필요한 국방경비대國防警備隊를 창설하기로 하고, 이를 제외한 모든 군사단체를 해산시켰다. 군사단체 해산령 이후 각종 단체들에 소속되었던 우익성향의 군 경력자들은 대부분 국방경비대에 참여하여 활동하다가, 이후 장교로 임관하여 국군의 발전에 기여하였다.[38] 반면 좌익 성향의 군 경력자 중 일부는 북한으로 넘어가기도 하고, 일부는 국방경비대에 입대

행진하는 국방경비대, 1947. 8.

하였으며, 좌익의 반정부 활동에 가담한 이들도 있었다.

미 군정청에 국방사령부가 설치된 시기는 1945년 11월 중순이었다. 미 군정법령 제28호에 의거해 설립된 국방사령부는 곧 국방부國防部로 개칭되었다가, 다시 통위부統衛部로 개칭되었다. 국방경비대는 미 군정청이 건의한 경찰예비대 창설계획the Bamboo Plan에 근거하여 국립경찰을 보조할 목적으로 조직되었는데, 이후 대한민국 육군으로 발전하였다.[39] 국방경비대는 경찰예비대에 소속된 요원들을 흡수하여 1946년 1월 중순 제1연대를 창설하고, 그 뒤로 전국에 총 8개 연대가 만들어졌으며, 경비대 총사령부도 설립되었다.

대한민국 육군은 국군조직법에 따라 발족되었다. 그에 앞서 1948년 7월 17일에는 정부조직법에 따라 국방부가 설립되었으며, 국방부 장관은 1948년 8월 15일 대한민국 정부수립 시 임명되었다. 군 통수권의 이양과 함께 국방경비대와 조선해안경비대를 9월 1일부로 국군國軍으로 통합되었고, 9월 5일에는 국방경비대와 조선해안경비대는 각각 육군과 해군으로 개칭되었다.[40] 정부 수립 직전까지 국군의 역할은 국내 치안을 유지하는 수준에 머물렀지만, 국군으로 출범한 직후부터는 국가안보를 담당하는 국방조직의 기능과 임무를 수행하였다.

육군 총사령부 예하에는 5개 보병 여단(15개 연대)과 지원부대가 편성되었다. 병력은 장교 1,403명, 사병 49,087명 등 총 50,490명이었다.[41] 그 후 육군 총사령부는 육군본부로 개칭되었고, 육군 총사령관은 육군 총참모장으로 바뀌었다. 조선 해안경비대는 국군 조직법에 근거하여 정부 수립과 함께 해군으로 발족되었으며, 1949년 4월에는 해병대가 창설되었다. 공군은 1948년 4월 육군에 소속된 항공부대로 출발했으며, 12월 1일에는 국방경비대 항공기지사령부가 육군 항공사령부로 개칭되면서 점차 공군으로서의 초기 체계를 갖추었다. 그리고 이듬해인 1949년 10월에는 공군으로 정식 출범하였다.[42]

대한민국 정부수립을 전후하여 남한과 북한은 38도선 상에서 수차례 군사적으로 충돌하였다. 이념과 체제가 다른 남한과 북한의 병력이 대치하던 38도선에서는 두 군대가 군사적으로 충돌할 가능성이 많았다. 광복 직후부터 1948년 초반까지는 남한과 북한의 주민들이 38도선을 통과하여 왕래하는 등 별다른 긴장은 없었다. 또한 1949년 초에 국군이 미군으로부터 38도선 경비임무를 인수했을 때까지도 북한과 달리 남측에는 제대로 구축된 군사진지가 없었기 때문에 실질적으로 38도선을 오르내리는 사람들을 통제하는 것이 불가능했다.

그러나 이념적 차원에서 38도선에는 항상 긴장이 존재했다. 국군은 소련군과 북한군의 경계에 대응하여 게릴라의 침투와 민간인의 월경을 막기 위해 경비를 강화하였다. 특히 대한민국 정부수립을 전후하여 38도선 접경지에서는 약탈, 납치, 보복이 발생하는 등 상대방에 대한 경쟁심과 적대감이 가열되고 있었다.[43] 미국과 소련의 군대가 철수하기 전까지 38도선에서는 국지적 분쟁이 빈번하게 발생했는데, 이들은 대체로 미군과 소련군, 미군과 북한경비대 사이의 충돌이며, 경계초소를 사이에 둔 총격전의 양상으로 전개되었다. 억제된 남북 사이의 군사충돌은 38도선 경계를 맡은 미·소 양군의 완충역할이 없을 경우 곧바로 대규모 무력분쟁으로 확대될 가능성이 컸다.

남북 사이의 무력충돌은 1949년 3월 중순부터 격화되었다. 이 시기의 충돌은 대부분 경비대 간의 소규모 교전에서 시작된 것이었지만, 보병대대 규모로 확대되기도 했다. 무력충돌의 규모가 확대된 이유는 대부분 북한군이 먼저 대규모 병력과 강력한 무기를 동원했기 때문이었다. 북한의 38경비대는 1947년 7월부터 소련군으로부터 38도선 경비임무를 인수하여 담당했으며, 1949년 초부터는 경비 병력을 3개 여단으로 증편하였다. 그런 상황에서 주한 미군이 철수하자 북한의 도발 횟수가 증가하였다. 1949년 초에 주한 미군의 철군 소식이 전해지자 북한의 남침설이 널리 확산되었다. 이에 따라 이승만 대통령은 국민을 안심시킬 목적으로 북한이 남침하면 강경하게 대처하라고 지시하였다.[44]

이렇듯 남침 위기설과 대북 강경대응 입장이 집중적으로 표명되던 1949년 5월 초, 개성, 옹진, 춘천을 비롯한 몇몇 지역에서 남한과 북한의 군대 사이에 대규모 교전이 발생했다. 특히 개성 일대에서 시작된 전투는 미군 군사고문단이 전면전으로 비화될 것을 우려할 정도로 격렬했다. 개성 북서쪽의 292고지에서 시작된 이 전투를 계기로 북한이 다시 옹진반도 방면으로 대규모 공격을 전개했으며, 결국 양측 군대 사이에 일진일퇴의 공방전이 이어졌다. 이처럼 남한과 북한의 군대가 38도선에서 소규모 전투와 포격전을 반복하며 대치하던 상황은 북한군이 전차와 자주포, 항공기를 앞세우고 10개 사단 규모의 병력을 총동원하여 전면적으로 남침을 개시하던 1950년 6월 25일 이전까지 지속되었다.[45]

공산세력의 남침 결정 과정

북한에서 소련 점령군의 지원과 보호 아래 성장하여 정권까지 장악한 김일성은 장차 무력에 의한 한반도 공산화 통일을 추구하였다. 김일성이 한반도 공산화를 추진할 수 있었던 이유는 소련의 최고 실력자 스탈린이 그를 후원하였기 때문이었다. 김일성에 대한 스탈린의 공식적인 지지와 승인은 1946년 7월에 김일성과 박헌영이 함께 모스크바를 방문하여 스탈린으로부터 북한 정권의 최고 지도자로 낙점되면서부터 시작되었다. 이때 스탈린은 김일성에게 소련 점령군과 협조하여 북한을 조기에 소비에트화sovietization하도록 주문하였다. 김일성에 대한 스탈린의 공식 지지는 북한에서 김일성의 위상을 정착시키는데 결정적으로 기여했으며, 김일성은 이를 앞세워 공산당 일당 독재체제를 완성하고, 더 나아가 북한을 한반도 공산화의 전지기지로 구축하였다.[46]

당시 김일성은 한반도에 대한 무력 공산화를 희망했더라도, 이를 실현하기 위한 소련의 군사지원에 의지하지 않을 수 없었다. 북한군은 침략전쟁을 수행하는데 필요한 현대적 무기가 부족했으며, 또한 사단급 이상의 작전을 수행할 수 있는 작전계획 수립능력과 전투수행 경험을 갖춘 전문가도 부족했다. 게다가 소련 점령군이 철수한 1948년 이후에는 상황이 더욱 어려워졌다. 당시 북한은 소련군이 철수하면서 남겨 준 각종 무기와 장비로 무장한 약 3만 명의 병력을 소련 군사고문단의 지원 하에 훈련시켰지만, 독자적으로 남한에 대한 군사작전을 수행하는 것은 불가능했다. 따라서 한반도에 대한 무력 통일과 공산화라는 김일성의 구상은 외부의 지원, 특히 스탈린의 지원에 의지할 수밖에 없었다.

이와 같은 문제를 해결하기 위해서 김일성은 1949년과 1950년에 두 차례나 모스크바를 방문하여 끈질기게 스탈린을 만나려고 했다. 1949년 3월에 대규모 방문단을 이끌고 소련을 방문한 김일성은 두 차례에 걸쳐 스탈린과 공개, 비공개로 회담하였다. 이때 스탈린은 김일성에게 남한의 군사력과 주한미군의 현황, 북한군의 공군기 및 군사학교 보유 유무, 해안방어 능력 등의 군사문제와 광석의 생산유무, 대외무역 등에 대해 질문했다. 이에 대해 김일성은 주한미군이 38도선에서 대북 도발행위를 강화하고 있다고 주장하면서, 군사 및 경제 전문가 육성, 해안방어와 군비확충을 위한 소련의 지원을 요청했다. 스탈린은 즉석에서 김일성의 요청 대부분을 수용하였

소련군사고문단과 회의하는 김일성(날짜 불명)

다.[47]

그러나 스탈린은 남한에 대한 김일성의 무력침공 허가 요청을 쉽게 승인하지 않았다. 이 시기에 스탈린이 김일성의 요청을 거절한 이유는 당시 진행 중이던 중국 내전의 결과가 불투명했고, 또한 한반도에 대한 미국의 개입을 우려하였기 때문이다. 그렇다고 해서 그가 북한의 남침 자체를 반대한 것은 아니었다. 단지 전쟁을 일으킬 만한 국제적 환경과 여건이 유리하게 전개되지 않고 있으며, 북한의 전쟁준비도 남한을 압도할 만큼 철저한 수준이 아니라고 판단했기 때문이었다.

그리고 약 8개월 후인 1950년 1월 말, 스탈린은 김일성이 요구하는 한반도 무력통일 요청을 서면으로 승인하였다. 이 시기에는 중국 공산당이 중국대륙을 공산화하는데 성공했고, 또한 지속적으로 추진된 북한의 전쟁준비가 상당한 수준에 이르렀다고 판단했기 때문이다. 이것은 스탈린이 마오쩌둥과 새로운 중·소 동맹을 체결함으로써 만주 일대를 대신할 새로운 전략지역을 획득해야 할 필요성이 대두되었고, 게다가 소련이 원자폭탄 실험(1949. 8)을 성공적으로 마쳤기 때문에 미국에 대해 자신감을 얻었기 때문에 내릴 수 있었던 결정이었다.[48]

1950년 3월 하순, 김일성이 다시 스탈린을 방문하였다. 이 회동에서 스탈린은 국제 정세가 전쟁에 유리하게 변하고 있음을 언급하면서, 김일성의 남침공격을 허가하였다. 대신 스탈린은 최종결정에 앞서 한 가지 조건을 달았는데, 중국 공산당 지도자인 마오쩌둥과 상의하여 동의를 얻으라는 지시였다. 만일 중화인민공화국 지도부가 부정적으로 나오면 새로운 협의가 이루어질 때까지 남침결정을 연기해야 한다고 지적하며, 전쟁 결정에 대한 궁극적인 책임을 마오쩌둥에게 넘겼다.

1950년 5월 중순, 김일성은 모스크바에서 복귀하는 길에 마오쩌둥을 방문했다. 북한에 의한 남침이 시기상조라고 여겨온 마오쩌둥은 김일성의 방문 직후, 전쟁 결정 여부를 직접 스탈린에게 확인한 다음, 김일성의 남침 구상에 동의했다. 그는 미군의 참전과 일본군의 개입 가능성을 우려했지만, 김일성의 한반도 적화구상을 스탈린이 승인하자 내키지 않는 동의의 태도를 보였다. 특히 마오쩌둥은 중화인민공화국이 타이완을 정복하기 이전에 스탈린이 한반도에서 김일성의 남침을 승인한 것을 의심하였다. 그러나 이미 스탈린이 한반도에서의 개전을 결정한 이상, 그것은 중화인민공화국과 북한의 공동과제가 되었으므로 김일성의 무력도발에 필요한 지원을 제공하겠다고 천명했다. 그리고 미군이 참전할 경우에도 병력을 파견하여 북한을 돕겠다고 약속했다.[49] 이처럼 스탈린이 김일성의 남침전쟁 제안을 조건부로 승인하고, 최종적으로 마오쩌둥이 동의함으로써 김일성이 추진한 남침전쟁은 논의 차원을 넘어 실행단계에 접어들었다. 스탈린과 마오쩌둥으로부터 남침에 관한 지지와 지원을 약속받고 평양으로 돌아온 김일성은 전쟁준비에 더욱 박차를 가했다.

당시 김일성의 남침 주장에는 소련의 대규모 군사지원에 따른 자신감이 반영되었다. 소련은 북한 주둔 소련군의 철수에 대비하여 특별 군사고문단을 북한에 파견하였는데, 이들은 1949년 1월 말부터 북한 정규군의 전투사단 편성 및 전투훈련 지원과 함께 공군 부대의 지원, 육·해·공 합동기동훈련 실시 과정에서 각종 소요장비를 제공했다. 한편 스탈린은 북한이 선제공격을 하더라도 북한군의 전력이 국군의 전력에 비해 절대적인 우위를 확보하지 못하면 공격을 감행해선 안 된다고 생각하였다. 따라서 그는 1950년 1월 초순과 2월 초순 두 차례에 걸친 김일성의 무기 원조 요청과 지상군 10개 사단 증편 지원요청을 모두 승인하였다. 그 결과 김일성이 모스크바를 방문한 직후였던 1950년 3월부터 6·25전쟁 개시 직전까지 소련제 T-34 전차, 자주포 등 현대식 기동장비와 각종 항공기 등이 북한에 지원되었다.[50]

중화인민공화국의 마오쩌둥도 김일성의 한반도 적화구상을 근본적으로 반대하지 않았다. 단지 시기상조라고 여겼을 뿐, 시기가 도래하면 언제든지 지원하겠다는 생각이었다. 그래서 마오쩌둥은 중국 내전이 끝나지 않아 그 시기가 무르익지 않았음에도 불구하고 가능한 한 지원할 수 있는 것부터 북한에 제공하기로 했다. 우선 1949년 8월부터 중국 공산당 소속 한인 부대 1만여 명을 북한으로 보냈다. 그 후 마오쩌둥은 자신이 바라는 대로 내전의 최종 승리와 소련과의 새로운 관계설정이 모두 이루어진 후 1950년 전반기에 남침전쟁을 동의하였을 뿐만 아니라 지원도 아끼지 않았다.

중국 공산당 수뇌부는 1950년 초에 또 다시 14,000여 명의 한인 병사들을 북한에 인도했다. 중화인민공화국의 이러한 조치는 북한이 소련으로부터 무기와 장비를 지원받고 있지만 가장 중요한 병력이 충분하지 못하다는 판단에서 취해진 것으로서, 마오쩌둥이 소련 방문 중이던 1950년 1월 중순에 내린 지령에 따른 것이었다. 이처럼 중화인민공화국은 1949년부터 다음 해 6·25전쟁 발발 전까지 3개 사단과 2개 연대 병력, 최소 5만 명 이상의 한인 병력과 개인용 화기 등을 북한에 지원하였다. 중화인민공화국의 전폭적인 협조로 입북한 한인들은 주로 조선 인민군 제5, 제6, 제12 사단에 편입되었다. 북한군에 편입된 한인 병력은 개전 초기 동원한 10개 사단, 총 18만여 병력 중 약 3분의 1에 해당한다.[51]

2장

양측의 작전계획과 군사력

북한의 전쟁준비와 공격계획

6·25전쟁 발발 직전 북한군은 총 10개의 보병사단(제1, 제2, 제3, 제4, 제5, 제6, 제10, 제12, 제13, 제15사단)을 보유했는데, 이 중에서 제10, 제13, 제15 사단 등 3개 사단은 1950년 3월에서 6월 사이에 3개의 민청훈련소民青訓鍊所를 근간으로 편성되었다.[1] 제5, 제6, 제12사단은 중국 공산당에서 지원받은 한인韓人 약 5만여 명을 중심으로 편성하였는데, 이는 북한군 전체 병력의 1/3 가량이 중국 국공내전을 경험한 전투경험자였음을 의미한다.

남침 직전 완편된 북한군 1개 보병사단의 규모는 11,000명 정도였다. 1950년 초에 새롭게 증편한 7개 사단(제4, 제5, 제6, 제10, 제12, 제13, 제15사단)에는 예하에 3개 보병연대와 1개 포병연대가 편제되어 있었는데, 이 부대들은 소련제 82mm 및 122mm 박격포, 76.2mm 및 120mm 야포, 45mm 대전차포와 SU-76 자주포 등 전투임무 수행에 필요한 화력과 기동력을 보유하였다.[2] 북한군은 보병사단 외에도 소련이 지원한 T-34전차 200여 대를 제105전차여단과 제103전차연대로 편성하여 대부대 기동훈련을 실시하였으며, 이들을 차후 개시될 남침 공격의 최선두에 투입할 예정이었다.

남침 준비에 박차를 가하던 북한은 정규군 각 부대의 기초 군사훈련으로부터 실전을 앞둔 기동훈련에 이르기까지 모든 훈련을 완료하였다. 소련군 철수 직후에는 소련 군사고문단이 북한에 체류하면서 북한군을 대상으로 공격전투 중심의 부대훈련을 지도하였다. 1949년 7월 이전까지는 사단 및 여단급 부대 훈련을 실시하였으

소련에서 북한으로 반입되는 T-34형 전차, 1950. 3~4 추정

며, 이후에는 군단급 이상 대부대 훈련을 강도 높게 실시했다. 북한군 지휘부는 1950년 3월까지 모든 대부대 야외 기동훈련을 마친 후, 그동안 실시한 훈련결과를 평가하였다. 이 과정에서 부족한 부분은 각 부대별 보충훈련을 통해 보완하고, 1950년 4월부터는 소련이 제공한 각종 신형 무기와 장비를 운용하여 훈련했다.[3]

북한군 총참모부는 1950년 초부터 소련 군사고문단의 지도 아래 기습적인 남침공격을 감행하기 위한 작전계획 수립에 착수하였다. 북한군의 작전계획은 총참모장 강건과 바실리에프Nikolai A. Vasiliev 신임 소련 군사고문단장이 중심이 되어 1950년 5월 29일에 완성했다. 선제타격계획先制打擊計劃이라고 명명된 북한군의 남침계획은 원래 러시아어로 작성된 것을 소련군 출신 북한군 장교들이 한글로 옮겼다.[4] 당시 북한군 총사령부에는 사단급 이상의 대부대 군사작전을 경험한 군사 경력자가 많지 않았기 때문에 북한군 자체적으로 대부대 작전계획을 수립하기는 쉽지 않았다.

김일성은 스탈린의 최종 동의를 얻어 6월 25일을 남침 개시일로 결정했다. 공격개시일에 대해 일부 소련군 군사고문관이 준비부족 등의 우려를 표명했으나, 김일성은 공격개시가 더 늦어질 경우 전쟁준비 관련 정보가 누출될 가능성이 크고, 장마가 시작되는 7월에는 부대기동에 제한될 것이라는 점을 들어 6월말을 선호했다. 공격

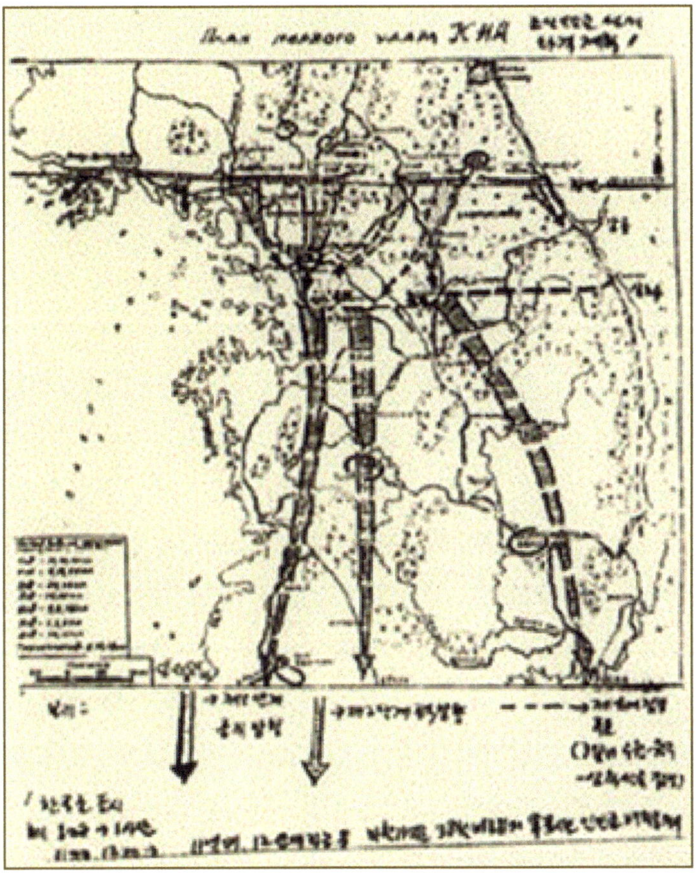

소련 군사고문단의 지도하에 작성된 북한군의 남침을 위한 '선제타격계획'

개시일을 일요일로 선정한 이유는 휴일에는 국군의 경계가 소홀할 것으로 예상하고 기습효과를 극대화하기 위해서였다.[5] 이처럼 북한군의 남침 결정은 김일성과 스탈린이 긴밀히 협의한 끝에 결정되었으며, 작전계획에는 기습공격의 효과를 극대화하기 위한 여러 요소들이 반영되었다.

남한 전 지역을 점령하는 시간을 약 1개월로 산정한 북한군의 선제타격계획에는 3단계로 실시될 군사작전에 필요한 전투 명령서, 부대이동 계획, 병참보급 계획 등이 포함되었다. 이 계획에 따르면 북한군은 공격력을 집중하여 금천~구화리, 연천~철원, 화천~양구 지역 등 세 방향에서 공격을 시작한 이후, 개전 3일 내에 서울 인근에서 국군의 주력부대를 포위 섬멸하려 하였다.[6] 또한 북한군은 계속해서 전과를 확대하면서 남해안까지 진출한 뒤, 미군이 한반도에 도착하기 이전에 남한 전 지역을 점령하려 하였다. 6월 20일, 소련 군사고문단의 결정에 의해 북한 민족보위성

은 선제타격계획을 북한군 각 사단에 하달하였는데, 이때 설정된 단계별 목표는 다음과 같다.[7]

제1단계 : 국군의 방어선을 돌파하고 그 주력을 섬멸하는 단계로서 3일 내에 수도 서울을 점령한다. 대체로 수원~원주~삼척 선까지 진출한다.
제2단계 : 전과를 확대하고 국군예비대를 섬멸하는 단계로 군산~대구~포항까지 진출한다.
제3단계 : 국군을 소탕하고 남해안으로 진출하는 최종단계로 부산~여수~목포를 점령한다.

제1단계 작전에서는 북한군이 보유한 총 10개의 사단급 부대를 2개 공격집단으로 편성하였다. 주공 제1군단은 금천~구화리, 연천~철원에서 38도선을 돌파하여 북으로부터 서울을 압박하며, 조공 제2군단은 화천~양구에서 38도선을 넘어 서울 동측방과 수원 방향으로 우회하여 국군의 주력을 섬멸하고 서울을 점령 및 수원~원주~삼척선을 확보한다는 계획이었다. 그리고 제1군단이 서울을 점령하면 곧바로 재편성을 거쳐 서부축선과 중부축선을 통해 목포~여수 방면으로 진출할 예정이었다. 이에 따라 주공인 제1군단은 제105전차여단(-)의 지원 하에 제3사단과 제4사단을 철원→포천→의정부 축선과 연천→동두천→의정부 축선으로 투입하며, 제203전차연대의 지원 하에 제6사단(-1)과 제1사단을 금천→개성→문산 축선과 구화리→고랑포→문산 축선으로 투입하고, 제6사단 예하 1개 연대로 옹진반도와 김포반도를 공격토록 했다.

한편 조공인 제2군단은 제2사단과 제12사단을 화천→춘천→가평 방향과 양구→홍천→수원 및 원주 방향으로 투입하고, 제5사단을 양양에서 강릉→삼척으로 진출토록 했다. 그리고 제766부대와 제945부대를 동해안의 정동진과 임원진으로 상륙시켜 국군의 후방을 교란한 다음, 장차 부산~마산까지 치고 내려가면서 제2군단의 작전을 지원토록 했다.

제1단계 작전 직후 곧바로 실시될 제2, 제3단계 작전계획은 대한민국의 수도 서울이 점령되면 즉시 대규모 민중봉기가 일어날 것이라는 예상을 전제로 하였다. 북한군 지휘부는 남한에 민중봉기가 일어나면 국군이 조직적으로 저항할 수 없을 것으로 예측하였다. 따라서 제2단계부터는 신속히 전과를 확대하고 국군 예비부대를 격파하면서 군산~대구~포항 선까지 진출하며, 그 이후에는 제3단계로 전환하여 남

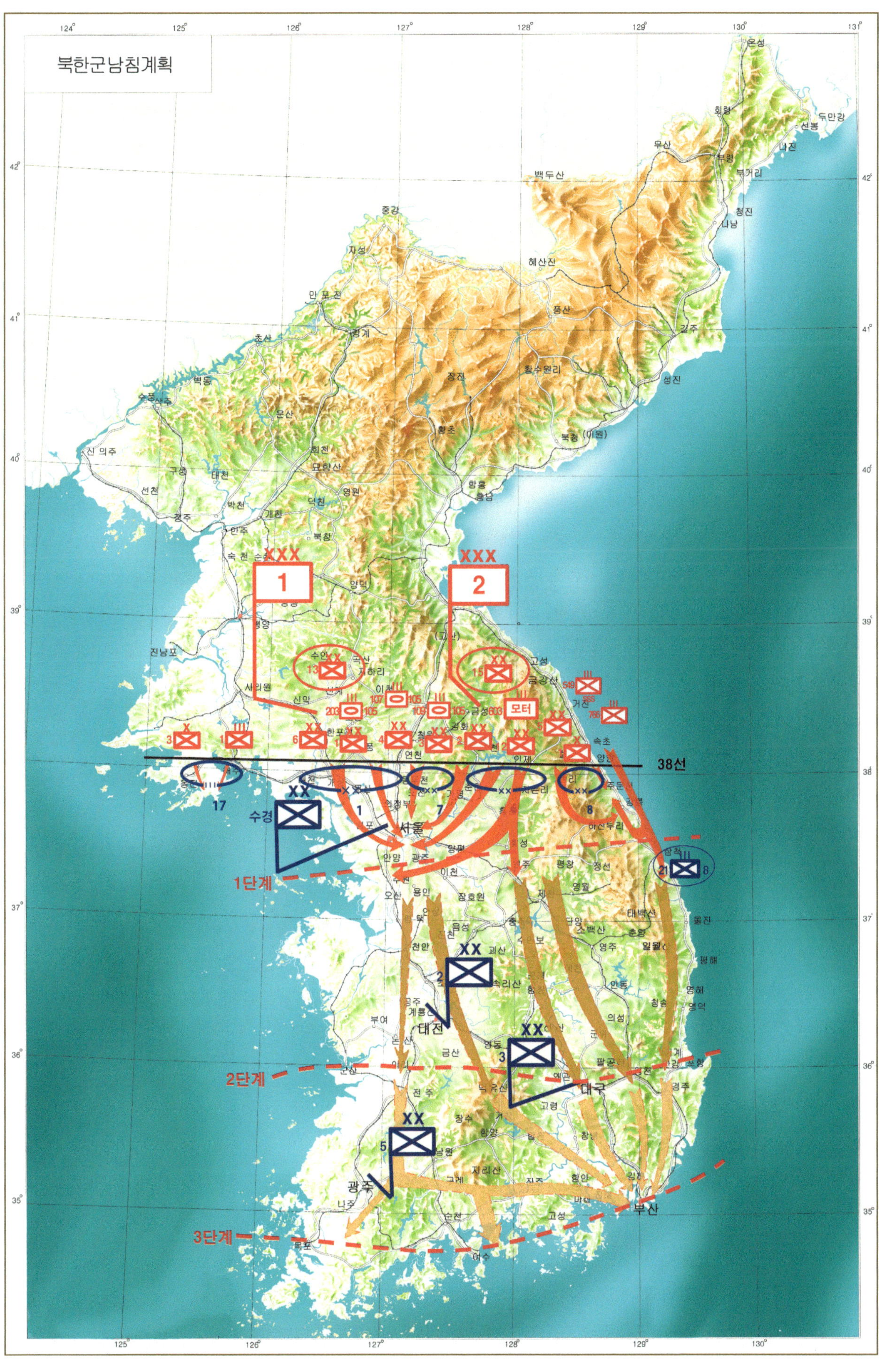

북한군남침계획
38선
1단계
2단계
3단계
서울
대전
대구
부산
광주
수경

은 저항부대를 소탕하면서 부산~마산~여수~목포 선까지 진출하겠다는 계획이었다. 북한군은 제2, 제3단계 작전을 수행하는 과정에서 국군의 저항이 경미할 것으로 판단했기 때문에 미군이 증원되기 이전에 남해안까지 진출하여 남한 점령을 완성할 수 있을 것으로 예상하였다. 따라서 자세하고 구체적으로 부대별 기동로까지 제시한 제1단계 작전과는 달리, 제2, 제3단계 작전에는 인접 부대와의 상호지원을 고려하지 않았으며, 4개의 축선별로 국군을 각개 격파하면서 남해안까지 신속히 진격하도록 계획하였다.

북한군은 1950년 3월까지 대규모 군비증강을 마친 이후, 5월 중순부터는 남침을 위한 부대정비와 이동을 시작했다. 5월 16일부터는 북한 민족보위성과 소련 군사고문관이 남침을 앞두고 북한군에 대한 최종점검에 나섰다. 민족보위성은 북한이 6월 8일에 전방 각 사단장과 여단장을 평양으로 소집하여 극비리에 주요 지휘관 회의를 개최했다. 이 회의의 목적은 남침을 위한 최종 준비태세를 확인하기 위해서였다. 이 회의에서 총참모장 강건은 6월 23일까지 방어를 가장한 공격준비태세를 취하라는 지시를 전군에 하달했고, 이 명령을 실행하기 위하여 북한군을 크게 2개의 군단으로 재편성하였다. 그리고 새로 편성된 군단 통제에 따라 후방에 주둔하던 전투사단들이 38도선 북쪽 10~15km 후방의 공격 출발지점으로 이동했으며, 예비사단도 해당 군단지역으로 이동했다. 한편 동해안에서 선박을 이용하여 국군 후방으로 은밀하게 해상침투 할 제945부대와 제766부대도 배치가 완료됨에 따라 남침을 앞둔 모든 부대 이동이 1950년 6월 23일까지 완료되었다.[8]

남침을 위한 만반의 준비가 계획대로 완료되자, 북한 민족보위성은 전선사령부에 전투명령을 하달했다. 각 사단장에게 하달된 정찰명령 제1호에는 남침 직전 국군 주력부대의 위치를 파악하고, 작전지도를 하기 위한 정찰행동이 포함되었다. 이 명령은 공격부대 정면의 국군부대 상황을 설명하고, 각급 부대가 공격대기 진지에 진입한 이후 공격개시 이전과 공격개시 이후에 단계별로 수집해야 할 정보에 대하여 기술하였다. 한편 부대기동이 완료된 6월 22일에는 전방 공격출발 지점에서 대기 중이던 각 사단에 전투명령 제1호가 하달되었다.[9] 북한군 각급부대는 이 명령서에 명시된 대로 1950년 6월 25일 새벽에 일제히 38도선을 넘어 전면 기습공격을 실시할 예정이었다.

국군의 준비태세와 방어계획

대한민국 정부수립 직후 국방부는 국방 관련 법령의 제정과 국방기구 편성을 통해 국방체제 정비에 착수하였다. 헌법은 대통령의 국군통수권을 규정하였으며, 국군 통수체계는 대통령을 정점으로 국방부 장관, 국군 참모총장, 육군·해군·공군 총참모장으로 서열화 되었다. 정부조직법과 국군조직법에 근거하여 국방장관은 육군, 해군, 공군에 대한 군정軍政 업무와 대통령이 부여하는 군령軍令 관련 직무를 수행하였다. 미국의 합참의장에 해당하는 국군 참모총장과 연합참모회의가 설치되는데, 연합참모회의는 육군과 해군의 작전, 용병과 훈련에 관한 중요사항을 심의하는 기구였다. 각 군에 대한 국군 참모총장의 군령권 행사는 각 군 총참모장을 통해서 이루어졌다. 육군과 해군의 총참모장은 국군 참모총장의 명을 받아 각 군 본부와 예하부대를 지휘 감독했다.[10]

6·25전쟁 발발 당시 국군의 편성과 조직은 전투에 적합한 편제가 아니라 평시 부대관리를 고려한 편제였다. 전국에 배치된 육군 8개 사단을 중간에서 지휘 및 통제하는 전투사령부나 군단 등 중간조직이 없이 육군본부가 곧바로 사단으로 연결되는 지휘구조였다. 이는 북한군의 지휘구조와 큰 차이가 있었다. 북한은 전쟁지도본부에 해당하는 민족보위성과 실제 작전수행을 담당하는 군단 사이에 전선사령부를 설치하였으며, 전선사령부와 사단 사이에도 군단을 설치하여 작전통제의 효율성을 기했다.[11] 그러나 국군은 군단을 편성하지 않았기 때문에 육군본부가 직접 예하부대를 지휘 및 통제하기에 부담스러웠으며, 또한 작전지휘도 제대로 이뤄지지 않았다.

6·25전쟁 발발 당시 육군 지휘부는 미 군정이 운영한 군사영어학교 출신이거나 육군사관학교를 거쳐 임관한 일본군, 광복군, 중국 국민당군 출신의 지휘관과 참모들이 핵심을 이뤘다. 국군 각 부대의 지휘관은 대부분 실전 경험이 부족했는데, 이들이 실전에서 전투지휘 경험을 쌓은 것은 제주 4·3사건과 국군 제14연대 반란사건의 진압, 그리고 북한이 남파한 공비 및 유격대 토벌작전이 고작이었다.

건군 초기에 국군 지도부는 군 조직 내부에 심각할 정도로 침투하여 활동 중이던 좌익세력에 위협을 느꼈으며, 이들을 색출하여 제거하는 문제가 골칫거리로 대두되었다. 국방경비대 창설 당시 미 군정은 군대 내부에 파벌이 형성될 것을 우려한 나머지 국방경비대 지원자들에 대한 신원조사를 생략하였는데, 이로 인해서 각 연대별로 진행된 모병과정에 좌익으로 활동하던 자들이 대거 입대하였다. 이처럼 미 군정의 안일한 조치 때문에 국방경비대 내부로 침투한 좌익세력은 군을 뿌리째 뒤흔드는 사건을 구상하기도 했다. 그 결과 숙군肅軍은 대한민국 정부수립 직후 국군의 핵심 현안으로 부상하였는데, 1948년 10월 19일에 발생한 국군 제14연대의 반란은 대대적 숙군의 계기가 되었다. 제14연대 반란사건 직후 시작된 숙군을 통해 1949년 7월까지 당시 육군 병력의 약 5%에 해당하는 총 4,749명이 제거되었으며, 이를 통해 군내 좌익세력 처리는 일단락되었다.[12] 만약 이 시기에 대대적 숙군이 단행되지 않았다면 향후 국군 조직 및 예하부대의 작전수행에 큰 차질을 가져왔을 것이었다.

북한이 남침을 위한 준비에 박차를 가하고 있을 무렵, 국군도 장차 전쟁발발 상황을 고려하여 작전계획을 수립하였다. 국군의 작전계획은 북한이 1950년 초에 38도선에서 전면적인 공격을 가해올 것이라는 1949년 말 육군본부 정보국의 종합 정보보고에 의거하여 1950년 1월말 경에 완성되었다.[13] 국군의 작전계획은 기본적으로 북한을 침공하기 위한 공격계획이 아니라, 북한군이 공격을 가해왔을 때 이를 현 전선에서 격멸하겠다는 내용을 골자로 하는 수세적 방어개념에 기초하였다. 국방부는 1950년 3월 25일 경에 육본 작전명령 제38호를 확정하고, 이를 예하 부대에 하달하여 시행토록 지시하였다. 이에 따라 육군의 각 사단도 1950년 5월초부터 부대별 작전계획을 수립하였다.[14] 각 사단의 방어계획은 육군 단독의 방어선 점령을 위한 기본

국방장관과 미 군사 고문단KMAG의 사열을 받고 있는 국군 제6사단, 1949

계획이 핵심이었으나, 이와 더불어 수립되어야 할 화력계획, 장벽계획, 역습계획 등의 지원계획은 완성되지 않았다.

국군의 방어계획은 육군 총참모장이 주관하여 작성하였으며, 비교적 세밀하게 작성된 것이 특징이었다. 또한 해군과 공군도 육군이 작성한 기본 방어계획에 따라 각자의 작전계획을 수립했다. 육군 총참모장이 수립한 작전계획의 주요 내용은 적의 주공이 철원→의정부→서울 축선을 지향할 것이라고 판단하고, 이에 따라 의정부 지구를 중점으로 방어지대를 구성하며, 적의 공격을 진전에서 격파하여 38도선을 확보하는 것이었다. 또한 만일 국군이 38도선에서 적의 침공을 저지하지 못할 경우, 즉시 한강 이남으로 전략적 후퇴작전을 감행하며, 더 나아가 한강선, 대전선, 낙동강선에서 지연전을 전개하겠다는 계획도 포함되었다.

육군본부 작전명령 제38호는 전방과 후방 방어계획을 포함하였다. 전방부대의 작전계획은 방어중점을 의정부 정면에 두며, 제1선 전방 방어지대에 3개의 방어선을 설정하였다. 1950년 초에 육군은 전체 8개 사단, 23개 연대를 보유하고 있었다. 그 중 전방에 배치된 부대는 제1, 제6, 제7, 제8사단 등 4개 사단과 제17연대였다. 그런데 전방에 배치된 부대도 자체안전을 고려하여 병력을 종심으로 배치하였는데, 종심 배치로는 38도선 전체 방어는 물론이고, 주요 도로에 대한 방어조차 어려웠다.[15] 방어병력을 제1선 부대와 예비대 등 2개 제대로 편성하여 단계적으로 방어작전을 실시함으로써 적의 공격을 저지, 격퇴한다는 개념이었다. 38도선을 담당하는 전방부대는 적의 침공에 대비하여 38도 선상의 경계진지, 주저항선, 최후저항선 등 3단계 전투지대로 구분하여 축차적인 전투를 벌이도록 계획했다.[16]

북한군 남침 도발 당시, 38도선에 배치된 국군 부대의 위치와 임무는 다음과 같다.[17] 먼저 옹진반도는 제17연대가 담당하였는데, 방어정면이 45km에 달한 이 지역은 38도선 때문에 남쪽의 육지와 차단되어 있어 후방과의 교통을 해로海路에 의존했다. 서울의 북방 관문 개성~문산~고량포 지역의 약 90km 정면은 제1사단(제11, 제12, 제13연대, 제6포병대대)이 방어하였다. 제1사단은 국지도발에 대한 방어개념으로부터 정규전에 대비할 수 있도록 문산→봉일천→서울 축선상에 전투력을 집중 운용한다는 방어계획을 가지고 있었다. 중부지역의 철원 정면은 제7사단(제1, 제9연대, 제8포병대대)이 담당하고 있었으며, 적의 주공 방향으로 판단된 경기도 의정부 일대를 경계하였다. 방어정면의 거리는 적성에서 일동에 이르는 47km에 달했다. 춘천과 인제

정면은 제6사단(제2, 제7, 제19연대, 제16포병대대)이 담당하였는데, 방어정면은 춘천 정면 명지산에서 관대면까지 약 90km에 달했다. 동해안의 강릉방면은 제8사단(제10, 제21연대, 제18포병대대)이 담당하고 있었으며, 방어정면은 제6사단 우측 관대리에서 동해안에 이르는 약 26km였다.

6·25 전쟁 발발 당시 후방 예비사단으로는 수도경비사령부, 제2, 제3, 제5사단 등 총 4개 보병사단이 있었다. 각 예비사단의 임무는 평시에는 예비대로 있다가, 전쟁이 발발하면 육군본부의 명령에 따라 북한의 주요 접근로로 판단되는 문산 및 의정부 축선의 방어임무를 맡고 있는 전방사단에 대한 증원 및 역습을 실시하는 것이었다. 수도경비사령부는 김포, 인천지구를 포함한 수도권 지구의 방어를 준비하다가, 명령에 따라 적의 주공 진출로에 배치된 제1사단과 제7사단을 지원할 예정이었다. 제2, 제3, 제5사단은 전쟁이 발발하면 신속히 서울로 집결하여 서울 주변지역에 진지를 구축하고 적의 침투를 적극 방지하는데, 제2사단은 춘천~의정부 지구를, 제3, 제5사단은 문산~의정부 지구를 지원하고, 명령에 따라 공격을 위한 역습을 실시할 예정이었다. 한편 육군본부 직할부대인 기갑연대는 전쟁 발발 시 경원선 철원 이남지역과 서울 동남지역에 대한 수색임무를 수행할 예정이었다.[18]

이처럼 후방에 배치된 예비사단의 평시와 전시 임무는 명확하게 규정되어 있었지만, 실제로는 이 작전계획대로 한 번도 예행연습을 하지 않았다. 왜냐하면 국군은 창군 이래 지속적으로 38도선에서 발생하는 북한군의 도발에 대처해야 했을 뿐만 아니라, 후방지역의 무장공비와 유격대 토벌을 위한 작전에도 동원되느라 부대별로 체계적인 교육훈련을 실시하지 못했기 때문이었다. 한편 육군본부가 예하부대에 교육훈련의 지침이 포함된 교육각서를 최초로 하달한 시기는 1950년 1월이었다. 이 문서가 하달된 직후부터 각급 부대가 부대단위 훈련을 실시하였으나, 육군 전체 66개 보병대대 중 대대급 훈련을 마친 부대는 16개 대대에 불과했다.[19]

국군과 북한군의 병력, 무기 및 장비 비교

6·25전쟁 발발 직전 국군의 병력과 장비는 북한군에 비해 현저하게 열세였다. 북한군은 남침 직전까지 육군 총 10개 보병사단, 해군 3개 위수사령부, 공군 1개 비행사

▶ 접근로별 피아 병력 비교[20]

접근로	국군		북한군		비율
	병력	부대	병력	부대	
문산→서울	9,715명	제1사단	21,000명	제1사단(11,000명), 제6사단(-1)(8,000명), 203전차연대(2,000명)	1:2.2
의정부→서울	7,211명 (실병력: 4500명)	제7사단	32,000명	제3사단(11,000명), 제4사단(11,000명), 제13사단(6,000명), 105전차여단(-1)(4,000명)	1:4.4 (1:7.1)
화천→춘천 인제→홍천	9,112명	제6사단	36,938명	제2사단(10,838명), 제12사단(12,000명), 제15사단(11,000명), 독립전차연대(1,100명), 제603모터싸이클연대(2,000명)	1:4.1
양양→강릉	6,866명	제8사단	17,000명	제5사단(11,000명), 제766부대(3,000명), 제549부대(3,000명)	1:2.5

단 등 전투준비를 완료한 강력한 전투력을 갖췄다.

남침 직전 198,380명을 보유한 북한군 병력은 105,752명을 보유한 국군의 약 두 배였다. 전방 방어지역에서의 아군 방어부대 병력과 적의 38도선 전개부대 병력을 비교한 피아 병력 비율은 주공방향인 철원→의정부→서울 축선은 1:4.4였고, 개성→문산→서울 축선은 1:2.2였다. 조공방향인 화천→춘천과 인제→홍천 축선은 1:4.1이었고, 양양→강릉 축선은 1:2.5로 국군이 북한군에 비해 열세였다. 더욱이 개전 당일에 38도선 경계부대의 전체 병력 중 3분의 1 가량이 외출한 것을 고려한다면, 실제 병력 격차는 훨씬 컸다. 특히 북한군 주공이 밀어닥친 국군 제7사단 정면에서 방어작전 수행 중이던 국군 부대의 병력 규모는 북한군의 1/7에 불과했다.[21]

피아의 무기 및 장비의 격차도 컸다. 북한군은 국군이 보유하지 않은 전차, 특히 신형 소련제 T-34 전차를 대량 보유하였으나, 국군은 적 전차를 파괴할 수 있는 대전차화기와 항공기를 공격할 대공화기가 없었다. 국군이 보유한 57mm 대전차포나 2.36인치 로켓으로는 북한이 보유한 신형 전차를 제압할 수 없었다.

포병을 포함한 화력장비 면에서도 북한군이 국군을 압도했다. 북한군은 122mm 신형곡사포를 비롯해 총 552문의 곡사포와 120mm 박격포를 포함한 총 1,728문의

▶ 남북한 군사력 비교[22]

구분		국군	북한군
육군	병력	경장비 사단 : 8개 (21개 연대) 독립 연대 : 1개 기타 지원부대 등 합계 : 94,974명	중장비 사단 : 7개 (30개 연대) 예비 사단 : 3개 전차 여단 : 1개 기타 기계화보병 연대, 38경비대, 특수 부대 등 합계 : 182,680명
	궤도차	장갑차 : 27대	T-34 전차 : 242대 장갑차 : 54대 SU-76자주포 : 176문
	곡사포	105mm M3 : 91문 (3문은 사용불가)	122mm : 172문 76mm : 380문
	박격포	81mm : 384문 60mm : 576문	120mm : 226문 76mm : 1,142문 61mm : 360문
	대전차 화기	57mm 무반동총 : 140정 2.36인치 로켓포 : 1,900문	45mm : 550정
	대공 화기	없음	85mm : 12문 37mm : 24문 14.5mm 기관총 : 다수
해군	병력	7,715명	4,700명
	함정	경비정 : 28척	경비정 : 30척 해안포 : 다수
공군	병력	1,897명	2,000명
	항공기	L-4 : 8대 L-5 : 4대 T-6 : 10대 합계 : 22대	YAK-9 IL-10 IL-2 기타 등 합계 : 210대
해병	병력	1,166명	9,000명
총계	**병력**	**105,752명**	**198,380명**

박격포를 보유하였으나, 국군 보유 장비는 105mm 곡사포 91문과 81mm, 60mm 박격포 등 960문이 고작이었다. 국군이 보유한 장비 수량은 북한군에 비해 곡사포의 경우 1:8.2, 박격포의 경우 1:2.4에 불과했다. 북한군은 또한 모터싸이클 연대와 같은 기동부대까지 갖추고 있었다. 항공기 부문에서도 국군은 연락용과 훈련용 연습기 22대 뿐이었으며, 전투기는 1대도 보유하지 못했다. 이에 비해 북한은 항공기 총 211대를 보유하고 있었으며, 그 중 전투기는 170대나 되었다.[23]

북한군의 무기와 장비는 대부분 소련이 제공했으며, 작전 예비분량까지 확보된 상태였다. 반면 국군의 무기와 장비는 모두 주한미군이 철수하는 과정에서 남기고 간 것들이며, 대부분 제2차 세계대전에 사용되던 노후장비였다. 그마저도 수리부품을 포함한 미국의 군사원조 보급이 제한되어 전체 장비의 15% 가량은 작동할 수 없었다. 국군이 보유한 차량의 수량 역시 장비 편제표의 52%에 불과했다. 8개 사단 전체가 보유하고 있는 차량은 총 1,566대였고, 직할부대의 보유 차량은 약 1,200대였는데, 차량의 가동율은 40%에 불과했다.[24]

개전 직전 국군의 준비태세

1949년 말부터 대한민국 정가政街에는 조만간 북한군이 남침할 것이라는 소문이 널리 퍼져 있었다. 전쟁발발 가능성에 관한 소문은 그 후로도 끊이지 않아서 1950년 초에 들어오면서 '2월 위기설', '3월 위기설', '4월 위기설' 등으로 이어졌다. 각종 위기설이 제기되자 국방부가 긴급히 대응책을 강구했다.[25] 육군본부는 자체 수집한 정보와 북한 출신자의 증언을 토대로 북한군 병력과 장비에 관한 최신 현황을 파악하였다. 이에 따라 전방에 배치된 4개 사단과 1개 연대에 방어계획 수립을 지시하고, 후방에 배치된 3개 사단의 전방 투입계획도 수립하였다. 그러나 당시 전방부대가 선방어에 근거하여 배치되었기 때문에 종심 방어력이 부족했다. 그렇다고 해서 태백산, 오대산 등지에서 활동하면서 국민의 생활을 심각하게 위협하는 후방의 공비토벌 작전을 중지할 수도 없었다.

한편 '위기설'이 제기되자 육군 총참모장(채병덕 소장)은 북한군의 동향과 국내정세를 고려해 4월부터 6월까지 세 번에 걸쳐 경계강화 조치를 취하고, 비상경계령을 하달하였다. 이와 더불어 육군본부는 취약한 38도선의 남측 방어시설을 강화, 보완하기 위한 건의서를 국회에 제출하여 정부 차원의 대책도 요구하였다. 당시 38도선 상의 아군 방어진지는 적의 곡사화기로부터 병력 및 장비를 보호할 수 있는 시설이 부족했으며, 특히 적의 전차 공격에 대비하여 주요 접근로에 대전차 지뢰 등 장애물이 준비되지 않았다.[26]

그런데 육군 총참모장은 비상경계령이 실시되는 동안 적의 특별한 징후가 발견되지 않자 6월 23일 자정을 기해 비상경계령을 해제하였다. 실제로 이 시기는 북한군 전투부대가 38도선 북쪽의 공격대기지점에서 최후의 공격개시 명령을 기다리고 있었기 때문에, 비상경계령을 해제한 육군 수뇌부의 결정에 대해서는 훗날 문제가 제기되기도 했다. 당시 육군본부 상황실에는 비상경계령 해제 직후 국군 제7사단으로부터 북한의 전면공격이 임박한 것으로 보이며, 수 시간 이내에 전쟁이 발생하게 될지도 모른다는 등의 첩보가 보고되기도 했다. 하지만 육군 총참모장은 비상경계령 해제를 지시하고, 구체적 정보 확인을 위해 정보국 요원을 포천, 동두천, 개성 등지로 파견하는 조치만 취했다.

약 2달 이상 지속되던 비상경계령이 해제된 이후 첫 번째 토요일이던 6월 24일에는 각급 부대에서 그동안 중지하던 외출 및 외박을 허용했고, 농번기까지 겹쳐 많은 장병들이 주말을 이용하여 부대를 빠져나갔다. 심지어 38도선을 경계하는 전방부대에서도 약 1/3에 해당되는 병력이 자리를 비웠으며, 부대 내에 남아 있던 장병들도

▶ 6 · 25 전쟁 발발 당시(1950. 6. 25) 육군 각 부대 지휘관[27]

구분	계급	성명	연령	보직일	재직기간
수도경비사령관	대령	이종찬(李鍾贊)	34세	1950. 6. 14	10일
제1사단장	대령	백선엽(白善燁)	30세	1940. 4. 22	2개월
제2사단장	준장	이형근(李亨根)	30세	1950. 6. 10	15일
제3사단장	대령	유승열(劉升烈)	59세	1950. 3. 10	3개월
제5사단장	소장	이응준(李應俊)	60세	1950. 4. 22	2개월
제6사단장	대령	김종오(金鍾五)	29세	1950. 6. 10	15일
제7사단장	준장	유재흥(劉載興)	29세	1950. 6. 7	18일
제8사단장	대령	이성가(李成佳)	28세	1950. 6. 23	2일
제17연대장	대령	백인엽(白仁燁)	27세	1948.11. 20	19개월

긴장이 풀린 상태였다. 이처럼 육군본부 정보국 등에서는 북한의 침략위협을 비교적 정확하게 인지했음에도 불구하고, 국방부와 육군의 지휘부가 이에 대한 구체적 대책을 마련하지 못함으로써 개전 초기의 혼란을 가중시켰다.

한편 북한군의 남침을 불과 2주 정도 앞둔 상태에서 육군 고위 지휘관의 인사이동이 이뤄졌다. 6월 10일에 실시된 육군 지휘관 인사이동에서는 육군의 작전을 주관하는 작전교육국장과 전방에 배치된 4개 사단 중 제6, 제7, 제8사단 등 3개 사단의 사단장이 교체되었다.[28] 또한 6월 10일자로 임명된 신임 사단장들 중에는 임명날짜보다 늦게 임지에 부임하여, 개전 당일까지 사단에 도착하지 않은 지휘관도 있었다. 전방 사단장 중 유일하게 유임된 제1사단장(백선엽 대령)도 참모학교 교육으로 인해 부재중이었다. 설상가상으로 6월 24일 밤에는 오랫동안 미뤄온 육군회관 개관 연회에 참석하기 위해 육군의 주요 직위자가 근무지를 떠나 서울에 집결하였다. 북한군 각 부대가 지형정찰을 마치고 대한민국을 적화하기 위해 38도선 북쪽에서 공격명령을 기다리고 있을 때, 육군 총참모장을 비롯한 고위 장교들과 전방 주요 지휘관들이 연회에 참석하느라 육군의 지휘계통에 사실상의 공백상태가 발생한 것이다. 북한의 김일성이 치밀하게 준비한 완벽한 기습공격에 대한민국이 무방비로 노출되고 말았다.

3장

개전과 초기전투

북한군의 기습 남침과 국군의 대응

1950년 6월 25일 일요일 새벽 04:00, 북한군의 기습 남침이 시작되었다. 38도선을 따라 배치되어 있던 북한군 포병부대가 남쪽을 향해 공격 준비사격을 개시했다. 이어서 북한군 기동부대가 서쪽 옹진반도로부터 동쪽으로 개성, 전곡, 포천, 춘천, 양양에 이르는 38도선 전역에서 국군의 방어진지를 향해 전면 기습공격을 시작했다. 북한 공군의 야크YAK 전투기는 서울 상공까지 침투하여 김포 비행장을 폭격하고, 시가지를 향해 기총소사하고, 유격대와 육전대陸戰隊가 동해안을 따라 아군 후방에 상륙하여 국군 부대의 배후로 기동할 예정이었다.

6월 25일 새벽에 시작된 북한군의 전면공격은 1949년 중반 이후 38도선에서 국지적으로 진행되던 소규모 무력충돌과는 규모와 양상 면에서 큰 차이가 있었다. 이날 공격은 38도선에 배치되어 있던 여러 경비여단과 7개 정규 보병사단, 1개 전차여단, 다양한 특수부대로 구성된 약 11만여 명의 병력과 1,600문이 넘는 각종 화기, 그리고 150여 대의 전차까지 동원한 대규모 무력도발이었다.

북한군이 선제타격계획에서 추구한 목표는 크게 두 가지였다. 첫 번째 목표는 38도선 상의 국군 방어선을 신속하게 돌파하여 대한민국의 수도 서울을 조기에 점령하는 것이고, 두 번째 목표는 국군의 주력을 한강 이북에서 섬멸하는 것이었다.[1] 시간적으로는 첫 번째 목표가 달성된 직후, 거의 동시에 두 번째 목표를 달성하려 하였다. 북한군은 서울을 점령함과 동시에 국군의 주력을 섬멸함으로써 조기에 전쟁을 종결시킬 수 있을 것이라고 기대하였다.

▶ 개전초기 북한군의 부대별 공격방향 및 목표(서울 방면)

구분	제1군단				제2군단	
	제6사단	제1사단	제4사단	제3사단	제2사단	모터사이클 연대
			제105 전차여단			
공격 방향	개성→김포 (영등포)	문산→서울 서쪽 (수색)	동두천→서울 북쪽 (수유리)	포천→서울 동쪽(상봉동)	춘천→한강 이남(하남)	홍천→수원
목표	한강 이남 포위	서울 서측 점령	서울 북측 점령	서울 동측 점령	한강 이남 포위	수원 이남 포위
비고	2차 양익포위 (한강이남)	1차 양익포위 (한강이북)			2차 양익포위 (한강이남)	2차 퇴로 차단(수원)

북한군은 주공 제1군단을 개성~철원 방면에 투입하여 대한민국 수도를 집중 공격하였다. 제1, 제6사단(-)은 제105전차여단의 제203전차연대와 제206기계화연대의 지원을 받아 개성에서 서울 방면으로 공격하고, 제3, 제4사단과 제105전차여단(-)은 연천, 철원 일대에서 의정부를 거쳐 서울로 공격하였다. 북한군 조공인 제2군단은 제2, 제12사단이 춘천 및 인제 방면으로 공격하고, 이후 서울 동남측과 원주 방면으로 진격하려 하였다. 또한 여러 특수부대들의 지원을 받은 제5사단은 동해안 도로를 따라 공격하였다.[2]

북한군의 기습공격을 받은 38도선 일대의 국군 부대는 즉시 전투태세에 돌입하고, 전방지역 주둔 부대는 출동준비를 갖췄다. 그러나 주말을 맞이하여 많은 병력이 외출 및 외박을 나갔기 때문에 개전 당시 전선에 출동 가능한 병력은 많지 않았다. 또한 부대의 일부가 공비토벌 작전 등으로 후방에 배치된 상황이라서 각 부대 지휘관은 가용한 병력만 우선 투입하여 압도적인 전투력을 앞세워 밀고 내려오는 적과 맞서야 했다.

38도선의 국군 방어진지에서는 밀려오는 적 부대와 아군 사이에 치열한 접전이 전개되었다. 아군이 미처 준비태세를 갖추기도 전에 방어진지에 밀어닥친 것은 T-34 전차와 SU-76 자주포였다. 당시 국군은 전차를 보유하지 않았으며, 적의 전차를 격파할 수 있는 대전차무기도 없었다.[3] 평소 전차에 익숙하지 않았던 국군 장병은 아군 방어진지를 신속하게 돌파하는 적 전차에 두려움을 가졌으며, 이러한 두려

초기작전 개관
(1950. 6. 25 - 6. 28)

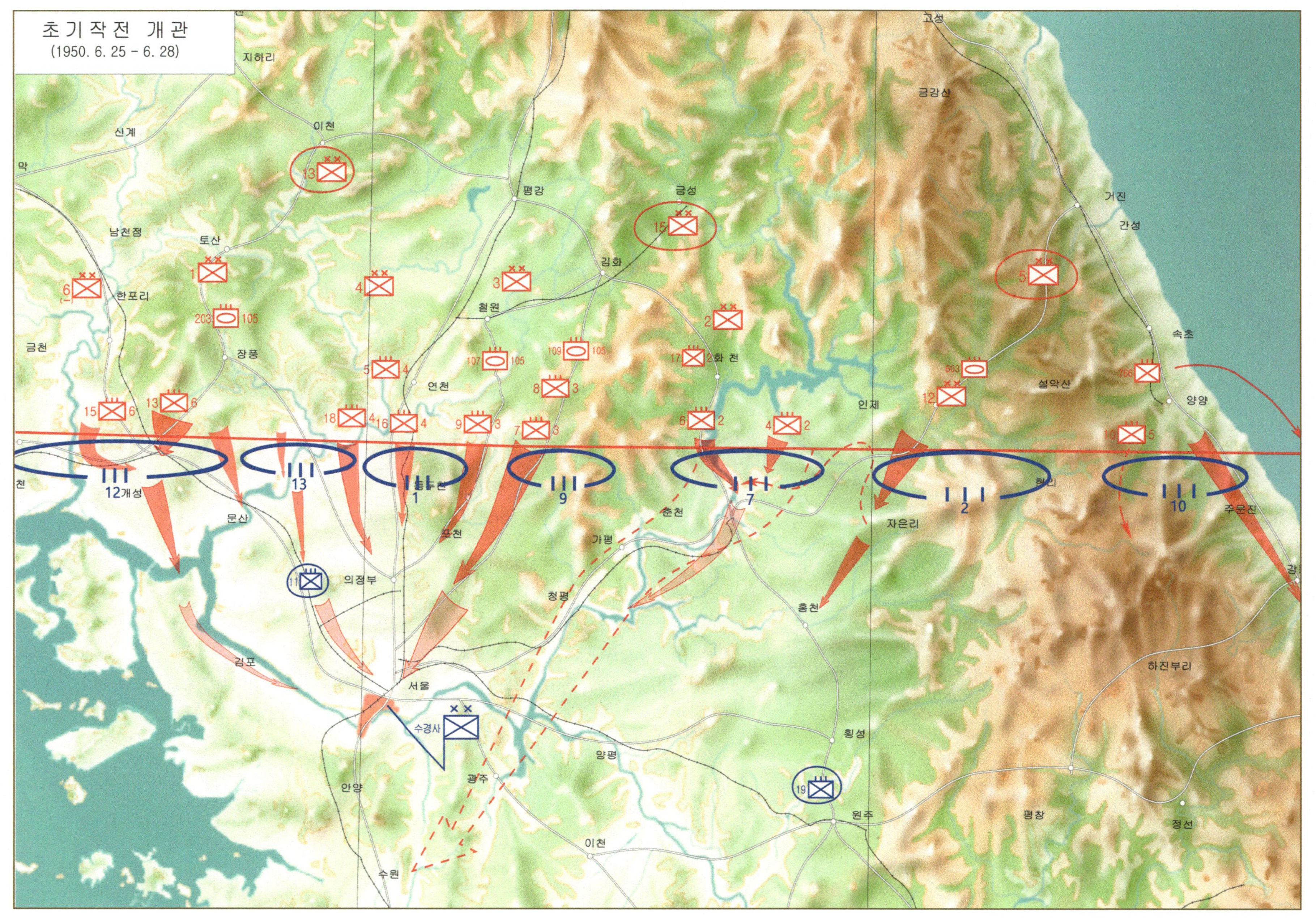

움은 점차 전차에 대한 공포감으로 발전하였다. 그렇다고 해서 모두가 두 손 놓고 있지는 않았다. 2~3명이 특공조를 이루어 휘발유 병이나 수류탄, 박격포탄을 들고 적 전차를 향해 달려 들었다.

육군본부 상황실은 전방사단에서 급박한 상황을 보고하는 전화와 이에 따른 조치로 정신을 차릴 수 없을 정도였다.[4] 개전 당일 이른 아침에 적의 남침 사실을 보고 받은 육군 총참모장 채병덕 소장은 즉시 비상을 발령하고, 신성모 국방부장관을 직접 찾아가 전쟁 발발 상황을 보고했다. 북한군의 남침상황이 전파되면서 전군에 비상소집이 시작되었지만, 장병들의 부대 복귀는 신속하게 이루어지지 않았다. 서울을 비롯한 주요 도시의 거리에는 방송 차량이 장병들의 부대 복귀를 독촉했고, 사람들이 많이 모인 극장과 운동장에도 비상사태를 알리는 방송이 울려 퍼졌다. 그 사이 국군 부대의 전방진지는 막강한 전투력을 앞세워 불법 남침을 감행한 북한군에 의해 점령되고 있었다.

전쟁 초기 38도선 부근 전투

남침을 시작한 북한군은 압도적인 전투력을 앞세워 국군의 38도선 일대 방어진지를 돌파하고자 했다. 북한군의 기습공격에 당황했던 국군은 열세한 병력과 장비에도 불구하고 옹진, 개성·문산, 동두천·포천, 춘천·홍천 그리고 강릉지역에서 결사적인 방어전을 전개했다.

옹진반도에서는 국군 독립 제17연대가 1개 연대로는 감당하기 힘든 45km의 넓은 정면에 대한 방어임무를 수행 중이었다.[5] 6·25전쟁 발발 이전에도 옹진 지역에서는 국군과 북한군 사이에 국지적 충돌이 자주 발생했지만, 국군은 그때마다 위기상황을 잘 극복해왔다. 그러나 반도라는 지리적 특성 때문에 전면공격을 받게 될 경우 제17연대는 해상으로 철수할 예정이었다.

6월 25일, 옹진을 공격한 북한군 부대는 제6사단 제1연대와 38경비 제3여단 등 2개 연대 규모였다. 전투력이 우세한 적으로부터 기습을 받은 제17연대는 초전부터 악전고투했다. 곧 주저항선이 동서로 양분되자 제17연대장(백인엽 대령)은 그 지역을 더 이상 지탱할 수 없다고 판단해 해상철수를 단행키로 했다. 그 후 지연전을 전개하면서 연대본부와 직할대 및 제3대대는 부포항에서 6월 26일 오전 해군 함정 편으로 철수했다. 한편 제1, 2대대와 연대 직할대 낙오병들은 사곶항에서 민간 선박을 이용하여 철수했다. 이어서 그들은 6월 27~28일 사이에 인천을 경유, 수원으로 집결하자 육군본부가 이들을 직접 통제하였다.[6]

개성에서 문산을 거쳐 서울에 이르는 접근로에는 국군 제1사단이 청단으로부터 고랑포에 이르는 약 94km의 넓은 정면에서 방어임무를 수행하고 있었다. 제1사단은 제12 및 제13연대를 전방에 배치하고, 제11연대를 예비로 수색에 배치하였다. 당시 제1사단은 방어정면이 너무 넓어서 적의 전면적 공격이 시작될 경우 임진강 남안의 방어진지에서 고수방어를 수행하고, 이것이 불가능하면 남쪽 예비진지로 철수한다는 계획을 세워두고 있었다.[7]

국군 제1사단 지역에서는 제203전차연대(-1)의 지원을 받는 북한군 제1사단과 제6사단(-)이 공격하여 남침 당일 임진강과 한강변까지 남하했다. 국군 제1사단장(백선엽 대령)은 38도선 진지에서 철수한 부대들을 임진강 남쪽의 주저항선에 배치하는 한편, 예비연대를 증원하여 방어선을 강화했다. 그리고 제12연대의 주력이 임진강 철교를 건너 철수한 후에는 그 교량을 폭파하라고 명령했다. 그러나 명령 전달과정의 혼란과 준비 부족으로 인해 임진강 철교 폭파는 실패하였다.

당시까지 국군 제1사단은 적의 공격을 받아 적지 않은 피해를 입었다. 그럼에도 불구하고 제1사단은 천연 장애물인 임진강변에 주저항선을 편성해 그곳에서 적을 격퇴하겠다는 의지로 적과 맞섰다. 6월 26일 적 전차가 출현하자 제13연대 제1대대장은 대전차 특공조를 편성해 이를 격퇴하며 적의 진출을 지연시켰다. 그때 육본의 조치에 따라 지원부대가 속속 사단에 도착했다. 증원부대로 인해 전투력이 증강되자 힘을 얻은 제1사단장은 역습을 감행해 주저항선의 취약점을 보완하기로 했다.[8]

그러나 이 무렵 사단 우측의 제7사단이 철수함으로써 우측방이 완전히 노출되었고, 정면에서는 적 전차가 계속 공격해 오자 점차 전황이 불리하게 전개되었다. 이와 같은 상황에서도 제1사단장은 봉일천 북쪽의 최후저지선으로 철수하여 적의 진출을 저지할 방법을 강구하였다. 하지만 6월 28일 새벽에 한강교가 폭파됨에 따라 퇴로가 차단된 제1사단은 어쩔 수 없이 한강을 도하하여 철수에 나서지 않을 수 없었다. 그 후 제1사단은 행주나루 등에서 한강을 도하하였으며, 시흥으로 이동한 직후 전열을 가다듬고 다시 한강 방어선에 투입되었다.[9]

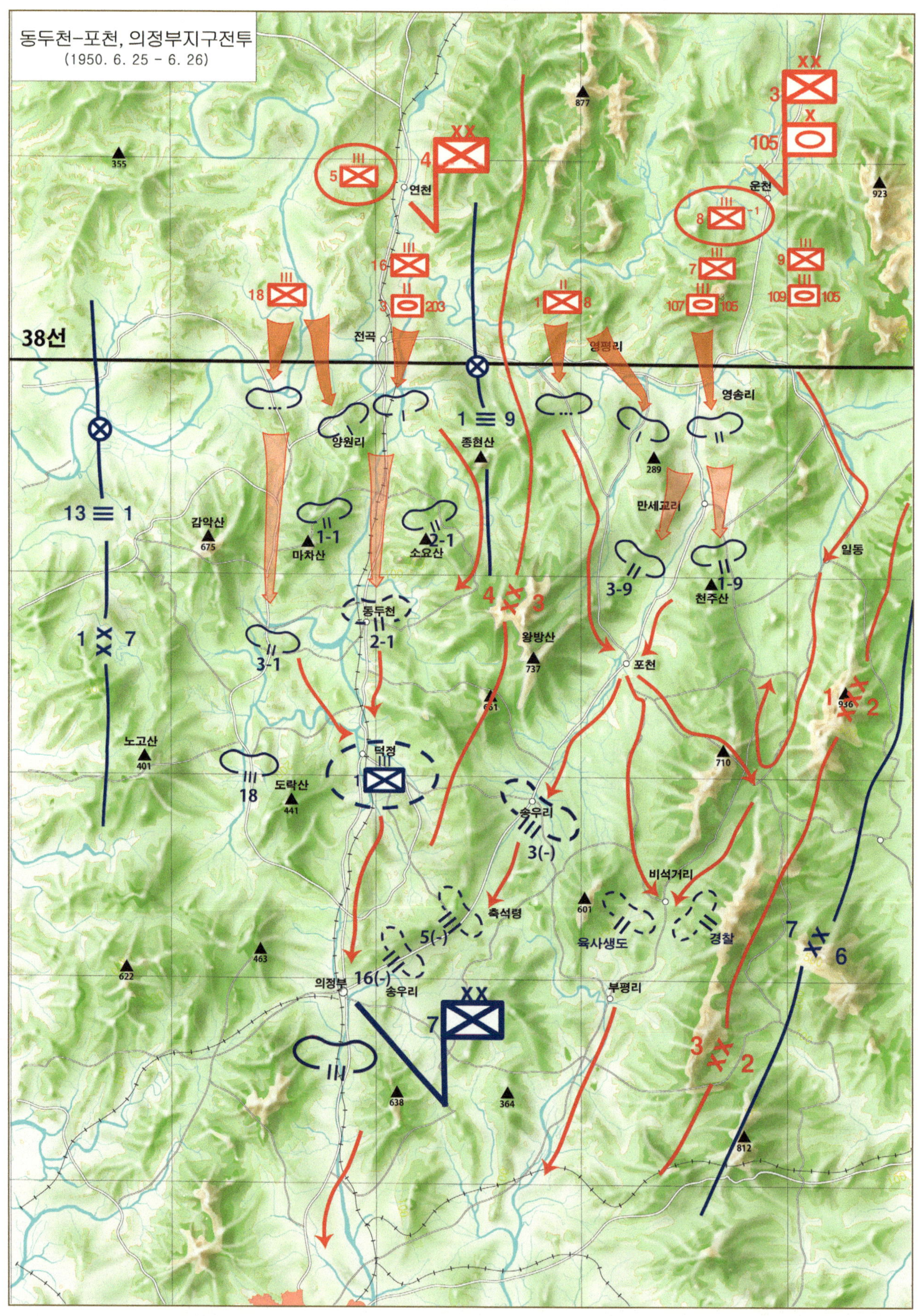

동두천-포천, 의정부지구전투
(1950. 6. 25 - 6. 26)
38선
연천
전곡
운천
영평리
영송리
양원리
종현산
만세교리
감악산
마차산
소요산
동두천
왕방산
포천
천주산
일동
노고산
도락산
덕정
송우리
비석거리
축석령
육사생도
경찰
의정부
송우리
부평리

의정부 지구 전투

북한군은 서울에 이르는 최단 접근로인 동두천 · 포천→의정부→서울 축선에 주공인 제4사단과 제3사단, 제105전차여단(-)를 투입하였다. 적의 주공이 투입된 동두천과 포천지역에는 국군 제7사단이 38도선에서 경계임무를 수행하고 있었는데, 동두천 정면에는 제1연대, 포천 정면에는 제9연대가 배치되었다.

국군 제7사단은 적의 공격이 시작되자 경계부대가 적의 공격을 저지하는 동안, 감악산~천주산을 연하는 주방어진지에 사단 주력을 투입하여 방어선을 구축할 계획이었다. 하지만 국군 제7사단의 병력이 투입준비를 마치기도 전에 북한군 제4사단이 동두천을, 그리고 제3사단이 포천을 점령함에 따라, 국군 제7사단은 혼선만 거듭하며 계속 철수하였다. 개전 첫 날 북한군이 동두천과 포천을 장악하는데 결정적인 역할을 한 것은 각 축선에 약 40여대가 투입된 전차였다. 국군 제7사단은 외출과 외박 등으로 방어병력이 부족했을 뿐만 아니라, 적의 선두에서 밀고 내려오는 전차를 저지할 수 있는 수단이 없었다.

서부전선의 상황이 절체절명의 위기에 처하자 육군본부는 개전 당일에 수도경비사령부, 육사 생도대대 등 재경지역 부대를 의정부 방면에 투입하였다. 또한 후방에서 출동한 대전의 제2사단, 대구의 제3사단, 광주의 제5사단이 서울에 도착하자마자 이들도 무작정 의정부 정면에 배치토록 지시하였다. 그런데 전선 상황을 파악하기 위해 의정부 전선을 순찰한 육군 총참모장(채병덕 소장)은 전체적인 전황을 파악하지 못했으며, 특히 일부에서 제기한 조기철수 후 한강방어선 구축 주장을 묵살하였다. 또한 그는 후방에서 출동한 부대들이 어떤 상태인지도 제대로 파악하지 않은 채, 이들을 막무가내로 의정부 전면에 축차 투입하라고 지시하였다. 갑작스럽게 출동한 부대들은 대부분 기존의 사단과 연대 지휘체계가 유지되지 않았으며, 그 결과 이들에게 유기적, 체계적 방어작전을 기대하기는 어려웠다.

그런데 육군본부의 결정에 의해 6월 26일 아침에 국군 제7사단이 덕정→동두천 방향, 제2사단이 의정부→포천 방향으로 예기치 않은 역습을 실시하였고, 국군 제7사단이 일시적으로 동두천 외곽 일부를 점령하기도 했다. 하지만 국군 부대의 무모한 역습은 오히려 의정부 외곽의 아군 방어선에 약점을 노출하였으며, 포천 방면에 대한 역습이 실패한 이후 곧바로 적 전차부대가 방어선이 무너진 의정부로 진입하고 말았다. 이처럼 의정부가 적에게 점령되자, 동두천으로 공격했던 국군 제7사단의 퇴로가 차단되었고, 뿔뿔이 흩어져서 철수해야 했다. 이처럼 서울에 도달하기 직전의 관문인 의정부는 6월 26일 오후에 북한군 제3, 4사단과 제105전차여단(-)에 의해 점령되었다. 의정부를 장악한 적 제3사단은 일부를 퇴계원을 거쳐 서울 동북쪽 방면으로 진격시켰으며, 이곳을 방어하던 육사 생도대대와 경찰대대를 돌파하고 계속 남하하였다.

전체적으로 서부전선의 전황, 투입된 북한군의 전투력과 아군부대의 실정을 제대로 파악하지 못한 육군 지휘부의 전술적 식견 부족으로 의정부 정면에서 국군이 펼친 방어작전은 실패로 끝나고 말았다. 전투준비가 부족한 상태에서 강력하게 밀고 내려오는 적을 막기 위해서 축차적으로 투입된 국군 부대들은 또 다시 철수하지 않을 수 없었다.

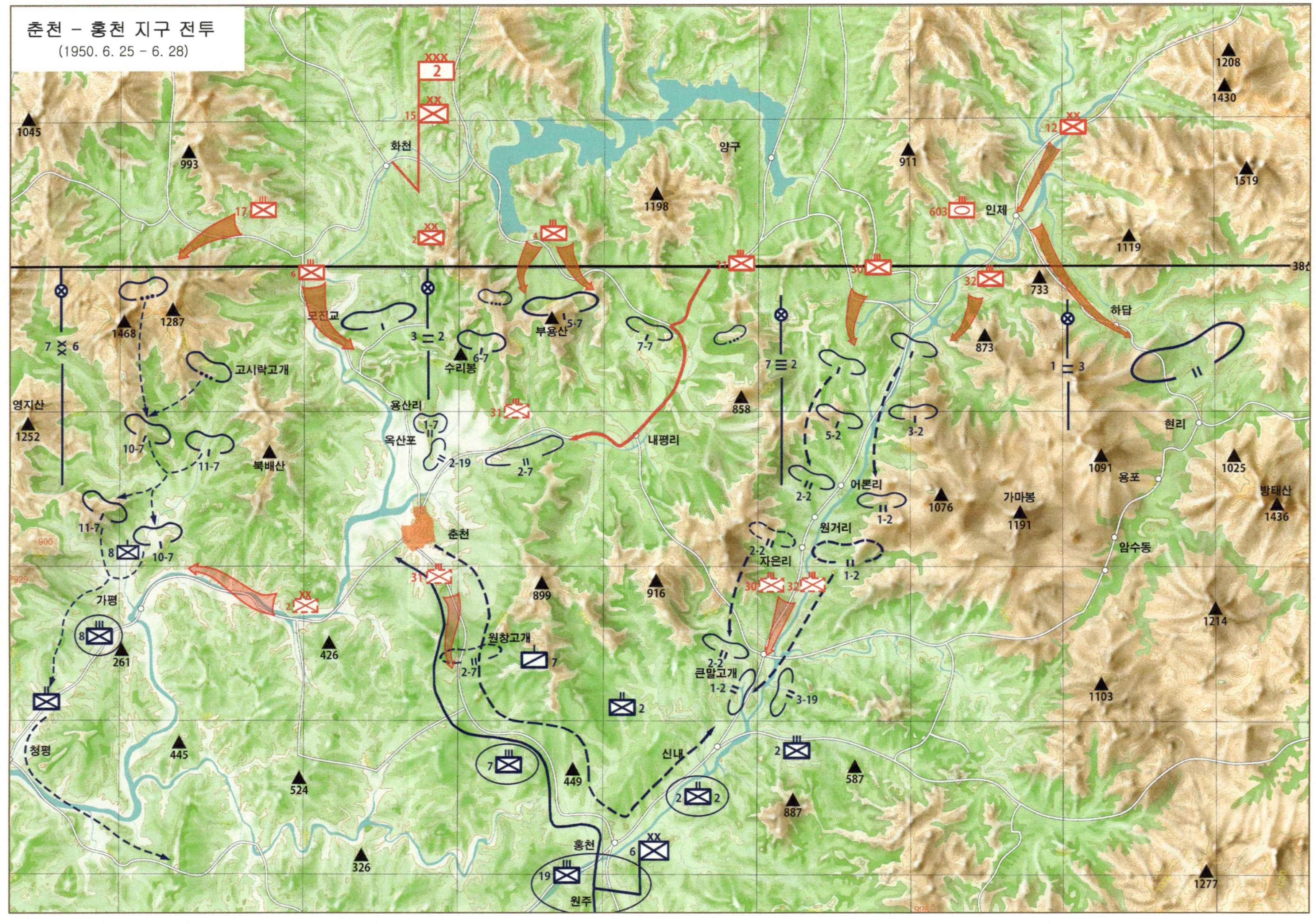
춘천 - 홍천 지구 전투
(1950. 6. 25 - 6. 28)
화천
양구
인제
하답
현리
용포
암수동
방태산
가마봉
어론리
원거리
자은리
큰말고개
신내
홍천
원주
내평리
부용산
수리봉
용산리
옥산포
춘천
원창고개
모진교
고시락고개
북배산
영지산
가평
청평
38선

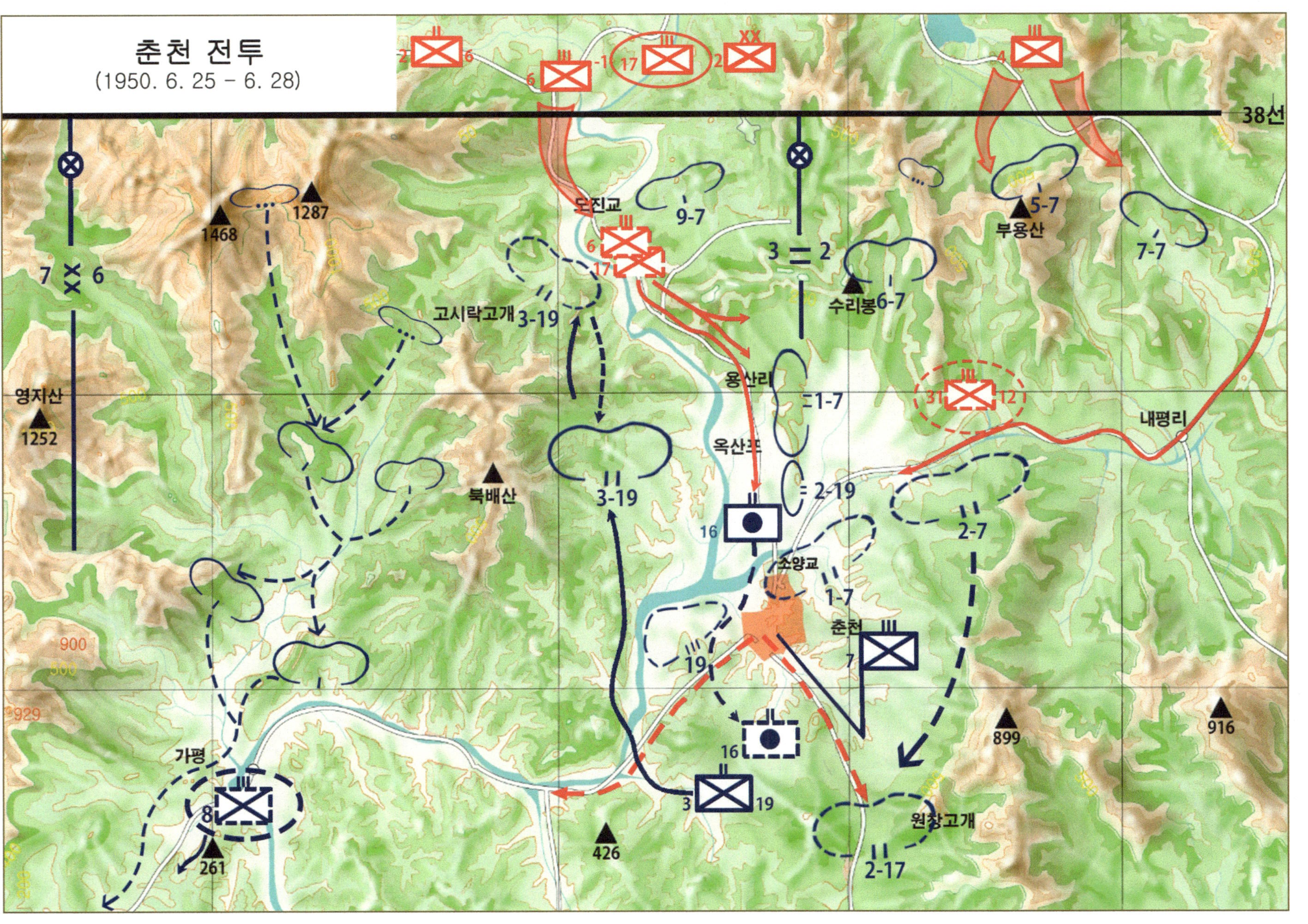
춘천 전투
(1950. 6. 25 – 6. 28)
38선
영지산
1252
1468
1287
고시락고개
3-19
북배산
3-19
도진교
9-7
용산리
1-7
옥산포
2-19
16
소양교
1-7
춘천
7
19
16
3
19
426
가평
8
261
수리봉
6-7
부용산
5-7
7-7
내평리
2-7
899
916
원창고개
2-17

춘천·홍천 전투

중부전선과 동부전선을 담당한 북한군 제2군단은 제2사단을 화천→춘천 방향으로, 제12사단을 인제→홍천 방면에 투입하여 신속하게 춘천을 거쳐, 수원 북쪽으로 진격할 계획이었다. 반면, 중동부전선에서 방어작전을 펼치고 있던 국군 제6사단은 춘천에 제7연대를, 제2연대를 인제 방면에 배치하였으며, 예비인 제19연대를 원주에 집결시켜 적의 공격에 대비하였다. 중부전선에 투입된 북한군 제2군단의 총 병력이 약 35,000여명이었으나, 이 지역을 방어하는 국군 제6사단은 고작 9,300여명에 불과했고, 무기와 장비 역시 북한군에 비해 국군이 크게 열세였다. 다만 국군 제7연대는 적의 전면공격 징후를 감지하고, 적의 접근로에 대전차진지를 구축하고, 주방어진지를 보강하는 등 방어준비에 박차를 가했다.

SU-76 자주포를 앞세우고 남진하던 북한군 선두부대를 저지하기 위해서는 북한강 상의 교량인 모진교를 폭파해야 했으나, 국군 경계부대가 모진교 폭파에 실패하였다. 그 결과 제7연대 북쪽 방어선이 일시에 무너졌으나, 다행히 제7연대 제1, 2대대가 우두산 일대에 배치되어 급편 방어선을 편성하였다. 또한 대전차포중대 제2소대장(심일 중위)의 활약과 제16포병대대의 효과적 사격으로 적의 선두부대의 진격을 저지하였다. 이후 적 제2사단은 반복적으로 우두평야 일대에서 정면공격했으나, 아군 포병의 정확한 포격에 많은 피해를 입었다. 한편 인제 방면에서는 북한군 제12사단이 홍천 방면으로 공격하자, 국군 제2연대는 최초 주방어진지에서 적의 공격을 저지하려다가 곧 퇴로 차단을 우려하여 신남 일대로 철수하여 제2방어선을 구축하였다.

개전 첫날 소양강 도하에 실패한 북한군 제2군단은 6월 26일 아침부터 소양강 도하를 시도하였으나, 심일 중위가 지휘하는 대전차포 소대가 적 자주포 3대를 추가로 파괴하였고, 제16포병대대의 효과적 대응으로 또 다시 적을 격퇴하였다. 이처럼 춘천에서의 공격이 지연되자, 북한군 제2군단은 홍천 방향으로 공격하던 제12사단의 일부를 춘천에 투입하였다. 하지만 북한군은 6월 26일에도 소양강을 도하하지 못했으며, 추가병력까지 투입한 6월 27일에도 하루 종일 막대한 피해를 입으면서 소양강 도하에만 집착하였다.

6월 28일 오전에 제6사단장(김종오 대령)은 육군본부로부터 서부전선 붕괴 소식을 접수하고, 점차 철수하면서 중부전선에서 지연전을 전개하라는 명령을 수령하였다. 이에 따라 제6사단장은 춘천 일대의 모든 예하부대에게 철수 명령을 하달하였다. 철수 과정에서 제2연대 특공대원들은 성산 인근 말고개에서 수류탄과 화염병으로 적 자주포 10여 대를 파괴하는 전과를 거두었다. 중부전선에서 성공적으로 적의 공격을 저지한 국군 제6사단은 6월 28일부터 원주 방향으로 철수하면서 지연전을 병행하였다.

국군 제6사단이 춘천과 홍천에서 3일 이상 적 제2군단의 진출을 저지하는 동안 서부전선에서 철수한 국군 주력부대는 다행스럽게 한강 방어선을 형성하였다. 만약 북한군의 최초 계획대로 춘천 정면이 돌파되고 적 제2군단 선두부대가 수원 북쪽까지 진격하였다면, 서부전선에서 철수한 국군의 주력은 또 다시 섬멸의 위기에 몰렸을 것이었다. 춘천에서 적 제2군단의 진격을 3일 이상 저지한 국군 제6사단의 승리가 빛나는 순간이었다.

동해안지역 방어를 담당한 국군 제8사단은 예하의 제10연대를 38도선에 배치하고, 제21연대는 예비로 삼척에 배치하였다. 적이 남침할 경우 사단은 38도선에서 적을 격멸하고 강릉을 고수할 계획이었다. 그러나 6월 중순, 적 게릴라 토벌작전을 위해 각 연대에서 1개 대대를 차출했기 때문에 38도선에서 적이 공격할 경우 투입할 수 있는 병력은 4개 대대가 전부였다. 반면 북한군은 제5사단과 38경비 제1여단을 정면에 투입하였으며, 제945부대 및 제766부대를 정동진과 임원진 등에 해상 침투시켜 후방에서 협공했기 때문에 제8사단은 매우 불리한 상황이었다.[10]

북한군이 공격을 시작하자 전방에 배치된 제10연대는 제대로 방어를 못한 채 적에게 밀렸다. 제8사단장(이성가 대령)은 압도적인 규모의 적에 의해 정면이 돌파되고 후방 해안에 적이 상륙했다는 보고를 받자 즉시 육군본부에 증원을 요청하였다. 그러나 육군본부는 서부전선의 상황이 긴급하므로 지원하기 어렵다고 통보하였다. 이후 상황이 급격히 악화되자 제8사단장은 전방에서 철수한 제10연대와 삼척의 제21연대를 강릉으로 이동시켜 강릉을 확보하기로 결심하였다. 그런데 북한군 제945부대가 7번 도로를 차단하고 있었기 때문에 남쪽에서 강릉으로 이동하던 제21연대는 7번 도로를 포기하고 내륙 산악도로를 이용하여 사단 본부와 합류하였다.[11]

이후 제8사단장은 적정과 가용병력, 지형 등을 고려하여 적과 무모하게 대결하기보다는 일단 전투력을 보존 및 재편성하기로 결심하고, 6월 27일에 대관령을 넘어 내륙으로 철수했다. 이어서 대관령 서쪽 횡계리 일대에서 부대를 수습한 제8사단장은 예하부대 전투력이 건재한 것을 확인한 이후 강릉 탈환을 위한 반격을 결심했다. 그러나 아군 공격부대가 강릉을 향해 공격을 시작할 무렵, 육군본부에서 원주로 이동하라는 명령이 하달되었다. 이에 따라 제8사단은 공격을 멈추고 다시 대관령을 넘어 원주 방향으로 철수하였다.

이와 같이 옹진, 개성, 고랑포, 전곡, 포천, 화천, 춘천, 양양을 잇는 38도선 전역에서 국군의 방어진지를 기습적으로 공격한 북한군은 전투력에서 국군을 압도했다. 중과부적이었던 국군 부대들은 불과 3일 만에 수도 서울을 포함한 중요한 방어지역을 거의 대부분 북한군에게 빼앗긴 채 뿔뿔이 흩어져 후방으로 철수할 수밖에 없었다. 초기전투에 임한 국군은 인원과 장비, 교육 및 훈련 면에서 정규전을 수행할 수 있는 능력이 부족했다. 특히 북한군이 전면에 앞세운 전차에 대한 대비가 부족했던 것은 치명적인 약점이었다.

서울 실함失陷과 한강교 폭파

6월 26일 13시경, 북한군이 의정부를 점령하자 서울 북방이 적에게 노출되었다. 전방에서 철수한 국군 제7사단장(유재흥 준장)은 창동을 중심으로 도봉산~수락산을 연결하는 새로운 방어선 구축에 나섰다. 그러나 6월 27일 오전, 아군이 미처 방어진지를 편성하기도 전에 40여 대의 전차와 자주포로 증강된 적이 공격을 가해오자 국군 부대는 창동을 포기하고 미아리와 태릉 일대로 분산 철수하였다. 그 무렵 제5사단장(이응준 소장)이 미아리 일대에서 새로운 방어진지 편성을 지휘하고 있었다. 그곳에서 부대를 수습한 제7사단은 제5사단과 함께 정릉~미아리~청량리를 잇는 미아리 방어선을 구축하고, 두 부대가 방어지역을 동서로 나누어 적의 공격을 최대한 저지하려 하였다.[12] 이 방어선마저 무너지면 대한민국의 수도가 적에게 노출되는 절체절명의 위기였다.

6월 27일 밤, 폭우가 쏟아지는 가운데 적의 공격이 재개되었다. 야간이었지만 전차를 앞세운 적은 미아리 삼거리에 설치된 장애물을 쉽게 통과한 뒤, 길음교를 거쳐 서울 도심으로 진출했다.[13] 적 전차가 시내로 진입한 사실을 알지 못한 채 미아리 방어선을 지키고 있던 국군 장병들은 6월 28일 날이 밝은 후 적 후속부대 공격에 의해 분산 철수하였다. 미아리 방어선이 붕괴됨에 따라 서울을 방어하기 위한 최후 방어선이 사라졌고, 이후 서울 시가지는 적에게 무방비로 노출되었다. 시내 곳곳에 차량과 목책을 이용하여 긴급하게 장애물을 설치하였으나, 이들의 효과는 크지 않았다. 전쟁 발발 이전에 국군 지휘부가 구상한 방어계획에는 서울 시내에서의 시가전은 포함되어 있지 않았다. 6월 28일, 북한군이 서울을 장악하였다.

한편 북한군이 서울에 진입하던 6월 28일 새벽, 육군본부의 지시에 의해 한강의 모든 교량이 폭파되었다. 당시 한강에는 5개의 교량(이촌동~노량진 사이에 한강 인도교와 세 개의 철교, 광나루에 광진교)이 있었으며, 수도권 내에서 남북으로 연결되는 도로는 모두 이 교량을 통과하였다. 따라서 서울에 진입한 북한군을 한강 이남으로 진출하지 못하게 하기 위해서는 반드시 이들 교량을 파괴해야 했다. 한강교 폭파의 근본 목적은 적의 한강 이남으로의 진출을 차단하는 것이었다. 그러나 한강교 폭파에 따른 부작용 역시 심각했다. 한강 이북에서 철수명령을 받지 못한 채 적과 싸우고 있던 국군 주력부대의 퇴로가 차단됨으로써, 국군 총병력의 절반 가량이 분산되어 행방이 묘연했다. 게다가 인도교에 유입된 피난민에 대한 통제가 이뤄지지 않은 상태에서 교량이 폭파됨에 따라 많은 인명피해가 발생했다. 뿐만 아니라 한강 이북에 남겨진 중장비와 차량, 그리고 곡사포, 박격포, 기관총 등과 같은 무기도 대부분 유기되었다. 따라서 교량이 폭파된 시기를 둘러싸고 훗날 문제가 제기되기도 했다.[14] 한편 한강교 폭파는 미처 피난하지 못한 채 서울에 남아있던 시민들에게도 큰 충격이었다. 그들은 이후 아군이 서울을 수복할 때까지 3개월간 적 치하에서 고통을 겪어야 했다.

초기전투 분석

개전 초기부터 북한군은 국군과의 정면대결을 시도했으며, 이를 통해서 국군을 섬멸하고 단기간에 서울을 점령하여 전쟁을 신속하게 종결하고자 했다. 압도적인 전투력을 앞세우고 전면공격을 개시한 북한군이 사용한 전술은 전형적인 일점양면전술一點兩面戰術과 양익포위, 정규전과 비정규전의 배합, 제병협동 전술 등이었다.

북한군은 38도선에서 공격을 개시할 때부터 연대 단위로 공격목표와 공격방향을 부여하였다. 주공부대가 전차의 지원을 받아 국군의 방어선을 정면으로 공격하여 아군의 주력을 견제하거나 돌파하는 사이, 다른 연대는 아군 방어진지의 측후방을 우회하여 포위하거나 측방을 타격하였다. 정면돌파와 측방 우회를 배합하여 아군의 주력을 포위, 섬멸하려는 일점양면전술에 바탕을 둔 북한군의 작전개념은 병력, 장비, 화력, 기동력 면에서 열세한 국군을 상대로 큰 성과를 거두었다.

이와 더불어 북한군은 남침 개시와 동시에 대규모 유격대를 동해안에 상륙시켜 정규전과 비정규전의 배합을 시도하였다. 북한군 유격부대는 태백산맥, 소백산맥 일대에 침투하여 활동하고 있던 기존 게릴라 및 공비와 합류한 이후 국군의 후방 병참선을 교란 및 차단하였다. 또한 일부 게릴라 부대는 포위망의 일부를 담당하는 등 정규전에 가담하기도 했다. 남로당계 지하세력의 봉기에 큰 기대를 걸었던 북한군 지도부는 남한에서 활동하고 있는 좌익세력이 후방에서 봉기하여 활동한다면 '2주 이내에 남한을 완전히 해방'시킬 수 있다고 장담하기도 했다.[15]

중국 공산군 출신의 전투 경험자가 장교와 사병의 다수를 차지하던 북한군 일부 부대는 초기 전투에서 대담하고 독특한 전술을 구사하였다. 팔로군 출신의 북한군 제6사단장은 개전 당일 1개 연대를 열차에 태워 개성 시내까지 투입하여 아군의 허를 찔렀다. 춘천 방면에서는 북한군 제2사단 예하 부대가 피난민 또는 국군으로 가장한 편의대便衣隊를 빈번하게 아군의 배후로 침투시켜 아군의 배치상황 등에 대한 정보를 수집하는 동시에 후방을 교란하였다. 또한 춘천 남쪽의 원창고개 전투에서는 적의 수차례 정면공격을 아군이 지속적으로 막아내자, 적이 백기를 들고 투항을 가장하여 아군 진지를 접근하는 대담한 전술을 구사하였다. 이처럼 북한군 부대는 국공내전과 항일 빨치산 전투 등에서 실전 경험을 쌓은 이들이 주도하여 대담한 공격 전술을 구사하였다.

그러나 북한군은, 초기전투에서 거둔 압도적 승리에도 불구하고, 몇 가지 문제점을 노출하였다. 북한군 주공 제1군단은 개전 초기 3일 동안 예하 부대의 명확한 주공 방향을 명시하지 않았다. 즉, 모든 부대가 서울을 점령하기 위해 질서 없이 남진하다 보니, 주공부대 내에서 공격 우선순위와 기동방향 등이 정해지지 않아 자체 내에서 혼란을 겪었다. 그 결과 북한군 공격부대는 불필요할 정도로 분산되었으며, 인접부대와 상호협조도 이뤄지지 않는 경우도 있었다. 또한 전차를 지나치게 중시한 나머지 다수의 전차를 불필요한 곳에 분산시키는 경우도 많았다.[16]

북한군은 6월 28일 새벽에 서울을 성공적으로 점령하였으나, 서울 점령 직후부터는 별다른 전투 활동에 나서지 않았다. 북한군 제3사단과 제4사단의 선두부대는 서울 시내에 돌입한 직후, 시가지에서 국군 방어부대의 격렬한 저항에 직면하였다. 하지만 이들은 전차를 앞세우고 아군의 방어선을 돌파하였으며, 주요 도로와 관공서 등 거점을 통제함으로써 사실상 6월 28일부터 서울을 통제하기 시작했다. 그런데 북한군은 한강 인도교가 파괴되어 퇴로가 차단된 국군 부대에 대한 추격이나 도하 저지에 적극적이지 않았으며, 한강 남안을 중심으로 모습을 드러낸 국군의 한강 방어선 형성도 방해하지 않았다. 만약 이 시기에 수영이나 나룻배를 이용해서 한강을 도하해야 했던 국군 장병을 북한군이 체계적으로 도하 저지 및 추격 등을 실시했더라면, 퇴로가 차단된 아군 병력의 상당수가 한강 남쪽으로 이동하는 것 자체가 불가능했을 것이다.

초기 전투에서 북한군이 범한 가장 중대한 과오는 조공을 담당한 제2군단에서 시작되었다. 원래 북한군 제2군단은 춘천을 조기에 점령한 이후 서울 동측방과 원주로 기동하여 전과를 확대하고, 특히 서울 동측방으로 기동하는 부대는 신속하게 수원 북쪽으로 기동하여 서울에서 철수하는 국군 주력부대의 퇴로를 차단하는 임무를 수행할 예정이었다. 그러나 이 지역에서 국군 제6사단이 6월 28일까지 성공적으로 방어작전을 펼침에 따라 적 제2군단의 서울 동측방 진출 및 국군 주력의 퇴로 차단은 시도조차 되지 못했다. 북한군의 조공 부대가 국군 제6사단의 방어에 가로막혀 정해진 시간에 맞춰 기동하지 못했기 때문이었다. 그 결과 북한은 전쟁 초기에 달성하고자 했던 두 번째 목표였던 국군 주력 섬멸에 실패하였다. 개전 초기 북한군은 서울을 조기에 점령하여 대한민국을 붕괴 위기에 몰아넣는데 성공하였으나, 최초에 의도하였던 국군 주력 섬멸에 실패했기 때문에 절반의 성공 밖에 거둘 수 없었다.[17]

북한군의 기습 남침이 시작되자마자 38도선 상의 아군 방어진지는 돌파되었고, 이후 국군은 서울을 적에게 넘겨주기 전까지 제대로 된 방어작전을 실시하지도 못한 채 후퇴를 거듭하였다. 개전 초기에 국군이 기대에 미치지 못하는 작전을 펼쳤던 것은 병력과 장비, 무기를 포함한 전반적인 전투력 부족, 부대별 체계적인 교육훈련 부족, 실전경험이 부족한 지휘부의 미숙한 작전지도와 무능, 그리고 북한군의 공격을 간파하지 못한 정보체계의 실패 등의 다양한 이유에서 기인하였다.

북한의 남침을 승인하고 이를 실행에 옮길 수 있도록 적극적으로 군사력을 지원했던 소련과 달리, 국군에 대한 미국의 소극적 군사지원은 결국 6·25전쟁 초기 국군의 전투력 저하를 초래하였다. 광복과 대한민국 정부수립을 전후하여 미국은 한반도의 전략적 가치를 낮게 평가했으며, 그 결과 대한민국에 대한 군사지원도 소극적이었다. 결국 소련의 적극적 지원을 받는 북한과의 군사적 격차는 더욱 커졌다.

그리고 북한군의 공격부대가 전차에 의존하여 공격작전을 수행했다는 점을 감안할 때, 국군이 적의 전차를 저지할 수 있는 대전차포와 같은 효과적인 수단을 갖추지 못한 것 역시 문제였다. 대전차포가 부족했더라도, 각 부대별로 대전차 장애물을 설치하거나 혹은 체계적인 전차 파괴훈련을 실시하였더라면, 개전 초기에 전차에 의해 야기된 혼선과 공포를 조금이나마 줄일 수 있었을 것이다. 개전 당시 국군은 전국 각지에 병력을 분산 배치하여 각종 경계 및 게릴라 토벌작전 등 과중한 임무를 수행하고 있었다. 그 결과 정규작전 수행에 필요한 부대교육 및 훈련에 집중할 수 있는 시간을 갖지 못한 부대가 많았다. 일부 부대는 중대 및 대대급 훈련을 완료하였으나, 이들마저도 상급 및 인접부대와의 협조나 제병 협동작전은 생각조차 못하고 있었다.[18]

한편 개전 당시 경계태세가 허술했던 국군은 북한군에게 기습을 허용했으며, 이후에도 신속한 방어태세 구축에 실패했다. 국군은 1950년 6월 초부터 본격화된 북한의 위장평화공세에 대비하여 6월 11일에 전군 비상경계령을 실시하였는데, 이것이 6월 24일 00:00에 해제되었고, 그날 오후부터는 주말을 맞아 일선 병력의 절반이 외출, 외박, 휴가 등으로 부대에서 이탈한 상태였다. 그런데 국군 제7사단과 제6사단의 전방 경계진지와 관측소에서는 적 공격부대의 38도선 집결 징후를 간파 및 포착하였으며, 이를 상급부대와 육군본부까지 보고하기도 했었다. 하지만 당시 국군 지도부는 이와 같은 북한군의 공격 임박 징후를 무시하였으며, 급기야 무방비 상태에서 기습을 허용하였다. 달리 말해서, 국군이 기습을 당한 이유는 북한군의 위장전술이 성공한 것도 있지만, 아군 지휘부의 방심과 이완도 빼놓을 수없는 요소였다.

초기 전투에서 국군이 어려움을 겪었던 또 다른 이유는 육군본부를 비롯한 국군 지휘부의 작전지휘와 전쟁지도가 미숙했기 때문이었다. 당시 국군의 고위 지휘관 및 지도자는 대부분 정규전을 수행할 만한 군 생활 경험이나 군사 경력, 군사교육에 대한 식견이 부족했다. 그리고 유사시에 대비한 작전계획과 전쟁지도에 대한 준비도 부족했다. 또한 전시 국가정책을 수행하는 과정에서도 군사작전과 대외관계, 국내정치 등 여러 요인들을 조화시켜 최선의 안보정책을 추진할 수 있는 능력도 부족했다. 게다가 육군 총참모장을 포함한 육군 수뇌부는 북한군의 기습공격에 허를 찔린 이후 국군의 전세를 효과적으로 만회할 수 있는 대책을 내놓지 못했으며, 전선 상황을 정확하게 파악하지 않은 채 수준 낮은 전술적 식견에 의존하여 병력을 축차 투입하는 등의 실책을 연발하였다. 그리고 급기야 국군 주력이 북한군의 서울 진입을 저지하기 위해서 싸우고 있는 동안 유일한 철수로인 한강교를 성급하게 폭파하는 등 중대한 실책을 범하고 말았다.[19]

그럼에도 불구하고 개전 초기에 국군이 북한군의 기습 공격에 쉽게 붕괴되지 않았던 이유는 춘천 정면에서 적 제2군단 전체의 공격을 3일 동안 성공적으로 막아낸 국군 제6사단과 동해안에서 북한군의 정규군과 유격부대의 공격을 효과적으로 저지하며 철수에 성공한 국군 제8사단의 선전 덕분이었다. 또한 북한군에 기습을 당한 절체절명의 상황에서도 각 부대의 지휘관과 병사들이 위기 속에서 발휘한 불굴의 군인정신과 애국심, 솔선수범하는 리더십 덕분이었다. 비록 개전 초기에 압도적인 군사력을 앞세워 밀고 내려오는 북한군의 공격을 저지하는 데는 실패했으나, 국군 장병은 지속적으로 밀고 내려오는 적을 저지하기 위해 수없이 많은 급편 방어선에 의존하여 싸웠으며, 다가오는 적 전차를 향해 육탄공격을 실시하기도 했다. 그 결과 북한군의 진출 속도에 차질이 발생했다. 특히 춘천 북방의 옥산포 전투와 소양강 전투, 홍천 말고개 전투에서 필사의 정신으로 적의 자주포를 저지, 격파한 이들의 용맹은 6·25전쟁 초기의 전쟁양상을 바꾸는데 결정적으로 기여하였다. 뿐만 아니라 유일한 철수로인 한강교가 폭파되었음에도 불구하고, 북한군의 공격을 피해 가까스로 한강 이남으로 철수하는데 성공한 국군 장병들은 차후 한강 방어선을 형성하고 지연전을 거쳐 전세를 역전시킨 주역이었다.

4장

한강 방어선 전투와 미군의 참전

한강 방어선의 형성과 돌파

6월 28일 새벽, 전차를 앞세운 북한군 선두부대가 서울 시내로 진입했으나, 이들은 모두 한강 북쪽에서 멈춰야 했다. 한강을 도하할 수 있는 교량이 모두 파괴되었기 때문이었다. 한강의 교량 파괴로 개전 직후부터 줄곧 수세로 몰린 국군 장병의 철수로도 사라졌다. 인도교 폭파와 동시에 한강 이북에 남아있던 국군의 지휘체계가 일시에 무너지자, 대부분의 국군 장병은 나룻배 등을 이용하여 한강을 도하하거나 장비를 버리고 헤엄을 쳐 강을 건너야 했다.[1] 한편 6월 26일 정오 즈음, 옹진반도에서 출발한 북한군 제6사단 일부 부대가 김포반도에 상륙한 뒤, 한강을 따라 서울 방향으로 공격을 개시하였다. 이처럼 서울의 남서측방이 노출됨에 따라 시흥 보병학교에서 교육을 받던 간부후보생 중심 급편부대가 이 방면으로 출동하여 김포 비행장을 향해 진출하는 적의 공격을 저지하기 위해 고군분투하였다.[2]

서울 실함 직후 국군이 형성한 한강 방어선은 지리적으로 서울 동쪽 광나루에서 서북쪽 김포반도 북단 사이에 편성되었다.[3] 한강 방어선의 핵심 구간은 당시 국군의 주력이 중점적으로 방어한 노량진과 영등포 사이였다. 그러나 병력과 장비 부족이 심각했기 때문에 말이 '방어선'이었지 실제로는 병력이 옆으로 늘어선 것에 불과했다. 한강이라는 자연 장애물의 이점을 활용하여 장차 지원 병력이 도착하는데 필요한 시간을 확보하는 것이 이 시기에 한강 남쪽에 배치된 병력이 할 수 있는 전부였다.

개전 초기의 혼란스러운 상황 때문에 어려움을 겪고 있던 육군본부는 북한군의 한강 도하를 저지하고, 최대한 많은 시간을 확보하기 위해 고심하였다. 수원으로 이동한 육군본부는 시흥의 보병학교에 시흥지구전투사령부를 편성하고, 김홍일 소장을 사령관에 임명했다. 어려운 상황 하에서 한강 방어선 지휘 임무를 부여받은 김홍일 소장은 무질서하게 철수하는 장병들을 다독이고, 그들에게 식사를 제공하며 사기를 되살리기 위해 힘을 쏟았다. 그는 우선 한강을 건너느라 여기저기에 분산된 국군 장병을 수습한 뒤, 이들로 부대를 편성하여 한강 남안에 배치하였다. 당시 보병학교에는 개별적으로 철수한 장병이 이곳저곳에서 모여들고 있었는데, 시흥전투사령부는 이들의 원 소속부대를 고려하지 않고 약 500여 명이 집결할 때마다 혼성부대로 편성하여 한강선에 투입하였다. 그 결과 6월 28일 야간까지 6개 대대, 총 3,000여 명의 병력이 한강 방어선에 배치될 수 있었다.[4] 영등포 일대를 방어하고 있던 수도사단과 노량진에 배치된 제7사단 등에 추가 병력이 보충되자, 이들을 '혼성 수도사단'과 '혼성 7사단'으로 불렀다. 당시 이들의 명칭은 '사단'이었으나, 병력 규모 면에서는 연대에도 미치지 못했다. 장비도 열악했는데, 105mm 곡사포를 모두 한강 이북에 두고 왔기 때문에 포병 장비는 전무였고, 사단별로 박격포 2~4문과 기관총 2~3정이 고작이었다.[5]

한강선 방어임무를 담당한 시흥지구전투사령부의 목표는 가용한 인원과 장비를 총동원하여 적의 전진을 최대한 지연시키는 것이었다. 시흥지구전투사령관(김홍일 소장)은 참전할 것으로 기대되는 미군이 도착하기까지는 상당한 시간이 소요될 것으로 예측하였다. 한편 북한군은 6월 29일 오후부터 한강을 건너기 위해 산발적인 도하를 시도하다가, 노량진 지역에서는 6월 30일부터, 그리고 영등포 지역에서는 7월 1일부터 본격적인 도하공격을 감행했다.[6] 아군 방어부대들은 적의 포격에 많은 피해를 입었으나, 적 전차에 의한 돌파공격이 없었기 때문에 기대 이상으로 잘 버텨냈다.

국군이 서울을 잃고 한강 남쪽의 보잘 것 없는 방어선에 의지하고 있던 6월 29일, 영등포 지역에 미 극동군 사령관 맥아더Douglas MacArthur 원수가 나타났다. 그가 한국 전선을 방문한 목적은 한반도의 전황을 직접 살펴보고, 미 지상군 파병의 필요성을 검토하기 위해서였다. 한강 방어선 시찰을 마친 맥아더 장군은 국군이 개전 초기에 입은 심각한 전투력 손실로 인해 방어능력을 상실했으며, 그대로 두면 한반도는 곧 북한군에게 점령될 것이라고 판단하였다.[7] 또한 6월 26일 이후 활동을 시작한 미국 해군과 공군만으로는 북한군의 남진을 저지하기 힘들며, 적의 진격을 저지하기 위해서는 미 지상군을 파견하는 것밖에 없다고 판단하였다. 그는 한강 방어선 시찰 결과

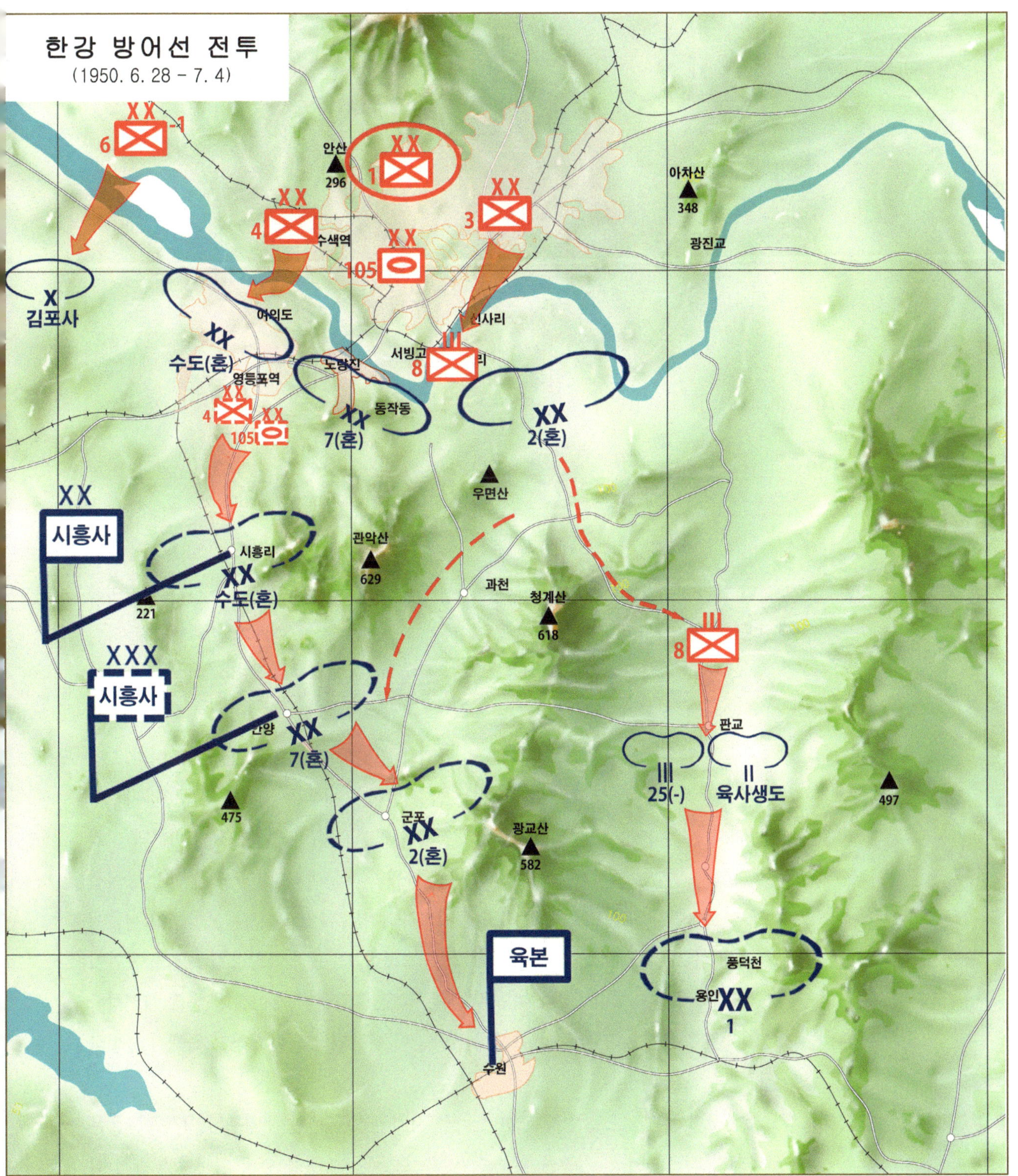

한강 방어선 전투
(1950. 6. 28 - 7. 4)
김포사
여의도
수도(혼)
영등포역
노량진
동작동
7(혼)
서빙고
신사리
2(혼)
안산
296
수색역
아차산
348
광진교
시흥사
시흥리
수도(혼)
221
관악산
629
우면산
과천
청계산
618
안양
7(혼)
475
군포
2(혼)
광교산
582
판교
25(-)
육사생도
497
육본
풍덕천
용인
수원

무초 주한 미국대사와 전쟁상황을 논의 중인 맥아더 장군, 1950. 6. 29, 수원

를 미 합참에 보고하였으며, 즉시 미 지상군 부대를 한국에 투입해야 한다고 건의하였다.[8] 맥아더 원수의 한강 방어선 시찰은 개전 이후 줄곧 패배와 후퇴만 거듭하던 국군 장병에게 희망을 안겨주었다. 풍문으로만 떠돌던 미군의 참전이 가시화되고 있었기 때문이었다.

맥아더 원수가 국군만으로 북한군의 공격을 저지하는 것이 불가능할 것이라고 판단한 것은 적절했다. 국군의 입장에서는 한강 방어선 전투는 적과의 싸움이라기보다 시간과의 싸움이었는데, 적을 격멸하고 전세를 역전시키는 것이 목적이 아니라 지원군이 도착할 수 있는 시간을 확보하기 위해 싸웠기 때문이었다.[9] 국군은 한강 방어선에서 당초 3일간을 목표로 적의 도하를 저지하려 했으나, 실제로는 북한군이 서울에 진입한 6월 28일부터 그들의 전차가 한강을 도하한 7월 3일 아침까지 5~6일 동안이나 한강 방어선을 고수하였다. 이 시간에는 국군이 뿔뿔이 흩어진 부대를 재편성하고 건제를 회복했으며, 미군을 포함한 유엔군이 대한민국을 수호하기 위해서 출동하였다.

북한군이 본격적으로 한강 도하에 나선 시기는 6월 30일 새벽부터였다.[10] 그들은 완파되지 않은 경부선 철교를 확보할 목적으로 국군 복장을 한 편의대를 노량진 방

면으로 침투시켜 국군을 교란했다. 다른 한편으로는 마포와 서강 나루터에서 대규모 도하공격을 실시했으나, 혼성 수도사단 제8연대가 적의 도하를 격퇴했다. 여의도 정면에서 도하를 시도하는 북한군은 제8연대 방면으로 증원된 제18연대가 저지하였다. 북한군은 전차의 지원이 없는 상황에서 한강을 도하하는 것은 곤란하다고 판단한 뒤 야간에 철도 선로반원과 시민을 강제 동원하여 교량 복구작업을 시도했다. 그리고 도하작전을 시도한지 나흘째인 7월 3일 새벽, 일부만 복구된 철교를 이용하여 전차 4대를 도하시켰다.[11] 이어서 북한군은 후속병력을 영등포 방면으로 우회시키고, 열차를 이용하여 13대의 전차와 병력을 한강 남안으로 진출시킴으로써 노량진과 영등포 일대를 장악하였다.[12]

영등포는 한강 남안의 교통 중심지로 한강 방어선 전체의 고수 여부가 결정되는 곳이었다. 따라서 수도사단 예하 부대는 영등포 일대의 공장과 장벽 등 유리한 지형지물을 이용하여 잠복한 뒤, 시가전을 전개하며 완강하게 저항하였다. 그러나 7월 3일에 북한군의 전차와 주력부대가 한강 남안에 출현하자, 김홍일 소장은 한강 방어선에 투입된 모든 부대에게 철수명령을 하달했다. 이에 따라 한강 방어선을 지키던 국군부대는 안양과 과천 방향으로 철수를 시작했다.[13]

한강 방어선 붕괴 상황을 보고받은 신임 육군 총참모장 정일권 소장은 미군의 참전 및 증원 시간을 확보하기 위해 현 전선에서 적의 진출을 최대한 지연시키기로 결심하였고, 이를 위해서 영등포와 수원을 연결하는 지역의 축차진지에서 지연전을 전개하라는 내용의 작전명령을 하달하였다.[14] 7월 4일에는 시흥지구전투사령부를 평택으로 옮겼으며, 수원에 집결한 각 부대도 평택으로 철수하라고 명령하였다. 한편 이 시기에 미 제24사단의 선두부대가 평택에 도착하였으며, 국군은 7월 4일에 평택~제천~울진을 연하는 선에서 유엔군과 연합전선을 구축할 수 있었다.[15] 그 후 전황은 국군과 유엔군이 북한군의 전진을 지연시키면서 증원 병력이 도착할 때까지 기다리는 시간과의 싸움 양상으로 전개됐다.

북한군은 서울을 조기에 점령하였음에도 불구하고, 상당 기간 동안 차후 작전에 주력하지 않았기 때문에 개전 초기에 큰 타격을 입은 국군이 가까스로 한강 방어선을 구축할 수 있었다. 또한 북한군은 6월 30일부터 본격적으로 한강을 도하하려 하였으나, 제대로 된 도하장비가 부족하여 7월 3일에 비로소 전차를 포함한 주력 부대가 한강을 도하하는 등 차후 정상적인 공격작전을 실시하기까지 약 5~6일이 소요되었다.[16] 이와 같은 상황에서 한강 방어선 전투를 지휘했던 시흥지구전투사령부는 비록 적의 전차부대가 도하한 직후에는 어쩔 수 없이 한강 방어선에서 철수했으나, 전투력도 제대로 갖추지 못한 혼성부대만으로 상당기간 방어선을 지탱하면서 북한군의 진출을 저지 및 지연하는데 성공하였다. 그 결과 미 지상군이 참전하는 시간을 확보함은 물론 국군과 유엔군이 지연작전을 전개할 수 있는 상황을 조성할 수 있었다.

국군의 재편성과 부대 개편

개전 초기에 북한군의 기습 공격에 허를 찔린 국군 부대들은 적의 남진을 저지하는데 총력을 기울였다. 그러나 대부분의 부대는 지휘체계와 건제가 와해되고, 병력이 분산 및 감소되어 전투력 발휘가 어려웠다. 특히 육군본부 중심의 지휘계통과 체계가 마비됨에 따라 육군 전체의 조직, 지휘 및 통제 시스템을 개편해야 했다. 이승만 대통령은 1950년 7월 1일부로 개전 초기의 작전실패 책임을 물어 채병덕 소장을 육군 총참모장에서 해임하고, 대신 미국 출장에서 복귀한 정일권 소장을 육군 총참모장 겸 육군·해군·공군 3군 총사령관에 임명하였다.[17]

신임 정일권 총참모장은 개전 초기에 심각한 타격을 입은 국군의 부대개편에 착수하였다. 그는 적과 전투를 벌이고 있는 위험한 상황이긴 하지만, 지휘체계가 와해된 부대를 전선 후방에서 신속하게 재편성한 이후 다시 전선에 투입하려 하였다. 또한 육군본부가 각 예하 사단을 직접 지휘하는 것이 비효율적이라고 판단하고, 군단사령부를 창설하여 예하 사단들을 지휘 및 통제하는 방안을 구상하였다. 당시 국군은 제6, 제8사단을 제외한 6개 보병사단이 거의 와해되었고, 잔여 병력이 평택 일대에 집결한 상태였다.[18]

그 같은 계획에 따라 7월 5일에 청주에서 시흥지구전투사령부를 모체로 국군 제1군단을 창설하였으며, 그 예하에 진천~괴산 일대의 수도사단, 음성 일대의 제1사단, 군단 예비로 제2사단을 배속하였다. 또한 육군본부는 국군 제6사단과 제8사단, 제3사단 23연대를 중동부전선과 동해안에 배치하여 적 제2군단의 진격을 저지하려 하였다. 이후 육군본부는 제1차 부대개편에 이어 7월 15일에는 경북 상주·함창에서 국군 제2군단을 창설하고 제6, 제8사단을 배속하였다.[19] 이로써 육군은 2개 군단, 5

개 사단 체제로 재편성되어 차후 작전을 수행할 수 있는 틀을 갖추었으며, 병력 규모도 거의 개전 직전의 수준으로 회복하였다. 그런데 육군의 편성과 지휘체계는 바뀌었지만, 각 부대와 장병의 보급품 및 장비는 여전히 정상적인 전투력을 발휘하기 힘든 상태였다. 초기 전투에서 패배한 이후 대부분의 중장비와 무기를 한강 이북에 남겨 두고 철수했기 때문에 상당수의 병사들이 개인화기도 지급받지 못해 수류탄만으로 싸우는 실정이었다. 미군의 참전으로 많은 보급품이 수송되고 있었으나, 아직 전선의 국군 부대에는 전달되지 않았기 때문이었다.[20]

육군이 재편성을 단행하고 미군과의 연합전선 구축에 심혈을 기울이는 동안, 해군과 공군도 전력을 보강한 뒤 점차 지상군과의 합동작전, 유엔군과의 연합작전 체계를 갖춰 나갔다. 해군은 6월 27일부터 미 해군과 연합작전을 수행하였으며, 동해안과 서해안에서 해상작전 및 지상군 지원작전을 실시했다. 또한 6월 30일부터는 37도선을 경계로 북쪽을 미 해군이 담당하고, 남쪽은 한국 해군이 분담하는 작전체계를 갖추었다. 공군은 미 공군이 지원한 F-51 전투기 10대를 보유함에 따라 전투 비행대대와 정찰 비행대로 조직을 개편하였으며, 이들을 이용하여 미 공군과 연합작전 및 지상군에 대한 정찰지원, 근접항공지원 등을 수행하였다.[21]

이처럼 국군 전全 부대는 전투를 수행하면서 부대개편을 병행했다. 그 결과 장차 체계적인 작전을 전개할 수 있는 편성과 체계를 갖출 수 있었지만, 여전히 무기 및 장비의 부족은 해결되지 않았다. 그러나 개전 초기에 일시적으로 낙오됐거나 뿔뿔이 흩어졌던 병력들도 전투의지 만큼은 충천했는데, 점차 장병들이 자발적으로 모여들고 사기가 되살아남에 따라 국군은 초기의 충격을 극복하고 점차 체계적인 지연전으로 전환할 수 있었다.

미국의 참전과 유엔의 대응

북한군이 조기에 남한의 주요 도시를 장악하여 전세를 주도한다면 미군은 참전하지 않을 것이라는 김일성의 호언장담은 근거가 부족한 추정이었다. 실제로 북한군의 기습공격으로 6·25전쟁이 시작되자, 미국 정부는 신속하고 효과적으로 대처하였다. 전쟁이 시작된 지 불과 이틀 만에 미국의 공군과 해군이 공식 참전하여 공산군의 진격을 저지하였으며, 7월 1일에는 미 지상군 선발부대가 부산에 도착하였다. 북한군의 공격이 개시된 지 불과 7일만이었다.

북한이 기습적으로 대한민국을 침략할 것이라는 전을 예견하지 못했던 미국의 주요 정책결정자에게 한반도에서 전쟁 발발 소식이 전해지자 상황이 긴박하게 전개되었다. 국무장관 애치슨Dean Acheson은 이 사실을 트루먼 대통령에게 보고한 뒤, 기본적으로 한국 문제는 유엔을 통해서 해결한다는 방침을 결정하고, 유엔 안전보장이사회를 소집하도록 결정하였다.[22]다음날 백악관에서는 국가안전보장회의National Security Council, NSC가 개최되었다. 이 회의에서 트루먼 대통령과 주요 참모들은 한반도 문제를 동아시아가 당면한 중요한 문제로 인식했다. 회의 참석자들은 '대한민국을 지원해야 한다'는 방침을 인정하고 지지했으나, 구체적인 방법에 대한 견해는 서로 달랐다.[23] 공군과 해군의 지원이면 충분하다는 의견과 지상군 투입이 필요하다는 의견이 충돌하였는데, 여기에는 1945년 8월 이후 지속된 한반도의 전략적 가치에 대한 이견異見이 반영되었다.[24]

당시 미국의 정책결정자들은 소련의 조종으로 시작된 북한의 침략이 유엔의 권위와 미국의 이익을 위협하고 있다고 판단하였으며, 이를 해결하기 위해서는 미국이 단호하고 적절한 조치를 취해야 한다고 생각했다. 이들은 북한군의 남침에는 소련이 밀접하게 연관되어 있기 때문에 대한민국에 대한 북한의 침략은 미국과 자유주의 세계에 대한 전면도발의 시작으로 봐야 한다고 판단하였다. 특히 북한의 침략을 통해서 소련이 의도하는 것은 유럽에 집중된 미국의 군사력을 전 세계적으로 분산하려는 것이라고 판단하였다.[25] 따라서 미국은 소련에게 북한의 남침을 중지시키라고 압박함과 동시에, 유엔 회원국과의 협조를 통해 대응하기로 했다. 또한 미국이 적극적으로 대한민국을 지원하여 한반도 사태를 안정시켜 공산주의자들이 일으킨 침략행위를 절대로 용납하지 않기로 했다. 이처럼 미국 정부는 한국에서의 공산 침략을 방관하지 않겠다는 것과, 한국 문제는 유엔을 통해 대처하겠다는 방침을 제시하였다.[26] 이 시기에 미국 정부가 이와 같은 강경한 태도를 취한 이유는 만약 한반도에서 북한이 소련의 사주에 따라 시작한 공산침략 행위를 그대로 방치할 경우 다른 지역에서도 유사한 침략행위가 발생할 것이라고 판단했기 때문이었다.

북한군의 침공이 시작되자 대한민국 정부는 즉시 이 사실을 유엔 한국임시위원단UN Temporary Commission in Korea, UNTCOK과 주한 미국 대사관에 통보하였고, 유엔과 미국에게 국제사회에 북한의 침략 행위를 즉각 중지시킬 것을 요구했다. 유엔은 6월 25일(미국 동부시간) 미국 정부의 요청에 따라 안전보장이사회를 소집하고, 미국이 제출한 '북한군의 침략 중지 및 38선 이북으로의 철수'를 요구하는 결의안(제82호)을 채택했다.[27] 이날 안전보장이사회 회의에는 소련 대표가 참석하지 않았으나, 국제사회를 대표하는 유엔은 안전보장이사회의 결의를 통해 북한의 무력침공을 평화 파괴 행위로 규정하고, 북한에게 즉시 적대행위를 중지하고 38도선 북쪽으로 철수하라고 요구하였다. 당시 한국에 체류 중이던 유엔 한국임시위원단은 북한이 유엔 결의안을 준수할 가능성이 전혀 없으며, 대한민국 정부가 조기에 전복될 것이라는 비관적 내용의 보고서를 제출했다. 이에 따라 유엔 안전보장이사회는 이틀 후인 6월 27일에 북한의 침략공격을 격퇴하고, 한반도의 평화와 안전을 회복하는데 필요한 원조를 대한민국에 제공할 것을 결의하였다.[28]

유엔 안전보장이사회가 6월 27일에 채택한 결의안(제83호)은 미국이 한반도에 군사력을 투입하여 대한민국을 구원할 수 있는 법적 근거였다.[29] 이에 따라 트루먼 대통령은 미 극동군사령관(맥아더 원수)에게 38도선 남쪽으로 진출한 북한군에 대해 미국 해군 및 공군력 사용을 허가하였으며, 맥아더 원수는 6월 27일 수원에 전방지휘연락단ADCOM을 설치하여 차후 군사작전 준비에 나섰다. 그리고 6월 29일에 맥아더 원수가 직접 한강 방어선을 시찰 후 전황을 보고하자, 다음날 미국 정부는 그에게 미 지상군의 한반도 투입 권한을 부여하였다. 또한 필요한 경우 미 해군과 공군이 38도선 북쪽의 군사목표를 공격할 수 있는 권한도 함께 부여하였다.[30]

또한 6월 27일에 채택된 유엔 안전보장이사회의 결의안은 미국 이외의 다른 유엔 회원국과 우방국이 대한민국에 절실하게 필요한 군사원조를 제공할 수 있는 근거도 되었다. 미군의 참전에 이어 자유진영 32개국이 유엔의 결의를 지지했으며, 7월 1일에 다시 소집된 안전보장이사회에서 영국과 프랑스는 유엔군사령부 설치 등의 내용이 포함된 공동 무력원조안을 제안하였다. 영국과 프랑스의 공동제안은 7월 7일에 가결되었는데, 여기에는 "유엔군사령부의 설치 및 사령관의 임명권을 미국에 부여하며, 유엔기 사용을 승인한다" 등의 내용이 포함되었다.[31] 이처럼 7월 7일의 결의안(제84호)을 통해 유엔은 설립 후 최초로 무력을 행사할 수 있는 군사 지휘기구를 설치할 수 있는 근거를 마련하였다.[32]

7월 7일 결의에 따라 미국은 극동군사령관 맥아더 원수를 초대 유엔군 사령관에 임명했다. 이를 근거로 맥아더 원수는 동경에 유엔군사령부United Nations Command, UNC를 공식적으로 창설하고, 극동군사령부의 참모진들을 유엔군사령부 참모로 겸임 발령했다. 미 극동군사령부가 유엔군사령부 임무를 수행하며 한반도의 작전을 담당할 예정이었다. 이에 따라 유엔군사령관이 미 제8군사령관, 미 극동해군사령관, 미 극동공군사령관을 통해 유엔 지상군과 해군, 공군을 지휘하는 지휘체계가 수립되었다.[33] 이어서 미 제8군사령관 워커Walton H. Walker 중장을 유엔군 지상군사령관으로 임명하여 7월 13일부터 지휘권을 행사하도록 조치했다. 이와 같은 일련의 과정 끝에 미국은 유엔군 작전의 전권을 위임받고, 유엔군 사령부를 통해 모든 유엔군의 지휘 및 통제를 담당하였다.[34]

미군의 한반도 전개와 한·미 연합전선 형성

그런데 맥아더 장군을 포함한 미 극동군사령부는 대한민국을 기습 공격한 북한군의 전투력에 대한 정확한 정보를 보유하지 않았으며, 북한군의 능력을 과소평가하였다. 그러다보니 북한군에 대한 유엔군의 초기 대응에 많은 문제점이 드러났다. 미 극동군사령부의 일각에서는 미 지상군이 한반도에 투입될 경우 국군은 사기가 오르고 북한군은 금방 후퇴할 것이라는 터무니없는 예측을 하는 이들도 적지 않았다.[35]

하지만 이러한 예측과 달리 북한군의 전투력은 강했고, 전진속도도 빨랐다. 맥아더 원수는 이미 방어능력을 상실한 것으로 보이는 국군이 북한군의 진격을 막을 수 없으며, 그들의 전진을 막지 못할 경우 차후에 대규모의 병력을 투입하더라도 어려운 작전을 해야 할 것이며 많은 손실이 초래될 수밖에 없다고 판단했다. 따라서 그는 지원되는 미군을 축차적으로 전선에 투입할 수밖에 없었다. 또한 북한군의 신속한 남하 때문에 전쟁 초기에 맥아더 원수가 구상했던 적 후방지역 상륙작전은 엄두도 내지 못했으며, 가용한 부대를 지연작전에 투입하여 적의 진출을 막아내기에 급급했다.[36] 그는 1개 대대 규모의 특수임무부대Task Forces, TF에 이어, 미 제24사단 제34연대 등 준비되는 대로 가급적 많은 병력을 한국 전선에 보내려 했다. 그리고 미군의 화력을 이용하여 북한군의 전투력을 적극 소모시키면서, 일단 전선을 안정시킨 후 상륙작전을 통해 북한군 후방을 차단하려 했다.[37] 그러나 이와 같은 맥아더 원수의 구상은 북한군

대전에 도착한 스미스 특수임무부대TF Smith, 1950. 7. 2.

이 예상보다 빠른 속도로 남진함에 따라 상당기간 연기될 수밖에 없었다.

맥아더 원수는 6월 30일 미 제8군사령관에게 일본에 주둔하고 있는 미 제24사단을 한국 전선에 투입하라고 지시하였다. 미 제8군사령관으로부터 출동 명령을 받은 미 제24사단장 딘William Dean 소장은 본격적인 사단 전투력 투입에 앞서 사단 내에서 가장 전투력이 좋은 미 제21연대를 선두부대로 선정하였다. 이에 따라 미 제21연대 제1대대가 한국 전선에 투입할 최초 부대로 선정되었는데, 이 부대가 바로 스미스 특수임무부대TF Smith였다.[38] 7월 1일 부산에 도착한 406명 규모의 스미스 특수임무부대는 다음날 아침 대전으로 이동 후, 즉시 오산 북방의 전선에 투입되었다.

미 지상군 투입이 결정되고 그 선두부대인 스미스 특수임무부대가 부산에 도착한 7월 1일, 육군 총참모장 정일권 소장은 대전의 미 극동군사령부 전방지휘연락소에서 처치John H. Church 준장과 미군 참전에 따른 연합작전 수행 방안을 협의하였다.[39] 이들은 국군과 미군의 작전지역 분담, 장차작전 구상 등 협동 및 연합작전에 대한 광범위한 의견을 교환하였다. 한미 연합군이 담당한 최초 방어선은 남한에서 가장 폭이 좁은 평택~안성~충주~울진 선으로 정해졌다. 이때 경부국도를 중심으로 서부전선은 미군이 담당하고, 국군은 그 동쪽에서 동해안에 이르는 동부전선을 담당하는 등의 합의가 이뤄졌다. 국군에 비해 강력한 화력과 기동력을 보유한 미군이 전투력을 발휘하기에는 서부전선이 적합할 것이며, 전투력이 약화된 국군은 동부전선의 산간 지형을 최대한 활용하여 방어작전을 수행하는 것이 유리할 것이라는 판단에 따른 조치였다. 이와 같은 합의는 최초의 한미 연합전선 구축이라는 하나의 큰 전환점이 되었으며, 이를 계기로 국군의 단독작전이 미군과의 연합작전으로 전환되었다. 또한 국군은 미군의 참전에 힘입어 그동안 각 지구 전투에서 분산된 병력을 수습하고 전투력을 재정비할 수 있는 시간을 확보하였다.[40]

한편 한미 연합작전 수행방침에 따라 워커 중장이 7월 13일에 미 제8군사령부를 대구에 설치하자, 육군본부도 대구로 이동하여 유엔군과 협조체계를 갖추기 시작했다. 이처럼 유엔군이 구성되고 모든 유엔군 부대의 지휘체계가 단일화되자, 이승만 대통령은 7월 14일에 국군과 유엔군의 작전지휘 통일과 지휘체제 일원화를 위해 "전쟁상태가 계속되는 동안 국군의 작전지휘권을 유엔군사령관에게 위임한다"는 서한을 맥아더 원수에게 보냈다.[41] 그리고 7월 18일에 맥아더 원수가 이를 수락함에 따라 국군과 유엔군이 본격적인 연합작전 체제로 돌입하였다.

5장

국군과 유엔군의 지연전

지연전으로 전환

한강을 도하한 직후부터 북한군은 주공방향을 영등포→수원→평택으로 지향하고, 7월 7일까지 평택~안성~충주~제천~영월을 연하는 선까지 진출하려고 하였다. 이 시기에 북한군은 "(신속하게 남하하여) 미군의 전투전개를 파탄시키고 다음 작전에 유리한 조건을 마련"하고, 더 나아가 "적들에게 숨 돌릴 여유를 주지 않고 연속적인 타격을 가하여 금강과 소백산 줄기 계선을 유지하려는 미군의 기도를 파탄시키고, 적의 기본집단을 대전과 소백산 줄기의 동남부에서 각개 소멸함으로써 남해와 대구 방향으로 신속히 진출할 수 있는 유리한 조건을 마련"하려 하였다.[1]

지연전 시기 북한군의 작전계획은 개전 초기의 작전계획에서 일부 변경되었다. 초기 작전계획에서는 주공 제1군단이 서울 정면에서 공격한 이후, 제2군단이 서울 동측방 및 수원으로 우회 기동한 다음, 수원 북방에서 국군 주력을 섬멸하려 하였다. 그러나 초기전투를 치르는 과정 중 차질이 생기면서 제1군단과 제2군단 모두 남쪽으로 공격을 지향하였는데, 그 이유는 미 지상군이 증원되기 이전에 한반도 전체를 신속하게 장악하려 하였기 때문이었다.[2]

북한군 지도부는 이와 같은 작전개념을 수행하기 위해서 예하부대 운영에도 변화를 주었다. 제3, 제4사단과 제105전차사단이 포함된 주공 제1군단을 수원 점령 이후 평택 방향으로 진출시켰다. 다만 서울 점령이 가장 늦은 제1사단을 제2군단으로 배속 전환하여 수원→이천→충주 방향으로 이동시켰고, 제1군단의 2제대였던 제15사단을 제2군단으로 배속 전환하여 여주→음성 방면으로 진출케 하였다.

▶ 7월 초 북한군 부대 편성 및 운용

구분	1군단					
	제105전차사단	제4사단	제3사단	제2사단	제6사단	제13사단
공격방향	경부 국도	논산→대전	경부 국도 (전의→조치원)	진천→청주 →보은	제4사단 후속(서)	서울 위수 임무 수행
목표	대전		대전	보은		

구분	2군단				
	제15사단	제1사단	제12사단	제5사단	모터사이클연대
공격방향	음성→괴산→문경	충주→문경	제천→단양→영주	삼척→울진	장호원→문경, 원주→영주
목표	문경	문경	영주	울진	음성, 충주

한편 제2군단에서는 제12사단을 홍천→원주→충주→제천 방향으로 공격시키고, 제2사단을 제1군단에 배속시켜 서부지역 작전에 투입하였다. 또한 2제대였던 제5사단 예하 1개 연대를 원주→제천→충주 방향으로 투입하려 하였으나, 동해안의 진출속도를 높이기 위해 삼척 방향으로 전환하였다.[3]

한편 국군은 한강 방어선에 배치되었던 세 개의 혼성사단(수도, 제7, 제2)을 철수시켜 경부국도 상에 축차 방어진지를 편성하며 적 제1군단의 진출을 저지하려고 했다. 그리고 중부전선에서는 국군 제6, 제8사단이 건재를 유지하며 적 제2군단의 진출을 저지하기 위한 작전을 수행했다. 한편 동해안 울진으로 급파된 국군 제3사단 제23연대는 적 제5사단의 남진에 대비하였다.[4]

7월 4일에는 맥아더 장군의 지시에 의해 한국 전선에 투입이 결정된 미 제8군 예하 제24사단 선두부대 스미스 특수임무부대TF Smith가 오산에 도착하였다. 이에 따라 육군본부는 정일권 육군 총참모장과 미 극동사령부 전방지휘연락단장 처치 준장이 합의한 대로 서부의 작전지역을 미군에게 인계하였다. 서부전선에서 지연작전의 책임을 담당한 미 제24사단장(딘 소장)은 평택과 안성을 연결하는 선을 주방어선으로 선정하여 제34연대를 배치하고, 스미스 특수임무부대는 오산 북쪽의 죽미령에 배치하여 전초 임무를 수행토록 지시하였다. 또한 축차적으로 한국에 도착하는 제21, 제19연대는 차후 방어선으로 선정한 금강 일대에 배치하여 북한군의 남진을 저지하겠

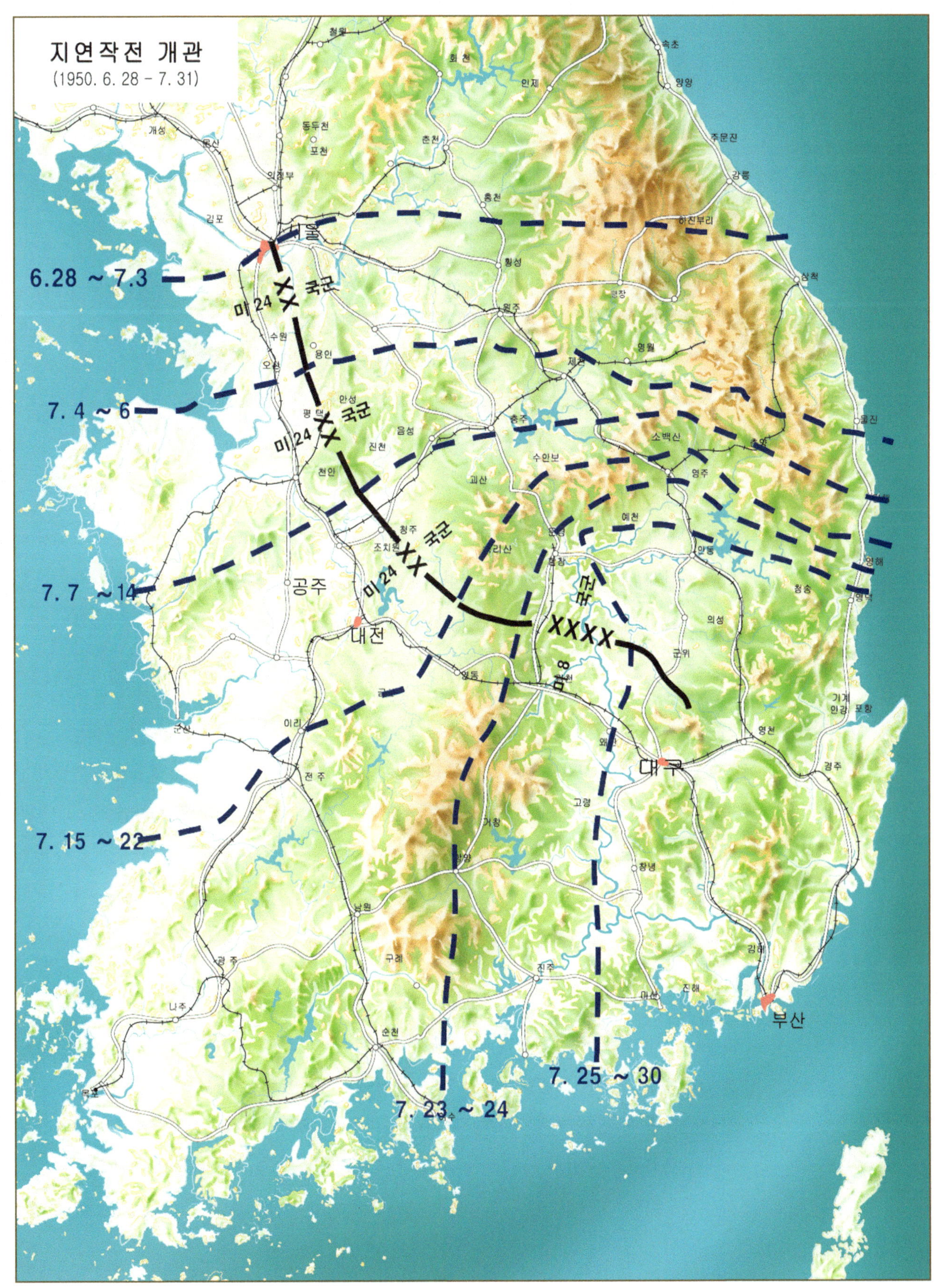

지연작전 개관
(1950. 6. 28 - 7. 31)

스미스 특수임무부대의 방어진지가 위치했던 오산~수원 간 도로상의 죽미령 일대

다는 작전계획을 수립하였다.[5]

지연전에 임하는 국군도 서부전선의 미군과 함께 적의 진출속도를 최대한 저지 및 지연하는데 중점을 두었다. 중부지역에서 적의 진격을 저지하지 못할 경우 대전을 포함한 경부축선의 동측방이 노출될 것이며, 장차 부산으로 향하는 공격로를 적에게 허용할 가능성도 있었다. 한편 유엔 공군의 후방폭격이 증가함에 따라 보급사정이 악화된 북한군은 공중에서 쉽게 탐지되는 양호한 기동로보다 산악지역을, 주간 기동보다 야간공격과 침투를 선호하였다. 이에 따라 서부전선보다 중동부전선의 작전 비중이 늘어났으며, 중동부전선을 담당한 국군과 북한군의 충돌 빈도가 증가하였다.

서부전선의 지연전

국군이 수원 이남으로 철수하는 동안, 한국에 상륙한 미 제24사단은 경부국도에서 국군과 교대하는 형식으로 전선에 투입되어 서부전선을 담당하였다. 미 제24사단장은 선발대로 제21연대 제1대대를 지명했으며, 대대장 스미스Charles B. Smith 중령은 B, C 소총중대, 4.2인치 박격포반 및 75mm 무반동총 일부, 그리고 제52포병대대 A 포대가 포함된 특수임무부대를 편성하였다. 이 부대의 선두부대는 7월 1일 오전에

한반도 지도를 바라보는 미 제24사단장 윌리엄 딘William Dean 소장

일본을 출발하여 수송기로 부산에 도착한 이후, 기차로 이동하여 7월 2일 아침에는 대전에 도착하였다. 배로 이동한 제52포병대대 A포대는 부산항에 도착한 이후, 7월 4일 평택에서 스미스 특수임무부대와 합류하였다. 제24사단의 다른 부대도 모두 한국으로 이동하였는데, 제34연대는 7월 2일에 부산에 도착한 뒤 7월 5일 오전에 평택과 안성에 각각 1개 대대씩 전개하였다. 제21연대(-)는 7월 4일에 부산에 도착한 이후 전의와 조치원 일대에 전개하였으며, 제19연대도 7월 4일에 부산에 도착한 이후 대구로 이동하여 예비대 임무를 수행하였다.[6]

미 제24사단장은 평택~안성선을 최초의 저지선으로 선정하고, 스미스 특수임무부대를 오산 북방에 배치하여 전초임무를 부여하였다. 그가 평택~안성선을 주방어선으로 선정한 이유는 지형 정찰 결과 이 지역이 금강 이북지역에서 적과 결전을 시도하기에 가장 적합하다고 판단했기 때문이었다. 남한에서 가장 폭이 좁은 지역이었으며, 도로망이 발달되어 부대이동 및 보급지원 등 미군의 전투력 발휘에 문제가 없다고 판단하였다.[7]

하지만 1개 사단 병력만 투입된 미군에 비해 병력과 무기, 장비 면에서 북한군이 우세하였다. 따라서 국군과 미군은 적의 전진을 최대한 지연시키고 시간을 확보하여 추가 병력이 증원될 수 있도록 여건을 조성하려 하였다. 이를 위해 우선 축차적으로

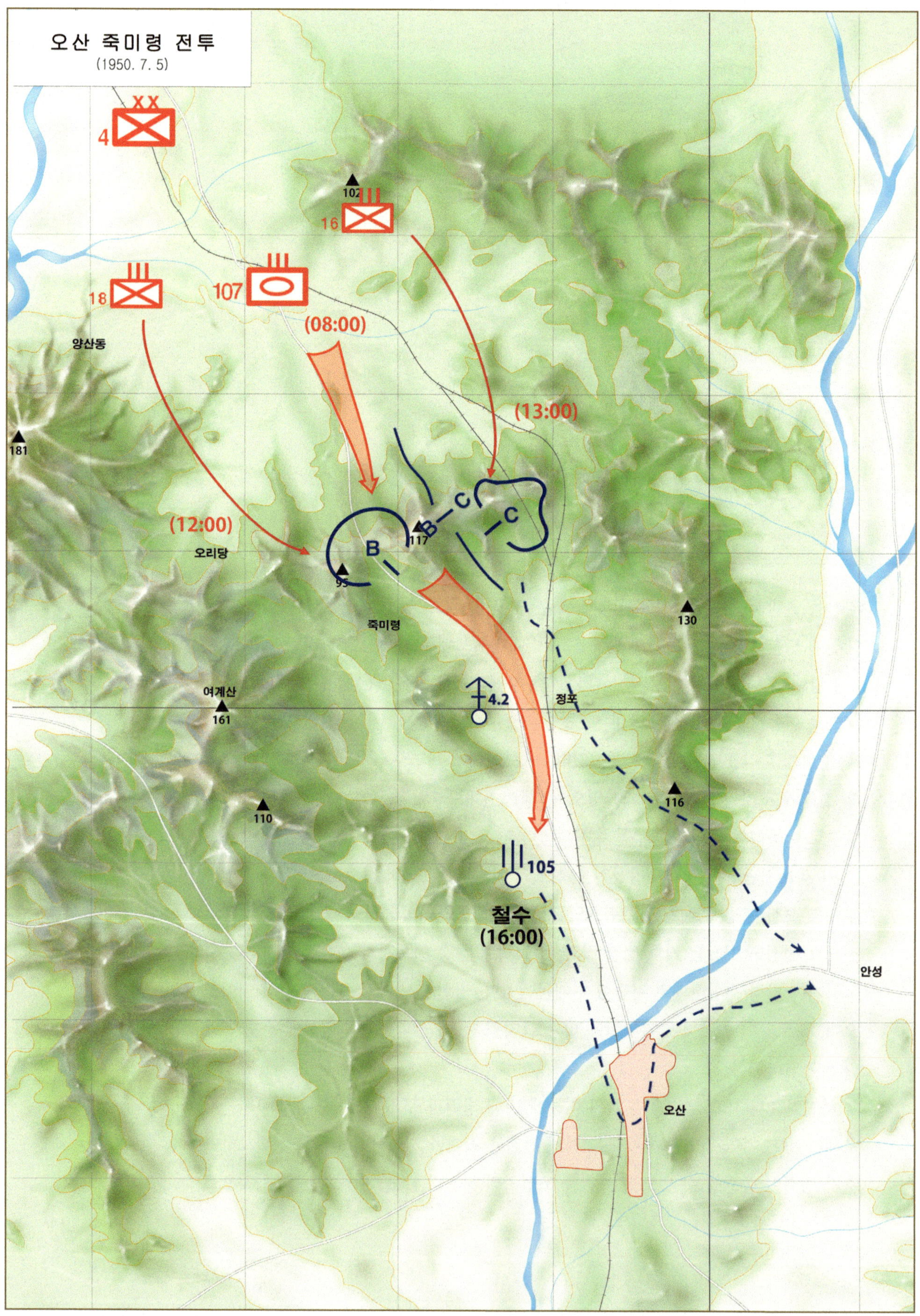

오산 죽미령 전투
(1950. 7. 5)
4
102
16
18
107
(08:00)
양산동
181
(13:00)
(12:00)
오리당
117
95
죽미령
130
여계산
161
4.2
116
110
105
철수
(16:00)
안성
오산

죽미령 전투

7월 5일 새벽에 죽미령竹美嶺에 도착한 스미스 특수임무부대는 신속하게 급편 방어진지를 구축하여 적의 공격에 대비하였다. 죽미령의 좌측과 우측에는 경부국도와 경부선이 지나고 있었는데, 대대장 스미스Charles B. Smith 중령은 도로와 철도 사이 공간에 병력을 배치하여 도로와 철도를 동시에 감제하면서 방어하려 하였다. 이를 위해 B중대를 좌측의 도로를 포함한 능선에 배치하고, 우측 고지에는 C중대를 배치하여 철도 방향을 방어토록 하였다. 또한 적 전차의 진출에 대비하여 75mm 무반동총 1정씩을 각 중대지역에 배치시키고, 4.2인치 박격포를 B중대 후방 400m 지점에 배치하였다. 제52포병대대는 전방의 방어진지 후방 2km 지점에 포 5문을 배치하였으며, 나머지 1문은 포병진지 중간 언덕에서 대전차공격 임무를 수행하였다.

오전 07:00경, 수원 방향에서 북한군 제4사단이 1번 국도를 따라 제107전차연대를 앞세우고 진격하자, 스미스 특수임무부대는 곧 포병과 로켓 공격으로 적 선두 전차를 파괴하였다. 하지만 곧바로 약 30여대의 북한군 전차가 죽미령 정상 일대에 설치된 방어진지를 강습 돌파하였다. 그리고 전차가 통과한 지 약 1시간여 후에, 북한군 제4사단 예하 부대가 수원 방향에서 미군 부대를 향해 공격하기 시작했다. 정오경에 시작된 북한군과의 첫 번째 교전에서 스미스 특수임무부대는 적의 공격을 저지하지 못했다. 북한군이 방어진지 전방 900m까지 접근하자, 미군의 야포, 박격포, 기관총을 포함한 각종 사격이 시작되자 북한군 도보부대가 일시적으로 산개하였다. 하지만 곧바로 북한군이 전차를 앞세우고 미군 방어진지 전방까지 돌격하며 압박하였으며, 그 사이에 북한군 주력부대가 죽미령의 좌측과 우측으로 우회하여 미군의 퇴로를 차단하려고 하였다.

약 한 시간 동안 북한군과 미군 사이에 치열한 교전이 실시되었을 무렵, 전방에 추진 배치된 B중대와 C중대가 적에 의해 포위될 위험에 처했다고 판단한 대대장 스미스 중령은 즉시 철수하기로 결심하였다. 이미 북한군 전차가 방어망을 뚫고 후방으로 진출한 상태였으며, 기상불량으로 공군의 항공지원을 기대하기 힘들다고 판단했기 때문이었다. 철수 명령이 하달되어 우측의 C중대가 먼저 철수하였으나, 가장 좌측의 B중대 일부 소대에 철수 명령이 전달되지 않아 많은 혼선이 발생하였다. 예상보다 강한 북한군 선두부대로부터 불의의 일격을 입은 스미스 특수임무부대는 7월 6일에 천안으로 철수하였다.

북한군과의 첫 번째 전투를 마친 이후 미군은 북한군이 일점양면전술 등 전술 구사에 능숙하고, 화력과 기동력, 우회 및 후방침투 등에 익숙한 군대라는 점을 간파할 수 있었다. 죽미령 전투에서 최초로 북한군과 교전한 스미스 특수임무부대는 전투원 540명 중 150여 명이 전사하고, 30여명이 실종되는 인명손실을 입었으며, 상당한 수량의 장비도 적에게 빼앗겼다. 북한군 제4사단도 미군과의 첫 번째 대결에서 4대의 전차가 파괴되었으며, 인명손실도 적지 않았다. 스미스 특수임무부대가 투입된 최초 전투를 통해 훈련과 전투준비가 부족한 상황에서는 아무리 미군이라고 하더라도 전차를 앞세우고 강력하게 밀고 내려오는 북한군의 공격을 저지할 수 없다는 점이 확인되었다. 반면에 예상보다 빠른 시간에 미군의 참전을 확인한 북한군은 더 많은 미군의 증강이 이뤄지기 이전에 전쟁을 종결하기 위한 공격에 박차를 가했다.

몇 개의 방어선을 선정해 새롭게 투입된 병력을 배치하여 북한군의 진격속도를 둔화시키려 하였다.

미 제24사단이 7월 초에 약 2주 동안 오산 및 평택, 천안 등 서부전선에 투입되어 대전에 이르기까지 북한군과 맞서 치른 일련의 전투는 중요한 의의를 갖는다. 미 지상군 선두부대가 북한 김일성의 예상보다 훨씬 빠른 시간에 전장에 모습을 드러냄으로서 북한군에 물리적, 심리적으로 부담을 줄 수 있었다. 미 제24사단은 초기전투에서 큰 피해를 입었으나, 북한군도 미군과의 전투에서 적지 않은 피해를 입어 남진 속도가 둔화되었다. 한편 미군의 참전은 초기 전투에서 패배로 인해 수도를 빼앗기는 등 저하된 대한민국 국민의 사기를 높이고, 개전 초기에 큰 피해를 입은 국군에게 재편성 기회를 제공하였다. 이와 더불어 미 제24사단은 증원부대로서 한반도를 향해 이동하고 있는 미 제25사단, 제1기병사단이 차후 전선에 원활하게 전개할 수 있는 시간을 확보하였다.[8]

하지만 미 제24사단은 일본에서 점령군 임무를 수행하다가 전투준비도 제대로 갖추지 못한 상태에서 한국 전선에 참전했기 때문에 북한군의 공격에 제대로 대응하지 못하고 많은 인명손실을 입었다. 특히 일본에서 한국으로 이동하는 순서에 따라 소규모로 전선에 축차적으로 투입되었기 때문에 전차를 앞세우고 대규모로 밀고 내려오는 북한군에게 고전을 면치 못했다. 당시 미 제8군사령부와 극동사령부에서는 북한군의 능력을 과소평가하고 있었는데, 그 결과 전투준비가 부족한 부대를 축차 투입하는 실수를 범했으며, 그 결과 천안, 전의, 조치원 등에서 심각한 타격을 입고 말았다.[9] 이처럼 스미스 특수임무부대가 붕괴되고, 이어서 천안 일대의 미 제24사단 방어진지가 조기에 붕괴됨에 따라 미 제24사단은 금강을 다음 저지선으로 선정한 이후, 후속부대의 전개시간을 얻기 위한 차후작전에 나서야 했다.

중부 및 동부전선의 지연전

국군은 북한군이 한강을 도하한 7월 초부터 15일까지 이천, 진천, 청주, 음성 등 중서부지역과 충주, 제천, 단양 등 중동부지역에서 지연전을 수행하였다. 이 지역의 국군 부대는 기동이 용이한 주요 축선에 방어병력을 중점 배치하여 적의 남진을 저지하는 한편, 개전 초기에 손상된 전투력을 복원하고 재편성하는데 주력하였다. 중서부지역은 차령산맥과 소백산맥 인근에 자리 잡은 진천, 청주, 음성, 괴산 등 주요 거점도시를 포함하고 있으며, 이 지역의 지형은 400~800m에 해당하는 고지대와 100~200m의 구릉지대가 함께 발달하였다.[10] 대체로 다른 지역에 비하여 기복이 완만하고 도로망도 발달되어 있으며, 금강과 남한강 등이 남쪽과 서쪽으로 흐르고 있었다. 따라서 국군 부대들이 성공적인 지연작전을 수행하기 위해서는 지형적 이점을 활용하여 주요 도시, 도로망, 하천을 효과적으로 확보 및 통제해야 했다.[11]

중서부지역에서 지연전을 담당한 국군 제1사단과 제6사단 제7연대는 음성 일대에서 북한군 제15사단의 남진을 저지하였으며, 국군 제6사단 제19연대와 수도사단은 이천~곤지암 및 진천 일대에서 북한군 제12사단의 공격을 저지 및 지연시켰다. 이후 이 지역의 국군 부대들은 지형을 활용한 축차적인 지연작전을 실시하여 소백산맥과 금강을 연결하는 선에 새로운 방어선을 형성하였다.[12]

하지만 국군 부대는 무기와 장비, 탄약 등 군수와 병참 지원이 부족한 상황에서 작전을 수행했으며, 심각한 병력부족 문제가 해결되지 않은 채 적과 맞서야 했다. 이러한 상황에서 국군 지휘관들이 의지할 수 있는 것은 전 부대원의 단결을 바탕으로 표출되는 전투력과 평시 훈련에 기초한 임기응변뿐이었다. 음성지구를 방어하던 국군 제1사단은 전투 중 손실 또는 행방불명된 중대장급 이상 지휘관의 공백을 메우기 위해 선임자를 보충, 발령하여 전투태세 강화에 주력하였다. 진천에서는 도시 전방에서 방어진지를 구축하던 수도사단 제1연대가 적이 진천을 향해 대규모 정면공격을 감행할 것을 예상하여 방어에 유리한 봉화산과 문안산 인근으로 신속하게 방어선을 이동하는 순발력을 발휘하기도 했다.[13] 또한 방어작전을 수행하는 과정에서도 국군 지휘관들은 북한군의 약점을 발견하면 즉시 적극적인 공세로 전환하여 기습을 전개함으로써 큰 전과를 올리기도 했다. 충북 음성 인근 동락리에서 수행한 전투에서는 국군 제6사단 제7연대 제2대대가 지역주민으로부터 입수한 첩보를 바탕으로 성공적인 기습공격을 실시하여 북한군 제15사단 예하 연대에 큰 타격을 주기도 하였다.[14]

한편 국군 부대가 중동부지역에서 지연작전을 성공적으로 수행하기 위해서는 차령산맥과 소백산맥 등 산지지형 활용과 원주, 충주, 제천, 단양 등 주요 거점도시를 연결하는 도로망 확보가 관건이었다. 이 지역은 태백산맥 줄기에서 갈라진 소백산맥이 남서쪽으로 흐르는 가운데 평균 600~1,000m 내외의 고지들이 추풍령에서 지리산까지 이어졌다. 충주와 문경 일대의 주요 고지와 이화령, 조령, 죽령 등 중요한 고개들이 방어작전에 영향을 미칠 수 있는 지형적 특징을 가지고 있었다.[15]

중동부지역에서 지연작전 임무를 수행하던 국군 제6사단과 제8사단은 적의 접근이 예상되는 도로를 중심으로 병력을 배치하는 방어작전에 주력하였다. 충주와 단양에 배치된 제6사단과 제8사단은 적의 예상접근로에 병력을 중점 배치하였으며, 또한 남한강을 활용한 하천선 방어로 적의 진격을 최대한 저지하였다. 제6사단 제2연대는 충주 일대에서 북한군 제12사단과 제1사단과 교전하여 이들의 진출을 저지하는데 성공하였고, 국군 제8사단은 제천과 단양 일대에서 북한군 제12사단과 치열한 공방전을 전개하였다.[16]

국군 제6사단과 제8사단은 지형의 이점을 이용한 방어작전과 축차적 철수작전 등을 수행하며 성공적인 지연작전을 구사하였다. 7월 7일부터 이틀 동안 충주전투를 치른 제6사단 제2연대는 북한군 제12사단과 제1사단 예하부대의 남하를 저지하기 위해 충주와 수안보 일대에 방어진지를 편성하였다. 이때 제2연대는 남한강 남안을 따라 방어진지를 편성하였는데, 적의 예상 접근로에 병력을 중점 배치하는 한편, 시기적절하게 방어병력을 축차 철수시켜 차후 작전에 유리한 지형을 선점하는 등 적의 진출을 최대한 저지하였다.[17] 7월 6일부터 약 5일 동안 적 제12사단과 단양전투를 치른 국군 제8사단도 하천선 방어작전 개념에 따라 남한강을 연하는 선에 방어진지를 구축하여 적의 공격에 대비하였다. 또한 아군 제10연대 예하부대가 경계가 허술한 적의 지휘소를 급습하는 등 방어작전 중에도 공세행동을 병행함으로써 적의 공격기세에 큰 차질을 주었다.[18] 국군 제6사단과 제8사단이 중동부지역에서 선전한 결과 이 방면에서 북한군의 진격을 저지하였으며, 이후 소백산맥에서 방어선을 형성할 수 있는 시간을 확보하였다.

이처럼 금강~소백산맥을 연결하는 방어선이 형성되기 이전까지 국군 예하부대가 중서부지역과 중동부지역에서 수행한 약 2주(7.3~7.15) 동안의 지연작전은 성공적이었으며, 이를 통해 국군은 개전 초기에 입은 전투력 손실을 회복할 수 있었다. 이 기간 중에 국군 제1군단과 제2군단이 창설되었으며, 신속한 모병에 의해 전투력이 보충되는 등 전체적으로 전열을 가다듬을 수 있었다. 이와 더불어 유엔군이 한반도에 본격적으로 병력을 투입하고 전선에 전개하는데 필요한 시간도 확보할 수 있었다.

금강 방어선 전투와 대전전투

7월 12일 경 미 제24사단장은 오산, 평택~안성, 전의~조치원 등지에서 북한군에게 예상치 못한 타격을 입은 예하부대를 금강 남안으로 철수시킨 후, 금강과 소백산맥을 연하는 선에서 방어작전을 수행하려고 결심하였다. 그가 이렇게 판단한 이유는 금강과 소백산맥은 적의 공격을 방어하기에 유리한 자연 장애물이었으며, 한국 전선에 도착하여 처음으로 사단 예하 3개 연대가 모두 국군과 전선이 연결된 상태에서 협조된 방어를 실시할 수 있었기 때문이다.[19] 그러나 만약 이 방어선에서 적을 저지하지 못하면 뒤로는 낙동강까지 물러나야 한다는 부담도 있었다.

반면 서부전선에서 거침없이 밀고 내려오던 북한군 제1군단은 전의~조치원전투에서 미군을 상대로 승리한 이후, 즉시 대전방면으로 진격하였다.[20] 북한군 제4사단은 공주 정면에서, 제3사단은 대평리 방향에서, 제2사단은 청주 방향에서 대전을 향해 정면압박과 우회기동을 병행하는 작전계획을 수립하였다. 그런데 제2사단이 청주에서 국군 수도사단과 교전을 치르는 과정에서 대전 동쪽을 향한 공격에 차질이 발생하였다. 이에 따라 북한군 제1군단장은 제3사단과 제4사단만으로 대전을 공격

대전에 도착하여 논의 중인 미 제8군사령관 워커 중장(左)과 미 제24사단장 딘 소장(右)

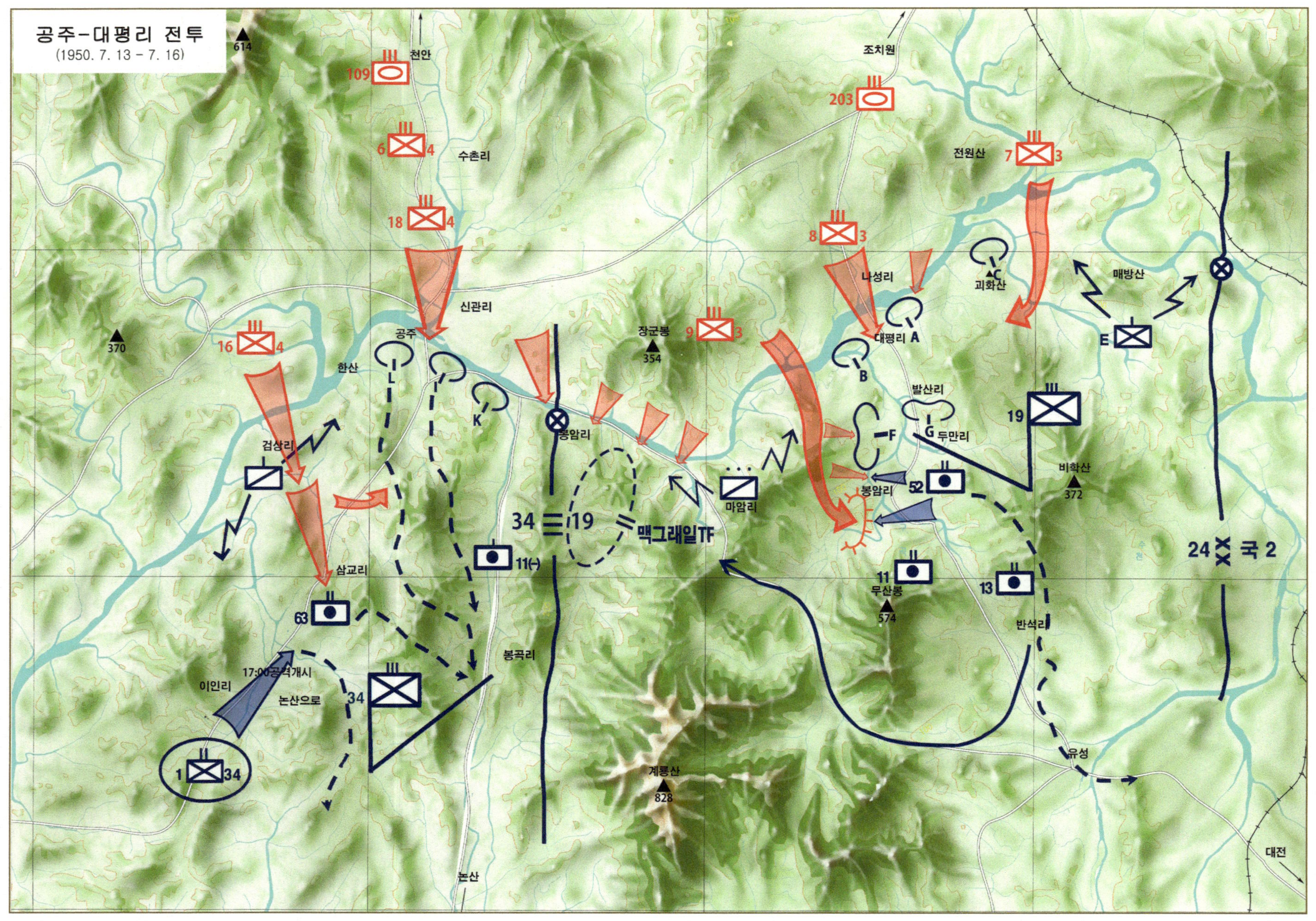

공주-대평리 전투
(1950. 7. 13 - 7. 16)
천안
조치원
수촌리
전원산
신관리
공주
한산
검상리
삼교리
이인리
17:00공격개시
논산으로
봉곡리
논산
장군봉
봉암리
마암리
맥그래일TF
나성리
대평리
괴화산
매방산
발산리
두만리
봉암리
무산봉
비학산
반석리
유성
계룡산
대전
24 국 2

공주·대평리 전투

금강 일대의 유리한 지형을 활용하여 편성된 미 제24사단의 금강 방어선에서는 미 제34연대가 공주 정면을, 제19연대가 대평리를 담당하였다. 방어선이 편성되자, 사단 공병부대가 모든 교량을 폭파하였으며, 적이 도하에 활용할 수 있는 물자도 소거하였다. 또한 사단 수색중대는 북한군의 기습도하를 저지하기 위해 금강 하류 일대를 경계하였다. 공주 정면에서 방어진지를 구축한 제34연대는 3개 중대(L, I, K)를 금강교와 공산성 좌우측에 배치하여 적의 도하에 대비하였으며, 예비대인 제1대대를 용성리에 배치하였다. 또한 수색중대와 수색소대를 연대 좌측과 우측에 배치하여 적의 도하를 경계하였으며, 제63포병대대와 제11포병대대를 후방에 배치하여 연대를 지원하며 적의 공격에 대비하였다.

공주 정면에서는 7월 13일 야간부터 북한군의 도하가 시작되었다. 적은 최초에는 금강교 좌측에서 도하를 시도하였으나, 실제로는 사전 정찰을 통해 도하지점으로 파악한 서쪽의 검상리 일대에서 은밀하게 주력 부대를 도하시켰다. 북한군 제16연대는 7월 14일 오전까지 약 500여명의 병력을 도하시킨 이후, 삼교리 일대의 미 포병부대를 급습하였다. 북한군에 의해 퇴로가 차단되자, 미 제34연대 예하 부대들은 상급부대의 통제를 무시하고 무단으로 철수하기 시작했다. 예비인 제1대대가 즉시 출동하여 적에게 포위된 포병부대를 구출하려 하였으나, 이들 역시 적의 매복에 걸려 고전하다 논산으로 철수하였다. 이후 북한군 제4사단은 7일 14일부터 무방비 상태의 금강을 도하하였으며, 공주에서 흩어져 각개 철수한 미군 부대들은 7월 15일에 가까스로 논산 동쪽에 집결하였다.

7월 12일부터 대평리에서 방어선을 편성 중이던 미 제19연대는 총 6개 중대 중 4개를 전방에 배치하고, 나머지 2개를 예비로 보유하였다. 그런데 7월 15일 새벽에 공주에서 방어 중이던 인접 제34연대의 철수에 따라 좌측방 노출 사실이 전달되자, 이에 불안감을 느낀 제19연대장은 후방의 예비대를 맥그레일 특수임무부대로 편성하여 좌측의 상왕리 일대에 배치하였다. 또한 제11포병대대를 비롯한 화력지원 부대를 봉암리 일대에 배치하여 적의 공격에 대비하였다.

대평리에서 북한군의 도하는 7월 15일 야간에 시작되었으나, 본격적인 도하는 다음날 새벽과 오전에 걸쳐 좌측의 송원리 일대에서 은밀하게 진행되었다. 이처럼 미군이 예측하지 못한 지점을 통해 주력의 도하에 성공한 북한군 제3사단은 즉시 봉암리 일대의 미군 포병대대를 타격하였으며, 이후 더 남쪽으로 진격하여 대평리에서 대전에 이르는 유일한 도로이자 미군의 철수로를 선점하였다. 이로써 대평리 정면에서 방어작전을 수행 중이던 미 제19연대가 북한군에 의해 포위되고 말았다.

적에게 퇴로가 차단된 사실을 파악한 미 제19연대장은 철수로를 개척하기 위해서 진두지휘하였으나, 곧 부상을 입고 말았다. 이어서 일부 참모들이 지휘하여 차량을 앞세워 적의 포위망을 뚫으려고 하였으나, 무위로 끝나고 말았다. 부상당한 연대장을 포함한 일부 병력은 산지를 이용해 포위망을 뚫고 유성과 대전으로 탈출하였으나, 미 제19연대 본대는 적에게 포위되어 막대한 인명손실을 입고 와해되었다. 결국 미 제19연대는 재편성을 위해 7월 17일에 영동으로 이동하였으며, 대전전투에는 참가할 수 없었다.

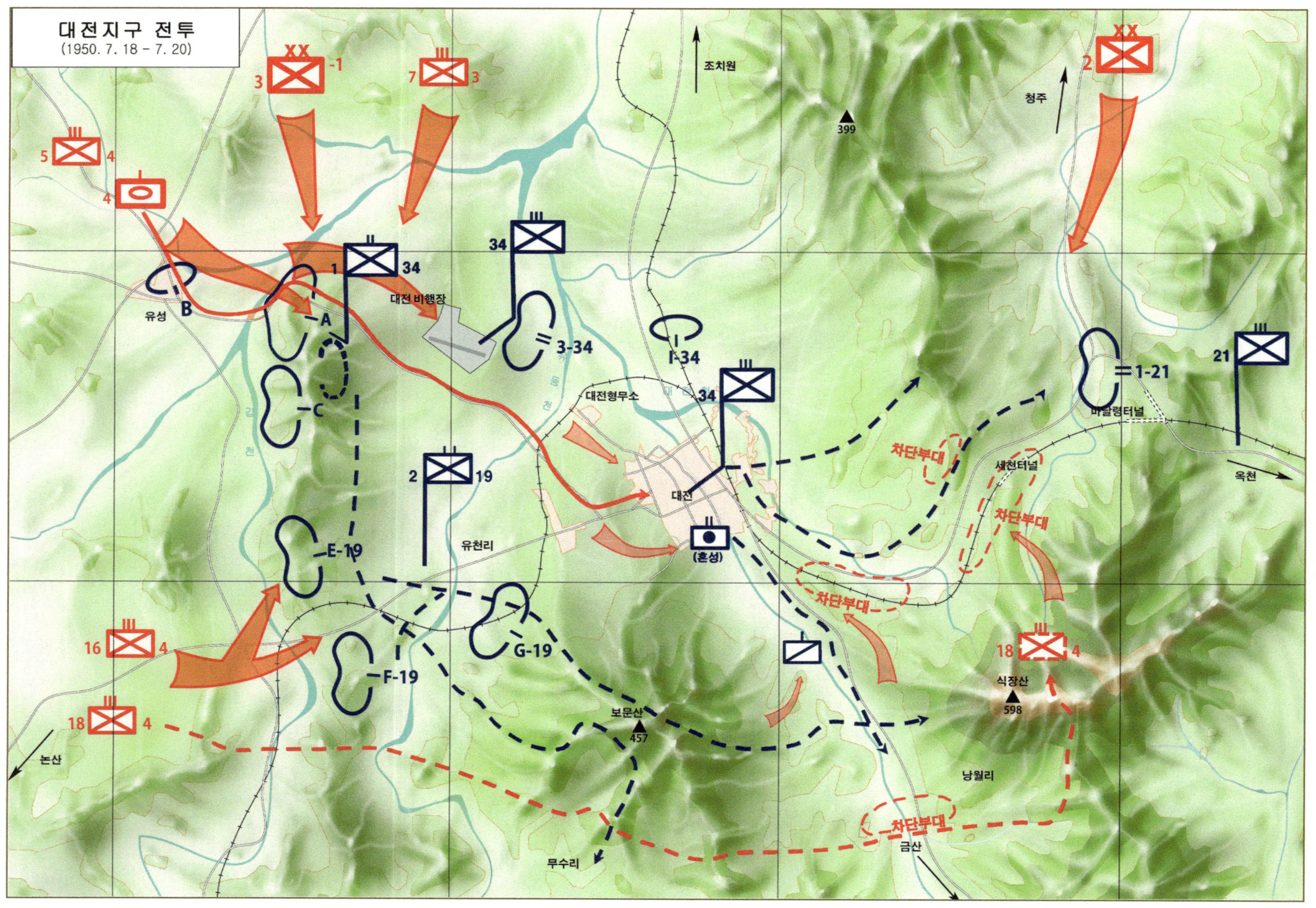
대전지구 전투
(1950. 7. 18 – 7. 20)
조치원
청주
399
대전 비행장
3-34
I-34
1-21
대전형무소
마달령터널
세천터널
옥천
대전
(혼성)
유성
유천리
E-19
F-19
G-19
차단부대
식장산
598
보문산
457
낭월리
금산
무수리
논산

대전 전투

공주와 대평리에서 금강을 도하한 북한군 제1군단(제3, 제4, 제105전차사단)은 7월 18일부터는 논산과 유성 방면에서 대전으로 진격하였으며, 7월 19일 아침부터 본격적으로 대전을 점령하기 위한 공격을 시작했다. 제4사단은 주력이 논산→대전 방향에서 정면공격 하는 동안, 제18연대를 대전 남쪽의 보문산 방면으로 침투시켰다. 미 제24사단의 퇴로를 사전에 차단하고, 정면에서 압박하여 포위하려는 포석이었다. 한편 대평리에서 유성 방면으로 이동한 제3사단은 대전의 북서쪽 방면에서 압박하였다.

미 제24사단은 제21연대에게 대전→옥천 간 도로를 확보하라고 지시하였는데, 대전 동쪽으로 우회하는 적 제2사단의 공격에 대비하기 위해서였다. 그런데 대평리에서 큰 타격을 입은 제19연대가 영동에서 재편성 중이었기 때문에, 정작 대전 방어는 제34연대가 전담해야 했다. 제34연대는 7월 16일부터 서쪽의 갑천을 이용하여 방어진지를 구축하였으나, 대전과 남쪽의 옥천과 금산을 연결하는 철수로를 엄호할 병력은 충분치 않았다. 그 결과 대전 남쪽으로 우회한 북한군 침투부대가 대전→옥천 도로 상의 세천터널 일대를 장악하였는데, 이로써 미군 제24사단 주력의 철수로가 차단되었다.

7월 19일 아침부터 유성과 논산 방면에서 북한군의 공격이 시작되자 갑천에서 방어선을 편성한 제34연대 예하부대들이 긴장하였다. 논산에서 진격한 적 제16연대와 유성에서 진격한 적 제5연대는 정오경에 대전 시가지로 접근하였으며, 특히 7월 20일 새벽에 북한군 선두부대가 갑천 방어선을 공격하자 제34연대 예하 부대들이 인접부대 및 상급부대에 보고하지 않은 채 독자적으로 철수하고 말았다. 하지만 미 제34연대 본부는 여전히 예하부대들이 갑천 방어선을 지키고 있는 것으로 판단하였으며, 그 사이에 미 제24사단장은 손수 대전 시내에 진입한 적 전차를 파괴하기도 했다. 하지만 7월 20일 오후에는 유성과 논산 방면에서 공격하던 북한군 제4사단과 제3사단 주력이 대전 시내로 진입함에 따라 치열한 시가전이 진행되었다.

이처럼 대전이 적에게 점령될 위기에 처했다고 판단한 미 제24사단장은 17시경에 사단 전체에 철수명령을 하달하였다. 하지만 이 시점에는 북한군 우회부대가 대전에서 옥천과 영동을 연결하는 미 제24사단의 철수로를 차단하고 미군의 철수를 기다리고 있었다. 미 제24사단 전체가 북한군의 포위망에 걸려든 것이었다. 이후 미 제24사단의 각급 부대는 돌파작전을 실시하였고, 이 과정에서 약 30%에 달하는 병력손실과 수많은 장비를 손실하였다. 수많은 미군 장병들이 소부대 단위로 산길을 따라 철수하였으며, 이 과정에서 미 제24사단장(딘 소장)이 실종되었고, 얼마 후 적에게 사로잡혀 포로가 되었다.

대전전투에서 북한군은 정면압박과 동시에 진행된 후방 우회침투와 퇴로 차단을 결합하여 미 제24사단을 포위하는 수준 높은 공격전술을 구사하였다. 반면 미 제24사단이 대전 방어에 실패한 이유는 상하급 부대 사이의 원활치 못한 통신과 작전지휘, 계속되는 패배로 인한 낮은 전투의지 때문이었다. 그럼에도 불구하고 미 제24사단은 미 제8군사령관이 지시한 대로 7월 20일까지 대전을 방어하였으며, 이 기간에 미 제1기병사단이 영동에 성공적으로 투입되었다.

하기로 계획을 수정한 이후, 7월 14일과 16일에 각각 공주와 대평리를 점령하기 위한 공격을 개시하였다.[21]

그런데 미 제24사단장의 기대와 달리 공주 정면의 제34연대와 대평리 정면의 제19연대가 북한군의 후방 침투와 퇴로 차단에 의해 와해되어 큰 피해를 입고 불과 하루 만에 금강방어선에서 철수하고 말았다.[22] 제21연대는 사단 예비대로 대전에 주둔하였으나, 전의~조치원 전투에서 입은 피해로 인해 아직 전장에 투입될 수 있는 상황이 아니었다. 이에 따라 딘 소장은 3개 연대를 대전 서쪽의 갑천甲川을 연하는 선에 배치하여 대전을 점령하기 위해 진격하는 적을 저지하려 하였다. 다만 당시 미 제24사단의 전투력 수준을 고려하여 7월 19일 오후까지 대전에서 방어작전을 수행한 이후, 영동방면으로 철수하려 하였다. 그런데 제8군사령관 워커Walton Walker 중장이 한국에 상륙한 미 제1기병사단의 전개 여건을 보장하기 위해 미 제24사단에게 7월 20일까지 대전을 방어하라고 지시함에 따라, 사단의 철수 시기는 하루 연장되었다.[23]

7월 20일 야간까지 대전을 점령하는데 성공한 북한군 제1군단은 7월 22일부터 제3사단을 경부국도 방면으로, 제4사단을 금산→안의→거창 방면으로 진출시켰다.[24] 미 제24사단으로부터 방어 책임지역을 인계받은 제1기병사단은 예하의 제8기병연대를 영동 서쪽의 옥천과 무주 방면에 배치하고, 제5기병연대를 영동 동쪽에 배치하는 등 방어진지를 편성하였다. 그러나 제8기병연대는 7월 23일부터 시작된 북한군의 정면 압박과 후방 침투공격으로 인해 방어진지를 지탱하지 못하고 7월 25일 영동에서 철수하였다. 이후부터는 제7기병연대와 제5, 제8연대가 교대로 축차진지를 점령하면서 지연전을 수행하였다.[25]

영동을 점령한 북한군 제3사단은 7월 26일 새벽부터 29일까지 경부국도를 따라 산발적으로 공격하였으나 큰 성과가 없자, 주력을 무주→김천 방향으로 우회 기동하여 김천을 남서쪽에서 공격하였다. 이에 따라 미 제1기병사단은 7월 29일 오전에 황간에서 김천으로 철수하였으며, 8월 1일 15시 경에 하달된 낙동강 방어선으로의 철수 명령에 따라 낙동강을 건너 왜관에 집결하여 새로운 방어진지를 점령하였다.[26]

미 제24사단의 금강 방어선과 대전 전투 결과는 미 제8군사령관(워커 중장)의 기대에 미치지 못했다. 미군은 금강 방어선에서 적에게 후방 침투를 허용한 이후 퇴로가 차단되자 불과 하루 만에 철수하였으며, 대전 방어를 위해 구축한 갑천 방어선은 북한군의 공격이 시작된 직후 전방 방어부대가 이탈하자 쉽게 무너지고 말았다. 평소에 전투준비가 부족했던 미 제24사단이 갑작스럽게 전장에 투입되어 만만치 않은 전투력을 보유한 북한군과 맞서 싸운 결과는 이처럼 참담했다.

그럼에도 불구하고 미 제24사단은 북한군과 맞서 싸운 약 15일(7. 5~20) 동안 북한군의 남진을 저지하면서 후속부대인 미 제25사단, 제1기병사단 등이 한국에 도착하여 전개할 수 있는 시간을 확보하였다. 또한 서부전선에서 미 공군이 북한군의 작전 지속능력을 심각하게 타격하는 데에도 기여하였다. 게다가 이들은 초기 전투의 패전으로 사기가 저하된 국군이 재편성을 실시하고, 중부전선에서 지연작전을 펼칠 수 있는 여건도 조성하였다.

요약하면, 금강 방어선에서 낙동강 방어선에 이르기까지 미 제24사단과 제1기병사단은 적의 공격을 최대한 저지하기 위해서 노력하였으나, 큰 성과는 거두지 못했다. 미군은 공중폭격과 포병화력 등을 활용하여 북한군의 전차, 차량, 보급품, 지휘소 및 밀집병력 등을 공격하여 적에게 큰 타격을 입혔지만, 북한군의 공격 기세를 멈출 수는 없었다. 반면 북한군은 지속적으로 공격기세를 유지하며 남쪽으로 진출하였으나, 미군의 공중공격 등으로 인해 병력과 장비를 집중적으로 운용할 수 없었다. 따라서 개전 초기와 같은 신속한 전과확대와 추격은 이뤄지지 않았다.[27]

소백산맥 방어선에서의 지연전

소백산맥 방어선의 지연전에서는 국군 2개 군단, 5개 사단(수도, 제1, 제2, 제6, 제8)이 7월 15일부터 약 2주 동안 북한군 제2군단 예하 5개 사단(제1, 제8, 제12, 제13, 제15)과 제1군단 예하 1개 사단(제2) 등 총 6개 사단의 공격을 방어하는데 성공하고, 이후 8월 초부터 실시된 낙동강 방어선 작전으로 전환할 수 있는 여건을 조성하였다. 소백산맥 일대의 지형은 소백산, 속리산 등 대체로 1,200~1,400m 내외의 험난한 지형으로 방자에게 유리하였다. 특히 갈령, 이화령, 조령, 죽령 등은 북한군의 전차와 포병부대의 기동에 유리한 기동로였기 때문에 피아 모두에게 전술적으로 중요한 지점이었다. 또한 남북으로 연결된 3번과 5번 도로가 주요 도로였으며, 이외에도 19번, 25번, 34번 등 주요 거점 도시를 연결하는 도로가 사방으로 발달되어 있었다.[28]

7월 중순 이후 북한군은 제공 및 제해권을 상실한 상황에서 병참선이 과도하게 신장됨에 따라 보급이 제한되고, 점차 병력 손실도 늘어났다. 북한군 각 사단의 화포와 장비는 개전 초의 1/3 이하로 감소하였고, 전차도 40대 가량으로 줄어들었다. 국군과 유엔군이 낙동강 방어선에 도달할 무렵 북한군의 병력은 70,000~92,000명 정도였는데, 여기에는 남한에서 강제 징집한 '의용군義勇軍'도 포함되어 있었다. 그럼에도 불구하고 김일성이 수안보의 전선사령부까지 내려와서 독전을 지시하는 등 최종목표 점령에 대한 집념을 버리지 못하고 계속해서 무모한 공격에 집착하였다.[29]

7월 중순 이후 북한군 일선부대의 전투력이 약해지고 기동력이 저하되자, 김일성은 "정면으로만 공격할 것이 아니라 대담하게 산길이나 산등성이를 따라 우회기동하여 측면과 후방으로부터 타격함으로써 적의 유생역량有生力量을 포위 소멸하고 방어를 와해시키면서 공격속도를 높여야 한다"고 강조하였다.[30] 이와 같은 방침에 따라 북한군 전선사령관은 사령부를 충주에서 수안보로 추진하여 전선에 근접하여 작전을 지휘하였다. 북한군 제2군단은 제15사단을 미원→상주 방면에, 제1사단과 제13사단을 문경→함창 방면에, 제8사단과 제12사단을 풍기→안동 방면에, 제2사단을 청주→보은 방면에 각각 투입하였다.[31] 이러한 공격방향 설정을 통해 소백산맥 줄기의 동남부지역에서 국군을 포위 섬멸하여 신속하게 대구로 진출하고자 하였다.

소백산맥 방어선에 대한 북한군의 공격은 7월 15일 경부터 시작되었다. 이때 국군은 수도사단과 제1사단이 고은→미원→화령장→함창 부근에서, 제6사단이 문경→점촌 부근에서, 제8사단이 풍기→안동 부근에서 남진하는 적과 교전하며 적의 진출을 저지하였다. 수도사단과 제2사단이 청주→고은리에서 북한군 제2사단의 공격을 3일 동안 지연시켰으며, 제1사단과 제17연대가 화령장에서 북한군 제15사단을 기습 공격하여 큰 타격을 주기도 하였다.[32] 또한 개전 초기 이후 대구에서 재편성을 마친 국군 제1사단이 증원되어 북한군의 함창→대구 진출을 저지하고, 미군 담당지역인 경부가도 축선의 동측방에 대한 위협을 제거하였다. 국군 제8사단도 풍기→안동에서 성공적인 지연작전을 펼쳐 북한군 제12사단과 제8사단의 공격을 보름 동안이나 저지하는데 성공하였다.[33] 이처럼 공간을 내주고 시간을 확보하려고 했던 국군의 지연작전은 곧바로 낙동강 방어선 편성에 기여함으로써 상당 부분 성공적이었다고 평가할 수 있다.

동해안 지역 지연전

동해안 방면의 지연작전에서는 국군 제3사단 제23연대가 북한군 제5사단과 동해안에 상륙한 제766부대, 제945육전대의 남진을 저지하는 임무를 수행하였다. 국군 제23연대는 태백산맥 우측의 제한된 공간을 이용한 방어작전에 만전을 기했고, 특히 유엔 공군과 해군의 화력 지원에 힘입어 북한군의 진격을 저지하는데 성공하였다.[34] 동해안 지역은 강릉→옥계→삼척→울진→영해→영덕→포항 등 해안 도시로 이어지는 해안선 일대를 제외하면 대부분 험준한 산악지대이다. 이러한 지형적 특성 때문에 소규모 병력의 은밀한 침투는 유리하지만, 대규모 부대의 기동은 적절치 않았다. 동해안에는 해안을 따라 남북으로 7번 도로가 발달되어 있으며, 횡으로는 울진~영주, 영덕~안동, 포항~영천 등에 도로가 형성되었다. 이 도로들은 폭이 좁고 굴곡이 심해서 기갑부대의 기동이 제한되었다.[35]

남침 직후인 6월 27일에 강릉을 점령한 북한군 제5사단은 신속하게 남진하려 하였다. 제5사단은 동해안 도로를 따라 남진하기에 앞서 상륙부대인 제766부대와 제945육전대를 울진 방면으로 침투시켰다. 이들의 주요 임무는 국군의 증원부대 차단과 비정규전 활동을 통해 북쪽에서 밀고 내려오는 주력 제5사단의 진출속도를 확보하는 것이었다. 하지만 제5사단의 공격속도는 북한군 지휘부의 기대에 미치지 못했는데, 유엔 해군의 함포 지원사격과 공중공격에 의해 기동이 어려웠기 때문이었다.[36] 이에 따라 적 제5사단장은 예하 1개 연대를 산악으로 기동시켰는데, 이로 인해 정면 공격부대의 충격력이 약화되었다. 또한 제5사단의 남진 속도가 늦어지는 바람에 제766부대와 제945부대의 후방 침투에 따른 효과도 크지 않았다.[37]

이 시기에 유엔 해군은 동해안을 따라 남하하는 북한 해군 함정을 저지 및 차단하는 작전을 전개하였으며, 함대를 해안에 접근시켜 북한군의 보급로와 집결지를 폭격하고, 항공기가 출동하여 북한군 주력 부대와 주요 시설, 교량 등을 폭격하였다.[38] 7월 7일에는 북한군 제5사단의 남하로 포항 방면에 대한 위기가 고조되자, 영덕과 포항 방어에 대한 관심이 높아지면서 유엔 해군의 지원이 강화되었다. 이에 따라 북한군 제5사단의 남진 속도는 크게 둔화되었다. 북한군은 7월 1일에 울진을 탈취했으나, 7월 12일까지 영덕 북쪽의 평해까지 남하하는데 그쳤다.[39]

한편 동해안 지역의 지연작전을 담당한 국군 제3사단은 7월 24일까지는 제23연대와 독립 제1대대 병력으로 영해~영덕 지역에서 방어작전을 수행했으나, 7월 24일 이후 제22연대와 해병대가 투입되어 전투력이 크게 증강되었다.[40] 북한군 제5사단은 7월 14일부터 영해 남쪽에서 영덕을 향해 공격을 개시하였다. 국군 제23연대는 병력과 화력의 열세로 방어진지가 돌파되자, 명령에 의거하여 축차진지로 철수를 시작했다. 이때 유엔군 항공기와 함대가 북한군 집결지와 접근로를 타격하여 진출을 지연시켰다. 그럼에도 불구하고 북한군 제5사단은 공격을 계속하여 7월 17일에 영덕을 함락시켰다. 이때부터 피아간에는 영덕 부근의 181고지와 207고지를 두고 치열한 공방전이 전개되었으며, 8월 2일에는 국군 제23연대가 영덕을 재탈환하였다. 육군본부는 개전 초기에 아군 후방에 상륙한 북한군 제766부대와 제945부대를 저지하기 위해서 국군 기갑연대를 투입하였다. 이 연대는 7월 29일부터 8월 2일까지 북한군 제766부대와 격전을 벌인 후 영덕으로 철수하였는데, 기갑연대가 적 침투부대를 차단함으로써 영덕에 대한 북한군의 우회기동을 저지할 수 있었다.[41]

개전 이후 동해안 도로를 따라 남진하던 북한군 제5사단은 포항, 울산, 부산을 향해 신속하게 진격하려 하였다. 특히 항구 도시를 조기에 장악하여 대한민국에 대한 미군의 상륙과 병참 지원을 방해하려 하였다. 하지만 국군 제3사단은 포항을 고수하기 위해 영덕~강구 선에 강력한 방어진지를 편성하고, 동해안 도로 상의 주요 감제고지를 사수 및 탈환하였다. 국군 제3사단은 포항의 조기 실함을 저지하였으며, 북한군 제5사단의 전투력을 크게 약화시켰다. 이와 같은 국군 제3사단의 선전에는 동해에서 제공권과 제해권을 장악한 유엔 해군의 함포와 항공기의 효과적 지원에 힘입은 바 크다.[42]

서남부 지역 지연전

북한군 제1군단은 1950년 7월 11일에 제3, 제4사단을 공주→대전 방면으로 투입시킨 이후, 후속하던 제6사단에게 호남지역으로 우회하도록 임무를 부여하였다. 이에 따라 천안에서 서쪽으로 방향을 전환한 제6사단은 7월 16일에 논산을 거쳐 전주 방향으로 남진하였다. 이때 예하의 제13연대를 군산으로 우회시켜 전북 지역 전체를 장악하였다. 전남 광주까지 진출한 제6사단은 제13연대를 목포, 제1연대를 보성, 제

15연대를 순천으로 각각 진출시켰으며, 7월 25일에는 3개 연대가 다시 순천에서 합류하여 하동을 향해 진격하였다.[43]

미 제8군사령부는 북한군 제4사단이 금강 도하 직후 직후 논산 방면으로 남진하는 것은 파악하였으나, 제6사단의 기동 속도와 방향에 대해서는 정확한 정보를 입수하지 못했다. 7월 초부터 호남지역의 국군 부대와 경찰은 북한군 제6사단의 호남 진출을 저지하려 하였으나, 현저한 전투력 격차 때문에 불과 11일 만에 호남지역 전체가 적에게 장악되었다. 정체불명의 사단급 부대가 전라도를 관통한 뒤 남해안에 출몰함에 따라 미 제8군사령부는 대전 전투에서 큰 타격을 입고 재편성 중이던 제24사단을 진주~함양~거창 방향으로 투입하여 저지하려 하였다. 이후 영남 서부지역에서는 미 제24사단이 국군과 함께 함양~거창 방면과 하동~진주 방면에서 각각 북한군의 전진을 저지하였으나, 이미 많은 피해를 입었기 때문에 축차적인 철수를 준비하고 있었다. 이들은 7월 31일에 미 제8군 사령부의 명령에 의해 낙동강 방어선으로 철수하여 새로운 방어준비에 착수하였다.[44]

북한군 제6사단의 호남지역 우회 공격에서 알 수 있듯이, 국군과 유엔군은 이 지역에서 압박하는 적의 상황에 대해 정확하게 파악하지 못하고 있었으며, 이에 대한 적절한 조치를 취하는데 많은 시간을 소모했다. 북한군 제6사단은 7월 20일 경까지 호남지역을 점령한 이후 마산방면으로, 북한군 제4사단은 안의→거창 방면으로 기동하여 미 제8군사령부의 서측과 후방을 위협하였다. 미 제8군사령부는 7월 초부터 덕유산, 지리산, 백운산 등을 포함하여 호남을 거쳐 남하하는 주요 접근로에 대해 별다른 신경을 쓰지 않았을 뿐만 아니라, 순천→하동 간 도로를 포함한 주요 도로마저 무방비 상태로 방치했었다. 이처럼 미 제8군사령부는 적 제6사단의 우회 사실을 뒤늦게 파악하였으며, 결국 북한군 제6사단의 예상 접근로 방면에 미 제25사단을 급파하여 대비하였다.[45]

지연전 분석

한강 방어선에서 철수한 직후부터 시작된 지연작전에서 국군과 유엔군은 '공간을 내주고 시간을 확보한다'는 작전방침에 따라 북한군의 공격을 최대한 지연시키려고 노력하였다. 7월 초부터는 미 지상군의 참전이 본격화되어 6·25전쟁은 공산측의 예측과 전혀 다른 양상으로 전개되었으며, 북한군은 심리적, 물리적인 부담 속에서 남진을 계속했다.[46] 특히 미국 지상군이 신속하게 참전함에 따라 7월 초순 이후 북한군의 작전수행에 많은 차질이 발생했다. 미 제24사단은 훈련 부족으로 인해 참전 초기에 많은 피해를 입었음에도 불구하고 국군과는 차원이 다른 부대였다. 따라서 미군과 교전한 북한군 역시 많은 피해를 입었으며, 그만큼 이들의 공격속도는 지연되었다.

수원 남쪽에서 진행된 미군에 대한 북한군의 작전수행을 분석하면, 전차 단독으로 과감하게 미군 방어진지를 공격하는 횟수가 줄어든 것을 알 수 있다. 대신 정면공격보다는 야간 위주의 측방 및 후방 침투에 의한 후방교란 및 차단작전이 늘어났다. 이처럼 미 제24사단의 신속한 투입으로 가장 적절한 시기에 가장 중요한 축선에서 북한군의 공격을 지연시킬 수 있었으며, 국군에게는 사기 앙양과 재편성 기회를 주었다.[47]

국군은 한강 방어선 작전을 마친 이후 지연전으로 전환하면서 본격적인 재편성에 착수하였다. 이 시기에 미 지상군이 서부전선에 투입됨으로써 그만큼 작전수행에 여유가 생겼기 때문이었다. 7월 5일에 국군 제1군단이 창설되고, 7월 12일에 국군 제2군단이 창설되어 각 군단별로 본격적인 지연작전에 돌입함에 따라 육군본부의 작전지휘 부담이 줄어들었다. 대신 육군본부는 미군과의 연합작전 수행에 집중하고, 또한 후방지역에서 진행되는 병력보충 및 물자동원 등에 더 많은 노력을 할애할 수 있었다.[48]

하지만 국군과 미군의 연합작전에도 불구하고, 7월 12일 경에 금강과 소백산맥을 연하는 방어선이 무너지고, 7월 20일에는 대전까지 함락된 것에서 알 수 있듯이, 지연작전에서는 북한군의 진출을 완벽히 저지하지는 못했다. 또한 북한군 제6사단이 호남방면으로 신속하게 우회하여 남해안으로 진출한 것이나, 동해안에서 북한군 제5사단이 해안도로를 따라 지속적으로 남하하려던 시도에서 알 수 있듯이, 주공부대를 제외한 다른 부대의 위협도 국군과 유엔군의 지연작전에 어려움을 주었다. 이처럼 7월 초부터 본격화된 북한군의 공격은 다양한 방면에서 진행되어 뚜렷한 주공 방향이 드러나지 않은 것이 특징이었다. 한편, 미군이 제공권을 장악함에 따라 북한군 지상군 부대는 점차 주간작전 수행에 차질이 발생했고, 북한에서부터 출발하는 각종 병참 및 보급지원에 많은 타격이 가해져 일선 부대의 전투력이 현저하게 감소되었

다.[49]

7월 말에도 국군과 유엔군은 지연작전 기간 중 다양한 방면에서 제기된 북한군의 위협에 대처하기 위해서 고심하였다. 먼저 국군은 7월 24일에 육군 지휘체계를 재조정하여 각 군단 및 육본 직할 소속부대를 재배치하였다. 특히 동해안에 투입된 제3사단은 육군본부가 직접 지휘하며, 이와 동시에 미 해군 함포와 항공기 지원을 통해 북한군 제5사단의 공격을 성공적으로 저지하였다. 한편 미군은 미 제24사단이 약 2주 동안 북한군의 진격을 저지하는 동안 미 제25사단과 제1기병사단이 영동과 상주방면에 투입되어 차후 작전에 대비하였다. 또한 호남지방으로 우회하는 북한군 제6사단을 저지하기 위해서 미 제25사단을 상주에서 마산방면으로 이동시키기로 하는 등 남진하는 북한군의 공격속도를 둔화시키기 위한 노력도 병행하였다. 이 과정에서 초기에 참전한 미군 부대(제24, 제25, 제1기병사단)는 북한군에게 많은 피해를 강요하면서 가장 중요한 시기에 북한군의 남진을 지연시키는데 성공하였을 뿐만 아니라, 북한군의 작전 지속능력을 감소시켜 이들이 장차 진행될 낙동강 방어선에서 수행할 작전에 지장을 초래하였다.[50]

이와 같은 상황을 고려할 때, '공간을 내주고 시간을 벌겠다'는 국군과 유엔군의 지연작전은 비교적 성공적이었다고 평가할 수 있다. 특히 지연작전이 종료될 즈음, 미군 2개 사단이 추가로 증원되고, 국군도 점차 부대 정비와 전력 증강이 이루어짐에 따라 장차 낙동강 방어선에서 차후 작전을 실시할 수 있는 여건이 마련되었다. 이러한 지연작전의 성과에 힘입어 미 제8군사령관(워커 중장)은 북한군과의 최후 결전을 벌이기 위한 공간인 낙동강 방어선으로의 철수를 결심하였다.

6장

낙동강 방어선에서의 혈전血戰

낙동강 방어선[1]의 형성

낙동강 방어선은 1950년 8월 초부터 9월 중순까지 약 45일 동안 국군과 유엔군이 북한군의 남진을 저지하기 위해 필사의 혈투를 펼쳤던 최후의 방어선이었다. 이 방어선은 대체로 낙동강을 연하여 형성되었으며, 남쪽의 마산으로부터 남지~왜관~낙정리~영덕을 잇는 동서 약 80km, 남북 약 160km의 'Γ' 모양이었다.[2] 이 방어선은 크게 세 구간으로 구분할 수 있는데, 첫 번째는 낙정리~영덕 사이의 낙동강 상류와 태백산맥 남쪽의 험준한 산악지대이며, 두 번째는 낙정리~왜관~남지를 연결하는 낙동강을 이용한 평지 구간이고, 세 번째 구간은 남지~마산 서측 진동리를 잇는 낙동강과 남강의 합류지점으로부터 남해안까지의 구간이다. 하천과 고지군 등 천연 장애물로 형성되어 외곽 방어선의 유지가 용이할 뿐만 아니라, 부산으로부터 마산, 남지, 왜관, 낙정리, 의성, 영덕 등 주요 도시에 이르는 도로망이 잘 발달되어 내선작전 수행에 적합하였다.[3]

낙동강 방어선은 지형의 특성 상 방자의 작전수행에 유리한 조건이었다. 왜관에서 남지에 이르는 낙동강 본류는 지형적으로 방자에 유리하였는데, 당시 낙동강은 강폭이 400~800m에 달했고, 물이 흐르는 부분은 200~400m였으며, 수심은 1~1.5m 이상으로 공격부대의 도하에 지장을 주었다. 낙동강 양안兩岸에는 가파른 산이 많고 언덕과 평지가 없어 도하가 어려웠으며, 대규모 병력의 기동도 제한되었다. 강력한 화력을 보유한 유엔군이 낙동강 전체를 감제하고 있었기 때문에 낙동강을 도하하려던 북한군은 주간보다는 야간에 도하해야 했다.[4]

미 제8군 사령관(워커 중장)은 1950년 7월 한 달 동안 국군과 미군이 수행한 지연 작전의 양상을 분석한 결과, 불리한 전황을 타개하기 위한 특단의 대책이 필요하다고 판단하였다. 그가 낙동강 방어선에서의 작전을 구상한 시기는 북한군이 대전 북방의 금강~소백산맥 방어선을 돌파한 직후인 7월 17일 이후였다. 이때부터 미 제8군사령부는 국군과 미군의 작전수행, 미군 증원부대의 상황, 유엔군 해군 및 공군의 지원, 북한군 상황 자료를 다각적으로 분석하였다. 이를 근거로 낙동강 방어선을 아군의 최후 교두보로 선정하고, 이 선에서 적의 진출을 저지한 다음 총반격을 실시하겠다는 작전개념을 구상하였다. 또한 개전 이후 지속적으로 후퇴만 계속했던 한미 연합군에게 심리적으로 최후의 저항선을 설정한 뒤, 이 방어선에서 더 이상 물러서지 않겠다는 점을 강조하려 하였다.[5]

낙동강 방어선에서 최후의 결전을 결심한 미 제8군사령관은 7월 26일에 예하의 모든 부대에 철수 준비명령을 하달했다. 그는 미국은 절대 한반도에서 적에게 밀려서 철수하지는 않을 것이라는 점을 강조한 맥아더 원수의 작전지침에 따라 작전계획을 수립하였다. 워커 중장은 7월 29일에 "한 치의 땅이라도 적에게 빼앗기면 수많은 전우의 죽음이 있다는 것을 명심하고 끝까지 싸워야 한다"는 전선 사수Stand or Die 명령을 하달하여 예하 부대의 전투의지를 다졌다.[6] 그리고 8월 1일, 미 제8군사령부는 예하 부대에 낙동강 방어선으로 철수하라고 명령하였다.

북한군을 상대로 지연전을 수행하던 국군과 미군 부대들은 낙동강 방어선을 향해 부대이동을 개시하였다. 가장 먼 거리를 이동해야 할 부대는 가장 늦게 한국에 도착하여 상주 전방에 배치된 미 제25사단이었다. 대전 전투 이후 남하하던 북한군 제4사단과 제6사단이 낙동강 서부의 마산 방면으로 접근한다는 정보를 확인한 미 제8군사령부는 상주 정면의 미 제25사단을 마산 정면에 투입하기로 결정하였다. 이에 따라 상주에서 김천을 거쳐 왜관까지는 도보와 차량으로 이동한 이후, 왜관에서 마산까지는 열차로 강행군을 실시한 미 제25사단은 가까스로 마산 서쪽 남해안 방면에서 부산을 향해 진격하던 북한군의 공격을 저지하기 위한 방어작전에 나설 수 있었다. 미 제24사단 예하 연대들도 각각 8월 3일까지 진동리, 영산, 창녕으로 이동하여 방어진지를 구축하였다. 미 제1기병사단은 8월 3일까지 낙동강 남안으로 철수 완료하여 왜관 정면에 배치되었는데, 왜관교를 폭파하는 과정에서 밀려오는 피난민 때문에 어려움이 많았다. 왜관교 폭파는 이러한 우여곡절 끝에 8월 4일에 완료되었다.[7]

파괴된 왜관 북방 인도교(左)와 철교(右)

국군 부대의 낙동강 방어선으로의 철수는 육군본부의 작전명령에 의해 진행되었다. 육군본부는 국군 제1, 제2군단에 북한군을 저지하면서 7월 31일과 8월 1일 사이에 낙동강 남안으로 이동하되, 8월 3일 야간까지는 철수를 완료하라고 지시하였다. 이에 따라 모든 부대가 정해진 기한 내에 낙동강 남안으로 철수 및 낙동강 방어선 투

낙동강 남안에서 바라본 안동 시가지와 낙동교

입을 완료하였다. 다만 국군 제1군단 예하 제8사단은 군단사령부의 촉박한 명령 전달과 철수 작전 시 수도사단의 엄호가 미비한 가운데 안동 정면에서 낙동강 남안으로 철수하다가 많은 인명 피해를 입었다.[8]

이와 같은 문제에도 불구하고 국군과 유엔군은 대체로 8월 3일 야간까지 새롭게 지정된 진지를 연하는 방어선, 즉 낙동강 방어선으로 진지전환을 완료하고 방어편성을 시작했다. 육군본부와 미 제8군사령부는 대구에서 방어작전을 지휘하였다.

미 제8군사령부는 지연전을 치르는 과정에서부터 피아의 강점과 약점을 충분히 분석하였고, 그 결과를 낙동강 방어선에서의 부대배치에 반영하였다. 당시 미군이 분석한 바에 따르면, 지연전을 수행하는 과정에서 북한군은 산악지대를 이용한 침투, 근접전투, 우회기동에는 뛰어나지만, 기동공간이 넓고 각종 화력운용이 용이한 개활지에서의 전투에는 취약하였다. 이러한 점을 고려하여 강력한 화력과 기동력을 보유한 미군은 낙동강 서부 및 남부 일대의 개활지 정면에서의 작전에 적합하고, 주로 산악지대에서 전투를 수행해 온 국군은 낙동강 상류 지역의 산악지역에서 효과적으로 작전을 수행할 수 있을 것이라고 분석하였다. 이에 따라 국군과 미군은 왜관 북쪽 작오산(303고지) 북단에 협조점을 설치하고, 그 지점으로부터 남해안 방면으로는 미군 3개 사단이 담당하고, 동해안 방면으로는 국군 5개 사단이 전선을 분담하여 방어하기로 하였다.[9]

피아 전력비교

1950년 7월 말, 국군과 유엔군의 낙동강 방어선까지 도달한 북한군은 연속적인 공세를 통해 부산을 신속하게 점령하여 전쟁을 끝내려 하였다. 7월 20일에 수안보에 설치된 전선사령부를 방문한 김일성은 북한군의 둔화된 전진속도와 전황을 보고받은 뒤, "8월 15일까지는 부산을 점령해야 한다. 유엔군에게 숨 돌릴 틈을 주지 말고 낙동강을 도하하여 대구와 부산을 점령하라"고 독촉하였다.[10] 이에 따라 북한군 전선사령부는 각 부대에 독전대督戰隊를 편성하고, 최대한 신속하게 국군과 유엔군의 방어선을 돌파하여 부산까지 진출하려 하였다.[11]

하지만 7월 말부터 국군과 유엔군의 방어에 막혀 북한군의 진격속도가 둔화되자,

김일성은 8월 15일에 다시 한 번 신속한 전쟁 종결의 필요성을 강조하며, 모든 물자와 병력을 전선에 투입하라고 지시하였다. 이때 강조한 내용은 사격술 향상, 지휘통솔 발전, 유격전 강화 등이었다. 이에 따라 북한군 전선사령부는 예비부대를 비롯하여 모든 장비와 보급품을 전선으로 추진하였다.[12] 또한 김일성은 8월 22일에도 낙동강 전선돌파에 모든 역량을 집중하라고 재차 강조하면서, "최후의 피 한 방울까지 바쳐 싸우고, 전투력을 높이기 위해 非전투 부문을 최대한 줄여 전투원을 보충하라"고 지시하였다.[13] 이렇듯 김일성은 부산을 점령하기 위해 반드시 돌파해야 할 마지막 장애물인 낙동강 방어선을 돌파하기 위한 총력전을 지시하였다.

낙동강 방어선까지 진출한 북한군은 다양한 측면에서 전투력의 한계를 드러내고 있었다. 국군과 유엔군이 지연작전을 수행하는 동안 북한군의 전투력은 현저하게 감소되었는데, 이는 제공권 상실, 병참선 신장, 후방기지의 파괴 등에 따른 것이었다. 전쟁 초기부터 제공권을 상실한 북한군은 유엔 공군에 의해 많은 전력 손실을 입고 있었다. 유엔 공군은 전선의 북한군 공격부대에 대한 폭격은 물론이고, 후방의 예비전력까지 폭격하였다. 이에 따라 북한군은 유엔 공군의 공격을 피할 수 있는 야간을 이용하여 공격작전을 펼쳤으며, 보급품을 전선으로 실어 나르는 차량과 열차도 야간에만 운용하였다. 그 결과 전선에 투입된 북한군 부대의 야포와 박격포 숫자는 개전 초에 비해 1/3 수준으로 감소하였고, 북한군의 공격을 선도한 T-34 전차도 연료부족 등의 한계로 큰 위력을 발휘하지 못했다.[14]

북한군의 병참선이 신장됨에 따라 일선 전투부대에 대한 보급지원에도 큰 차질이 생겼다. 전선이 점차 남쪽으로 이동할수록 북한군의 병참선이 길어지는 것은 당연했다. 당시 북한군의 병참선은 만주와 블라디보스토크에서 출발하여 평양 혹은 원산을 거쳐 서울로 집결한 이후, 다시 낙동강선까지 이동해야 했기 때문에 보급품을 장거리 수송하는 것도 쉽지 않았다. 더구나 북한의 후방 전략기지는 유엔 공군의 폭격이 가해져 대부분 기능이 마비된 상태였다. 또한 평양 병기창, 원산 정유소, 흥남 합성화학공장, 나진 부두, 성진 제철소 등 주요 군수시설과 공장이 파괴됨에 따라 북한군의 작전지속 능력은 한계에 도달하고 있었다.[15] 그 결과 낙동강 방어선에 투입되어 계속 공격하려던 북한군 일선 부대의 전투력은 급감하였으며, 병사들의 사기도 저하되었다.

이와 같은 문제를 타결하기 위해서 북한군은 남한 점령지역에서 약탈을 강화하였다. 부족한 병력을 메우기 위해서 남한 점령지에서 '의용군義勇軍'이라는 명목으로 수많은 청년들을 강제 징집하였으며, 보급문제를 해소하기 위해서 남한 점령지역에서 강제로 보급품을 조달하였다. 각 지역에 설치된 인민위원회를 중심으로 쌀을 포함한 식량과 일용품 등을 강제로 징수하였는데, 이 과정에서 수많은 민간인 피해가 발생하였다.[16]

국군 지휘부는 낙동강 방어선을 성공적으로 사수하기 위해서는 일선 부대의 전투력, 특히 병력 증강과 무기 및 장비 증원이 필수적이라고 판단하였다. 7월 중에 지연전을 펼치는 과정에서는 국군 부대가 적 주력과 직접 대결할 기회는 많지 않았다. 국군은 주로 도로를 중심으로 적 접근로에 방어진지를 편성하고 있다가, 적 선두부대와 교전한 이후 심각한 피해를 입기 전에 작전지역에서 철수하는 형태의 지연작전을 펼쳤다. 적의 진출을 지연하는 것도 중요했지만, 아군 병력을 안전하게 보전하는 것도 차후 작전을 위해 중요하다고 판단했기 때문이었다. 하지만 낙동강 방어선에 도착한 이후에는 계속해서 적과 정면대결을 펼쳐야 했으며, 이러한 작전을 치르기 위해서는 병력과 장비, 화력과 기동 등 전투력을 발휘할 수 있는 모든 요소에 대한 보충이 필수적이었다.[17]

이와 같은 상황을 파악한 국방부는 정부 주도하에 시행되는 모병에 박차를 가했으며, 국군의 일부 보충병을 미군 부대에 증원하는 등의 조치를 취했다. 국군은 사단 증편계획의 일환으로 8월 20일에 민閔부대와 독립유격 제1, 제2대대를 중심으로 제7사단을 재창설하고, 8월 27일에는 제11사단을 신편하였다.[18] 또한 제2사단과 제5사단을 재창설하고, 제9사단 및 제3군단의 신편을 추진하였다. 이를 위해서 육군본부는 8월 1일에 대구에 육군중앙훈련소를 설치하는 등 신병 보충을 위한 체계를 구축하였다. 이러한 노력에 힘입어 9월까지 대구와 부산 등지에 설치된 총 5개의 훈련소에서 1~2주 동안 훈련을 받은 신병을 매주 5~6,000여명 배출할 수 있었다.[19] 이와 동시에 장교와 부사관을 충원하기 위한 과정도 운영하였다. 그리고 학도의용군, 소년병, 여자의용군, 노무단 등을 운용하여 정규군의 전력만으로 수행하기 힘든 부분을 보완하였다.[20]

낙동강 방어선 시기에 진행된 국군의 전투력 증강에는 미군의 지원이 결정적이었다. 전쟁 발발 이전부터 국군에 대한 교육훈련을 지원하던 미 군사고문단은 국군의 병력 충원 과정에서 필요한 부대 재편, 교육훈련, 장비 운용 등을 지원하였다. 또한 미군은 1950년 8월부터 국군에게 새로운 장비와 보급품을 지급하여, 국군이 북한군의 공격을 방어할 뿐만 아니라 장차 공세 이전에 필요한 능력을 갖추도록 지원하였다.[21] 이 시기에 국군 각 사단은 미군으로부터 3.5인치 로켓포를 지급 받았으며, 국군 포병 화력에 대한 증강이 시작되어 9월 초까지 육군본부 예하에 총 10개의 105mm 포병대대가 신설되었다.[22]

낙동강 방어선에서는 미군의 병력 및 정비 증강도 본격화되었다. 미국 본토와 하와이에서 출발한 미 지상군은 7월 말에 한국에 도착하여 전선에 투입되었다. 이들 중에서 가장 주목을 받았던 부대는 제89전차대대였는데, 8월 초에 도착한 이 대대는 마산 정면에서 북한군 제6사단의 진격을 저지하던 미 제25사단에 배속되었다. 이어서 M26 전차와 M2A3 전차 등으로 구성된 중형전차 3개 대대가 파견되어 미군 각 사단에 배속됨에 따라 낙동강 전선에 투입된 전차는 총 500여 대로 늘어나 전차 숫자에서 북한군을 압도하였다.[23] 또한 미 제2사단이 8월 중순까지 한국 전선에 증원을 마쳤고, 영국군 제27여단도 도착하였다.[24]

병력증강과 함께 진행된 미군의 군수지원도 큰 성과를 거두었다. 유엔군사령부는 병사 1인당 1톤 기준으로 보급품을 지급토록 결정하였는데, 이를 달성하기 위해서

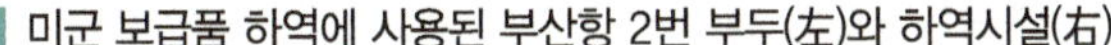

미군 보급품 하역에 사용된 부산항 2번 부두(左)와 하역시설(右)

미 제8군사령부는 예비 보급품을 최소 45일분에서 120일분으로 증가시켰다. 이에 따라 7월 한 달 동안 부산항에는 선박 230척이 입항하여 총 309,314톤의 보급품과 장비를 하역하였다.[25]

일본에 기지를 보유한 미 해군과 공군의 전투력도 보강되었다. 8월 초부터 미 극동공군은 F-80 625대와 F-51 264대를 보유하였으며, 일일 출격 최대 항공기 숫자도 525대로 증강하였다. 이에 따라 미 극동공군은 주간은 물론이고 야간에도 근접항공지원과 차단, 전략폭격, 정찰 및 수송 등의 임무를 수행하며, 지상군의 작전을 지원하였다.[26]

8월 공방전

1950년 8월 초에 낙동강선 외곽에서 도하준비를 마친 북한군은 최종 목표인 부산 점령에 총력을 기울였다. 북한군은 국군과 유엔군이 낙동강을 연하는 선에 강력한 방어진지를 구축하기 이전에 신속하게 도하하여 대구를 점령하려 하였다. 이를 위해서 주공부대를 대구에 도달하는 최단거리 접근로인 왜관→대구 축선에 투입하였다. 또한 전全 전선에서 가용한 모든 접근로를 동시에 공격하여 국군과 미군의 전투력을 분산시키면서 압박하려 하였다.[27] 이러한 의도에서 다음과 같은 4개의 공격축선을 선정하였다. 첫째, 대구를 돌파하여 부산을 점령한다. 둘째, 낙동강 돌출부(창녕~영산)를 통하여 밀양에서 철도와 육로를 이용한다. 셋째, 남강과 낙동강의 합류지점 동쪽에서 마산을 돌파하여 부산으로 진출한다. 넷째, 경주를 점령한 다음, 동해안 도로를 따라 부산을 점령한다.[28]

북한군은 이러한 작전개념에 따라 총 13개 사단 가운데 11개 사단을 전선에 투입하였다. 특히 주공 방향으로 선정된 대구 축선에 5개 사단을 투입하였는데, 구체적으로 살펴보면 다부동→대구 축선에 2개 사단, 군위→대구 축선에 1개 사단, 왜관→대구 축선에 2개 사단을 투입하여 집중공격 하였다. 그 외 5개 사단은 각각 마산, 밀양, 영천, 경주, 포항 축선에 투입하여 전 전선을 압박하였다.[29]

낙동강 방어선으로 철수한 국군과 유엔군은 새로운 진지를 점령한 이후 북한군의 공격을 저지 및 격퇴하기 위한 준비에 착수했다. 국군과 유엔군은 미 제8군사령관(워

8월 공방전
(1950. 8. 4 - 8. 25)
영주
문경
예천
함창
안동
평해
상주
영덕
낙동리
의성
선산
군위
황간
김천
포항
신령
영천
연일
2군단
안강리
자례
왜관
미8군
대구
육본
8
경주
구룡포
브레들리
경산
포항
거창
미 1기병
미24
청도
산제리
창영
밀양
울산
영산
삼랑진
미24
미25
김해
진주
진해
마산
사천
의성
고성
부산
수도
미

커 장군)의 공세적 방어개념에 따라 증원부대의 증원과 보급 수송을 위한 병참선을 확보하고, 우세한 포병과 항공 화력지원으로 적의 사기를 저하시키며, 적극적인 역습으로 전세를 전환하여 반격을 위한 준비를 갖추는 데 주력했다.[30] 미 제8군사령부는 낙동강 돌출부 남쪽의 남지에서부터 마산에 이르는 정면에 미 제25사단을 투입하였다. 또한 대구 서측방 현풍에서부터 낙동강과 남강이 만나는 남지에 이르는 지역에는 미 제24사단을 배치하였다. 왜관에서 현풍 북쪽에 이르는 방어지역은 미 제1기병사단이 담당하였고, 왜관 북방에서 낙정리에 이르는 지역은 국군 제1사단이 담당하였다.[31] 국군 제6사단은 낙정리에서 상아동까지 담당하며, 제8사단은 상아동에서 구미동까지를 맡았다. 이어서 수도사단은 구미에서 청송에 이르는 구간을 담당하였으며, 동쪽의 제3사단이 영덕 정면을 담당하였다.

한편 국군은 미 제25사단이 마산으로 이동함에 따라 결과적으로 국군이 담당해야 할 방어 정면이 너무 넓고, 연결되지 못한 점을 고려하여 8월 11일에 국군이 담당하고 있는 전선을 축소시켰다. 그에 따라 국군은 왜관~포남동~수암산~유학산~군위~보현산을 잇는 수정된 방어선으로 이동한 이후, 방어진지를 강화하였다.[32]

낙동강 방어선에서 대구 서측방 현풍으로부터 남지에 이르는 방어정면은 미 제24사단이 담당했다. 그 일대의 지형은 낙동강이 S자로 흐르고 있어 여러 곳에 돌출부를 만들고 있으며, 그 중 창녕과 영산 부근은 훨씬 큰 반월형의 돌출부가 서쪽으로 형성되어 있어 낙동강 돌출부라고 불렀다.[33] 8월 5일 밤 북한군 제4사단 주력은 영산 정면으로 기습적인 도하를 개시했다. 그들은 장비를 머리에 올리고 낙동강을 건넜으며, 일부는 뗏목을 만들어 무기와 장비를 운반했다. 영산을 점령한 적은 계속 진격해 밀양으로 진출하려 했다. 미 제8군사령부는 영산 일대의 위기를 타개하기 위해서 이곳에 여러 차례 기동예비대를 투입했다.[34] 그러나 적의 저항이 완강해 혈전이 전개되었고, 피아간에 많은 사상자가 발생했다.

8월 15일, 북한군은 창녕과 영산 일대에 처음으로 전차 4대를 투입해 공격을 감행했다. 이에 따라 미군도 즉시 항공지원을 요청하는 한편, M-26 전차를 투입하고 75mm 무반동총과 3.5인치 로켓포를 배치해 적 전차를 파괴했다. 전투에서 쌍방이 많은 손실을 입었으나, 결국 미 제24사단과 해병대가 적을 격파하고 다음날 전 지역에서 소탕전을 전개했다. 이 전투로 북한군 제4사단은 완전히 궤멸되었고, 패잔병들은 낙동강을 건너 후퇴했다. 북한군 제4사단은 8월 중순 전투에서 입은 피해를 회복

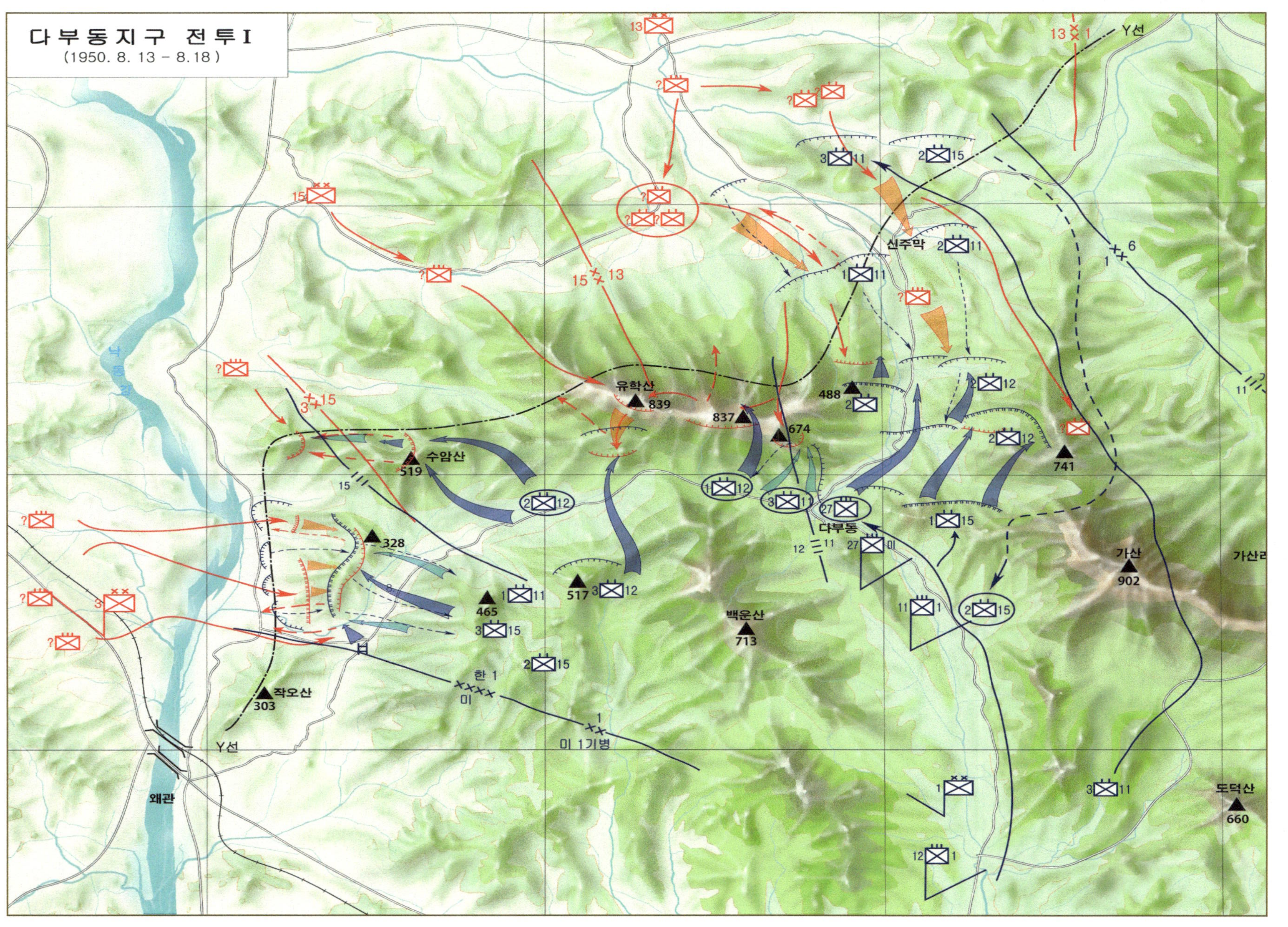
다부동지구 전투 I
(1950. 8. 13 - 8. 18)
Y선
신주막
유학산
839
837
674
488
741
수암산
519
328
465
517
다부동
백운산
713
가산
902
가산리
도덕산
660
작오산
303
왜관
낙동강
한 1
미
미 1기병

다부동지구 전투 II
(1950. 8. 19 – 8. 24)

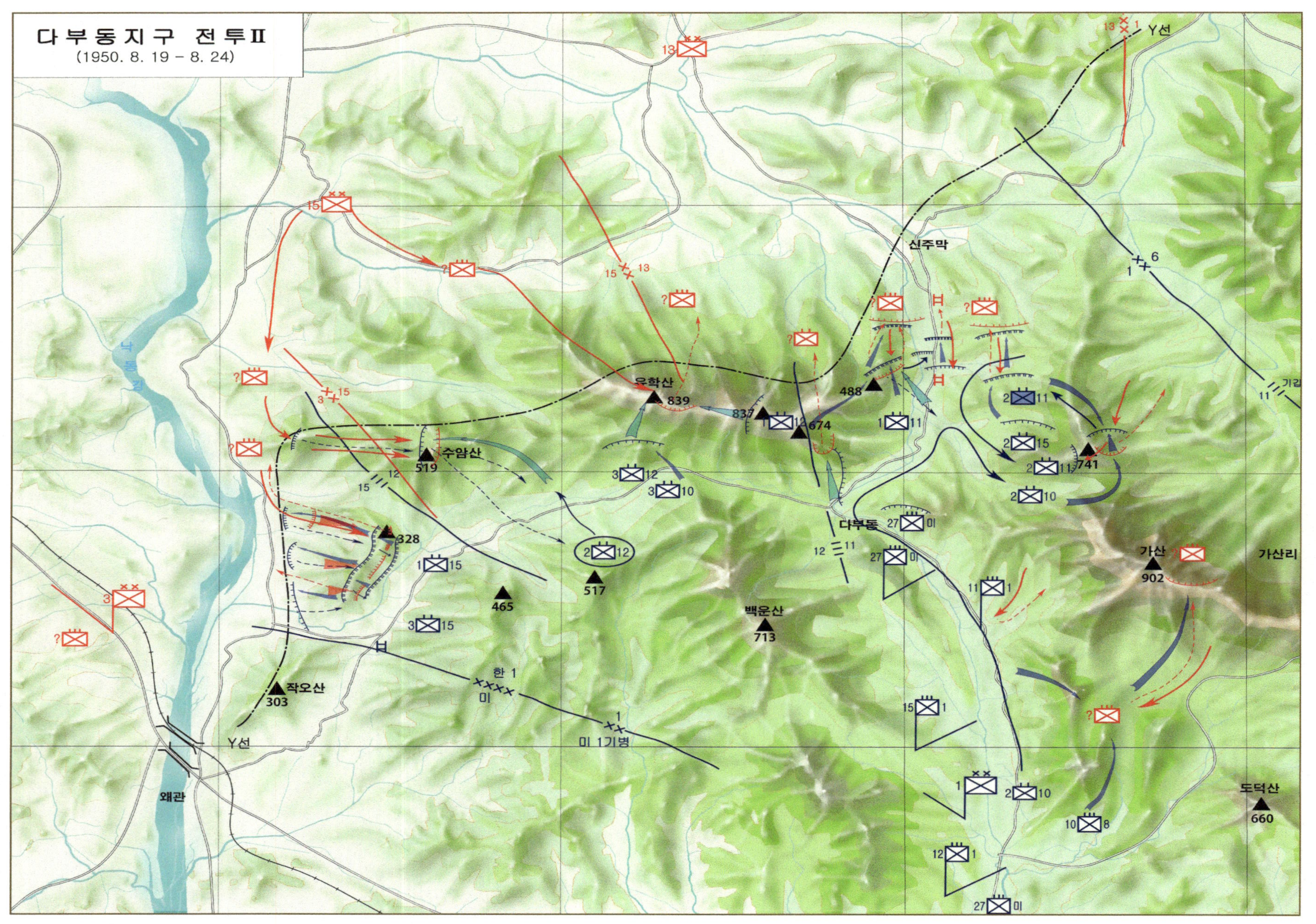

다부동 지구 전투

8월 초에 국군과 유엔군이 형성한 낙동강 방어선을 돌파하기 위해서 북한군은 5개 사단(제1, 제3, 제10, 제13, 제15사단)을 대구 북방에 투입했다. 반면 국군과 유엔군이 이 지역에 투입한 방어부대는 총 3개 사단(국군 제1, 제6사단, 미 제1기병사단)이었는데, 8월 초에는 방어정면이 넓어서 부대사이의 간격이 발생하였다. 8월 5일부터 7일 사이에 적 15사단이 선산 동남쪽에서 유학산 방면으로, 적 제13사단이 상주 낙동리에서 다부동 방면으로, 적 제1사단이 함창에서 다부동 방면으로 공격하자 국군과 유엔군은 전선을 축소해야 했다.

이에 따라 육군본부는 8월 11일에 국군의 방어선을 303고지(왜관 북쪽)~다부동~군위~보현산을 잇는 선으로 축소 조정했으며, 국군 제1, 제6사단은 다부동~군위를 연하는 Y선 일대에서 다시 방어선을 구축하였다. 왜관 일대에 방어선을 구축한 미 제1기병사단은 낙동강을 도하하려는 적을 우세한 화력으로 격퇴하며, 아군 부대의 간격으로 침투하는 적을 저지하기 위한 방어태세를 강화하였다.

다부동 방면에 대한 북한군의 공격은 8월 14일부터 전차를 앞세워 신주막 방향에서 시작되더니, 8월 17일부터는 유학산 방면의 국군 제12연대 정면에 집중되었다. 적의 공격이 강화되자, 미 제8군사령관은 미 제27연대를 국군 제11연대와 제12연대 사이에 투입하여 간격을 메웠다. 이후 유학산 우측의 신주막 방면으로 적 제15사단과 제13사단이 번갈아가면서 공격하자, 한미 연합부대는 치열한 공방전을 벌인 끝에 이들을 저지하였다. 이 과정에서는 북한군과 미군 전차부대가 구회장Bowling Alley 인근에서 치열한 전차전을 전개하기도 했다. 8월 21일에는 적 제1사단이 부대 사이의 간격으로 침투하여 대구 북쪽의 가산까지 접근하였으나, 국군 제8사단과 미 제2사단 예하부대가 출동하여 이들을 저지함에 따라 대구 북방에 닥친 위기가 해소되었다.

한편 유엔군 사령부는 왜관~다부동 정면에 대한 적의 공세를 약화시킬 목적으로 8월 16일에 낙동강 북쪽 약목리 일대에 융단폭격을 단행하여, 북한군에게 심리적으로 큰 충격을 주었다. 하지만 8월 말에도 국군 제1사단 방어정면에 대한 북한군의 공세는 계속되자, 미 제8군사령관은 미 제1기병사단의 방어정면을 수암산 일대까지 확대하여 적의 공세를 분산시키려 하였다. 9월 초의 전투에서도 국군 제1사단은 유학산~다부동~가산 선에서 북한군 3개 사단의 집요한 공격을 끝까지 저지 격퇴하였는데, 이 과정에서 9월 4일의 가산 탈환전, 9월 10일의 팔공산 탈환전 등에서 많은 인명손실이 발생하는 격화된 근접전투를 수행하였다. 이러한 전투에서 국군 제1사단이 승리하는 데에는 미 제8군사령부가 적시적소에 투입한 다양한 기동예비대의 지원이 결정적이었다.

8월 초부터 시작된 대구 북방의 왜관~다부동 일대에 대한 북한군의 공세는 9월에도 지속되었으며, 한때 대구 시내에 적 포탄이 떨어지기도 했다. 이에 위협을 느낀 미 제8군사령부와 육군본부가 한때 부산으로 이동하기도 했다. 하지만 낙동강 방어선에서 한 발자국도 물러서지 않은 국군과 유엔군 부대의 선전에 힘입어 북한군은 대구 북방에 대한 공세를 포기하고, 공격 방향을 영천 등지로 전환하였다.

다부동 인근 볼링 앨리Bowling Alley에서의 전차전, 1950. 8. 21.

하지 못하고, 다시는 낙동강 전선에 투입되지 못했다.[35]

낙동강 돌출부 남쪽 남지에서 마산까지의 낙동강 방어선은 미 제25사단이 담당했다. 그들과 대치한 북한군 제6사단은 진주로부터 마산을 경유해 부산을 점령할 목적으로 공격을 펼쳤다. 그 선두부대는 이미 마산 서쪽의 중암리와 진동리로 진출했고, 일부 부대는 함안 남쪽 서북산까지 침투했다. 이와 같이 서남부 전선의 상황이 악화되자 미 제8군사령관은 마산→진주 축선에서 역공격을 실시하기로 결심하고, 미 제25사단, 미 제5연대전투단, 국군 민閔부대, 국군 해병대, 미 제87전차대대로 미 제25사단장(킨 소장)이 지휘하는 킨 특수임무부대TF Kean를 편성하여 진주 탈환작전을 전개했다.[36] 이 작전은 마산 정면에 집중된 적의 위협을 격파함은 물론, 그들의 예비대를 그곳으로 전환하도록 강요해 대구 전선에 대한 압력을 완화하기 위해서 실시하였다. 8월 7일 공격을 감행한 킨 특수임무부대는 진주 고개와 사천 지역을 확보해 낙동강으로부터 남강에 이어지는 방어선을 구축하기 위해 공격을 전개했다.[37]

그러나 이즈음 대구 북쪽에 대한 적의 공격이 강화되고 낙동강 돌출부의 전선 상황이 악화되었으며, 동해안의 국군 제3사단이 장사동에서 포위되는 등 방어선 곳곳에서 치열한 접전이 계속되었다. 이에 따라 예비대의 확보가 시급해진 미 제8군사령부는 7월 16일부로 킨 특수임무부대를 해체했다. 킨 특수임무부대는 그동안 진주 탈환과 대구 정면의 적 유인이라는 목적은 달성하지 못했으나, 적 제6사단에게 치명적인 타격을 입히고 마산의 위기를 극복하는데 기여하였다.[38]

북한군은 8월 공세 초기부터 국군이 방어하고 있는 낙동강 방어선의 동쪽 산악지대에 대한 공격을 강화했다. 북한군은 제12사단을 청송→안강→경주 방향으로, 제5사단을 포항 방면에 투입시켜 부산으로 진출하려 했다. 그 결과 8월 5일부터 시작된 북한군의 공격으로 국군 수도사단과 제3사단이 철수하자 북한군 제12사단은 거의 아무런 저항을 받지 않은 채 기계를 점령하고 포항으로 접근할 수 있게 되었다.[39] 이에 따라 미 제8군사령관(워커 중장)은 적의 남진을 저지할 것과 영일 비행장을 반드시 확보하라는 명령을 내리고, 브래들리 특수임무부대TF Bradley를 편성해 영일 비행장을 방어하도록 조치했다. 육군본부도 민閔부대를 포항지구에 출동시켜 미군과 함께 적을 격퇴하도록 하는 한편, 포항지구전투사령부를 급히 편성해 기계로 출동시켰다.[40]

그 무렵 후방이 차단된 채 장사동 일대에서 교전을 계속하고 있던 국군 제3사단은 육군본부의 지시에 따라 독석리 해안에서 해군 LST에 승선해 구룡포로 철수하는 해상철수작전을 실시하였다. 한편 민閔부대는 포항을 탈환해 제3사단에 인계했고, 기계의 적은 아군의 반격을 받아 막대한 손실을 입은 후 비학산 일대로 철수했다. 그러나 8월 26일에는 적의 재차 공격으로 기계가 피탈되고, 포항에서 제3사단의 주저항선이 다시 붕괴되었다. 이러한 전황을 보고 받은 워커 장군은 잭슨 특수임무부대TF Jackson를 편성해 포항 지역에 투입했다.[41] 유엔 공군기가 수시로 출격해 포항과 기계 일대의 적을 강타하고 순양함, 구축함이 흥해 일대의 적 집결지에 집중포격을 가했다. 그 후 8월 말까지 기계~포항 전선은 소규모의 정찰전이 벌어지는 정도의 소강상태가 유지되었다.[42]

이와 같이 8월 초부터 낙동강 방어선에 대해 공격을 감행한 북한군은 전투력이 열세로 전환되는 등 불리한 상황에도 불구하고 오직 승리만을 위해 공격에 집착하였다. 그 결과 북한군은 한때 영산을 점령하고 기계와 포항까지 진출할 수 있었다. 하지만 이와 같은 위기를 극복하기 위해 미 제8군사령관은 예비대를 이동시켜 돌파구에 투입된 북한군을 격퇴하는 역습을 실시했다. 이와 같은 반복된 역습에 따라 8월 20일에 북한군의 공격은 멈췄다.[43]

9월 공방전

북한군의 8월 공세를 가까스로 저지한 국군과 유엔군은 그 동안의 전투양상과 적의 후방 지원능력 등을 감안할 때, 북한군의 전력이 한계점에 이르렀다고 판단했다. 따라서 국군과 유엔군은 8월 하순부터 반격작전으로 전환할 태세를 갖추기 시작했다. 그러나 예상과 달리 북한군은 9월 초에도 새로운 공세를 전개하였다. 북한군 지휘부는 실패로 끝난 8월 공세에서 제공권을 상실한 상태에서는 돌파작전에 성공할 수 있을 정도의 전투력 집중이 불가능하다고 판단하였다.[44] 특히 왜관 서쪽 약목리 일대에서 유엔 공군이 실시한 융단폭격은 북한군이 차후 작전에서 병력 집중에 의한 대규모 공격을 시도하지 못하는 계기가 되었다. 그럼에도 불구하고 북한군 전선사령부는 8월 21일부터 30일까지 약 10일 동안 새로운 공격준비에 박차를 가한 뒤, 부산을 점령하기 위한 또 다른 공격을 재개하였다.[45]

9월 공세에서 북한군은 "어느 한 정면에 전투력을 집중하지 않고, 이용 가능한 모든 접근로에서 일제히 공격하여 어떤 지역이든 한 곳이라도 돌파구가 형성되면, 그 지역에서 전과를 확대해 나간다"는 작전개념을 채택하였다.[46] 또한 8월 공세에서 실패한 경험을 바탕으로 국군과 유엔군의 방어선을 돌파한 직후 후방으로 진격하기 위한 방안이 필요하다고 판단하였다. 8월 공세에서는 북한군이 아군 방어선에 1~2개 돌파구 형성에 성공하더라도 기동력에서 앞선 유엔군이 즉시 예비대를 투입하여 돌파구를 봉쇄한 이후, 이 지역에 투입된 북한군 부대를 타격하여 공격을 저지하였다.[47] 따라서 북한군은 9월 공세에서는 야간전투와 침투전술을 적극 활용하기로 하였다. 즉, 통상 해가 진 뒤 공격을 개시하여 최소한 새벽이 되기 이전에 목표를 탈취하거나, 그렇지 못할 경우 아군 방어진지 전방 100~150m 지점의 지근거리까지 접근하여 유엔군의 화력지원에 차질을 줄 의도였다.[48]

9월 공세 초기부터 북한군의 공격은 다양한 방식으로 전개되었다. 북한군은 국군과 미군의 방어정면에 대한 시간차 공격을 시도하여 주공 방향을 속이려고 하였다. 예를 들면, 북한군은 미군이 방어하고 있는 낙동강 방어선의 서부 및 남부지역에서는 8월 31일 23:00에 공격을 개시하였고, 국군이 방어하고 있는 낙동강 방어선의 중동부와 동부지역에서는 9월 2일 18:00에 공격을 개시하였다. 북한군은 이와 같은 시간차 공격의 이유를 "제1군단이 서부에서 먼저 낙동강을 도하하여 공격함으로써 북

9월 공방전
(1950. 8. 31 - 9. 15)
영덕
낙동리
의성
선산
군위
청하
김천
가산
기계
포항
신령
왜관
영천
2군단
1기병
수도
21연
안강리
연일
대구
경주
구룡포
경산
미
8
육본
고령
청도
데이비드선
초계
밀양
창영
울산
영산
삼랑진
김해
마산
진주
진해
고성
부산

영천북방 방어전 I

(1950. 9. 4 – 9. 5)

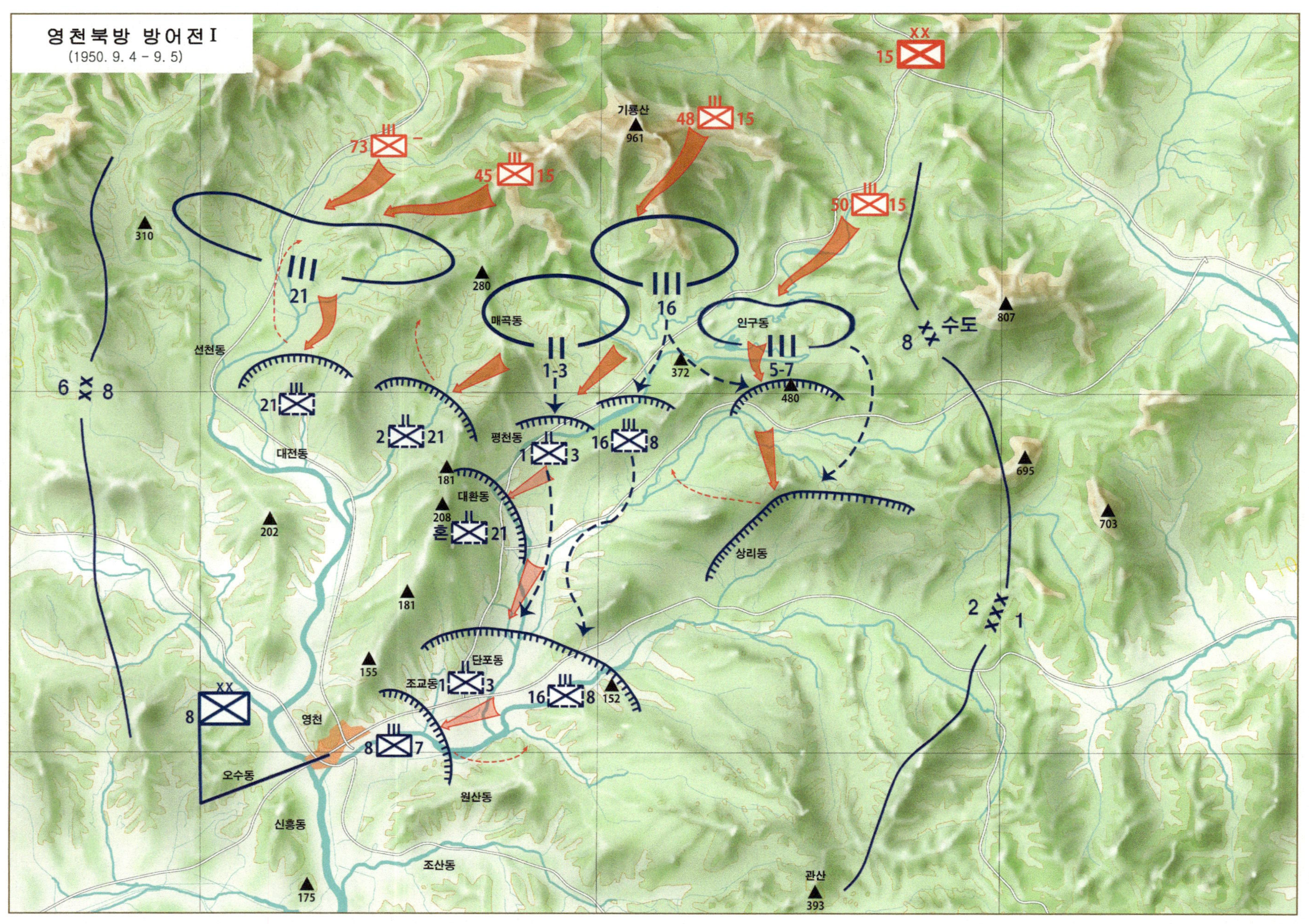

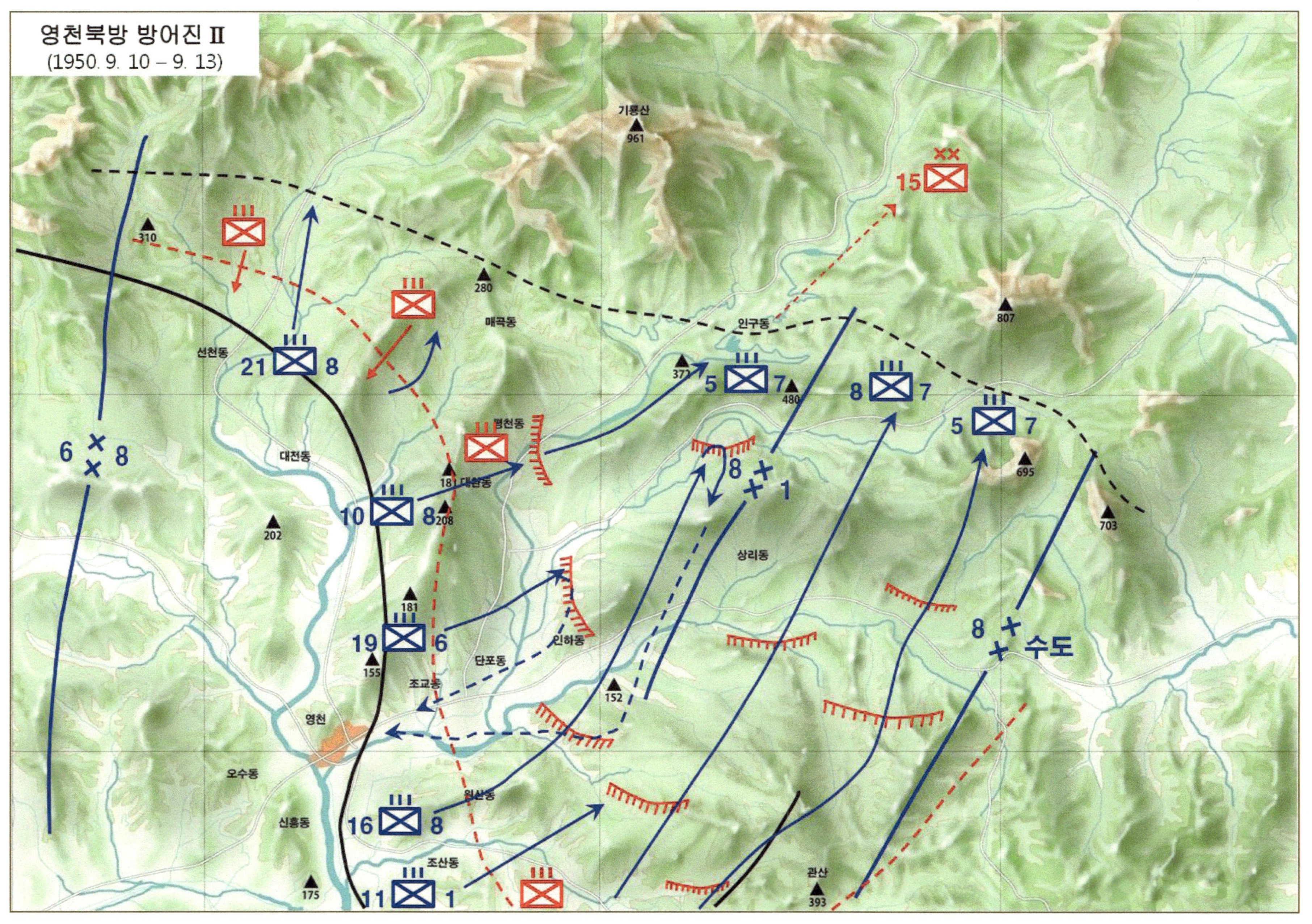

영천북방 방어진 II
(1950. 9. 10 – 9. 13)

영천전투

영천은 대구와 포항을 잇는 교통의 중심지이며, 적이 영천을 점령할 경우 국군 제1군단과 제2군단이 분리되어, 포항→안강→대구로 이어지는 동서東西 보급로가 차단될 것이었다. 또한 적이 대구 방면으로 진출하면 왜관과 다부동 일대의 아군 후방이 차단되어 낙동강 방어선 전체가 위험에 빠질 것이며, 적이 경주 방면으로 진출할 경우 곧장 부산으로 향하는 통로가 열릴 것이었다. 이처럼 영천은 낙동강 방어선 동북부의 핵심 지점이었다.

9월에 접어들어 전투력이 약해진 북한군 공격부대는 병력과 화력 등에서 아군에 비해 열세였으며, 보급과 병참지원이 차단된 북한군의 공격 지속시간은 길지 않을 것으로 예상되었다. 8월 공세에서 실패한 북한군은 보현산 일대에서 작전 중인 국군 부대의 전투력과 방어태세가 다른 지역에 비해 취약하다고 판단하였다. 따라서 북한군 제2군단은 9월 5일 새벽에 전차 12대를 앞세우고, 5개 연대 약 12,000여명의 병력과 증강된 화력으로 영천을 공격하였다. 이 중에서 죽장→영천 방면에 투입된 적 제15사단이 9월 6일에 선두로 영천을 점령하였다.

영천 점령에 성공한 북한군은 이후 공격부대를 계속해서 경주 방면으로 남진시켰는데, 이때 국군과 유엔군은 북한군이 대구 방면으로 공격해 올 것에 대비하여 영천 남서쪽의 방어선을 강화하던 중이었다. 당시 국군 제2군단은 제8사단을 영천 동남쪽 금호강 남서쪽에 배치하여 적 제15사단의 돌파구 확대를 저지하려 하였다. 이와 동시에 영천 남쪽으로 진출한 적을 압박하고, 제7사단 및 증원된 2개 연대를 투입하여 3일 동안 혈전을 벌인 끝에 영천을 탈환하고, 이어 영천 동북방 372 고지까지 진출하는데 성공하였다. 그 결과 9월 9일 경에는 영천을 중심으로 북쪽 선천리에서 견부진지를 고수하던 제21연대로부터 남쪽 아화리의 제5연대에 이르는 낚시 모양의 돌출부가 형성되었으며, 적은 더 이상 남쪽으로 진격하지 못하는 상태였다.

이처럼 공격을 지속하던 북한군이 진격을 멈추고 아군의 측방 공격포위망이 완성되자, 9월 10일부터 국군 제2군단 예하 부대들이 영천→경주 도로 남쪽에서 반격을 개시하여, 9월 13일에는 구전동→자천동→삼매동 북방→인구동 남쪽을 연결하는 최초 주저항선까지 회복하였다. 이후 국군 제2군단은 약 4일 동안 대대적인 역습과 추격을 실시하여, 전투력이 약화된 북한군 제8사단에게 섬멸적 패배를 안겼다. 그 결과 경주 방면의 북한군 제12사단과 의성 방면의 제8사단 후방 및 측방이 노출되는 등 북한군 제2군단의 공세 전체에 차질을 주었다.

8월 공세 이후 지속적으로 전투력이 약화된 북한군은 보급 및 병참부족으로 인해 제대로 전투력을 발휘할 수 없는 상태였다. 반면에 국군 제2군단은 적시적인 군단 작전회의를 통해 5개 연대를 즉시 영천에 투입하였으며, 효과적 방어편성과 반격, 추격 작전 등을 통해 전세 역전에 성공하였다. 특히 북한군의 진출이 저지 및 둔화되자, 이 기회를 간파하여 즉시 반격으로 전환한 국군 제2군단 지휘부의 뛰어난 상황판단과 작전지휘는 영천전투를 승리로 이끈 원동력이었다.

낙동강 방어선에서 국군이 전세를 역전시키는 계기가 되었던 영천전투에서는 북한군 제2군단의 주력이었던 제15사단이 치명적인 타격을 입고 전선에서 물러났다. 또한 국군 제2군단이 단독으로 전개한 군단급 반격작전이 성공함에 따라, 낙동강 방어선에서 총반격을 단행할 수 있는 발판이 마련되었다.

창녕 전방의 미군 주 방어지역, 1950. 8~9.

쪽의 제2군단의 공격을 보다 용이하게 하며, 궁극적으로는 적의 기본 집단을 각개 분할하는 것에 목적을 두고 실시한다"라고 밝혔다.[49]

한편 북한군은 8월 공세 때와 마찬가지로 9월 공세에서도 예하 군단의 전투지대를 변경하지 않았다. 다만 9월 공세에는 그 이전에 모습을 드러낸 적이 없던 군 예비대까지 투입되어 총력전을 펼쳤다. 이에 따라 9월 공세 직전 북한군의 전력은 제1군단이 6개 사단, 제2군단이 7개 사단으로 증강되었다. 총 병력은 보병사단 13개, 전차사단 1개, 기갑여단 2개, 그리고 치안연대 1개를 투입하였다.[50]

북한군의 8월 공세가 종료된 이후 국군과 유엔군의 방어선에는 새로운 부대가 투입되고, 일부 부대의 전투 지경선과 방어 정면이 조정되었다. 먼저 적의 9월 공세가 임박했다는 정보를 입수한 8월 30일까지 미 제1기병사단이 금호강과 낙동강의 합류지점~왜관~741고지까지 담당함에 따라 북쪽으로 방어구역이 확장되었으며, 국군 제1사단은 741고지~팔공산 북방까지를 담당하였다. 낙동강 돌출부의 창녕~영산 정면에서는 새롭게 투입된 미 제2사단이 북한군 제1군단 예하의 공격부대와 대치하였다.[51]

미 제2사단은 8월 하순에 미 제24사단으로부터 작전지역을 인수받아 영산과 창녕, 현풍에 이르는 지역에서 방어작전을 준비하였다. 한편 미 제8군사령부는 국군이 담당하고 있는 중동부 및 동부지역의 전략적 요충지인 포항과 경주에 대한 북한군의 위협이 증가되자, 이 지역에서 적의 진출을 저지하고 이 지역을 확보하기 위해 다양한 특수임무부대를 편성하여 투입하였다. 이때 편성된 특수임무부대는 브래들리 특수임무부대TF Bradley, 잭슨 특수임무부대TF Jackson, 처치 특수임무부대TF Church, 데이비드슨 특수임무부대TF Davidson 등이다.[52]

9월 공세를 시작한 북한군은 대구 정면에 제2군단 예하의 3개 사단을 집중 투입했다. 미 제1기병사단은 북한군의 집요한 공격으로 고전했다. 그로 인해 대구는 비상사태에 놓이게 되었다. 반면 북한군 제1사단과 팔공산 쟁탈전을 벌인 국군 제1사단의 전세는 점점 유리해지고 있었다. 또한 국군 제1사단 우측방의 국군 제6사단은 신녕 일대의 험한 지형을 이용해 북한군 제8사단의 공격을 저지하고 그들에게 치명적인 타격을 가했다.[53]

9월 11일이 지나면서 북한군의 공세는 둔화되기 시작했다. 그 때를 맞추어 국군 제1사단은 미 제1기병사단과 협조해 적에게 큰 타격을 주며 9월 14일에는 대구 북쪽 약 10km 지점인 가산 산성의 가장자리까지 진출했다. 그 후 북한군의 공세는 중지되었으며, 대구 점령을 위한 북한군의 공세는 더 이상 진행되지 않았다.

북한군의 9월 공세에 따라 서남부 지역에서도 위기가 초래되었다. 서남부 지역이 돌파되어 밀양이 적의 수중에 들어갈 경우, 경부도로와 철로가 차단되고 대구 전선의 유지도 불가능할 수 있었다. 그 같은 상황판단에 따라 미 제8군사령관(워커 중장)은 그곳에 집중적인 공중공격을 요청하고 현지 방어부대의 전투 의지를 고양하는 한편, 대규모 예비대를 투입해 서남부 지역을 안정시키려 했다.[54]

북한군은 자신들이 제공권을 확보하지 못하고 있다는 사실을 감안하여 철저하게 공격을 준비했다. 우선, 남강을 가로지르는 3개의 수중가도水中假道를 건설했다. 그리고 유엔 공군기가 주간 폭격으로 이를 파괴하면 북한군은 야간작업으로 즉각 복구했다. 또 야간과 여명공격을 실시해 날이 밝을 즈음에는 미군과 100~150m 정도 근접한 상태를 유지하여 유엔 공군의 공격을 회피하면서, 동시에 미군 방어진지를 향해 공격하는 전술을 구사하였다.[55]

마산지역을 방어하고 있던 미 제25사단도 치열한 전투에 임했다. 특히 함안 지역의 제24연대 정면에 적의 공격이 집중되어, 한때 전선이 무너져서 후퇴를 고려하지 않을 수 없었다. 하지만 미 제8군사령관은 즉시 예비대인 미 제27연대를 마산 지역에, 미 제1해병여단을 창녕과 영산 지역에 투입하여 위기를 타개하려 하였다. 한편 국군과 유엔군이 고전하는 만큼 북한군의 상황도 어려웠다. 그리고 9월 초순이 지나면서 북한군의 기세가 약화되기 시작했다. 반면 위기를 넘긴 유엔군은 전선을 정비하고 반격태세를 갖추기 시작했다.[56]

안강지역에는 8월 공세 중 비학산으로 후퇴했던 북한군 제12사단이 제766부대의 패잔병을 흡수해 재편성을 마친 뒤, 9월 공세에 가담하여 또다시 공격을 감행했다. 적의 강력한 공격 기세를 저지할 수 없었던 수도사단은 안강 방어선에서 철수하여 경주 방면으로 후퇴했다. 그 후 경주 방향으로 남하하려는 북한군과 이를 저지하려는 아군 간에 치열한 전투가 전개되었다. 특히 안강~경주 국도의 서측방 중간지점에 위치한 곤제봉에서 격전이 벌어졌으나, 아군은 끝까지 고지를 지켜냈다.[57]

한편 포항 북쪽에서 북한군 제5사단의 공격을 받아 해상으로 철수한 국군 제3사단이 형산강을 따라 방어선을 구축하고 있었다. 그런데 국군 제8사단 제10연대가 영천이 위태롭다는 소식을 듣고 교대 병력이 도착하기도 전에 본대로 복귀함으로서 방어지역에 공백이 발생하였고, 그 지역으로 북한군이 침투함으로써 형산강 방어선이 붕괴되고 말았다. 포항의 위기를 타개하기 위해 9월 11일 처치 특수임무부대TF Church가 그곳으로 급파되었다. 그들은 운제산 일대까지 남하한 북한군과 접전을 벌여 적을 소탕했으며, 여기서 패한 북한군은 북으로 퇴각했다.[58]

낙동강 방어선 전투의 성공요인과 의의

낙동강 방어선 전투는 개전 직후부터 연이은 패배와 철수로 6·25전쟁의 최대 위기에 직면한 국군과 유엔군이 장차 반격을 통해 전세를 역전시킬 수 있는 기반을 마련한 계기였다. 낙동강 방어선 전투에는 여러 가지 의미를 부여할 수 있다. 우선, 낙동강 방어선은 자연 장애물을 최대로 활용한 방어선이었다. 방어선 북측에 자리 잡은 횡격실의 고지군은 아군의 방어에 유리한 지형이었으며, 낙동강 본류가 흐르는 서쪽은 공격을 위해서 강을 도하해야 하는 북한군에게 불리한 지형이었다. 따라서 아군은 유리한 지형 조건을 최대한 활용하여 적의 공격을 막기 위해서 낙동강 선에 최후의 방어선을 형성하였다.

국군과 유엔군은 낙동강 방어선 내부에서 병력과 화력이 조직적으로 연결된 상태에서 방어전투를 수행하였다. 북한의 기습공격이 개시된 이후 아군은 임진강선, 한강선, 평택~안성~삼척선, 차령산맥선, 금강~소백산맥선 등에서 방어작전을 실시하였으나, 이들은 병력에 의해 연결되거나 화력에 의해 엄호된 것이 아니었다. 그러나 낙동강 방어선에서는 작전에 투입된 국군과 유엔군에게 전투정면과 종심으로 구성된 실질적 전투지경선이 부여되었다. 즉, 방어작전에 투입된 모든 부대가 인접 부대와 연결된 작전을 실시한 셈이다. 그 결과 북한군이 주로 사용하는 아군 부대 사이의 간격을 이용한 후방침투가 불가능했다. 또한 방어선의 어느 한 곳이 적이 돌파하더라도 후방지역에서 기동력과 화력을 보유한 예비대가 즉각 투입될 수 있도록 준비된 상태였다. 이와 더불어 방어선 내부에 발달된 철도 및 도로망을 이용하여 원활한 병참 및 보급지원이 이뤄졌고, 이로 인해서 아군 부대의 전투력이 최대한 발휘될 수 있었다. 또한 아군은 제공권을 최대로 활용하여 공세적 방어작전을 펼칠 수 있었다. 유엔 공군은 적의 돌파지역에 대한 아군의 역습 지원, 적의 제파식 공격 차단, 대규모 융단폭격, 후방차단 등을 구사하여 북한군의 전투력에 막대한 피해를 강요하였다.[59]

낙동강 방어선에서 공방전을 진행하는 동안 북한군의 실질 전투력은 한계정점Culminating Point에 도달하였다. 부산 점령을 목표로 낙동강 방어선에서 8월과 9월 공세를 치르는 동안 북한군은 신장된 병참선과 상실된 제공권 등으로 인해 군수 및 병참지원에 심각한 문제를 드러냈다. 이 시기 북한군 후방지역은 유엔 공군에 의한 차단작전, 전략폭격 등으로 인해 막대한 타격을 입었고, 그 결과 북한의 전쟁 지속능력 자체가 마비될 지경이었다. 그러한 상황임에도 불구하고 북한군 지도부가 낙동강 전선에서 무리하게 전투를 지속함으로써 북한군 일선 부대의 전투력이 크게 저하되었다.

낙동강 방어선 작전을 통해 한미 연합군은 공세 이전移轉의 여건을 마련할 수 있었다. 국군과 유엔군이 치열하게 전개된 북한군의 8월 공세와 9월 공세를 격퇴함에 따라, 방어선 내부에서는 차후작전에 대비할 수 있는 안정적인 여건이 조성되었다. 당시 부산항에는 매일 미국을 포함한 자유세계 동맹국으로부터 지원 병력과 물자가 쇄도하였는데, 증원 병력과 물자를 안정적으로 전장에 보내기 위해서는 전선에서의 안정이 필수요소였다. 또한 이 시기에는 맥아더 원수가 구상하였던 인천 상륙작전을 실시하기 위해 병력충원과 상륙작전 준비 등이 진행되고 있었는데, 만약 낙동강 방어선에서 국군과 유엔군의 방어작전이 성공하지 못했다면, 차후 작전을 위해 준비하

고 있던 것들은 모두 수포가 되고 말았을 것이다.[60]

한편 국군과 유엔군이 낙동강 방어선에서 초기의 열세를 극복하고 승리할 수 있었던 요인은 다음과 같다. 우선, 국군과 유엔군의 지휘관으로부터 말단 병사에 이르기까지 모두가 혼연일체가 되어 낙동강 방어선을 끝까지 사수하겠다는 비장한 결의와 각오, 필승의 신념으로 일치단결하여 최대의 전투력을 발휘했기 때문이었다. 제8군사령관 워커 중장이 사수死守/Stand or Die 명령에서 강조했듯이, 국군과 유엔군에 소속된 모든 이들의 결사의 의지가 적의 공격을 격퇴하고 낙동강 방어선을 지켜낼 수 있는 원동력이 되었다.

미국을 포함한 자유세계 국가들이 공산주의의 침략을 격퇴하고 대한민국을 구원하기 위해서 보낸 지원 병력과 물자 원조는 낙동강 방어선에서 치러낸 성공적인 방어작전의 근간이 되었다. 자유세계 동맹국과 우방 국가들이 보낸 병력과 물자지원으로 국군과 유엔군의 전투력은 급속하게 증가되었으며, 그 결과 8월 말경에는 병력, 화력, 기동력 등 거의 모든 면에서 아군의 전투력이 북한군의 전투력을 능가하였다. 반면 북한군은 무모하게 전 전선에서 일제공격을 거듭하는 동안 전투력을 소진하였으며, 낙동강 방어선에서 아군 지상군에 의해 강요된 출혈과 유엔 공군의 효과적인 후방 차단작전으로 인해 전투력 보강에 실패함으로써 전투력의 한계정점을 지나, 점차 스스로 붕괴되고 말았다.[61]

마지막으로, 대한민국 국민의 지원과 후원은 낙동강 방어선에서 혈투를 벌이고 있는 국군과 유엔군에게 큰 힘이 되었다. 대한민국 정부는 이승만 대통령으로부터 정부와 국민이 모두 나서 총력전 체제를 구축하여 국가적 위기를 타개하려고 노력하였다. 남녀노소 가리지 않고 나서서 국가 위기상황을 극복하기 위해 힘을 보탰다. 이 과정에서 미국을 포함한 자유세계의 지원, 유엔의 집단안전보장 조치에 따른 유엔군의 참전 등은 모든 국민이 승리에 대한 확신을 갖는 계기였다. 또한 낙동강 방어선까지 몰린 절체절명의 위기 상황에서 공산주의의 위협을 제거하기 위해서는 국민 모두가 힘을 합쳐야 하는 총화단결이 필요하다는 것을 깨닫게 되었다.

7장

인천 상륙작전과 전세의 역전

인천 상륙작전: 구상과 준비

6·25전쟁 개전 직후에 한강 방어선을 시찰하던 미 극동군사령관 맥아더 원수는 “상륙작전으로 북한군의 후방을 차단해 전세를 역전시킨다”는 작전개념을 구상하였다.[1] 이에 따라 미 극동군사령부는 7월 초부터 맥아더 원수의 작전구상 즉, 한반도에서 상륙작전을 통한 전세역전 방안을 검토하기 시작했다. 맥아더 원수는 미 극동군사령부 참모장 알몬드Edward M. Almond 소장에게 “서울의 적 병참선 중심부를 타격하기 위한 상륙작전 계획을 고려하고, 상륙지점을 연구하라”고 지시하였다.[2] 이에 따라 합동전략기획작전단Joint Strategic Plans and Operations Groups, JSPOG이 구성되어 이 업무를 담당하였으며, 장차 시행될 상륙작전의 명칭은 블루하트 작전Operation Blue Hearts으로 정해졌다.[3]

블루하트 작전의 최초 구상은 한반도 남부전선에서 미 제24, 제25사단이 반격작전을 개시하고, 미 해병연대와 육군부대가 인천에 상륙하여 내륙으로 진출한 이후 서울을 포위하여 북한군을 격멸 혹은 38도선 북쪽으로 몰아내는 것이었다. 7월 4일에 개최된 첫 회의에서 맥아더 원수는 상륙 일자를 7월 22일로 정하고, 상륙 부대를 선정하여 상륙작전을 위한 준비에 착수하였다. 그러나 블루하트 작전은 7월 10일 경에 취소되었다. 한국 전선에 투입된 미 제24사단이 북한군의 전진을 저지하지 못하고 후퇴를 거듭하였기 때문에 상륙작전보다는 현 전선을 안정시키는 것이 급선무였기 때문이었다. 이에 따라 상륙작전 부대로 고려되었던 미 제1기병사단을 영동에 투입한 뒤, 적의 전진을 지연토록 변경하였다.[4]

북한군의 신속한 전진으로 블루하트 작전이 취소되었으나, 맥아더 장군은 상륙작전을 포기하지 않았다. 그는 낙동강 방어선의 상황이 악화될수록 북한군 후방에 대한 상륙작전이 필요하다고 생각했고, 상륙작전 대상지역으로 인천 외에 다른 지역도 검토하라고 지시하였다. 이에 따라 합동전략기획작전단은 인천, 군산, 해주, 진남포, 원산, 주문진 등을 상륙 대상지역으로 검토한 뒤 새롭게 크로마이트 작전Operation Chromite이라는 암호를 정하고, 인천100-B, 군산100-C, 주문진100-D 등 3개의 방안을 작성하였다.[5] 극동군사령부 참모부서들은 합동전략기획작전단이 수립한 세 가지 상륙작전 계획을 검토하였는데, 이 중에서 인천이 가장 높은 호응을 받았다.[6]

그런데 인천은 다른 지역과 달리 상륙작전에 성공하기 위해서 최악의 조건들을 극복해야 했다. 우선 서해로부터 인천에 이르는 해상 접근로는 크고 작은 섬들과 암초, 산재한 모래톱과 갯벌 때문에 함대의 기동이 쉽지 않았다.[7] 해상 접근로 입구의 덕적도와 영흥도 사이에는 좁고 굴곡이 심한 두 개의 수로가 있었다. 이들 수로는 팔미도 앞에서 합류하는데, 합류지점으로부터 인천항까지 약 15km에 달하는 구간에는 넓은 갯벌 사이에 한 개의 수로만 형성되어 있었다. 따라서 상륙부대가 인천까지 접근하기 위해서는 수많은 함정과 선박이 덕적도 인근부터 두 개의 수로로 이동하다가, 팔미도에서부터는 하나의 수로를 통해 접근해야 했다. 또한 인천항에 접근한 이후에는 항구 정면을 월미도가 가로막고 있었다. 항구로부터 방파제까지 연결된 월미

월미도와 인천항 전경

도에는 해상으로부터 항만 접근로를 감제할 수 있는 고지가 있었는데, 북한군은 이곳에 동굴진지와 포 진지 등을 구축하여 상륙작전에 대비하고 있었다.[8] 따라서 월미도의 제압여부가 상륙작전의 성공여부를 좌우할 수도 있었다.

당시 인천 부근에는 대규모 부대의 상륙에 적합한 해안을 찾을 수 없었다. 따라서 상륙부대와 작전지속 지원부대의 상륙지점 선정이 문제였다. 합동전략기획작전단은 고심 끝에 상륙지점으로 적색 해안Red Beach, 청색 해안Blue Beach, 녹색 해안Green Beach을 지정했다. 적색해안은 상륙부대가 상륙주정으로부터 높은 안벽을 기어오르기 위해 사다리를 사용해야 했으며, 상륙한 이후에는 곧바로 시가지와 연결되어 있어 시가지 소탕작전에 나서야 했다. 청색해안은 만조 때에도 수심이 낮았기 때문에 상륙주정 운용에 제한이 많아서 수륙 양용차를 사용해야 했다. 또한 상륙 후에는 낮은 야산과 암벽으로 이루어진 해안을 지나 공장지대를 거쳐 시내로 진입하는 작전을 펼쳐야 했다. 녹색해안은 월미도 서쪽에 폭이 약 200m 정도 되는 해안이며, 이곳은 장차 다양한 종류의 보급 및 작전지속 지원부대가 상륙할 예정이었다. 이곳에 상륙한 부대는 이후 인천항까지 연결된 방파제를 따라 도심 방향으로 이동할 예정이었다.[9]

상륙을 마친 부대가 해결해야 할 또 다른 과제는 인천 시내에서 치러야 할 시가전이었다. 해안에 상륙한 이후 내륙으로 진출하여 장차 야간전투에 대비한 진지를 편성하기에는 일조시간이 너무 짧았다. 또한 서울 방향으로 진격하기 위한 차후 작전을 실시하기 위해서는 김포 비행장이 최대한 빨리 확보되어야 하며, 서울 탈환에 앞서 한강을 도하해야 하는 어려운 문제가 남아 있었다. 이처럼 인천은 상륙작전 그 자체 외에도 차후 작전을 수행하기까지 여러 가지 어려움이 예상되는 지역이었다.[10]

한편 크로마이트 작전은 실행이 확정되기까지 미국 극동군사령부, 합동참모본부, 국방부 등을 거치면서 수많은 우여곡절과 논쟁을 거쳐야 했다. 특히 낙동강 방어선의 상황이 악화되어 과연 맥아더 원수가 구상한 대로 상륙작전을 실시할 수 있을지 여부도 미지수였다. 8월 초에는 북한군이 낙동강 방어선에서 대대적인 공세를 시작함에 따라 상륙부대로 고려하였던 미 제2사단이 낙동강 전선에 투입되었다. 이에 따라 미 제1해병사단과 함께 상륙할 부대로 미 육군 보병 제7사단이 다시 선정되었다.[11] 상륙작전 시기가 9월 중순으로 최종 결정되자 세부계획이 구체화되어야 했다. 이때 구체적 작전계획 수립과 실행책임은 태평양 전쟁 중 다양한 상륙작전에 참가한 바 있는 스트러블A. D. Struble 해군 중장, 도일James H. Doyle 해군 소장, 스미스Oliver P.

Smith 해병 소장이 맡았다. 이들은 극동군사령부에서 개최된 수차례의 관련 회의를 통해 상륙작전 기본계획을 수립하였다.[12] 그 결과 8월 18일에는 작전계획 100-B인천의 개략적인 개념이 확정되었는데, 미 제1해병사단이 최초 상륙부대로, 미 제7보병사단이 후속 상륙부대로 인천 일대에 상륙한 이후, 인천→서울 간 도로 방향으로 진격하여 신속하게 서울을 수복할 예정이었다. 또한 동시에 낙동강 전선에서 반격작전을 개시할 미 제8군과 협조된 작전을 실시하여 북한군 주력을 포위섬멸 할 예정이었다.[13]

맥아더 원수가 구상하던 상륙작전의 기본계획이 확정되자, 이후 상륙부대 편성에 착수하였다. 맥아더 원수는 미 제10군단을 창설하여 상륙부대로 지정하고, 알몬드 소장을 군단장에 임명하였다. 미 제10군단 예하에는 미 제1해병사단, 미 제7보병사단, 국군 제1해병연대, 국군 제17보병연대가 편성되었으며, 지원부대인 미 제2특수공병여단이 포함되어 상륙군 병력은 총 7만여 명이었다. 한편 미 제10군단은 상륙작전의 기본 성격과 작전 지역의 위치 등을 고려하여 제8군사령부와는 별도의 지휘체계를 수립했다.[14] 당시의 전황 상 미 제8군사령관(워커 중장)의 관심과 노력을 낙동강 방어선 이외의 지역으로 전환시키거나 확대할 수 있는 여유가 없었기 때문이었다.

그런데 맥아더 원수가 중심이 되어 미 극동군사령부가 인천 상륙작전을 준비하는 과정에서 미 합동참모본부가 심각한 문제를 제기하였다. 미 합동참모본부는 8월의 전선 상황에 대한 불만과 더불어 크로마이트 작전계획을 반대하였다. 합동참모본부의 의견은 한마디로 위험천만한 상륙작전은 포기하고, 대신 낙동강 전선에 병력을 증강하여 전세를 역전하라는 주문이었다.[15] 특히 8월 23일 극동군사령부 회의실에서 개최된 회의에는 미 육군참모총장 콜린스J. Lawton Collins 대장, 미 해군참모총장 셔먼Forrest Sherman 제독 등이 참가하여 두 가지 문제, 즉 인천 지역의 조수 간만의 차와 지형의 문제를 거론하며 인천 상륙작전이 위험하다는 의견을 제시하였다. 특히 셔먼 제독은 인천에 대한 상륙작전이 불가능하지는 않으나, 큰 위험이 내재된 작전이라고 주장하며, 인천의 극심한 조수 간만의 차가 가장 큰 문제라고 지적하였다. 따라서 그는 인천 대신 군산에 대한 상륙작전을 검토할 것을 제안하기도 했다. 죠이C. Turner Joy 중장은 인천 상륙작전의 성공 확률이 1/5,000에 불과하다는 의견을 제시하기도 했다.[16]

그러나 맥아더 원수는 "서울 외곽 15마일 밖에 있는 인천을 상륙작전에 의해 점령한 뒤, (미 제10군단이) 서울로 진격하여 신속하게 탈환하면 서울 이남의 적 보급로는 즉시 차단될 것이다. … 따라서 인천은 군사적 가치 면에서나 지리적 면에서도 가장 유리하고, 또한 적이 강력하게 방어하지 않은 지역이다. 게다가 적도 여러 가지 어려움 때문에 인천에 대한 상륙은 불가능하리라고 믿고 있는 틈을 타서 기습을 감행한다면 성공은 틀림없을 것이다"라고 설득하였다.[17] 8월 23일의 최종회의가 끝난 후에도 미 합동참모본부는 해군의 반대를 근거로 여러 차례에 걸쳐 인천에 대한 상륙작전을 재고하라고 요구하였다. 하지만 맥아더 원수가 자신의 의지를 굽히지 않고 끝까지 인천 상륙작전의 필요성을 주장하였으며, 결국 합동참모본부가 이를 받아들여 최종 승인하였다.[18]

상륙작전은 적과의 접촉이 전혀 없는 상태에서 실시하는 작전이었기 때문에 상륙지역에서 활동하는 적에 대한 정보가 매우 중요했다. 또한 상륙작전을 시작하기 전에 반드시 확보해야 할 정보로는 인천지역 주변의 수로, 해안 조건, 방파제, 그리고 이 지역에 배치되어 방어하고 있는 적에 관한 정보 수집 등이었다. 이와 같은 정보를 수집하기 위해서 미 극동군사령부는 다양한 경로를 통한 노력을 경주하였다. 먼저 미 제1상륙단은 항공기를 보내 매 시간 단위로 조수상태를 촬영하여 검토하고, 전문가를 구성하여 인천 서쪽 바다의 해도海圖를 연구하였다. 미 제1해병사단 정보부서는 인천 지역에 대한 첩보를 수집하였다. 이들은 인천 인근 서해안 해벽의 높이가 상륙작전에 어떤 영향을 줄 것인가에 대한 문제를 제기하였고, 이후 촬영 사진을 근거로 상륙용 주정에서 바로 상륙하기 위해서는 사다리가 필요하다는 결론을 얻기도 했다.[19]

이 외에도 미 CIA의 혼Kluck Hohn 대원, 미 극동군사령부 예하 첩보대, 육군의 계인주 대령, 해군의 연정 중령도 정보작전을 실시하였다. 계인주 대령은 민간 정보요원을 모집하여 인천지역 일대에서 첩보활동을 실시하고, 약 250여 명의 공정대원을 투하시켜 활동하였다.[20] 미 극동군사령부는 인천 지역의 정확한 적정과 해안정보를 직접 수집하기 위해서 특수요원을 침투시켰다. 이때 침투한 요원은 미 해군의 클라크Eugene F. Clark 대위인데, 그는 9월 1일에 한국인 통역 2명과 함께 영흥도에 도착하여 주민들의 협조를 받으며 정보를 수집하였다. 또한 그는 인천 항구로 진출하기 위해서 반드시 거쳐야 할 팔미도의 등대를 확보하고, 점화하여 작동함으로써 상륙작전 당일에 유엔군 함선들이 수로를 안전하게 통과할 수 있었다.[21]

인천 상륙작전: 실행과 성공

유엔군은 상륙작전에 앞서 해군과 공군을 활용하여 여건조성에 나섰다. 유엔 해군은 서해안을 봉쇄하는 한편, 경인지역의 북한군 방어선과 교통시설 등을 폭격하였다. 유엔 공군은 경인지역을 고립시키기 위해 인천을 중심으로 반경 50km 이내의 도로와 교량, 터널 등을 집중적으로 폭격하였다. 그리고 상륙일이 다가오자 인천항의 관문 월미도를 제압하기 위해 9월 4일부터 해병 항공기와 항공모함에서 발진한 폭격기가 출격하여 집중 포격을 가했다. 또한 9월 13일부터는 북한군의 반격 능력을 분쇄하기 위한 각종 함포사격이 실시됐다. 한편 상륙작전을 위해 미 제7보병사단은 일본 요코하마에서, 미 제1해병사단은 고베에서, 수송선단과 화력지원함대 및 지휘함 등은 사세보에서 각각 출항했다. 국군 제17연대, 제1해병연대와 미 제5해병연대 등은 부산에서 인천으로 출발했다. 그리고 9월 14일에는 상륙작전에 참가할 모든 부대가 덕적도 인근에 집결하였다.[22]

9월 15일, 예정대로 상륙작전이 시작되었다. 상륙작전은 2단계로 진행되었는데, 제1단계는 월미도 점령이었고, 제2단계는 인천 해두보Beach Head 확보였다. 제1단계 작전에서는 항공모함에서 출격한 항공기가 목표를 강타하고, 순양함과 구축함이 함포사격을 집중하는 동안 미 제5해병연대 제3대대가 월미도에 상륙했다. 월미도의 북한군은 이미 집중적 포격과 폭격에 의해 제압된 상태였으므로 상륙부대는 큰 저항 없이 월미도를 점령하였다.[23]

오후 만조에 시작된 제2단계 작전은 다음날 새벽에 끝났다. 14:30부터 미 제5해병연대(−)와 미 제1해병연대를 태운 500여 대 이상의 상륙주정과 수륙양용 차량이 목표 지점을 향해 돌격하였다. 미 해군 및 해병 항공기들이 폭탄과 로켓탄을 투하하고, 기총사격으로 해안을 강타했다. 이후 16:50경부터 목표지역에 대한 폭격이 중단되고, 17:30부터 미 제5해병연대가 적색해안에 상륙을 개시했다. 제5해병연대는 상륙 직후 응봉산 방면에서 적의 공격을 받았으나, 즉시 부대를 파견하여 이들을 제압하였다. 한편 청색해안에 상륙한 제1해병연대는 별다른 적의 저항 없이 상륙에 성공한 뒤, 즉시 시내 방향으로 진출할 준비를 마쳤다.[24]

이후 각 해안에는 다양한 종류의 수송선이 접안하였다. 차후 작전을 위해서는 신속하고 원활한 전투지원과 작전지속지원이 필요했기 때문이었다. 한편 인천에 상륙한 수송선에서 하역된 부대와 장비, 보급품을 내륙으로 이동하는 것 역시 쉽지 않았다. 인천항 자체가 크지 않았을 뿐만 아니라, 상륙 지점에서 내륙으로 이동하는 도로가 발달되지 않았기 때문이다. 하지만 이러한 조건에도 불구하고 D+1일 21:00까지 병력 약 15,000여 명, 차량 1,500여 대, 군수물자 약 1,200여 톤의 양륙이 완료되었다.[25]

한편 상륙에 성공한 미 제1해병연대와 제5해병연대는 점차 내륙으로 전진하여 통제선을 확장하여 D+1일에는 인천반도를 에워 싼 4km 최단거리에 설정된 해두보 확보에 성공하였다. 이 과정에서 해병 항공기가 시내를 폭격하고, 해군 항공기는 인천 부근을 중심으로 차단공격을 감행했다. 해군 함포는 전술적으로 중요한 모든 목표에 대해 사격을 가했다. 인천 시가지를 장악한 상륙부대들은 시가지 소탕작전에 돌입했는데, 이 과정에서는 국군 해병대가 큰 역할을 담당했다. 이처럼 미 제1해병사단이 주축이 되어 실시한 인천 상륙작전은 상륙작전 시작 불과 24시간 만에 상륙목표를 달성함으로써 완료되었다.[26]

인천 상륙작전의 성공으로 인해 국군과 유엔군은 우회 기동을 통해 북한군의 병참선을 일거에 차단할 수 있었으며, 이를 통해 낙동강 방어선에서 반격작전을 실시할 수 있는 계기를 마련하였다. 또한 인천 상륙작전에 이어 서울 탈환작전을 연속적으로 성공함으로써 6·25전쟁 발발 이후 줄곧 수세에 몰려있던 대한민국 국민과 국군, 유엔 참전부대의 사기를 증진시킨 반면, 북한군의 사기에 결정적 타격을 주었다.

상륙작전 직후 미 제1해병사단 지휘소에서 보고를 받는 맥아더 원수, 1950. 9. 17.

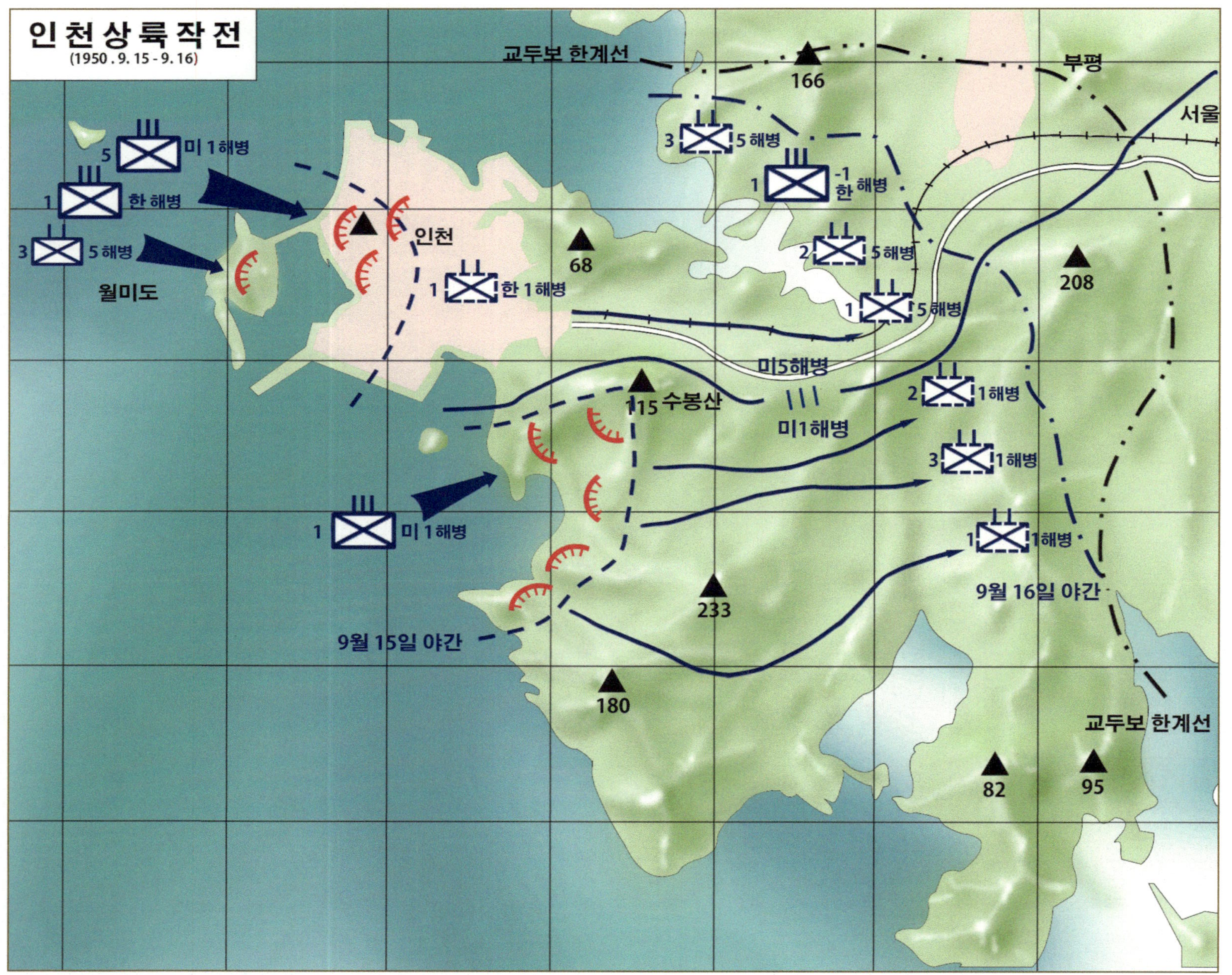

인천상륙작전
(1950. 9. 15 - 9. 16)
교두보 한계선
166
부평
서울
5 미 1해병
1 한 해병
3 5해병
월미도
인천
68
1 한 1해병
3 5해병
1 -1 한 해병
2 5해병
1 5해병
208
미5해병
115 수봉산
미1해병
2 1해병
3 1해병
1 1해병
1 미 1해병
233
9월 16일 야간
9월 15일 야간
180
교두보 한계선
82
95

낙동강 방어선에서 9월 공세에 박차를 가하던 북한군은 인천 상륙작전 성공 소식이 전해지자 큰 충격을 받았고, 국군과 유엔군의 반격에 의해 붕괴되었다.[27]

인천 상륙작전을 추진하는 과정에는 수많은 난제가 산재해 있었다. 지형적으로 인천항의 조수간만의 차는 평균 9m에 달해 상륙작전을 수행하는 데에는 최악의 조건이었다. 또한 조수는 매우 빠르고, 상륙 가능 날짜와 구체적 상륙시간까지 파악이 가능할 정도였다. 따라서 소련과 중화인민공화국의 정보조직, 심지어 북한의 김일성 마저도 유엔군이 인천으로 대규모 부대를 상륙시킬 가능성을 직접 언급하기도 했다.[28] 한편 인천은 상륙 직후에 실시될 차후 작전수행에도 최악의 조건을 갖추고 있었다. 인천항은 항만시설이 미비하여 장차 화물선적과 하역에 많은 어려움이 예상되었다. 그리고 상륙부대 상륙지점인 적색해안과 청색해안은 각각 해벽海壁과 부두 선창으로 연결되어 있었는데, 상륙부대는 이를 극복하기 위해서 알루미늄 사다리와 같은 특수장비를 준비해야 했다. 상륙 직후에도 해두보 확보를 위해서는 인천 도심에서 시가지 작전을 수행해야 했다. 이와 더불어 적의 장애물에 대한 정보 및 인천지역에서 방어 중인 적 부대에 대한 정보도 미흡하여 이에 대한 대비도 어려웠다.[29]

이처럼 인천은 상륙작전을 실행하기 위한 최악의 항구였지만, 맥아더 원수가 강조했던 것처럼, 바로 그러한 조건때문에 상륙작전의 효과는 극대화되었다. 인천은 적의 보급로를 차단하고 주력을 격파할 수 있는 곳이며, 서울과 최단거리에 위치한 중요한 항구도시였다. 또한 인천 인근의 김포비행장은 차후 작전에 효과적으로 사용될 수 있는 중요한 군사시설이었다. 따라서 인천을 점령한 이후 서울을 탈환하다면 대한민국 국민의 사기를 고취함은 물론이고, 낙동강 방어선에서 고군분투하는 국군과 유엔군에게 전세를 역전시킬 수 있도록 자극할 수 있다는 장점이 있었다.[30] 맥아더 원수는 이와 같은 다양한 요소들을 고려한 뒤 반대를 무릅쓰고 인천 상륙작전을 추진하였으며, 마침내 성공적인 작전을 이끌 수 있었다.

서울 탈환작전

인천 상륙작전으로 교두보를 확보하는데 성공한 미 제10군단은 9월 18일부터 본격적으로 서울 탈환에 나섰다. 당시 인천항에는 상륙을 마친 약 25,000여 명의 병력과

4,547대의 차량, 14,166톤의 화물이 서울을 향한 진격을 준비하고 있었다. 향후 실시될 서울 탈환작전에는 국군 제1해병연대가 배속된 미 제1해병사단이 서울 서쪽에서 시가지 방향으로 공격하고, 국군 제17연대가 배속된 미 제7보병사단은 서울 남쪽에서 북한군의 증원을 차단하며, 이와 더불어 낙동강 전선을 돌파한 뒤 북상하는 미 제8군과 연결작전에 나설 예정이었다.[31]

유엔군사령부는 9월 초에 서울에 주둔하고 있는 적 병력을 약 5,000여 명 정도로 추정하였다. 그러나 당시 서울에는 약 8,000여 명이, 그리고 영등포에는 별도로 약 5,000여 명의 적 병력이 존재했으며, 인천 상륙작전이 실시된 이후 증원된 적 부대는 적어도 20,000여명 가량이었다. 그 외에도 한강과 수원 사이에 약 1,000명, 수원 남쪽 오산 일대에 2,000~3,000여 명이 활동하였다. 따라서 인천~수원~서울 일대에서 전투에 가담한 적 부대는 최소 30,000여 명 정도였으며, 이 외에도 주변지역에 있던 부대와 늦게 도착한 부대, 동원되지 않은 병력도 약 10,000여 명 정도였다.[32]

인천에 가장 먼저 상륙한 미 제1해병사단은 서울 탈환작전에서도 선두로 나섰다. 미 제1해병연대는 9월 16일 저녁부터 김포공항 인근에 접근하여 적의 정황을 살폈으며, 9월 17일 오전부터 김포비행장 탈환작전을 개시하였다. 미 제1해병연대 예하 부대는 김포비행장 인근의 야산과 고지를 점령한 뒤, 활주로를 중심으로 방어작전을 펼치는 북한군 제107연대를 압박하여 9월 18일 새벽에 김포비행장을 탈환하였다. 김포비행장을 방어하던 북한군 제107연대는 큰 인명손실을 입고 한강 방면으로 철수하였다. 유엔군이 남한 최대의 비행장을 탈환함에 따라 차후 군사작전에서 공군의 활용과 작전여건이 나아질 전망이었다.[33]

미 제10군단장(알몬드 소장)은 경인지역에서 활동 중인 북한군이 조직적으로 저항할 것으로 예상되자, 9월 20일에 상륙 예정이던 미 제7보병사단의 상륙을 하루 앞당겼다. 미 제10군단장이 이와 같이 결정한 이유는 영등포를 탈환하기 위해서 접근하던 미 제1해병연대의 진격이 원활하지 않았기 때문이었다.[34] 이 시기에 영등포 일대에는 북한군 제18사단 예하 1개 연대가 견고한 진지를 구축하고 있었기 때문에, 영등포 방면으로 진출하는 아군 부대의 진격속도가 지연되었다. 이에 따라 미 제10군단장은 최초 수원 방면으로 진출시키려던 미 제7보병사단 일부 부대를 영등포 남쪽으로 전환하여 진출토록 지시하고, 영등포에 대한 방어태세를 강화하던 북한군을 남쪽에서 압박하려 하였다.[35]

서울로 향하는 도로에서 발견된 파괴된 북한군 전차, 1950. 9.

9월 18일 야간에 한강에 도착한 미 제5해병연대는 도하지점으로 행주나루를 선정하고 본격적으로 한강 도하를 시도하였다. 그러나 9월 19일 야간에 도하정찰반의 임무를 띠고 은밀도하에 나선 사단 수색중대가 초기 도하에 실패하고, 다음날 오전에 강습도하를 실시하여 서울 탈환을 위한 태세를 갖췄다.[36] 하지만 북한군이 서울 지역에 약 2개 연대 규모의 방어병력을 추가 배치함에 따라 서울을 탈환하기 위한 전투가 치열해 질 것으로 예상되었다. 이에 따라 미 제1해병사단장은 제5해병연대가 한강 방면으로 공격을 지속하여 남쪽에서 영등포를 장악한 이후 한강 방면으로 이동 중인 제1해병연대의 도하작전을 지원토록 하였다. 또한 9월 23일부터는 그동안 전선에 투입되지 않았던 제7해병연대를 서울 탈환 작전의 주력부대로 투입하였다. 한편, 서울 시가지 작전에는 국군 해병대가 가담하여 함께 작전을 수행토록 했다. 비록 국군의 전투경험이 부족하고 장비가 미비하지만, 정치적 고려와 심리적인 측면에서 국군과 대한민국 국민의 사기를 앙양하기 위한 것이었다.[37]

영등포 방향으로 진격하던 미 제1해병연대는 요새화된 진지를 구축하고 맞선 북한군 방어부대의 강력한 저항에 직면하였다. 이 과정에서 치열한 전투가 벌어졌는데, 미 해병부대에 심각한 인명손실이 발생했다. 하지만 미 제1해병연대는 9월 23일

서울탈환작전
(1950. 9. 19 – 9. 28)
미 1해병
5해병
미 7해병
2-7
2-1
1-1
1-17
3-17
3-32
1-32
2-32
미 32
한 17
아차산
348
광진교
한 해병
미 5 해병
한 해병
미 5 해병
안산
296
미 5 해병
미 1 해병
김포
비행장
1해병
수색역
여의도
비행장
대방동
노량진
서빙고
신사리
반포리
미
한
영등포역
미 1 해병
미 7
동작동
우면산
시흥리
관악산
629
221
과천
청계산
618
시흥리
안양
판교

의 공격을 통해 영등포 일대에 대한 잔적 소탕을 마쳐 영등포를 완전히 장악한 이후 노량진 방면으로 진출하였고, 곧바로 한강 도하를 위한 준비에 나섰다.

한편 미 해병사단의 우측을 담당하던 미 제7사단 제32연대는 예정대로 안양 부근으로 진출하여 서울~수원 간 도로를 차단하였다.[38] 또한 제32연대는 서울 동남쪽 방면으로 우회하여 한강 남안으로 진출한 뒤, 이후 한강을 도하하여 서울 시내로 진입하기 위한 준비에 나섰다. 미 제31연대는 9월 22일에 수원비행장을 점령하고, 이를 바탕으로 남진할 수 있는 여건을 조성하였다.[39]

미 제1해병연대가 영등포 일대를 장악하고 한강교 방면으로 이동할 즈음, 미 제5해병연대와 국군 해병 제1대대는 수색 방면에서 서울로 향하는 도로를 따라 본격적인 공격준비에 나섰다. 그런데 이 지역에서 서울 시내로 접근하기 위해서는 홍제동에서 서교동에 이르는 3개의 105m 고지(의령터널 고지, 노고산, 와우산)를 넘어야 했다. 9월 21일 새벽부터 이 고지군에 대한 본격적인 공격이 시작되었다. 중앙에 배치된 국군 해병 제1대대는 모래내와 신촌 사이의 104고지에 대한 공격을 개시하여 서울 진입을 위한 중요한 거점을 장악하였다.[40]

한편 104고지 인근에는 북쪽에 인왕산(338고지)과 남서쪽의 안산(296고지)이 자리 잡고 있으며, 고지 동남쪽에 3개의 105고지와 연세대학교를 중심으로 좌우 및 전후에 나지막한 능선이 있었다. 이 일대의 능선들 역시 외곽공격에 대한 방어에 유리한 지형이었다. 미 제1해병사단은 연희고지 능선을 넘어 시내로 진출해야 북한군의 주 방어선이 배치되어 있을 것으로 예측하였으며, 적의 주방어선에 도착하기 전에 제5해병연대 2대대는 안산을 목표로, 제1대대는 서교동의 제105고지를 목표로, 중앙의 제105고지는 국군 해병 제3대대가 공격을 개시하였다.[41] 그런데 북한군은 미 해병사단의 예상과 달리, 서울 서쪽에서 방벽 역할을 하는 296고지 능선으로부터 한강 연안으로 뻗은 남쪽 105고지 일대에 서울 방어를 위한 주저항선을 구축한 상태였다. 특히 안산과 와우산을 연결하는 방어선에 대규모 병력과 화력을 집중하여 보강하고, 서울 시내로 향하는 주요 접근로와 교량에 장애물과 지뢰를 매설하여 대비하였다. 또한 전방 방어선이 무너질 경우를 대비하여 예비진지도 구축하였다.[42]

9월 22일 아침부터 시작된 국군 해병대의 105고지(의령터널 고지)에 대한 공격만으로는 북한군의 강력한 방어선을 돌파할 수 없었다. 특히 105고지에서 연희고지를 향해 공격하는 과정에서 반드시 통과해야 할 개활지에 봉착했으며, 이때 적의 사격에

서울 시가지를 향해 공격하던 중 북한군과 교전 중인 미 해병대, 1950. 9.

노출되어 많은 인명피해가 발생했다. 이처럼 국군 해병대의 전진이 좌절되자, 9월 23일 오전에는 미 해병 제2대대가 교체 투입되었다. 하지만 미 해병 제2대대의 진격도 순탄치 않았다. 낮은 개활지에 탄막사격까지 준비한 적의 방어에 가로막혀 공격 속도가 느렸으며, 고지 전체에 동굴을 구축한 북한군의 방어작전이 효과적으로 진행되어 많은 인명피해가 발생했다.[43] 특히 9월 24일 아침부터 시작된 고지 정상을 점령하기 위한 공격에서는 중대장이 전사하고 1개 중대 병력 중 고작 26명만 생존하는 등 치열한 전투를 전개한 끝에 중앙의 105고지 점령에 성공하였다. 당시 연희고지 일대를 방어하던 북한군 사상자가 총 1,750여 명이나 되었는데, 이를 통해서 양측 사이에 치열한 전투가 벌어졌음을 알 수 있다.[44]

미 해병대는 연희고지 일대 능선에 배치된 적의 방어선이 서울 탈환작전의 전초전이라고 생각하였으나, 사실상 이 방어선은 적이 구축한 최후의 방어선이었다. 국군 해병 제1대대와 미 제5해병연대 제2대대가 연희고지 일대에서 치른 전투는 서울 탈환작전에서 가장 치열한 전투였으며, 이 전투를 통해 서울 서측방의 적 방어선이 붕괴되어 서울 시내로 진출할 수 있는 모든 통로가 개방되었다. 연희고지 일대에서 후퇴한 적은 더 이상의 치열한 전투를 수행할 수 있는 방어선을 구축하지 못하고 뿔뿔이 흩어졌다.[45]

국군 해병 제1대대가 105고지에 이르는 중간 목표인 연희고지에 이틀 동안 묶여있을 무렵, 서울 서측방에서 105고지를 공격하던 미 해병 제1대대도 북한군의 치열한 저항에 부딪혀 고전 중이었다. 특히 이 대대는 미 제1해병연대의 한강 도하를 보장하기 위해서 한강 북쪽에서 활동하는 적을 제압해야 했는데, 많은 인명 피해를 입으면서 작전을 펼친 결과 9월 23일 오후에 이 고지를 점령하는데 성공하였다.[46] 한편 영등포의 미 제1해병연대는 도하를 준비하고 있었으며, 미 제7사단 제32연대는 한강교 남쪽 고지를 점령한 이후 서울 동남쪽에서 한강 남안으로 진출하였다. 특히 제2대대는 한강 남안의 신사리를 공격하여 점령한 이후, 이 방면에서 한강을 도하하기 위한 준비에 착수했다.[47]

노량진까지 진출한 미 제1해병연대를 신속하게 도하시켜 서울 북방으로 진격함으로써 서울 탈환에 박차를 가하려던 미 제1해병사단장의 계획은 서울 서쪽 방면에서 진행되고 있는 미 제5해병연대와 국군 해병 제1, 3대대의 진출이 늦어짐에 따라 차질이 생겼다. 이에 따라 미 제10군단장(알몬드 소장)은 노량진에서 미 해병연대를 도하시키는 것보다는 이미 신사리까지 진출한 미 제7사단 제32연대를 신속하게 도하시켜 서울 동측방으로 우회하여 진출시키는 것이 서울에 대한 포위공격과 차후 작전에 유리할 것이라고 판단하였다.[48] 미 제10군단장은 9월 24일 아침에 미 제7사단을 방문하여 사단장에게 서울 남동쪽으로 도하하라고 지시하였다. 당시 미 제7사단에는 인천 상륙작전에 참가했던 국군 제17연대가 배속되어 함께 이동 중이었다. 미 제7사단장의 명령에 의해 도하준비를 시작한 미 제32연대는 9월 25일 새벽에 서빙고 정면에서 한강을 도하하였으며, 곧바로 금호동 121고지를 점령하고, 이후 남산방면으로 진격하였다. 미 제32연대를 후속하여 한강을 도하한 국군 제17연대는 신속하게 중랑천 우측 일대로 진출하였다. 이후 망우리, 광장리, 면목동 일대를 장악함으로써 서울 동남쪽 외곽선을 포위 차단하였다.[49]

서울 시가지에 대한 국군과 유엔군의 공격은 9월 25일 아침부터 시작되었다. 미 제7사단이 대체로 한강 인도교→용산→남산→동대문→경춘도로 방향을 담당함에 따라, 서울 도심은 미 제1해병사단의 작전지역에 속했다. 미 제1해병사단은 서울 도심을 점령하기 위해서 제1해병연대를 서울 서측에서 동쪽으로 도심지역을 지나 고려대 방면으로, 제5해병연대를 서울 북서쪽에서 미아리 고개 방면으로, 제7해병연대를 개성→서울 간 국도를 장악한 뒤 서오릉 동쪽고지 일대로 진출시킬 예정이었다.[50]

국군과 유엔군의 서울 시가지에 대한 공격이 개시되자, 시내 곳곳에 숨어있던 북

서울 시가지로 진입하는 미군 전차, 1950. 9.

한군 방어부대가 격렬하게 저항했다. 9월 25일 밤에는 서대문형무소 방면에서 약 2,000여 명 규모의 적군이 조직적인 방어작전을 전개하여 제5해병연대 제3대대의 전진을 저지하였다. 이때 적은 14대의 전차와 자주포 등을 앞세우고 역습을 개시하였는데, 미 해병연대장은 포병 탄막사격을 집중하도록 요청하였고, 자정이 넘어 새벽이 되자 제3대대 주력이 공격을 개시할 수 있었다. 이 과정에서 적 전차 7대, 자주포 2대가 파괴되고, 500여 명이 사살되었으며, 83명이 포로로 잡혔다. 9월 26일에는 남산 방면에서 활동하던 적 보병부대가 미 제32연대 제2대대 진지 방향으로 역습하였고, 약 3시간에 걸친 치열한 전투 끝에 적군을 모두 제압하였다.[51]

북한군이 도심과 남산 일대, 일부 건물지역 등에서 간헐적으로 역습을 실시한 목적은 국군과 유엔군을 서울에 묶어두기 위한 것이었으며, 이 틈을 이용하여 적 주력이 북쪽으로 철수할 수 있는 시간을 벌기 위해서였다. 당시 서울을 방어하던 북한군 주력은 제18사단이었다. 이들은 사단의 일부를 서울 곳곳에 남겨 놓은 채 9월 25일 저녁에 약 5,000명의 주력을 의정부를 통해 철수시켰다. 이후 적은 서울~의정부 지역 방어를 위해 제31여단을 사단으로 증편하여 투입하였고, 제17사단 제33연대를 서울에 투입하여 국군과 유엔군의 진격을 저지하려 하였다.[52]

서울 시내에서 저항하는 북한군을 완전히 소탕하기 위한 미 제1해병사단의 작전은 9월 26일 정오경에 시작되었다. 이 공격에는 북측에서 적의 퇴로를 차단하기 위해 대기하고 있던 제7해병연대가 투입되었다. 하지만 마포에서 공격하는 제1해병연대와 연희고지 방면에서 공격하는 제5해병연대는 적의 저항에 막혀서 전진 속도가 늦었다. 제7해병연대는 서울 북쪽에서 진입하여 신속하게 미아리고개를 점령한 이후 빠른 속도로 도심 중앙을 향해 공격하여 남쪽에서 고전하고 있는 다른 해병연대와 연결 작전에 나섰다. 당시 서울 시내 곳곳에서는 여전히 치열한 공방전이 전개되고 있었다. 북한군 병력이 일부 건물을 점령하고 치열하게 저항했기 때문이었다. 결국 미 제1해병사단과 국군 해병 제1, 3대대가 모두 서울 시가지 전투에 참가하였고, 일부 부대는 서울 외곽을 포위하고 적의 차단을 저지하였다.[53]

9월 27일 새벽에 중앙청에 국군 해병대원이 태극기를 게양하였다. 하지만 이후에도 서울 시내에서는 북한군 병력에 대한 소탕작전이 지속되었으며, 9월 27일 자정에야 비로소 서울 탈환작전이 완료되었다. 국군과 유엔군은 9월 28일부터 의정부 방면으로 공격을 계속했다. 이로써 서울 시내에서 활동하던 북한군의 저항이 모두 종료되었고, 대한민국의 수도는 인천 상륙작전 개시 후 2주, 북한군에게 점령된 이후 3개월 만에 완전히 수복되었다.[54] 9월 29일 정오, 중앙청에서 수도 탈환식이 거행되었다. 이 행사를 통해 맥아더 원수는 수도 서울을 이승만 대통령에게 인계했으며, 이승만 대통령은 맥아더 원수에게 일등무공훈장을 수여했다.[55]

낙동강 방어선에서 반격작전

미 극동군사령부를 중심으로 인천 상륙작전에 대한 준비가 진행되는 동안, 미 제8군사령부는 낙동강 방어선에서의 반격작전을 구상하였다. 맥아더 원수가 인천 상륙작전을 시도한 목적은 낙동강 전선에 집중해 있는 북한군의 주력을 남쪽과 북쪽에서 협공하여 섬멸하고, 이를 통해 전세를 역전하기 위해서였다. 미 제8군사령부는 낙동강 방어선에서 실시될 반격작전계획을 수립한 뒤, 9월 초에 맥아더 장군의 승인을 받았다.[56] 그리고 북한군의 9월 공세가 시작되어 낙동강 방어선에서 치열한 전투가 지속되는 와중에도 반격작진을 위한 준비에 박차를 가했다.

낙동강 방어선에서 전개될 국군과 유엔군의 반격작전의 기본개념은 현 접촉선을 공격개시선으로 설정하고, 주공을 대구→대전→수원 축선으로 지향하여 공격하는 것이었다. 아군의 반격은 인천 상륙작전 하루 뒤인 9월 16일에 시작하며, 작전지역 이내의 북한군을 격멸하는 동시에 인천으로 상륙한 미 제10군단과 신속하게 연결작전을 수행하려 하였다. 이를 위해 미 제8군은 서부 및 서남부지역에서 미 제1군단과 예하 4개 사단(미 제1기병사단, 미 제24사단, 영 제27여단, 국군 제1사단)이, 동부지역에서는 국군 2개 군단이 일제히 반격에 나설 계획을 세웠고, 주공은 중앙지역의 미 제1기병사단이 담당할 예정이었다. 미 제1기병사단은 미 제10군단과 가장 가까운 거리에 있었고, 경부국도의 양호한 도로망을 고려할 때 기계화 부대의 운용에 유리하고 보급지원이 용이하다는 점 등이 고려되었다.[57]

북한군은 1950년 9월 초부터 국군과 유엔군의 낙동강 방어선을 돌파하기 위한 마지막 공세를 개시하였으나, 병력과 물자가 보충된 국군과 유엔군의 방어선을 돌파할 수 없었다. 이 시기의 전투에서 병력과 화력, 보급이 고갈된 북한군이 국군과 유엔군을 제압할 수 있는 가능성은 낮았으나, 북한군 지도부는 최종 승리에 집착한 상태에서 무리한 공격을 반복하였다.[58] 9월 초에 이르자 북한군은 경주~대구 일대를 점령하고, 마지막 목표인 부산까지 진출하기 위해서는 새로운 증원부대가 필요하다고 판단하였다. 이를 위한 조치로 9월 13일에 경인지구 방어부대인 제18사단과 제87연대, 독립 제849전차포연대를 낙동강 전선으로 급히 전환하였으며, 이들을 대구 북방에 배치하여 전투력을 보강토록 지시하였다. 북한군의 이와 같은 작전지도는 최후공세를 위한 것이었으나, 당시 북한군 내부 상황을 고려할 때 비현실적인 조치였다.[59]

인천 상륙작전의 성공을 확인한 국군과 유엔군은 9월 16일 오전에 낙동강 방어선에서 일제히 반격을 개시하였다. 그러나 악천후와 북한군의 강력한 저항으로 인해 아군의 총반격은 별다른 효과가 없었으며, 이후 약 3일 동안 북한군과 일진일퇴의 공방전이 지속되었다. 전황이 혼전으로 치닫던 상황에서 가장 먼저 북한군 방어선이 돌파된 곳은 대구 북방 다부동 정면이었다. 이곳에서 공격작전에 나선 국군 제1사단이 북한군 방어선 후방까지 침투한 뒤 적의 퇴로를 차단하자, 왜관~다부동 일대에 배치되었던 적 2개 사단의 방어선이 일시에 무너졌다. 이를 계기로 국군과 유엔군은 낙동강 방어선을 일거에 돌파하고, 신속하게 적에 대한 추격작전에 나설 수 있었다. 미 제8군의 주공이었던 미 제1군단은 제777특수임무부대를 편성하여 9월 22일에는 상주→청주→오산으로 진격하였으며, 미 제1군단 주력도 왜관에서 경부 국도를

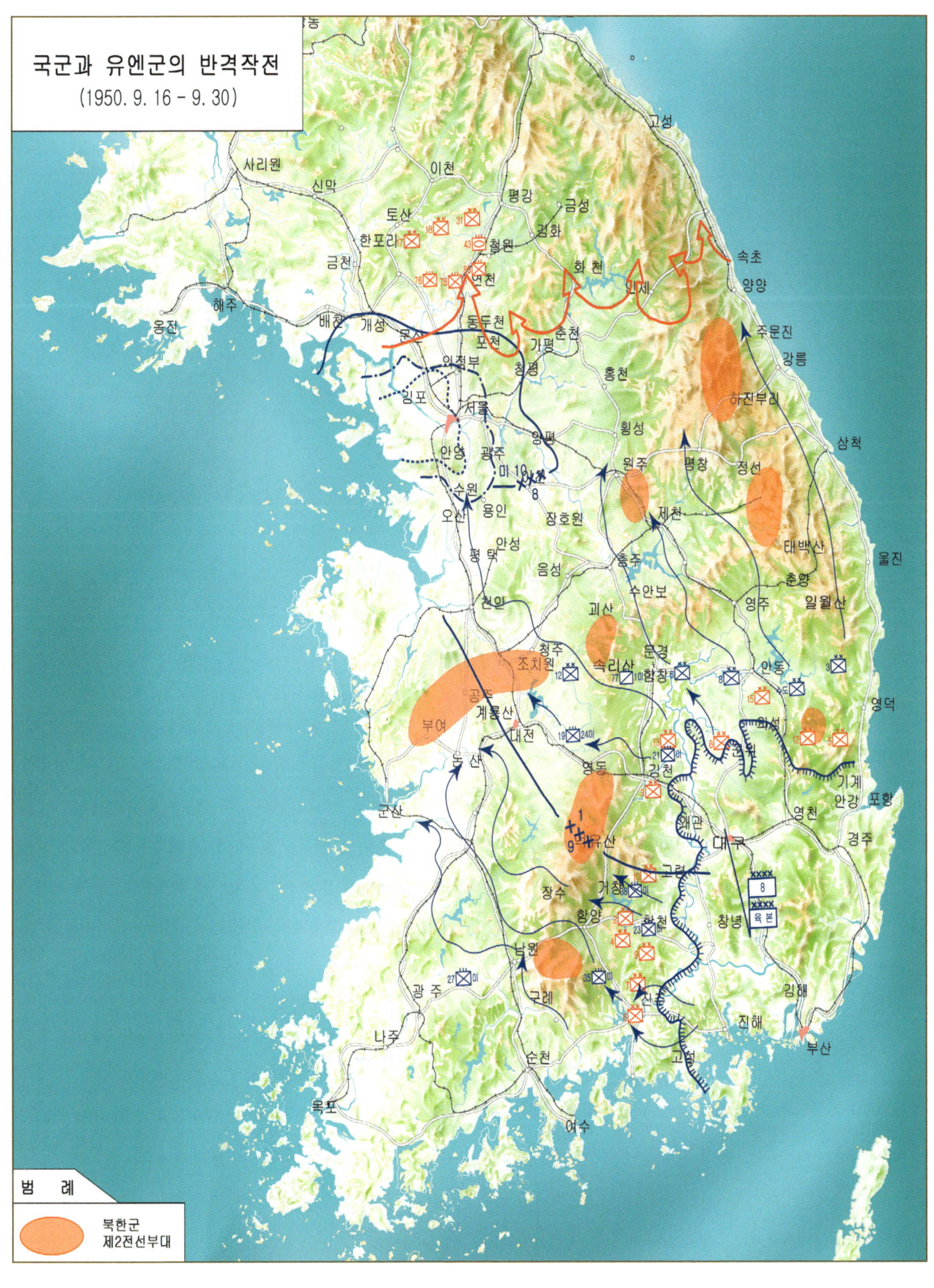
국군과 유엔군의 반격작전
(1950. 9. 16 - 9. 30)
범 례
북한군
제2전선부대
고성
사리원
신막
이천
평강
금성
토산
한포리
철원
김화
금천
연천
화천
속초
양양
인제
해주
옹진
배천
개성
문산
동두천
포천
가평
춘천
주문진
강릉
의정부
청평
홍천
김포
서울
하진부리
횡성
삼척
안양
광주
양평
원주
평창
정선
수원
오산
용인
장호원
제천
태백산
울진
안성
평택
음성
충주
춘양
수안보
영주
일월산
천안
괴산
청주
문경
안동
조치원
속리산
함창
영덕
공주
계룡산
부여
대전
영동
김천
논산
기계
안강
포항
군산
영천
왜관
대구
경주
무주
고령
거창
장수
함양
합천
창녕
육본
남원
광주
구례
진주
김해
진해
부산
나주
고성
순천
목포
여수

국군 1사단에 배속된 40mm 대공포(다부동 북방), 1950. 9.

따라 북쪽으로 전진하였다.[60]

북한군 지도부는 사태가 악화되자 주력을 낙동강 전선에서 철수시켜 금강선과 소백산맥선으로 이동한 뒤 새로운 방어선을 구축하려 하였다. 이를 위해서 전선사령관(김책)은 북한군 제2군단장(김무정)에게 낙동강 방어선 확보가 중요하다고 강조하며, 북한군 제1군단이 금강선을 점령할 수 있는 시간을 가질 수 있도록 북한군 제2군단이 왜관지구를 사수하라고 명령하였다. 이때 제1군단장(김웅)에게는 남쪽에 있는 부대부터 북쪽으로 철수시켜 금강선을 점령하도록 지시하였다.[61] 이와 같은 전선사령부의 명령에 따라 9월 18일 야간에 마산 서쪽의 북한군 제6사단이 후퇴를 시작하여 진주로 이동하였으나, 9월 19일에 왜관 지역의 제13사단이 붕괴됨과 동시에 20일에는 다부동과 포항 등 전 정면에서 북한군 제2군단 방어선이 붕괴되어 혼란이 야기되었다.[62] 설상가상으로 국군과 유엔군의 인천 상륙작전 소식이 북한군에게 전달됨에 따라 북한군의 지휘체계는 내부에서부터 걷잡을 수 없이 붕괴되었다.

그 결과 9월 23일부터는 전 전선에서 국군과 유엔군의 본격적인 추격전이 시작되었다. 9월 21~22일 사이에는 아군의 반격이 강해지자 내부적으로 한계정점에 도달했던 북한군의 방어태세에 심각한 균열이 발생하기 시작했다. 이처럼 낙동강 방어선에서 저항하던 북한군 방어선이 무너지자, 북한군 지휘체계도 순식간에 붕괴되어 전부대가 지리멸렬한 상태가 되고 말았다. 이들은 개전 초부터 공격작전만 수행하느라 방어와 후퇴작전에는 미숙했고, 국군과 유엔군이 신속하게 실시하는 반격작전에 효과적으로 대응하지도 못했다.[63]

낙동강 방어선으로부터 추격전에 나선 국군과 유엔군의 진격은 북한군이 저지선을 형성할 시간적 여유를 갖지 못할 만큼 신속하게 진행되었다. 추격부대의 선두부대인 제777특수임무부대는 9월 26일 오산까지 진격하여 인천에 상륙하고 남쪽으로 전진하던 미 제31연대와 연결하였다. 이로써 북한군 제1군단의 퇴로를 차단하고 포위망을 형성하는데 성공하였다. 그리고 9월 30일에는 서부전선의 미 제1군단과 미 제9군단이 대전, 전주, 군산을 탈환하였고, 중동부 및 동부전선의 국군 2개 군단이 원주, 단양을 점령한 이후 38도선 남쪽까지 진격하여 북진태세를 갖췄다.[64]

9월 16일부터 약 2주간 진행된 국군과 유엔군의 반격작전으로 북한군은 사실상 붕괴되었으며, 북한 정권은 더 이상 스스로 전쟁을 수행할 수 없었다. 전선에 투입된 북한군 병력 중 국군과 유엔군의 포위망을 벗어나 38도선 북쪽으로 도주한 병력은 대략 25,000~30,000명으로 추산되며, 아군에게 포로로 잡힌 12,700여명을 제외한 나머지 병력은 지리산, 태백산 등으로 숨어들었다. 낙동강 전선까지 몰고 내려왔던 다량의 중화기와 장비는 도처에 유기하였다.[65]

반격작전 시기에 국군과 유엔군이 북한군에게 심대한 타격을 줄 수 있었던 이유는 인천 상륙작전과 낙동강 방어선에서의 반격작전을 동시에 구사한 유엔군사령부와 미 제8군사령부의 성공적 작전지휘, 우세한 제공권과 제해권, 지상전에서 입증된 미군의 우수한 기동력 때문이었다. 또한 이 시기에 국군 부대가 보여준 놀라운 추격속도 역시 빼놓을 수 없는 요소였다. 당시 국군의 작전지역은 태백산맥과 지류의 험난한 지형이라서 기동에 제약이 많았다. 하지만 국군 장병은 신속하게 전진하여 적의 퇴로를 차단하고 포위망을 형성함으로써 유엔군에 앞서 38도선에 도달하였으며, 달아난 북한군을 추격하기 위한 차후작전을 준비하였다.

8장

38도선 돌파와 북진 작전

38도선 돌파와 북진 결정 과정

인천 상륙작전과 낙동강 방어선에서 실시한 반격작전에 성공한 국군과 유엔군은 9월 말까지 미처 도주하지 못한 38도선 남쪽의 북한군을 격멸하고, 사실상 전쟁 이전以前 상태를 회복했다. 그런데 과연 국군과 유엔군이 패주하는 북한군을 격멸하기 위해 38도선을 넘어 '북진北進'할 것인가의 문제에 국제사회의 관심이 집중되었다. 이 문제는 북한과 국경을 접하고 있으며, 6·25전쟁의 개전에 깊숙하게 관여한 중화인민공화국과 소련이 한반도 문제에 개입할 가능성과 연관된 사안이었다. 따라서 북한군을 격멸한 뒤 한반도에 통일국가를 세울 수 있다는 희망과 더불어, 자칫 중화인민공화국이나 소련이 한반도의 전쟁에 개입함에 따라 제3차 세계대전으로 확전될 수 있는 우려를 동시에 고려해야 했다.[1]

대한민국과 미국이 38도선 돌파와 북진을 언급한 시기는 개전 초기인 7월 중순, 즉 국군과 유엔군이 지연전에 안간힘을 쓰던 때였다. 대한민국 정부는 7월 10일에 장면 주미 대사를 통해 북한군이 먼저 38도선을 무시하고 침략했기 때문에 38도선의 국제정치적 의미는 퇴색되었으며, 한반도에 통일국가 건설은 반드시 이뤄내야 할 목표라고 강조하였다. 7월 19일에는 이승만 대통령이 미국 트루먼 대통령에게 보낸 서한에서 "6월 25일 새벽에 북한은 38도선의 유지를 요구할 권리를 잃었으며, 전쟁 이전의 상태로 돌아간다는 것은 도저히 있을 수 없는 일이 되었다. 한국 정부와 국민은 지금의 통일을 피할 수 없는 절호의 기회라고 생각하고 있다"고 주장하며,[2] 장차 38도선 돌파와 통일국가 건설에 대한 강한 의지를 피력하였다.

대한민국 정부가 38도선 돌파 문제를 제기하자, 미국의 트루먼 대통령은 국가안전보장회의NSC에서 북한군이 38도선 북쪽으로 격퇴된 이후에 채택할 정책을 검토하라고 지시하였다. 이에 따라 미국의 정책 담당 기관들이 국군과 유엔군의 38도선 돌파 여부를 검토하였는데, 여기에는 다양한 의견이 제시되었다. 미 국방부와 국무부는 유엔군이 38도선을 돌파하여 북한을 점령한 이후, 유엔 주도 하에 한국 문제를 해결하자는 적극적 의견을 제시하였다. 반면 케난George F. Kennan을 포함한 국무부 정책기획국은 중화인민공화국과 소련의 개입이 없다는 것이 확실한 상황에서만 유엔의 결의에 따라 북진하되, 이들 국가의 개입여부에 대한 정보가 확인될 때까지 최종 결정을 유보하자는 소극적 의견을 개진하였다.[3]

이처럼 국군과 유엔군의 북진 여부를 둘러싼 혼란이 지속되는 가운데, 8월 중순에 오스틴Warren R. Austin 미국의 주유엔 대사가 유엔 총회에서 행한 연설을 통해 미국 정부의 입장이 제시되었다. 그는 "유엔 안전보장이사회는 한반도에서 평화의 파괴행위를 종결시킬 것을 최종 목표로 결정하였으며, …한반도 전체에서 공정하고 자유로운 선거 실시를 위한 총회의 결정이 비록 북한 정권에 의해 저지되었지만, 여전히 유효하다"라고 주장하며, "(이번) 적대행위 종결의 최소 조건으로 북한의 완전한 패배를 암시하고, 그후 유엔에 의한 통일을 추구하겠다"는 정책 방향을 제시하였다.[4] 이후 9월 초에는 트루먼 대통령이 직접 "한국은 그들이 원하는 만큼 자유롭고 독립적이며, 통일할 권리를 가지고 있다. 우리는 유엔의 지도 아래 다른 나라와 더불어 한국인이 그러한 권리를 향유하도록 책임을 다할 것이다"라고 발언하였다.[5] 이처럼 미국은 개전 초에 내세웠던 전쟁 이전以前 상태로 복귀라는 목표를 38도선 돌파 및 한반도 내 통일된 국가 수립이라는 새로운 목표로 대체하였으며, 이 문제를 유엔을 통해 추진할 것이라는 방향도 구체화하였다.[6]

하지만 미국 정부 내에서는 국무부와 국방부가 여전히 이 사안에 대하여 상반된 입장을 고수하였다. 국무부는 중화인민공화국과 소련의 개입 여부가 확인될 때까지 최종 결정을 유보해야 한다고 주장했다. 만약 국군과 유엔군이 38도선을 돌파하여 북진하면 중화인민공화국과 소련이 한반도에 군대를 파견할 가능성이 높아 제3차 세계대전으로 확대될 위험이 있다고 우려하였다. 하지만 국방부는 이번 기회에 북한군을 완전히 분쇄해야 하며, 북한에 대한 실질적 점령이 필요하다는 맥아더 극동사령관과 합참의 의견을 수용하여 찬성 입장을 표명하였다. 또한 국군과 유엔군이 38

도선에서 정지하는 것은 군사작전의 보편적 원칙에서 어긋나며, 유엔 해군과 공군이 이미 북한지역에서 작전을 전개하고 있기 때문에, 지상군의 작전을 제한하는 것은 무의미하다고 주장하였다.[7]

이후 미국 국방부와 국무부의 이견, 즉 38도선 돌파에 대한 찬성과 반대 의견은 9월 7일에 채택된 국가안전보장회의 문서(NSC 81)에 반영되었다. 이 문서는 유엔군은 북한군 격퇴 후 중화인민공화국과 소련의 개입이 없을 때에만 북진하고, 군사적으로 승리한 이후 유엔 주도 하에 한국 문제를 해결한다고 명시하였다. 또한 이 문서는 중화인민공화국과 소련의 개입 여부에 대한 정보가 확인될 때까지 유보한다는 내용도 포함하였다. 이처럼 NSC 81은 38도선 돌파에 대한 신중론을 일부 포함하였으나, 대체로 북진을 찬성하는 주장을 수용하였다.[8]

미국 정부는 NSC 81에 반영된 38도선 돌파와 북진에 대한 결정을 영국과 프랑스를 포함한 자유진영 국가에게 설명하고, 의견수렴 과정을 거쳤다. 영국과 프랑스는 북한 공산군의 침략전쟁에 반대하기 위해 유엔군의 일원으로 6·25전쟁에 참전하였으나, 본질적으로 전쟁이 장기화되는 것에는 반대 의견을 표명하였다.[9] 그런데 대한민국의 이승만 대통령은 9월 15일 인천 상륙작전 성공 소식을 접한 직후 임시수도 부산에서 개최된 통일촉진국민대회에서 유엔사무총장에게 보낼 메시지를 채택하고, "공산군의 침입으로 평화적 해결은 도저히 불가능하게 되었으나, 유엔군은 이번 기회에 전격 돌격하여 완전통일이 실현되기를 3천만의 이름으로 요청한다"고 결의하였다.[10] 전세 역전의 기회를 이용하여 북한군 격멸과 통일국가 건설의 희망과 의지를 대내외에 천명한 것이다.

그런데 미국 정부가 유엔군이 38도선을 넘어 북한으로 진격할 것이라는 의사를 내비치자, 중화인민공화국과 소련이 즉각 반응하였다. 8월 20일에 중화인민공화국의 저우언라이周恩來는 유엔 총회가 한국 문제를 토의하는 자리에 중화인민공화국 대표가 참석할 수 있도록 요구하는 전문을 유엔에 보냈고, 9월 25일에는 중공군 총참모장 대리가 주중 인도대사 파니카K. M. Panikkar에게 중화인민공화국은 미국이 38도선을 돌파하는 것을 결코 묵과하지 않을 것이라는 의사를 전했다.[11] 소련의 주유엔 대사 말리크Yakov A. Malik도 6·25전쟁을 내전內戰/Civil War으로 규정하여 조기 종전을 주장하더니, 8월 중순에는 만일 이 전쟁이 더 오래 지속된다면 이 전쟁은 확대될 수밖에 없을 것이라고 경고하였다. 국군과 유엔군이 38도선을 돌파하여 북진하지 못하도록

사전에 봉쇄하기 위한 조치였다.[12]

이처럼 유엔과 국제사회에서 국군과 유엔군의 38도선 돌파에 대한 입장이 첨예하게 대립되는 가운데, 미국 정부는 9월 11일에 트루먼 대통령의 승인을 받아 유엔군의 군사작전에 대한 정책(NSC 81-1)을 확정하고, 9월 15일에 미 합참을 거쳐 맥아더 원수에게 하달하였다.[13] 이때 미 합참은 유엔군사령관에게 38도선 북쪽에서 군사작전을 수행할 법적 권리를 부여하며, 소련 또는 중화인민공화국 군대와 연루되지 말라고 지시하였다. 한편 애치슨 국무장관은 9월 20일 실시된 유엔 총회 연설에서 "유엔군의 군사행동은 38도선 이북으로 계속 진행되어야 한다고 본다. 그렇게 함으로써 한반도에 통일된 독립정부가 수립될 수 있을 것이다. 이는 유엔 결의안의 정신을 수행하는 것이다"라는 미국 정부의 공식입장을 재차 확인하였다.[14]

이후 미 합참은 유엔군사령관에게 북진에 대한 세부 지침을 작성하여 하달했는데, 이는 훗날 9.27 훈령訓令[15]으로 알려졌다. 이 지침의 주요 내용은 유엔군의 38도선 돌파를 허용하되 작전목표를 북한군 격멸로 한정하며 소련 및 중화인민공화국과의 군사적 충돌을 피하라는 것이었다.[16] 그리고 미국 정부는 10월 7일에 10.7 통한統韓 결의안이라고 알려진 유엔 총회의 결의도 이끌어냈다. 미 합참은 이 결의안도 맥아더 원수에게 전달하였는데, 미국 정부는 10.7 통한 결의안이 38도선 북쪽에서 유엔군의 군사작전을 뒷받침하는 것이라고 덧붙였다.[17] 이와 같은 과정을 통해 국군과 유엔군은 38도선 돌파와 관련된 군사 목표인 북한군의 격멸과 정치 목표인 통일한국 형성에 필요한 국제사회의 합의를 모두 확보하였다.

대한민국의 이승만 대통령은 9월 29일 중앙청에서 거행된 서울 수복 행사 직후 맥아더 장군에게 즉시 북진해야 한다고 주장하였다. 하지만 맥아더 원수는 유엔이 38도선 돌파 권한은 부여하지 않았다고 대답하였는데, 당시 유엔군사령부는 모든 부대에게 진격을 멈추라고 지시한 상태였다. 이에 대해 이승만 대통령은 유엔군 사령부가 어떻게 결정하든지, 국군은 진격을 멈추지 않을 것이라고 주장하였다.[18] 실제로 9월 29일에는 국군 제3사단이 강릉에 육박하는 등 38도선에 근접한 상태였다. 이날 이승만 대통령은 대구의 육군본부를 방문하여 육군 수뇌부를 만난 자리에서 국군의 즉각적인 38도선 돌파 필요성을 강조하였다. 그는 육군 총참모장 정일권 소장에게 국군은 38도선에 도착하더라도 멈추지 말고 계속 북쪽으로 밀고 올라가라고 지시하였다.[19]

그런데 7월 14일 이후부터 국군의 작전지휘권이 유엔군사령관에게 이양되어 있었기 때문에, 국군이 38도선을 돌파하여 북쪽으로 전진하기 위해서는 유엔군사령관의 승인이 필요했다. 하지만 육군 총참모장(정일권 소장)을 포함한 군 수뇌부는 국군 통수권자인 이승만 대통령의 직접 지시를 거부할 수 없는 입장이었다. 군 지휘체계상의 혼선이 야기될 수 있는 상황이었으며, 이를 방지하기 위한 대책이 필요했다. 이에 따라 육군 총참모장(정일권 소장)은 미 제8군사령관(워커 중장)에게 동해안 전선의 국군이 전술적 필요에 따라 양양 북쪽 기사문리 일대의 고지를 점령해야 한다고 보고하여, 38도선 북쪽으로 기동하는데 필요한 승인을 얻어냈다. 이를 근거로 국군 선두부대가 10월 1일에 최초로 38도선을 돌파하였다.[20]

북진작전 계획과 준비 과정의 문제점

국군과 유엔군이 인천 상륙작전과 낙동강 방어선에서의 반격작전을 통해서 일시에 전세를 역전한 이후 북한군은 지속적으로 패주하였다. 9월말까지 38도선 이북으로 후퇴한 북한군 병력은 25,000~30,000명에 불과했으며, 다수는 퇴로를 잃고 지리산, 소백산맥, 태백산맥 등으로 흩어져서 유격활동을 하거나, 소부대 단위로 북상하였다. 이 시기에 북한군 사단 병력은 편제 인원의 20%에 불과했으며, 전투를 수행하기 위한 최소한의 장비와 보급도 고갈되었다.[21]

하지만 유엔군이 서부전선에서 38도선 돌파에 필요한 정치 및 외교적 해결책 마련에 고심하는 약 10일 동안, 북한군 최고사령부는 38도선 일대에서 급변 방어선 구축을 시도하였다. 북한군은 전선을 서부와 동부로 양분한 뒤, 서부지역은 민족보위상(최용건)이 맡고, 동부지역은 전선사령관(김책)이 담당하여 10월 5일까지 방어선을 구축하라고 지시하였다. 서해안 방어사령부는 배천~개성~고랑포~사미천 지역 일대에 신편 제19, 제27, 제43사단과 제17기갑사단을 배치하여 국군과 유엔군의 진격을 저지하려 하였으며, 또한 서부전선으로 북상하는 북한군 패잔병의 철수를 엄호하기 위해 적극적인 방어를 실시하였다. 동부지역에서는 낙동강 전선에서 패주하여 북상한 제5, 제12, 제15사단과 후방지역 예비부대를 투입하여 38도선 일대에서 방어작전에 나섰다. 하지만 지리멸렬한 상태에서 몰려든 북한군 패잔병들은 보급이 제한

되고, 전투의지도 상실했기 때문에 체계적 방어작전수행은 불가능했다.[22]

9.27 훈령에 의해 38도선 돌파를 허가받은 맥아더 원수는 9월 29일에 구체적인 북진 작전계획을 미 합참에 제출했다. 이때 확정된 북진계획은 다음과 같다.[23]

1. 미 제8군은 주공으로서 38도선을 돌파한 뒤, 개성→사리원→평양 축선을 따라 공격한다.
2. 미 제10군단은 주공이 공격을 개시한 뒤 1주일 이내에 동해안 원산에 상륙하여 교두보를 확보하고, 이후 원산→평양 축선을 따라 서북으로 진출하여 미 제8군과 연결하며, 적의 퇴로를 차단 및 포위한다.
3. 유엔군은 정주~군우리~영원~함흥~흥남을 연결하는 선까지만 진격하고, 그 이북지역에 대한 작전은 국군이 전담한다.

이 계획에서 가장 특이한 사항은 미 제10군단을 미 제8군에 배속하지 않고, 동해안 지역에서 독자적으로 운용하겠다는 부분이었다. 즉, 미 제8군이 서부지역에서 38도선을 돌파하여 평양을 탈환하는 사이에, 미 제10군단이 원산에 상륙하여 북한지역에서 가장 협소한 평양~원산을 연결하여 전선을 형성하고 포위망을 구축해 북한군을 격멸하겠다는 계획이다. 이후 유엔군은 북진 한계선[24] 혹은 맥아더 라인MacArthur Line으로 알려진 정주~함흥을 연결하는 선까지만 진출한 뒤 일단 정지하고, 그 이북에서 중화인민공화국과 소련 접경지대까지의 북진작전은 국군이 전담하여 수행할 예정이었다. 이와 같은 전체적인 작전구상에 근거하여 유엔군사령관 맥아더 원수는 미 제10군단이 동부전선에서 독자적인 작전을 수행하는 것이 차후 작전에 효과적이라고 판단하였다.[25]

맥아더 장군이 미 제10군단을 미 제8군사령관에게 배속시키지 않고, 동부전선으로 이동시켜 독자적으로 운영하려 했던 이유는 다음과 같다. 우선 북한지역의 지형적 특성을 고려할 때 태백산맥이 한반도를 남북으로 종단하고, 그 북쪽에는 낭림산맥이 험준하게 자리 잡고 있어서 전선의 횡적 연결이 곤란하며, 통신연락 등을 포함한 작전협조가 사실상 불가능했다. 따라서 서부전선과 동부전선 양쪽 모두 분리된 독립작전이 필요하다고 판단했다. 또한 군수지원 면에서는 전선이 북상함에 따라 점차 부산항과 인천항의 보급 기능이 제한되므로, 국군과 유엔군 전 부대에 원활한 보급지원을 제공하기 위해서는 원산항의 사용이 필수적이었다. 이를 위해서는 원산항을 신속하게 확보해야 할 뿐만 아니라, 원산항을 이용하여 동해안 방면에서 단독작전을 수행하는 것이 유리할 것이라고 판단했다.[26]

하지만 미 제8군사령관(워커 중장)은 제10군단을 자신이 지휘하는 미 제8군에 배속시켜 서부전선에서 선두부대로 운영하고자 했다. 그는 제10군단을 서부전선에 운용할 경우 패주하는 북한군 주력에 대한 신속한 추격이 가능할 뿐만 아니라, 미 제8군이 제10군단을 지휘함에 따라 점차 작전 반경이 확장되는 한반도 북부 전장에서 효율적 작전지휘가 가능할 것이라고 판단하였다.[27] 하지만 맥아더 사령관의 의지가 확고하여 미 제10군단의 운용에 대해서는 그의 지시에 따를 수밖에 없었다.

10월 3일에 미 제8군사령부는 서부전선에서 수행할 북진작전의 세부내용을 하달했다. 미 제1군단(미 제1기병사단, 미 제24사단, 국군 제1사단, 영 제27여단)이 주공부대로 북진작전을 주도하며, 공격이 개시되면 미 제1기병사단이 선두에서 평양을 향해 진격한다. 이때 미 제24사단과 국군 제1사단은 군단의 측방을 엄호하며, 일부는 예비대 임무를 수행하다. 미 제9군단(미 제2사단, 미 제25사단)은 제1군단의 경계임무를 인수하여 서울~부산 간의 병참선을 경계하는 한편, 대한민국 경찰과 협조하여 남한 지역에 잔재하는 적과 게릴라를 소탕한다. 한편 국군 제1군단은 주문진~여운포 지역에, 제2군단은 춘천~의정부 지역에 각각 집결하여 북진작전을 준비한다.[28]

그러나 미 제8군의 북진계획에 대한 군수 및 보급지원의 우려가 제기되었다. 부산과 인천 등 남한 내 항만능력의 제약, 병참선의 파괴 및 신장, 전선까지 수송능력 부족 등으로 인해 미 제8군의 작전수행에 필요한 군수지원에 많은 어려움이 예상되었기 때문이다. 더구나 경인지역에서 작전 중이던 미 제10군단이 원산 상륙을 위해 인천항을 통해 이동하는 동안은 이 항구를 통한 군수물자 하역이 중단되었다. 이에 따라 서부전선으로 진격하는 미 제8군에 대한 군수 및 보급지원은 부산항을 통해서 전달되는 물자에 의존해야 했다. 한편 부산에서 서울을 거쳐 북한으로 연결되는 주요 철도와 도로는 지연작전과 낙동강 방어작전 기간 중 심각하게 훼손된 상태였다. 따라서 미 제8군이 서부전선에서 원활한 작전수행을 위해서는 인천항과 부산항에 도착한 군수물자를 북한 지역에서 작전하는 부대까지 전달하려면 도로와 철도, 교량 등에 대한 전면적인 보수작업이 선행되어야 했다.[29]

또한 전체적으로 국군과 유엔군의 38도선 돌파 및 북진작전 실행과정은 몇 가지 문제점에 노출되었다. 우선, 국군과 유엔군이 38도선 돌파와 북진 과정에서 추구했

국군과 유엔군의 북진작전
(1950.10~11)
중강
혜산진
풍산
부령
청진
나남
길주
성진
만포진
강계
초산
장진
황초
운산
수풍
삭주
신의주
희천
묘향산
구성
태천
선천
박천
개천
영원
덕천
정주
안주
북창
숙천
함흥
흥남
(이원)
원산
(고산)
통천
고성
평양
진남포
수안
곡산
지하리
사리원
서망
신계
이천
토산
평강
금성
김화
철원
화천
연천
인제
속초
양양
주문진
강릉
금천
해주
옹진
배천
개성
문산
동두천
포천
가평
춘천
의정부
청평
홍천
김포
서울
횡성
원주
평창
하진부리
삼척
수원
이천
오산
용인
호원
안성
평택
음성
충주
단양
태백산
울진
10.17
10.2
10.27~11.8
11.5~11.17
10.26~10.31

던 목표는 미 합참이 제시한 북한군 추격 및 격멸이 아니라 북한 지역을 신속하게 점령한 뒤 군사적으로 장악 및 확보하는 것이었다. 1950년 10월 초에 후퇴하는 북한군의 전투력은 국군과 유엔군의 공격을 감당할 수 없는 수준이었기 때문에, 만약 국군과 유엔군이 북한군을 전선에 고착시킨 이후 신속하게 돌파 및 포위작전을 수행했다면 북한군 주력 격멸은 어렵지 않게 달성되었을 것이다. 특히 북한군이 수도 평양에 대한 대대적인 방어작전을 수행할 것이 예측되었기 때문에, 평양 남쪽에 집결된 북한군 병력을 정면에서 고착 및 견제한 이후 우회 및 포위 공격을 시도했다면 신속하게 제압할 수 있었을 것이다. 하지만 38도선 돌파이후 국군과 유엔군은 신속한 진격에만 주력하였으며, 적 주력 섬멸에 대해서는 심각하게 논의하지 않았다.[30]

또한 유엔군이 38도선을 돌파하기 위해 대기하는 기간이 지나치게 길었다. 인천상륙작전과 낙동강 방어선에서의 반격으로 인해 북한군은 붕괴 직전이었으나, 유엔군은 38도선 도달 이후 약 10일 가량 지체했다. 미국 정부와 유엔으로부터 38도선 돌파에 대한 결정과 승인이 하달되지 않았기 때문이었다. 국군은 제1군단이 동해안에서 38도선 도달 이후 지체하지 않고 10월 1일에 북진하여 밀고 올라갔으나, 서부전선을 담당한 미 제8군사령부는 유엔군사령부로부터 차후작전에 대한 명확한 지침을 받지 않았기 때문에 공격의 기세를 일시 중단하고 지체할 수밖에 없었다.[31] 이 사이에 북한군이 38도선과 평양 사이에 3개의 종심 깊은 방어선을 구축할 수 있었으며, 이후 일부 부대의 신편 및 개편을 통해서 이 방어선들을 강화함으로써 국군과 유엔군의 북진작전에 차질을 주었다. 게다가 유엔군이 38도선에서 멈춰선 바로 그 순간에 중공군이 한반도로 진입하기 위한 이동을 시작한 것을 고려할 때, 유엔군 주력부대가 38도선에서 공세를 멈춘 약 10일 가량의 시간이 향후 6·25전쟁의 향방을 미궁으로 이끌었음을 알 수 있다.[32]

마지막으로 미 제10군단을 동해로 이동시켜 또 다른 상륙작전에 투입하는 과정 중 병력운용에 과오가 드러났다. 만약 미 제10군단이 상륙작전을 수행하기 위해서 동해안 방면으로 이동하지 않고, 대신 서부전선에서 쉬지 않고 북진작전에 투입되었다면 도주하는 북한군을 효과적으로 제압할 수 있었을 것이다. 하지만 미 제10군단은 향후 동부 전선에 투입되기 이전까지 약 20여 일 동안 유휴 병력 상태였는데, 이는 효과적인 전투력 운영 측면에서도 아쉬움으로 남는다.[33]

국군의 북진작전: 동부전선

9월 30일에 정일권 총참모장으로부터 38도선 돌파명령을 받은 국군 제1군단장(김백일 준장)은 북한지역으로 진격하기 위한 군단 작전명령을 예하부대에 하달하였다. 수도사단은 평창→광원리→서림리 방면으로 전진시키고, 제3사단은 계속 전진하여 양양을 점령한 뒤, 수도사단의 38도선 이북 진출을 용이하게 하라는 내용이었다. 이에 따라 제3사단제 23연대 제3대대의 선두부대가 10월 1일 오전에 38도선을 넘어 양양 남쪽까지 진출하였다. 국군 선두부대가 38도선을 돌파하여 북한으로 진격하는 순간이었다.[34]

38도선을 돌파한 직후 국군 제1군단장은 예하부대에게 원산을 신속하게 탈환하라는 명령을 하달하였다. 제3사단장(이종찬 준장)은 10월 2일 오후부터 원산을 점령하기 위해 계속 북진하였다. 동해안에 배치된 적은 주력이 고성~통천~고전 선에서 저항하는 한편, 오대산과 설악산 등지에서 북상한 게릴라 병력도 유격전을 전개하며 아군의 진격을 저지하였다. 하지만 국군 제3사단은 10월 6~7일에는 고성과 통천을 점령하고, 이어서 내륙으로 전환하여 남대천을 도하하고, 10월 9일에는 원산 외곽 4km 지점까지 진출하는데 성공하였다.[35] 한편 국군 수도사단은 제3사단의 서쪽에서

38도선을 돌파하고 있는 국군 제3사단 장병과 미 군사고문관, 1950. 10. 1.

북진하여 10월 5~7일에는 간성~화천선, 10월 8일에는 화천~안변 및 회양~신고산을 연하는 선까지 진출하는데 성공하였다. 그리고 10월 9일에는 원산을 향해 공격할 수 있는 지점까지 도달하는데 성공하였다. 이처럼 국군 제1군단은 10월 9일 오후에 군단 예하의 4개 연대에게 원산을 공격하기 위한 각각의 공격축선을 부여한 이후, 원산 탈환을 위한 모든 준비를 마쳤다.[36]

원산은 한반도 동북부의 교통 및 경제, 문화의 중심지이며, 군사적 요충지였다. 북한군 지도부가 원산을 대대적으로 방어한 이유는 원산이 갖는 지리적, 전략적 중요성 때문이었다. 원산은 경원선, 평원선 등 철도가 발달한 도시였으며, 특히 원산과 평양을 연결하는 도로의 기점이어서, 이 지역이 붕괴되면 북한군의 동서부 전선이 분리될 것이며, 특히 평양을 동쪽으로부터 압박할 수 있었다. 또한 원산항은 동해안 최대의 항구였으며, 이와 더불어 원산비행장을 확보하면 북한지역의 제공권을 장악하는데 유리할 전망이었다. 북한군도 원산에 대한 대대적인 방어 준비에 착수하였고, 각지에서 모여든 패잔병까지 합류하여 강력한 방어진지를 구축하였다. 당시 원산을 방어하던 북한군 총병력은 신편 제42사단과 재편된 제12사단 병력을 포함하여 약 20,000여명으로 추산되었으며, 이들은 전차 12대를 포함한 각종 곡사포, 자주포 등으로 무장된 상태였다.[37]

국군 제1군단의 원산 점령 작전은 10월 10일 새벽에 시작되었다. 원산을 점령하기 위해서는 반드시 시가지 전체를 감제할 수 있는 두 개의 고지군을 점령해야 했다. 하나는 원산시 동쪽 끝의 189고지를 포함한 136고지, 73고지 등 연결된 고지군이며, 다른 하나는 서쪽에 자리 잡은 355m의 여왕산과 143m의 북망산이 연결되는 능선이었다. 이에 따라 제1군단장은 제3사단에게 동쪽의 연결된 고지군을, 수도사단에게는 서쪽의 여왕산과 북망산 능선을 공격목표로 부여한 뒤, 각 사단이 목표를 점령한 다음에는 원산 시가지를 각각 동쪽과 서쪽에서 협조된 공격으로 점령하라고 지시하였다.[38]

국군 제3사단이 목표로 부여받은 동쪽 고지군에 대한 공격에 나선 제23연대는 치열한 전투 끝에 10월 10일 오전에 이 고지군을 점령한 뒤, 즉시 원산 시내로 공격방향을 전환하였다. 그러나 서측의 여왕산에 대한 공격에서는 제3사단 제26연대와 수도사단 제18연대가 제대로 된 군사지도가 없는 상황에서 전투 지경선에 대한 이견이 발생하여 협조된 공격에 어려움을 겪었으며, 또한 여왕산 일대를 방어하는 적이 완강하게 저항하는 바람에 많은 인명손실이 발생했다. 하지만 제18연대의 공격이 성공하여 여왕산도 10월 10일 오전 중으로 점령되었다. 이후 수도사단과 제3사단 예하부대가 원산 시내로 공격을 개시하여 중심부로 진출하였는데, 이때부터 두 부대의 장병은 서로 원산을 선점했다고 주장하며 맞섰다. 결국 군단장이 중재하여 제3사단과 수도사단이 10월 10일 10:00부로 원산을 동시에 점령했다고 선언함으로서 불필요한 마찰과 잡음이 제거되었다.[39]

원산 점령 직후인 10월 11일에는 미 제8군사령관 워커 중장과 제5공군사령관 패트리지Earl E. Pattridge 소장이 원산비행장을 시찰하고 활주로 상태가 양호한 것을 확인한 뒤, 곧바로 이 비행장에 수송기 22대를 착륙시켜 차후 작전에 필요한 보급품을 긴급 공수하기 시작했다. 이승만 대통령은 10월 12일에 원산을 직접 방문하여 국군 제1군단 전 사병을 1계급 특진시키며 격려하였고, 신성모 국방장관은 국군 장병들에게 원산에서 만주 국경까지 진격하라고 훈시하였다.[40]

동부전선의 국군 제1군단은 10월 1일, 38도선을 돌파해 북진을 시작한 이후 북한군 패잔병들을 소탕하면서 하루 평균 26km라는 놀라운 속도로 진격을 계속했다. 그 결과 국군 제1군단은 불과 10일 만에 동해안 최대의 군사 요충지인 원산 탈환에 성공하였다. 국군 제1군단이 원산을 확보함으로써 동북지방으로 빠져나가려던 북한군의 퇴로를 봉쇄하였으며, 동해의 많은 항구와 연결된 영흥만도 장악하였다. 이후 국군 제1군단은 진격을 계속하여 10월 17일에는 함흥과 흥남까지 진격했다.[41]

국군 제1군단의 원산 점령은 다음과 같은 중요한 의의를 갖는다. 우선 경원선 및 금천~이천~마전리 가도 등 남북으로 연결하는 교통의 요지인 원산을 점령함으로써 북한군의 이동 및 보급수송을 저지할 수 있었다. 또한 평원철도와 평양~원산을 연결하는 간선도로의 기점을 확보함으로써 이 지역에서 방어하던 북한군의 보급지원을 감소시켰고, 또한 이들에게 심리적 압박감을 줄 수 있었다. 한편 영흥만과 원산항을 확보하여 해상수송을 원활하게 하는 한편, 유엔 공군기가 원산비행장을 사용할 수 있게 됨에 따라 북한지역에 대한 공군작전의 반경이 확대되었다. 그리고 미 제10군단이 대규모 상륙작전을 통해 10월 20일까지 점령하려고 했던 원산을 국군 제1군단이 10일이나 먼저 점령함으로서 상륙작전에 투입될 유엔 해군 및 공군 부대가 국군과 유엔군 지상군의 북진작전에 전용될 수 있었다.[42]

한편 원산에도 인천에서와 마찬가지로 대대적 상륙작전을 실시하여 북한군의 퇴로를 차단하려 했던 미 제10군단 소속 미 제1해병사단은 국군 제1군단의 원산 점령 2주 후인 10월 26일부터 사흘 동안 '행정적'으로 상륙하였다. 심지어 미 제7사단은 원산 상륙을 취소하고, 방향을 돌려 10월 29일부터 11월 9일까지 함경남도 이원에 상륙한 뒤 혜산진을 향해 북상했다. 미 제1해병사단은 인천항의 제한된 선적 능력으로 인해 원산으로 향할 인원 및 장비의 승선과 적재에 많은 시간이 소요되어 10월 16일에야 비로소 출항할 수 있었다. 미 제7사단은 철도와 차량을 이용해 부산으로 이동했으며, 10월 17일에 부산에서 출항했다. 그런데 북한이 유엔군의 상륙을 저지할 목적으로 원산 앞바다에 고성능 기뢰를 부설했는데, 유엔군이 이들에 대한 정확한 정보를 가지고 있지 않아서 기뢰제거 작업에 많은 시간이 소모되었다.[43] 결국 이와 같은 혼선으로 인해 신속하게 북진하여 혼란에 빠진 북한군을 궤멸하고 한반도 북부까지 진격할 수 있었던 아까운 시간과 기회가 사라지고 말았다.

국군과 유엔군의 북진작전 : 서부전선

미 제8군의 주공으로 선정된 미 제1군단은 10월 9일 미 제1기병사단을 선두로 38도선을 돌파하였으며, 이후 개성→평양 간 도로를 따라 공격을 개시했다. 이 시기에 북한군은 아군의 진격을 저지하기 위해서 38도선 일대에 3선 방어선을 구축하여 대비하였는데, 여기에는 다수의 참호, 교통호 및 화기호 등이 포함되었다. 종심이 약 500m에 달하는 제1선은 38도선을 연하여 구축되었으며, 제2선은 약 5km 후방에 구축되었고, 제3선은 후방의 주요 지형지물을 연결하는 선에 구축되었다. 한편 개성과 평양을 연결하는 도로 상의 주요 도시인 금천, 한포리, 남천점 일대에는 북한군 제19사단과 제27사단이 조직적인 방어작전을 전개하여 미 제8군 선두부대의 진격을 저지하였다.[44]

서부전선에서 최선두로 나선 미 제1기병사단장은 최초 목표를 38도선 북쪽의 금천으로 정하고, 제8기병연대가 중앙에서 정면공격하고, 좌측과 우측에서 제5기병연대, 제7기병연대를 병진시킨 후 금천에서 적을 포위 공격하려 하였다. 38도선을 돌파한 이후 순조롭게 공격하던 미 제8기병연대는 10월 11일에 한포리 인근에서 적의 완강한 저항에 부딪쳤으며, 특히 봉명산과 두석산 인근에서는 적의 반격으로 인해 진출이 좌절되기도 했다. 미 제1기병사단은 작전을 개시한 지 5일이 지난 10월 14일에야 비로소 최초 목표인 금천 점령에 성공하였다.

한편 미 제1군단에 배속된 국군 제1사단은 미군에 비해 이틀 늦은 10월 11일에 38도선을 돌파하였으며, 공격목표는 금천 북방의 시변리였다. 국군 제1사단이 진격할 지역에는 삭령, 황계치 등 험한 고개가 많았으며, 도로가 좁아 사단급 부대의 진격에 많은 제한이 예상되었다. 또한 주변에 험한 산악지대가 발달하여, 북한군의 효과적 방어작전으로 인해 아군 부대의 전진에 많은 차질이 예상되었다. 실제로 국군 제1사단의 초기 진격속도는 매우 느렸는데, 그 이유는 산간 도로를 통과하는 과정에서 산발적으로 가해지는 적의 방어작전과 적이 설치한 장애물을 개척하는데 많은 시간이 소요되었기 때문이다.[45]

국군 제1사단의 진출속도가 지나치게 느리자, 국군 제1사단을 지원하는 미 제10 고사포 단장 헤닉William C. Hennig 대령이 '패튼Patton 전법'이라고 알려진 보병·전차·포병 협동전술에 의한 진격을 건의하였다. 이는 북한군의 저항을 야포와 항공기로 제압하며, 보병의 엄호를 받는 전차가 적의 진지를 돌파하고, 뒤이어 주력부대가 차량으로 신속하게 기동한다는 작전 개념이었다. 당시 전차를 보유하고 있지 않았던 국군 제1사단장(백선엽 준장)은 이와 같은 작전을 구사하기 위해서 미 제1군단장 밀번

개성 북방 14마일 지점에서 진격하는 미 제1기병사단 전차, 1950. 10. 13.

소장에게 전차 지원을 요청하여, M-46형 전차 21대로 편성된 미 제6전차대대 1개 중대를 배속 받았다. 이후 10월 12일 오전부터 시작된 국군 제1사단의 시변리를 향한 공격에서는 보병·전차·포병의 협동전술이 시도되어 큰 성과를 거두었다. 국군 제1사단의 선두부대에서 전차와 함께 기동한 제12연대는 첫날 공격에서 금천 동쪽 지점까지 기동하였으며, 다음날 초월 공격을 개시한 제15연대는 10월 13일 일몰 경에는 시변리까지 진격하는데 성공하였다.[46]

한편 중부지역에서 38도선을 돌파한 국군 제2군단의 선두부대 제6사단은 10월 5일에 춘천 북방에서 공격을 개시하였다. 그런데 국군 제2군단의 북진이 순조롭게 진행되자, 육군본부는 10월 8일 오전에 제2군단을 신속하게 원산 방향으로 진격시킨 후, 제1군단과 제2군단의 공격방향을 교차시키려고 하였다. 하지만 곧 작전계획을 수정하여, 제2군단의 선두부대인 제6사단이 원산을 경유한 이후 평양 방면으로 공격토록 하였다. 이에 따라 국군 제6사단은 10월 13일에는 회양→덕원→마식령을 거쳐 10월 17일에는 평안남도 양덕을 점령함에 따라, 육군본부가 지시한 대로 평양을 공격할 수 있는 위치에 도달하였다. 그러나 이 무렵 다시 육군본부의 명령에 의해, 제6사단은 다시 평양 북쪽으로 기동하여 성천→순천을 경유한 이후 안주를 목표로 전진하고, 대신 국군 제7사단이 평양을 공격할 수 있는 위치로 진격하였다.[47]

38도선 일대에 설치된 북한군의 3중 방어선을 돌파한 이후 계속 전진한 미 제1군단은 10월 14일에 금천→시변리까지 진격하였으며, 국군 제2군단이 신계→이천→덕원까지 진출에 성공함에 따라 평양을 향한 진격작전이 본격적으로 시작되었다. 미 제1군단은 10월 15일부터 평양에 돌입하기 위해 점령해야 할 황주~율리선을 향해 공격하였는데, 이 과정에서는 중간 지점의 사리원 점령 여부가 관건으로 떠올랐다.[48]

당시 미 제8군사령관은 서부전선의 진출속도가 예상보다 느리다는 점을 지적하며, 미 제1군단에게 더 빨리 진격하라고 지시하였다. 이에 따라 미 제1군단장(밀번 소장)은 남천점을 점령한 이후 미 제1기병사단의 진격속도가 떨어지자, 즉시 군단의 선두 진격부대로 미 제24사단을 교체 투입하는 조치를 취했다. 또한 미 제1군단장은 제1기병사단과 제24사단 중 먼저 사리원을 점령하는 사단에게 평양을 제일 먼저 입성할 수 있도록 하겠다고 공개적으로 선언하였는데, 이 과정에서 두 부대 장병들 사이에 불필요한 경쟁심이 생겨나기도 했다. 결국 10월 17일 오후에 미 제1기병사단

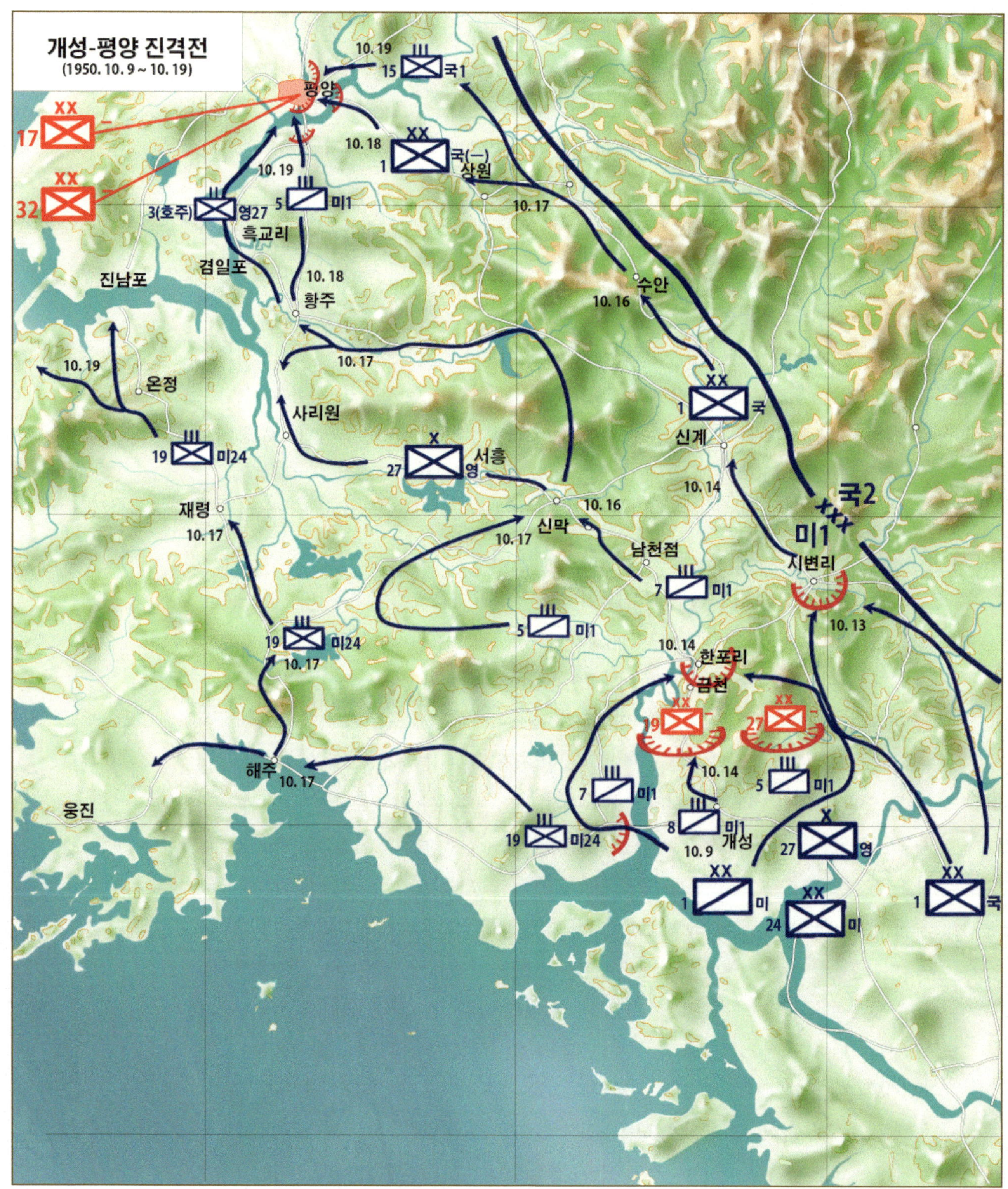

개성-평양 진격전
(1950. 10. 9 ~ 10. 19)
평양
진남포
겸일포
흑교리
황주
사리원
온정
재령
해주
옹진
상원
수안
신계
서흥
신막
남천점
시변리
한포리
금천
개성
10. 19
10. 18
10. 17
10. 16
10. 14
10. 13
10. 9
국1
국(−)
미1
영27
3(호주)
미24
영
국
국2
미

의 제7기병연대와 영연방 제27여단이 사리원에 진입하였다.[49]

한편 국군 제1사단은 북진작전 내내 효과가 입증된 보병·전차·포병 협동 돌파전술을 사용하였으며, 10월 17일에는 무려 42km를 진격하는데 성공하여 평양 남쪽 26km 지점의 상원~율리선까지 도달하였다. 이로써 평양 진입을 눈앞에 두고 있었는데, 공격작전 과정에서 전차의 중요성을 깨달은 국군 제1사단장(백선엽 준장)은 미 제1군단장에게 전차 증원을 요청하여 1개 중대를 추가로 배속 받아 평양 공격에 투입하였다.[50]

미 제1기병사단과 국군 제1사단은 10월 17일 오후에 평양을 약 40km 앞둔 황주와 율리선까지 진출함으로써 평양 공격이 가시화되었다. 미 제1군단은 10월 18일에 평양 점령을 위해 포위작전을 개시하기로 결정하였다. 구체적으로는 황주 일대의 미 제1기병사단이 남쪽에서부터 정면 공격하여 북상하고, 상원~율리 일대의 국군 제1사단이 동측방에서 공격하여 평양을 점령할 예정이었다. 평양이 갖는 상징성을 고려하여 국군 부대가 평양 시내에 대한 소탕작전 및 점령을 담당할 예정이었다.[51]

그런데 평양 점령이 임박할 무렵인 10월 17일에 이승만 대통령이 육군 총참모장 정일권 소장에게 평양만은 반드시 국군이 먼저 점령하라는 취지의 명령을 하달하였다. 이승만 대통령의 지시를 받은 정일권 총참모장은 곡산의 국군 제2군단사령부를 방문하여 제2군단장(유재흥 소장)과 상의하였다. 이후 국군 제2군단장은(유재흥 소장) 제7사단장(신상철 준장)과 제8연대장(김용주 중령)에게 미군보다 먼저 평양을 탈환하라는 구두명령을 하달하였다. 또한 제2군단장은 평양 북쪽으로 우회할 예정인 국군 제6사단을 제외한 2개 사단, 즉 국군 제7사단과 제8사단을 평양 탈환작전에 참가시키기로 결정하였다.[52]

국군과 유엔군이 평양에 근접할 즈음, 북한군 지휘부는 평양방위사령부를 설치하고 방어준비에 박차를 가했으며, 특히 대동강 및 동평양 일대에 견고한 진지를 구축하고 대비하였다. 북한 정권은 평양에서 핵심 인사와 기관이 철수하는데 필요한 시간을 얻기 위해 북한군에게 국군과 유엔군의 진격을 최대한 지연시키라고 지시하였다. 당시 미 제8군사령부 정보참모부는 평양에서 방어작전을 펼치고 있는 적의 병력 규모를 북한군 제17사단, 제32사단 소속의 약 8,000여명 규모로 추산하였다.[53]

평양 외곽에서 포위망을 압축하던 미 제1기병사단, 국군 제1사단, 그리고 국군 제2군단은 10월 18일부터 본격적인 평양 탈환작전에 착수하였다. 미 제1기병사단은 황주에서 경의선 철도와 국도를 따라 북쪽으로 진격하여 평양 남쪽 방향에서 정면공격하였는데, 주공은 제7기병연대가 맡았다. 그리고 10월 19일에는 제5기병연대가 초월 공격을 개시한 뒤, 10월 19일 오후에는 평양 남쪽의 대동강 남안의 동평양을 점령하는데 성공하였다. 이후 미 제5기병연대는 아직 파괴되지 않은 철교 중 하나를 이용하여 대동강 북쪽으로 전차를 도하하려 하였으나, 양각도 인근에서 방어하던 적이 모든 철교를 폭파함에 따라 평양 시내로의 진입이 좌절되었다. 이후 미 제1기병사단은 대동강에 부교를 설치하기 위한 준비를 개시하고, 평양 시내 진입 후 실시할 시가지 작전에 대한 구상에 착수하였다.[54]

율리에서 공격을 개시한 국군 제1사단은 미군에서 배속 받은 전차를 앞세우고 신속하게 평양 동남쪽에서 진격하였다. 그런데 대동강까지 진출한 미 제1기병사단이 대동강 도하에 어려움을 겪었던 것과 달리, 국군 제1사단 선두에서 공격을 이끌던 제15연대는 대동강과 남강의 합류지점인 이천리에서 전차와 함께 대동강 도하에 성공하였다. 대동강을 도하한 직후부터는 국군 제12연대가 초월공격을 개시하여 평양 동쪽으로 진격하여 동평양을 점령하였으며, 뒤이어 국군 제15연대가 모란봉과 김일성 대학 등을 점령하는 등 본격적인 평양 소탕작전을 개시하였다. 또한 동평양 탈환과 비행장 2개 확보, 본평양 탈환과 배후 돌파 임무 등을 성공적으로 수행하였다. 국군이 미군에 앞서 평양 시내로 진입한 것이다.[55]

국군 제1사단이 동평양과 본평양에 대한 시가지 소탕작전을 수행하는 동안, 미 제1기병사단의 주력이 부교를 통해 동평양에서 본평양으로 이동하였다. 미 제1기병사단은 본평양에 도착한 이후 제5기병연대는 평양시 남쪽으로, 제8기병연대는 평양시 북쪽 외곽으로, 제7기병연대는 진남포를 향해 기동하였다. 이후 사단 지휘소를 평양 시내에 설치한 이후, 미 제1군단장의 명에 따라 평양시 전체의 질서 유지와 경계 임무를 담당하였다. 한편 국군 제1사단은 미 제1기병사단과 대동교를 중심으로 전투지경선을 설정하고, 동서로 연결하는 선의 북쪽을 담당하며 질서 유지와 경계를 수행하였다.[56]

국군 제2군단장으로부터 신속하게 진격하여 평양을 선점하라는 명령을 받은 국군 제7사단 제8연대는 10월 18일 아침에 수안을 출발하였다. 10월 19일 오전에는 석탄 운반선을 이용하여 대동강 상류를 도하한 후, 오후 늦은 시간에 평양 외곽에 도착하였다. 이후 신속하게 평양 시내로 진입하여 김일성 대학을 지나 모란봉까지 진격하였다. 하지만 이때에는 국군 제1사단과 미 제1기병사단의 예하 부대들이 평양 시내에서 잔적 소탕작전을 수행하고 있었기 때문에, 자칫 아군끼리 충돌할 수 있는 가능성도 많았다. 따라서 국군 제1사단장은 제8연대 선두부대를 국군 제1사단 작전책임지역에서 나가도록 지시함에 따라, 제8연대는 동쪽의 모란봉 강변 부벽루까지 철수했다.[57]

이처럼 10월 20일에 북한 정권의 근거지 평양이 아군에게 장악되었다. 공식적으로는 미 제8군의 선두 제1군단이 38도선을 돌파한 지 11일 만에 이룬 성과였으며, 국군 제1사단, 미 제1기병사단, 국군 제7사단 등이 함께 점령한 목표였다. 특히 국군 제1사단은 본평양을 확보하고, 시내의 주요 거점을 선점한 뒤, 신속하게 시가지 소통작전까지 수행하였다. 평양이 고향이었던 국군 제1사단장 백선엽 준장은 국군의 빈약한 기동력과 보급 상황에도 불구하고 신속하게 대동강을 도하하는 등 탁월한 작전지휘로 평양을 선점하였다. 유엔군사령부는 10월 30일에 평양시청에서 대한민국의 이승만 대통령이 참석한 가운데 평양 입성 환영행사를 개최하였다.[58] 반면, 북한군은 연일 패퇴만을 거듭한 끝에 그들의 수도인 평양마저 함락되자 완전히 전의를 상실하고 북쪽으로 도주하였으며, 도주에 실패한 다수의 북한군 장병이 국군과 유엔군에 투항함으로써 북한군의 전력은 사실상 붕괴되었다.

북진한계선의 철폐와 압록강·두만강으로 진격

국군과 유엔군이 점차 북진한계선으로 접근함에 따라, 미 합참이 38도선 돌파 직전에 맥아더 원수에게 하달한 9.27훈령에서 명시한 지침에 대한 검토가 필요했다. 이에 따라 트루먼 대통령은 10월 15일에 웨이크 섬Wake Island에서 미 극동군사령관 맥아더 원수와 회동하여 6·25전쟁에 대한 전반적인 사항을 정리하였다. 이날 회동에서 맥아더 원수는 추수감사절 이전에 북한군을 완전히 격멸할 수 있다고 장담하였다. 또한 중공군의 개입 가능성은 낮으며, 중화인민공화국이 효과적으로 개입할 시기를 놓쳤다고 주장하였다. 특히 유엔군이 제공권을 확보하고 있기 때문에 만약 중공군이 한반도의 상황에 개입하여 평양까지 진출하기 위해서는 막대한 희생을 각오해야 할 것이라고 밝혔다.[59] 인천 상륙작전의 성공으로 불리했던 6·25전쟁의 초기 전세를 역전시킨 맥아더 장군의 향후 전황에 대한 확신은 트루먼 대통령과 미 국방부, 합참에게 신뢰를 심어 주었다.[60] 이날 회동 이후 맥아더 장군은 6·25전쟁에서 유엔군의 군사작전 지휘에 대한 전권을 부여받았다.

맥아더 장군은 평양 탈환 이후 머지않아 전쟁이 종결될 것이라고 판단하였으며, 이에 근거하여 10월 17일에는 예하부대에 새로운 명령을 하달하였다. 그는 이 명령에서 기존의 북진한계선을 철폐하고, 서해안 선천에서 동해안 성진에 이르는 새로운 북진한계선을 설정하였다.[61] 이에 따르면, 서부전선의 미 제8군은 전선의 좌측 선천~청산장시~회목동~고인동~평원~덕실리 방향으로 기동하며, 동부전선의 미 제10군단은 전선의 우측 덕실리~풍산~성진을 향하여 진격할 예정이었다. 새롭게 설정된 북진 한계선, 즉 '新 맥아더 라인New MacArthur Line'은 기존의 정주~함흥을 연하는 선에 비해 약 50여km 북쪽으로 이동한 것이며, 한·만 국경선까지는 약 50~65km를 남겨두고 있었다. 물론 이 선의 북쪽에서는 국군만 작전토록 하여, 혹시 있을지도 모르는 중화인민공화국과 소련의 개입에 대해 대비하였다.[62]

국군과 유엔군이 평양을 탈환할 당시 서부전선을 방어하던 북한군은 사실상 붕괴된 상태였다. 북한군은 평양에서 패주한 이후 사령부를 희천과 강계로 이동하였으며, 제1차 방어선을 안주~개천~덕천을 잇는 청천강 선으로, 제2차 방어선을 희천선, 그리고 제3차 방어선을 강계 선으로 선정하고 최후의 저항을 준비하였다. 평양에서 저항하던 북한군 방어병력은 10월 18일부터 평양에서 철수하여 청천강을 도하하였으며, 10월 말에는 압록강 방면 80km를 지나는 청천강 선에서 강력한 방어선을 구축하였다. 특히 정주~온정리를 잇는 80km에 달하는 선에서 북한군 제17, 제105기계화사단 및 제4, 제47사단이 조직적인 방어를 개시하여 아군의 진격이 일시 중지되기도 했다.[63] 또한 이 지역의 북한군은 신의주, 초산, 강계 방면으로 퇴각하면서 국경선을 향해 진격하는 국군과 유엔군을 험준한 산악지대의 계곡과 주요 도로망으로 유도한 뒤, 아군의 보급로와 퇴로를 차단하려 하였다.[64]

한편 압록강을 향한 공격을 개시하기 직전에 미 제8군사령부는 청천강 이남에 약 15,000명 정도의 북한군이 남아있을 것으로 판단하고, 이들에게 재편성의 기회를 주지 않고 격멸하기 위한 추격전을 전개하였다. 이를 위해 10월 20일에는 미 제187공수연대가 약 3,000여명을 숙천과 순천에 투하하여 후퇴하는 북한군에 대한 수직포위를 시도하였으며, 이후 2~3일간에 걸쳐 총 4,000여명의 병력과 600여 톤 이상의 장비를 공수 투하하여 국군과 유엔군의 진격 속도를 높이려고 하였다.[65] 하지만 이 시기에는 북한 수뇌부와 주력부대가 이미 청천강을 넘은 상태였기 때문에 국군과 유엔군이 공수부대를 투하하여 적의 후방을 차단 후 포위 섬멸하려던 본래의 의도는 달성하지 못했다. 그럼에도 불구하고 숙천과 순천에 대한 공수작전에서는 총체적인 붕괴 위기에 처한 북한군을 상대로 압도적인 전투력을 공중에서 투하하는 수직포위를 시도하여 약 3,500여명의 포로를 생포하는 등의 효과를 거두었으며, 또한 서부전선에서 유엔군의 신속한 진격에 큰 도움이 되었다.[66]

서부전선에서는 미 제8군의 주력이 평양을 탈환한 이후 청천강을 도하하고, 동부에서는 미 제10군단의 원산상륙이 임박하던 10월 24일 맥아더 원수는 제8군사령관(워커 중장)과 제10군단장(알몬드 소장)에게 예하의 모든 부대를 동원하여 최대한의 속도로 국경선까지 진격하라고 지시하였다. 그는 1주일 전에 설정한 새로운 북진 한계선New MacArthur Line은 제시된 최초목표에 불과하며, 국군만이 그 목표선 북방에서 작전할 수 있다고 단서를 제시한 것은 북한군이 항복하지 않았기 때문에 무의미하다고 단정하였다. 이에 따라 미 제8군과 제10군단은 10월 24일에 일제히 새로운 공격 명령을 하달하였다. 좌측에는 미 제1군단을 배치하여 예하 미 제24사단(영 제27여단, 호주대대 포함)을 구성→신의주 축선으로 진출토록 하고, 우측에 국군 제2군단을 배치하고 예하 국군 제6사단을 성천→순천→개천→희천→고장→초산 축선으로, 제8사단을 성천→가창→북창→덕천 축선으로 진격하여 이 선에서 강계→중강진 방면으로 진격토록 하였다.[67]

동부지역을 담당한 미 제10군단은 상륙 예정인 미 제1해병사단과 제7사단을 투입하여 원산~함흥 지역을 확보하고, 여기에서부터 국경에 이르는 여러 경로를 이용하여 진격하려 하였다. 또한 국경선을 점령한 이후에는 지역 내의 잔적을 소탕하기로 하였다. 국군 제1군단은 동해안 도로를 이용하여 백두산 동쪽지역을 평정하며, 미 제7사단과 제1해병사단은 장진호, 부전호, 풍산 방향으로 진출하려고 하였다. 그리고 미 제1해병사단 일부 부대를 서쪽으로 진출시켜 낭림산맥으로 가로막힌 미 제8군과의 연결작전을 추진하려 하였다.[68]

38도선 돌파와 북진작전 분석

38도선 돌파 직후부터 실시된 국군과 유엔군의 북진작전은 많은 아쉬움을 남겼다. 우선 북한지역은 북쪽으로 진격할수록 공격 정면이 확대되는 지형적 특성을 가지고 있었는데, 청천강 선에서 미 제8군의 작전 지역은 약 270km 정도였으나, 국경선 부근에서는 전체 전선이 약 3배에 달하는 760km로 확대되었다. 하지만 국군과 유엔군은 이와 같은 작전지역의 변화에 대한 고려와 준비가 부족했다. 또한 작전 시기가 10월초부터 11월까지 가을에서 이른 겨울이었기 때문에 개전 초기나, 유엔군이 한국 전선에 최초 투입되었던 여름과는 완전히 다른 시기의 군사작전을 수행하기 위한 준비도 부족했다. 이어 더불어 한반도 북부의 험준한 산악지대에서 작전을 수행해야 했기 때문에 산악지역 작전에 대한 준비도 미흡했다. 이와 같은 지형, 계절, 작전지역 등을 고려할 때, 미 제8군사령부는 미 제1군단 외에도 미 제9군단을 신속하게 전선에 투입하여 전선 상황을 호전시켜야 했을 것이며, 또한 낭림산맥 동쪽에서 작전하는 미 제10군단과의 연결작전을 통한 효과적인 북진작전이 필요했다.[69]

인천 상륙작전과 서울 탈환작전의 주력이었던 미 제10군단은 10월 26일에 원산

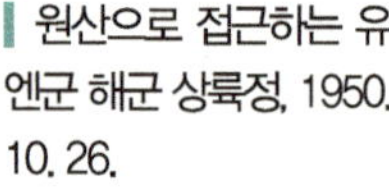

원산으로 접근하는 유엔군 해군 상륙정, 1950. 10. 26.

에 상륙했는데, 이때는 국군 제1군단이 원산을 점령한 이후였다. 따라서 미 제10군단의 원산 상륙을 '행정적 상륙'이라고 부르는데, 이 표현에는 미 제10군단 전 병력이 약 20일 동안 북한군에 대한 추격작전에 참가하지 못하고 해군 함상에서 유휴병력이 되었던 상황에 대한 아쉬움이 들어있다.[70] 또한 서울 탈환 직후에 미 제10군단을 이동시키기 위해 인천항을 독점함에 따라, 미 제8군에 대한 병참지원에 차질이 생기기도 했다.[71]

한편 맥아더 장군이 추진한 미 제8군과 제10군단의 분리 운영에서 몇 가지 문제가 발생하였다. 북진작전을 수행하면 할수록 작전지역의 범위가 넓어지고, 또한 한반도 북부의 험준한 산악지역에서 작전을 수행해야 했기 때문에, 미 제8군과 제10군단 사이의 상호지원과 협조가 사실상 어려웠다. 따라서 만약 미 제10군단이 제8군사령관의 지휘를 받아 작전을 수행했다면, 두 부대 사이의 협조와 통신, 상호지원 등의 문제는 심각하게 부각되지 않았을 수도 있다. 그런데 동쪽과 서쪽에서 각자의 작전에 열중하던 미 제10군단과 제8군이 한반도의 북쪽을 향해 전진하는 사이, 험준한 산악지대는 중공군이 잠입할 수 있는 좋은 공간이 되었다.[72]

국군과 유엔군은 인천 상륙작전을 통한 기습과 낙동강 방어선에서의 성공적인 반격을 통해 북한군이 사실상 붕괴됨에 따라 조기에 전쟁을 종결할 수 있다고 예측하였다. 특히 10월 15일의 웨이크 회담에서 트루먼 대통령과 미 국방부의 의사를 확인한 맥아더 원수는 추수감사절 이전에 전쟁을 종결할 수 있다고 장담하며, 심지어 한국 전선에서 임무가 끝난 미군 부대의 전용, 미군의 사단 개편과 국군 증강, 군수지원 조정 및 정비 등의 문제를 거론하기 시작했다.[73] 맥아더 원수로부터 시작된 조기 종전에 대한 기대는 예하부대에 전달되어, 당시 북한지역에서 북진작전을 수행하는 상당수의 유엔군 장병들은 조만간 전쟁을 끝내고 머지않아 본국으로 돌아갈 수 있을 것이라고 기대하는 이들도 많았다. 하지만 이와 같은 성급한 종전終戰 및 승리에 대한 기대는 중공군의 출현으로 인해 부질없는 희망이 되고 말았다.[74]

유엔군사령부는 북한군의 작전수행 능력을 가정하여 본격적인 겨울이 오기 전에 북한 전 지역을 장악하여 북진작전을 종료할 수 있을 뿐만 아니라, 중화인민공화국과 소련은 개입하지 않을 것으로 판단하였다. 하지만 이 판단은 명백한 착오였다. 맥아더 원수의 장담에도 불구하고, 중화인민공화국은 한반도에서 북한군이 수세로 밀리자 즉시 개입하기로 결정하고 대규모의 병력을 한반도에 투입하였다. 이처럼 중화인민공화국의 태도가 유엔군사령부의 예상과 다른 방향으로 전개되었음에도 불구하고, 압록강과 두만강을 향해 진격하던 국군과 유엔군은 중공군 개입 이후의 상황에 대비하지 않았다. 또한 중공군의 개입을 예상치 못했기 때문에 북진과정에서도 서부전선의 미 제8군과 동부전선의 미 제10군단이 희천과 장진호 사이의 약 80km 간격에 대한 대비책 없이 속수무책으로 국경을 향해 진격하는 치명적 실수를 범하고 말았다.[75]

9장

중국의 개입과 '새로운 전쟁'

중국*의 개입 배경

6·25전쟁 발발 직후 한반도 정세에 대해 침묵하던 중국은 미국이 6월 27일에 제7함대를 타이완 해협에 파견하자, 즉시 국가적 차원에서 공식적으로 대응하였다. 마오쩌둥毛澤東은 미 제7함대의 타이완 해협 봉쇄를 격렬하게 비난하며, 자국 내 군사력 재배치를 고민하였다. 또한 이 시기부터 미군이 북한을 거쳐 중국의 동북지역으로 진격해 올 것에 대한 대비책을 논의하였는데, 이러한 위협에 미리 대비하기 위해서 북한을 군사적으로 지원하는 방안을 검토하였다.

마오쩌둥은 7월 7일 저우언라이에게 중국 공산당 중앙군사위원회 국방군사회의에서 이 사안을 논의하도록 지시했다. 두 차례에 걸쳐 진행된 국방군사회의에서는 7월 15일부터 약 25만 여명의 동북변방군東北邊防軍을 조직하고, 이들을 동북지역으로 이동시키기로 결정하였다. 이때 편성된 동북변방군은 제4야전군을 주축으로 제13병단 예하 4개 군(제38군, 제39군, 제40군, 제42군)이 포함되었다.[1] 7월 중순에 결성된 동북변방군은 8월 5일 경에 한·만 국경에 도착하였다. 이후 마오쩌둥은 8월 하순부터 10월 초 사이에 추가 병력을 편성하여 동북지역의 제2선과 제3선에 배치했다.[2]

1950년 8월 초부터 중국 공산당 중앙정치국은 한반도에 대한 군사개입 사안을 논의하였는데, 이 과정에서 타이완에 대한 공격 연기를 중국 공산당 당론으로 확정하였다.[3] 8월 4일에 소집된 중국 공산당 중앙정치국 확대회의에서는 최종적으로 타이

---

* 공식명칭은 '중화인민공화국'이나, 학계의 관례에 따라 '중국'으로 표기함.

완 침공 연기와 조선 파병에 대한 원칙적 동의가 이뤄졌다.[4] 이에 따라 1951년에 타이완을 침공을 목표로 준비하던 조치들이 모두 1952년 이후로 연기되었는데, 이러한 결정에는 중국의 빈약한 공군 및 해군력 때문에 사실상 타이완 점령이 불가능하다는 군사적 현실이 반영되었다.

그러던 중 1950년 9월 15일에 전격 실시된 국군과 유엔군의 인천 상륙작전과 연이은 낙동강 방어선에서의 반격으로 북한군이 전면 퇴각하였다. 국군과 유엔군은 신속하게 기동하여 9월 28일에 서울을 수복한 이후, 9월 말에는 38도선에 도달했다. 맥아더 사령관은 10월 1일에 김일성에게 항복을 권유하는 메시지를 보냈고, 10월 7일에는 유엔 총회에서 북진 결의안이 가결됨에 따라 북진에 대한 국제사회의 논란도 정리되었다. 김일성은 맥아더 원수의 항복 권유를 뿌리치고, 즉시 스탈린과 마오쩌둥에게 지원을 요청했다. 그는 스탈린에게 전달한 서한에서 미군이 38도선을 돌파할 경우 소련군을 직접 파병해 달라고 요청하였으며, 이것이 불가능할 경우 중국 등 공산권 국가의 군대로 편성된 국제의용군을 조직하여 지원해 달라고 요청하였다.[5] 또한 김일성은 북한 주재 중국대사를 통해 중국 공산당 수뇌부에게 한반도의 전선상황을 전파할 것을 요청하면서, 박일우를 베이징으로 급파하여 중국 인민의 특별원조를 요청하는 내용의 서한[6]을 마오쩌둥과 저우언라이에게 전달하였다.

김일성으로부터 파병 요청을 받은 스탈린은 마오쩌둥에게 중공군 5~6개 사단을 '의용군義勇軍' 명의로 즉시 투입하라고 요청했다. 스탈린의 요청과 김일성의 서한을 받은 마오쩌둥은 10월 2일에 '중국인민지원군中國人民志願軍'이라는 명칭의 일부 병력을 북한에 파병하기로 결정하였다.[7] 하지만 마오쩌둥의 파병 결정은, 그 자체가 번복되지는 않았으나, 10월 14일에 최종적으로 동북변방군에 대한 압록강 도하 지시를 하달하기까지 여러 차례 우여곡절을 겪었다.[8]

마오쩌둥이 한반도에 직접 군사 개입하여 미국과 정면 대결하겠다고 결심한 이유는 국군과 유엔군의 인천상륙작전 성공으로 북한군의 병참선이 차단되었고, 이후 전세가 역전되었기 때문이다. 특히 미군이 전의를 상실한 북한군을 몰아붙여 38도선을 넘어 북한으로 진격할 경우, 신생 중화인민공화국이 세계 최강 미국과 직접 대적하게 될 것이며, 이것만으로도 국가 안보에 심각한 부담이 될 것으로 판단하였다. 게다가 9월 20일에 미국 애치슨 국무장관이 유엔 총회에서 유엔군의 북진 필요성을 강조하는 연설을 하였으나, 저우언라이가 제시한 '5개국 법안', 즉 6·25전쟁의 평화적 해결방안을 통해 한반도 문제를 해결하자는 내용의 제안이 유엔 총회에서 부결되고 말았다.[9] 중국 공산당 지도부는 한반도 사태가 더 이상 악화되지 않고 조기에 수습되기를 원하였으나, 국제사회에서 처리되는 몇 가지 사안에 비추어 볼 때, 이러한 희망이 여의치 않을 것으로 판단하였다. 따라서 중국은 미군이 북진하는 경우에 대비한 실질적 군사행동, 즉 대규모 병력의 한반도 파병을 결정한 것이다.[10]

그런데 마오쩌둥의 파병 결정은 중국 공산당 내부에서 많은 반대에 부딪혔다. 국공내전國共內戰이 완전히 종결되지 않은 상황에서 군대를 대외전쟁에 파병하는 것, 그것도 미국과의 전쟁을 시작하는 것에 공산당 내부에서 많은 문제가 제기되었기 때문이다. 일부에서는 승산 없는 전쟁에 개입해서는 안 된다는 노골적 반대의견을 제기하였다. 게다가 소련의 공군력 지원에 대한 확답이 없이 중공군이 한반도에서 미군과 맞서 싸워서는 안된다는 몇몇 군사지도자의 의견에 많은 이들이 공감하였다. 장비와 무기, 공군력 지원을 약속한 스탈린으로부터 군사지원을 받아낼 수 있는가의 문제가 중공군 파병의 핵심조건이었음을 알 수 있다.[11] 그러한 상황에서 10월 12일경에 스탈린이 소련의 공군 지원이 불가능하다는 답신을 보내오자, 이에 격분한 마오쩌둥은 일시적으로 파병 결정을 번복하기도 했다. 그만큼 소련의 공군력 지원 여부는 마오쩌둥을 포함한 중국 공산당 지도부의 6·25전쟁 개입 결정에 큰 영향을 미치는 요소였다.[12]

중국 공산당 내부에서 한반도에 대한 군사개입을 논의하는 과정에서 마오쩌둥의 의견에 힘을 실어준 이들은 펑더화이彭德懷와 가오강高崗이었다. 이들은 중공군이 국군을 제압할 수 있는 충분한 능력이 있다고 주장하며, 참전하는 것이 유리하다는 의견을 개진하였다. 중국 공산당 내부에서 군사전문가로 명성을 쌓은 펑더화이와 만주지역의 실력자인 가오강의 마오쩌둥에 대한 전폭적 지지는 다른 참석자들의 결정에 영향을 미쳤으며, 이에 따라 마오쩌둥의 제안이 중국 공산당의 공식 정책으로 확정되었다.[13] 10월 13일 중국 공산당 중앙정치국회의에 참석한 이들은 열띤 토의를 거쳐 소련 공군의 지원 여부와 관계없이 중국이 단독으로 북한을 군사지원하기로 결정하였다.[14]

그런데 중국 공산당의 파병이 결정된 이 시기에 38도선을 돌파한 국군과 유엔군이 38도선을 돌파한 뒤, 평양을 향해 진격하는 등 한반도의 전황이 시시각각으로 변화하고 있었다. 따라서 마오쩌둥은 더 이상 지체했다가는 중공군이 개입하더라도 전세 역전에 필요한 전략지대를 확보하기 어렵다고 판단하였다. 특히 미군의 평양 점령이 임박함에 따라 중공군 선두가 한반도 내의 전략적 거점지역인 평안북도 덕천 인근까지 약 200km를 이동하기 위해서는 약 7일 정도 소요되는 점을 감안할 때, 절대적인 시간이 부족하다고 판단했다.[15] 따라서 그는 압록강 북안에서 대기 중인 제13병단 예하 4개 군에게 10월 19일에 압록강을 건너 북한으로 들어가라고 지시하였다. 그리고 10월 13일 밤에는 저우언라이가 스탈린에게 소련 공군의 지원 없이도 중공군이 한반도에 개입하겠다는 내용의 전문을 발송하였다.[16]

중국이 6·25전쟁에 개입하게 된 동기와 배경은 대체로 다음과 같이 정리할 수 있다. 먼저, 중국의 6·25전쟁 개입은 북한 정권의 붕괴를 방지하기 위한 결정이었는데, 이 결정은 역사적으로 대국大國인 중국이 소국小國인 북한을 지켜줘야 한다는 소위 '대국 의식大國意識'에서 나온 것이다. 또한 만주 일대에서 거주하는 한인韓人들이 일제 강점기에 항일투쟁과 국공내전에서 중국 공산당을 지원했던 기억은 마오쩌둥을 포함한 중국 공산당 지도자들에게는 언젠가는 되갚아야 할 밀린 숙제와 같은 사안이었다. 그리고 북한 정권은 출범 당시부터 중국과 사회주의 이념적 동지의식과 혈맹의식으로 연결된 것처럼 인식되었기 때문에, 중국이 위기에 처한 북한 정권을 돕는 것은 프롤레타리아 국제주의를 실천한다는 측면에서도 당연한 것처럼 여겨졌다.[17]

둘째, 마오쩌둥을 포함한 중국 공산당 지도부는 한반도와 중국의 순망치한脣亡齒寒적 관계라는 전통적 인식을 가지고 있었고, 실제로 중공군 파병 과정에서 이러한 인식은 중요하게 작용하였다. 한반도에 대한 중국인의 순망치한적 인식은 전통시대로부터 현대에 이르기까지 계속된 동북 변방지역에 대한 지정학적 안보관이었다. 특히 6·25전쟁이 시작되자마자 미국이 제7함대를 타이완 해협에 급파하고, 10월 초에는 38도선을 넘어 한만 국경으로 진격한 것은 중국인의 안보의식에 위협으로 작용하였다.[18] 특히 중국 공산당 지도부는 미국이 취한 일련의 군사조치들이 한반도에 국한된 것이 아니라 궁극적으로 중국을 압박하거나, 중국으로 진출하기 위한 사전포석으로 판단했다. 북한을 지켜야 하는 이유는 중국인들 자신의 안보와 직결되는 문제였기 때문이었다.

셋째, 1949년 10월에 중국 대륙을 통일하고 출범한 신생 중화인민공화국은 대내적으로 토지개혁을 통한 사회주의 국가건설, 피폐된 경제 회복 및 국가재정 안정 등 수많은 과제를 안고 있었다. 이러한 과제들은 중국 공산당의 일당독재 강화, 더 나아가 공산국가로서의 중국의 국가안보와 직결되는 문제였다. 중국을 지도하는 마오쩌둥과 공산당 지도자들은 이러한 최우선 현안을 거국적으로 실행하기 위해 국내의 정치안정과 국경 안정이 필수적이라고 판단하였다. 그런데 북한이 세계 최강대국 미국에게 붕괴될 경우 동북 국경에 불안이 조성될 가능성이 컸다. 마오쩌둥은 미국이 조장하는 국경에 대한 불안과 긴장을 해소하기 위해서 6·25전쟁에 직접 개입하여 중국 사회를 지속적인 긴장상태로 유지하려 하였다. 그는 또한 미국의 위협을 이용해서 중국인의 중화주의적 단결의식과 일체감을 일깨우며, 이들을 자극하여 사회주의 국가체제로 변혁하기 위한 기반 구축에 동원하고, 동시에 사회주의 국가이념 달성에 활용하려는 구상이었다.[19] 이와 같은 맥락에서 '항미원조 보가위국抗美援朝 保家爲國'과 같은 구호를 전면에 내걸었다.

중공군의 한반도 전개와 미군의 오판

10월 19일, 중공군이 한반도로 진입함에 따라 6·25전쟁에 대한 중국의 개입이 공식적으로 시작되었다. 중공군 제1제대의 압록강 도강은 압록강 하류의 단둥丹東과 창디엔長甸, 중류의 지안集安에서 부대별로 야간 시간에 집중적으로 진행되었다. 중국인민지원군을 지휘한 펑더화이도 10월 19일 저녁에 지프차를 타고 단둥과 신의주를 잇는 압록강 상의 교량을 건넜다.[20] 중공군은 대부분 기존 교량이나 새롭게 설치된 부교를 이용하여 도보로 압록강을 건넜고, 일부만 차량으로 이동했다. 이들은 북한에 들어온 사실을 은폐하기 위해서 행군 중 기도비닉을 유지했는데, 야간에도 모든 차량의 헤드라이트를 끄는 등의 조치를 취했다.[21]

10월 19일부터 26일 사이에 압록강을 건너서 북한으로 들어온 중공군의 규모는 약 25만 여명 정도였다. 제1제대로는 제13병단 예하의 4개 군(제38군, 제39군, 제40군, 제42군)이 입북하였으며, 제2제대(제50군, 제66군)도 압록강을 건넜다.[22] 이중에서 제42군만 낭림산맥의 동쪽으로 이동하였고, 나머지 부대는 서부전선에 투입되었다. 펑더화이가 체류하면서 작전을 지휘할 중국인민지원군 총사령부는 미 공군의 공습에서 은폐된 평안북도 대유동의 깊은 계곡에 자리 잡았다.[23]

중공군은 북한 지역에 잠입한 이후 10월 25일까지 약 1주일 동안 은폐와 방어준비에 전념하였다. 하지만 북한의 산악지대에 숨어든 중공군은 예상보다 빠른 속도로 북진하는 국군과 유엔군을 저지하기 위해 본격적인 방어태세 준비에 착수하였다. 한만 국경 인근의 산악지대에서 은거하고 있던 중공군은 보안을 유지하기 위해서 철저하게 위장하였으며, 야간에도 불을 피우지 않았다. 또한 이들은 유엔군에게 감청되기 쉬운 무선사용을 피했고, 부대 간의 연락과 명령하달은 전령傳令 등의 보조 통신수단을 이용했다. 가장 먼저 북한에 진입한 부대들은 각 부대별 주둔 예정지로 이동하였으며, 주둔지에 도착한 이후부터는 산악지대의 능선에 진지를 구축하는 등 방어준비에 나섰다.[24]

한편, 미국은 6·25전쟁 참전 직후부터 소련과 중국의 정치 및 군사대응을 면밀히 주시하였다. 특히 38도선을 돌파하여 북진하기로 결정된 이후에는 중국과 소련의 개입 징후를 포착하기 위해 많은 관심을 쏟았다. 그러나 인천상륙작전이 성공한 직후에는 미국의 정보기관들이 미래 상황에 대한 낙관적 예측에 집착하여 중국의 개입 가능성은 거의 없다고 판단하였다. 유엔군사령부도 중공군이 북한 지역에 진출하여 미국과 맞설 가능성은 낮다고 판단하였다.[25] 병력과 물자의 이동상황이나 보급 등에서 나타난 징후에서는 중공군의 개입을 추정할 수 있었으나, 정확한 정보수집과 판단에서는 한계를 드러냈다.

1950년 10월 15일에 개최된 웨이크 섬Wake Island 회의에서는 트루먼 대통령을 비롯한 미국의 정책 결정자들과 맥아더 원수가 회동하여 중국의 개입 의도와 능력을 경시하는 가운데 북한에 대한 조기 점령을 낙관하였다. 이 회의에서 맥아더 원수는 중공군 일부가 압록강을 넘어 침입하더라도, 이들은 공군의 지원이 빈약하므로 평양까지 도달하는 사이에 유엔군에 의해 큰 타격을 받게 될 것이라고 장담하였다. 그는 또한 한반도에서 군사작전의 조기 종결과 더불어, 한반도에서 미군의 조기 철수 가능성을 언급할 정도로 차후작전에 자신만만한 태도를 보였다. 트루먼 대통령은 맥아더 원수의 자신 있는 발언과 태도에 대해 별다른 의문을 제기하지 않았다.[26]

그렇다면 미국 정부와 유엔군사령부는 왜 중공군의 개입을 정확하게 예측하지 못했을까? 먼저, 정치적으로는 중국이 미국 및 유엔과 정면대결을 하지 않을 것이라고 판단했기 때문이었다. 당시 유엔에서는 중국을 안전보장이사회의 상임이사국으로 인정하는 안건을 둘러싸고 자유진영과 공산진영이 팽팽하게 대립하고 있었다. 또한 한반도에서 전개되는 전쟁에서는 설령 중국이 군사적으로 개입하더라도 공군의 지원이 없이 개입할 경우, 유엔군에 의해 큰 타격을 받을 것이라고 분석하였다. 따라서 중공군이 한반도에 개입하기 위해서는 소련으로부터 해군과 공군의 지원을 받아야 하는데, 소련 역시 미국과의 정면대결을 탐탁지 않게 생각할 것이라고 판단하였다.[27]

하지만 이와 같은 미국의 판단은 대부분 잘못된 정보에 기인한 것이었다. 미국의 정보기구와 정책결정자들은 소련의 공군 지원 없이도 한반도에 군대를 파병하기로 결정한 마오쩌둥을 포함한 중국 공산당 지도부의 역사적, 지정학적 배경과 인식을 제대로 이해하지 못했다. 그러다 보니 중국이 대규모 군대를 한반도에 파병하지 않을 것이며, 설령 군대를 파병하더라도 소규모에 불과할 것이라고 잘못 예측하였다.[28] 한편 미국 정보기관들의 활동에 문제가 많았는데, 당시 유엔군사령부는 중공군의 규모조차 제대로 파악하지 못했다. 그 이유는 야간에만 기도비닉을 유지하며 이동하는 중공군을 공중정찰만으로 파악하는 것이 쉽지 않았으며, 또한 이미 북한에 숨어 들어온 중공군의 이동 상황에 대한 정보는 제한되었기 때문이다. 유엔군이 적의 이동을 확인하지 못한 원인은 지나치게 주간 항공정찰에 의존했고, 민간인이나 포로의 진술을 불신했을 뿐만 아니라 적절한 다른 정보수집망을 보유하지 않았기 때문이었다. 당시 유엔군이 중공군의 개입을 알아차리지 못한 또 다른 이유는 중공군 스스로가 '의용군義勇軍'이라는 명칭을 사용한 것도 중요하게 작용했다.[29]

마오쩌둥을 위시한 중국 공산당 지도부는 중공군이 한반도에 잠입한 이후 상당기간 방어작전에 치중할 생각이었다. 왜냐하면 소련에서 제공받기로 한 무기와 장비가 아직 도착하지 않아서 당시 중공군이 보유한 무기와 장비로는 미군을 공격하기 어려울 것이라고 판단했기 때문이었다. 물론 마오쩌둥은 공세 혹은 전략적 반격을 통해 국군과 유엔군을 격퇴하려 하였는데, 이를 위해서 방어에 유리한 조건을 갖추기 위한 사전조치로서 전략적 방어전을 구상했다. 다만 어디에서 전략적 방어전을 시행할 것인지, 즉 한반도의 어느 지점에서 유엔군의 공격을 저지한 이후, 이를 기점으로 전황을 역전시켜 반격을 개시할 것인지는 확정하지 못했다.[30]

10월 13일 경에 마오쩌둥은 펑더화이의 건의에 따라 최초의 전략적 방어전을 수행할 지역으로 평양~원산선 북쪽에서부터 평양남도 북방 산악지대 덕천~영원선 이남까지, 즉 대체로 북위 39도선에서 북쪽 일대를 선정했다. 한반도의 허리로 알려진 이 지역은 동서의 폭이 약 160km에 불과했다. 마오쩌둥은 이 공간을 완충지대buffer zone로 설정하고, 이 지대에서 최소 6개월 이상 장기 방어전을 치를 구상이었다.[31] 이

지역에 대한 방어작전은 한반도 북부의 다른 지역에 비해 많은 병력이 필요하지 않으며, 중국으로부터 병참선이 길지 않아서 작전수행에도 유리할 것으로 예상하였다.

그런데 39도선 인근에서 국군과 유엔군의 진격을 저지하겠다던 마오쩌둥의 최초 계획은 수정이 불가피했다. 왜냐하면 중공군이 북한에 잠입하고 있을 즈음, 국군과 유엔군이 북진 속도에 박차를 가했기 때문이었다. 서부전선에서는 미 제8군이 5개 사단과 1개 여단을 전개시켰다. 미 제1군단이 지휘하는 영국군 제27여단, 미 제24사단, 국군 제1사단과 제7사단이 평양, 사리원 지구에서 신의주, 삭주, 창성, 벽동 방면으로 북진하였다. 국군 제2군단이 지휘하는 제6사단과 제8사단이 성천, 파읍, 양덕에서 초산, 강계방향으로 전진했고, 미 제1기병사단과 제187공수연대는 평양, 숙천 지구에서 군 예비대 임무를 수행하고 있었다. 동부전선에서는 미 제10군단 예하에 4개 사단이 북진작전 수행 중이었다. 국군 제1군단의 수도사단이 함흥에서 북진하여 북청, 신흥을 점령한 뒤 해안도로를 따라 두만강으로 향했다. 국군 제3사단은 장진 방향으로 진격했고, 미 제1해병사단과 미 제7사단은 함흥~강계 구간의 험준한 산악로를 따라 혜산진 방향으로 전진했다. 그 결과, 10월 20일 현재, 서부전선에서는 국군 제2군단 예하의 제6사단, 제7사단, 제8사단이 순천~신창리~성천~파읍을 연하는 선까지 육박하여 중공군의 방어 예정지역인 덕천~영원 지역으로부터 90~130km 이내로 접근하였다.

동부전선에서는 국군 수도사단이 신속하게 진격하더니, 이미 중공군의 방어 예정지역에 근접하였다. 그리고 이후에 북진작전에 더욱 속도를 낸 국군과 유엔군은 불과 이틀 만에 20~80km를 더 진격하였으며, 10월 22일에는 마오쩌둥이 전략적 방어지대로 설정한 묘향산, 덕천 남쪽 70km 지점까지 북상하였다.[32]

당시 국군과 유엔군의 북진에는 여러 가지 문제와 어려움이 내재되어 있었다. 각 부대의 진격속도는 빨랐으나, 북진방향이 여러 갈래로 분산되어 인접부대와 연결이 어려웠다. 그러다보니 인접부대의 위치를 파악조차 하지 않고 북쪽만 바라보며 단독으로 진격하는 부대도 있었다. 또한 연대 및 대대 단위로 병력을 나누어 도로를 따라 차량이나 도보로 이동하였는데, 그러다보니 주변의 험난한 산악지역에 대한 철저한 수색과 정찰이 이뤄지지 않았다. 특히 서부전선의 국군 제2군단 예하부대(제6사단, 제7사단, 제8사단)의 진격과정에는 잡음이 많았다. 이들은 서로 간에 북진을 둘러싼 선두경쟁 심리가 작용하여 전진속도에만 신경을 쓰다 보니, 인접 미군 부대와 연락이

되지 않을 정도로 돌출된 경우도 많았다.[33]

이처럼 한만韓滿 국경을 향한 국군과 유엔군의 진격 속도가 빠르다보니, 중공군 지휘부가 긴장하였다. 마오쩌둥은 국군과 유엔군의 북진 경로와 속도를 면밀하게 분석한 다음, 한반도 북부지역에 숨어든 중공군이 장차 전략적 방어전을 수행하기 위해서 필요하다고 선정된 덕천 지역을 확보하기 위해서는 이 지역으로 접근하는 국군 선두부대를 공격해야 한다고 판단했다. 이에 따라 마오쩌둥은 10월 21일에 전선사령부의 펑더화이에게 국군 제2군단 예하 3개 사단을 즉시 섬멸하기 위한 준비에 착수하라고 지시하였다. 그는 국군과 유엔군이 덕천지역을 점령하기 전에 중공군이 먼저 이 지역을 점령해야 한다고 강조하였다. 또한 평안남도, 평안북도와 함경남도의 경계지역인 묘향산, 소백산 등의 감제고지를 장악하며, 이 지역을 중심으로 동부와 서부 전선을 구분하여 각 부대 사이의 측방연결을 저지하려 하였다.[34]

하지만 덕천 지역을 선점하려던 마오쩌둥의 구상은 국군과 유엔군 부대의 신속한 진출 때문에 성사되지 못했다. 이에 따라 최초 구상했던 방어작전 실행이 불가능하다고 판단한 마오쩌둥은 즉시 공격작전으로 전환하여 국군과 유엔군을 각개격파하여 섬멸하겠다는 방침으로 변경하고, 새로운 작전계획 수립에 나섰다. 따라서 전략적 방어지대를 중심으로 진지를 구축하여 일정 기간 방어작전을 전개하려던 최초 구상은 포기하였으며, 대신 기동전[35]을 구사하며 공세를 취하겠다는 작전계획으로 변경하였다.

결국 중공군은 10월 25일부터 시작될 제1차 공세에서 국군과 유엔군에 대한 기습공격을 시작할 것이며, 공격 목표를 국군 2~3개 사단의 섬멸로 확정하였다. 이때 섬멸 대상으로 선정된 국군 사단들은 구성~희천~장진 이북 지역으로 진출한 부대들인데, 희천에서 초산으로 진출하려던 제6사단, 희천을 거쳐 강계 방면으로 진출하려는 제8사단, 영변과 용산 방면에서 창성으로 이동하던 제1사단, 그리고 희천에 도달하여 군단 예비대 임무를 수행하던 제7사단 등이었다. 중공군 지도부는 공격 대상으로 선정된 4개 사단 중에서 최소 3개 사단을 섬멸해야 기선을 제압하고 전쟁의 주도권을 잡을 수 있다고 판단하였다. 그리고 이와 같은 구상을 실행에 옮기기 위한 준비에 착수하였다.[36]

중공군의 1차 공세

유엔군사령관(맥아더 원수)은 북한지역에서 작전을 수행하던 국군과 유엔군이 추수감사절Thanksgiving Day(11월 23일)까지는 전쟁을 종료시킬 수 있을 것으로 판단했다. 따라서 멀지 않은 거리에 있는 압록강과 두만강까지 진격하기 위한 총공격을 감행하기로 결정하였는데, 유엔군사령부 내부에서는 이 공세를 '추수 감사절 공세'라고 부르기도 했다. 맥아더 원수는 모든 부대에게 최대한 빠른의 속도로 압록강과 두만강선까지 진격하라는 내용의 새로운 명령을 하달했는데, 이것은 그가 새롭게 설정했던 유엔군의 북진한계선New MacArthur Line을 철폐하는 조치였다.[37] 이에 따라 북진 중인 국군과 유엔군의 모든 부대가 한·만 국경선을 향한 총진격을 서둘렀다.

미군보다 한만 국경에 가깝게 진출한 국군 부대들은 10월 중순 이후 북진에 더욱 속도를 높였다. 국군 제2군단장(유재흥 소장)은 제6사단을 초산과 벽동 방면으로 진출시키고, 제8사단을 만포와 중강진 방면으로 진출시켰다. 미 제1군단 예하의 국군 제1사단도 10월 23일에는 군우리를 출발하여 청천강을 도하한 뒤, 이틀 후에는 운산에 도착했고, 계속해서 압록강변의 수풍댐 방면으로 진출할 예정이었다.[38] 동부전선에서는 국군 제1군단이 북청과 이원까지 진출한 뒤, 순조롭게 동해안 방면으로 진격을 계속하였다. 이처럼 미군과 함께 작전을 수행하던 국군 부대들은 평양을 탈취한 이후로는 중공군이나 소련군의 개입을 신경 쓰지 않고, 오로지 한만 국경선을 향해 진격할 뿐이었다. 또한 1950년 10월 하순이 되면, 한반도에서 작전 중인 미 제8군사령부는 물론, 유엔군사령부와 미국의 합참, 국무부에 이르기까지 미국의 정책결정자들도 머지않아 한반도의 전쟁이 승리로 끝날 것이라고 예상하였다.[39] 심지어 전쟁의 조기 종결을 예상한 미군 수뇌부는 한반도에 더 이상의 부대를 투입하지 않고, 오히려 투입된 부대를 차출해 다른 지역으로 보낼 계획까지 검토하는 중이었다.

중공군의 한반도 잠입 사실을 전혀 파악하지 못한 상태에서 북진에만 전념했던 국군과 유엔군이 신속하게 진격하자, 중공군의 제1차 공세 시기가 하루 앞당겨졌다. 그 이유는 서부전선의 국군 제6사단과 제8사단, 동부전선의 국군 수도사단이 신속하게 기동하여 최초 마오쩌둥이 확보하려고 했던 전략적 방어지대인 구성~희천~장진 북쪽지역과 창텐~지안~리장 선의 압록강 교량 인근의 교통로가 심각하게 위협받는 상황이 전개되었기 때문이었다.[40] 중공군 지휘부는 이와 같은 위기사항에 대

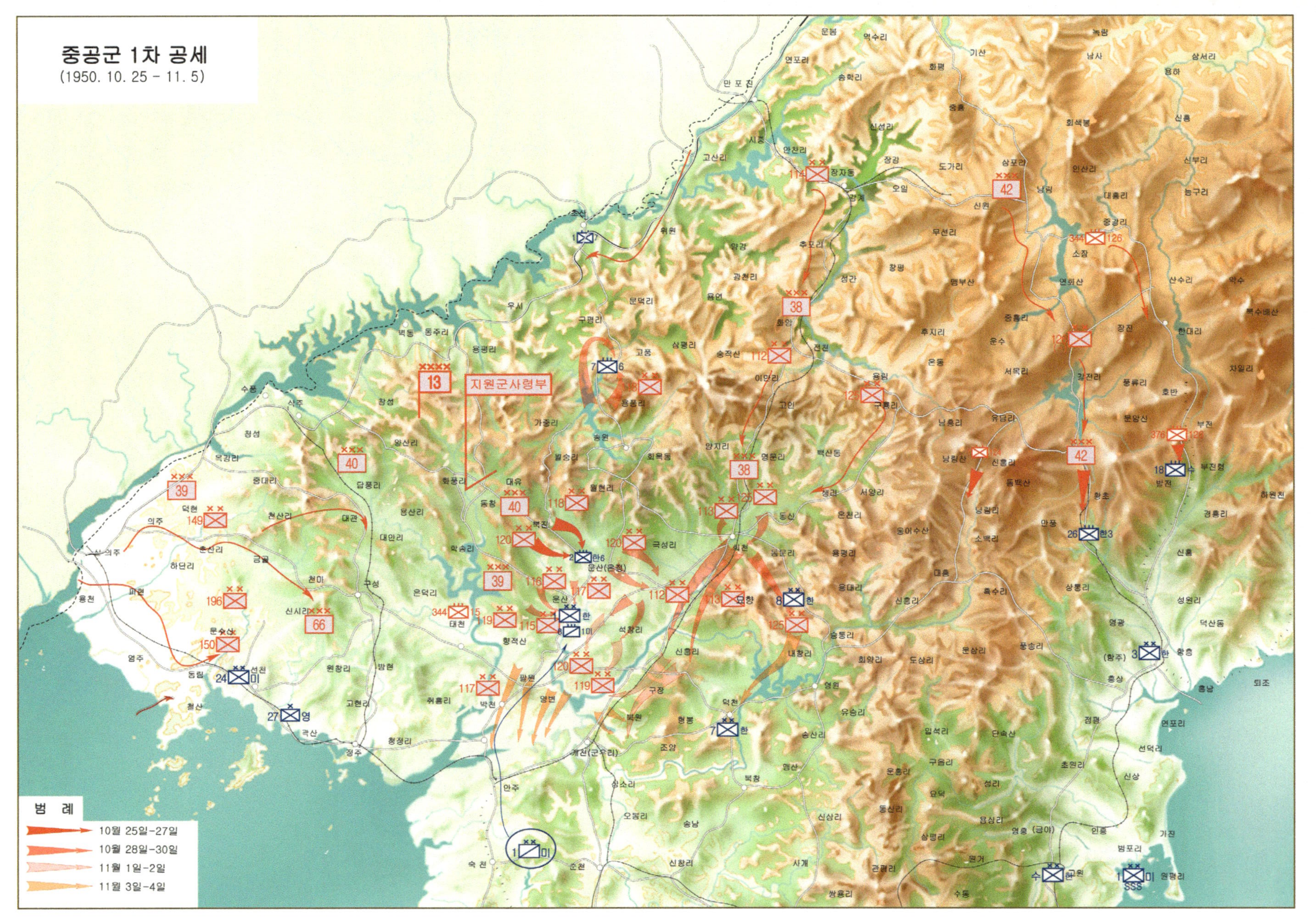
중공군 1차 공세
(1950. 10. 25 - 11. 5)
범 례
10월 25일-27일
10월 28일-30일
11월 1일-2일
11월 3일-4일
지원군사령부
13
38
39
40
42
66
만 포 진
초산
운산(온정)
희천
덕천
영원
개천(군우리)
안주
숙천
순천
박천
태천
구성
정주
선천
신의주
용천
의주
강계
장진
부전령
하갈우리
함흥
흥남
영흥
원산
퇴조
황초령
북진
온정리
용산동
동림
철산
곽산

처하기 위해서 10월 26일과 27일로 계획된 제1차 공세 계획을 이틀 혹은 최소한 하루를 앞당겨서 실시하기로 결정했다. 펑더화이가 10월 25일에 주재한 회의에 참석한 중공군 지휘관들은 가장 많이 돌출된 국군 사단들을 공격하여 섬멸하기 위해서는 진지 방어전은 적절치 않으며, 대신 즉각 기동하면서 공격기회를 노리는 기동전으로 변경하기로 합의하였다. 이에 따라 우선 국군 제6사단과 제8사단을 중공군에게 유리한 깊은 산중으로 유인하여 섬멸한 뒤, 이후 병력을 집중하여 1~2개 사단을 공격할 예정이었다. 구체적으로 제39군이 운산지역에서, 제40군은 온정리 인근에서 국군 제6사단을 포위 섬멸하고, 국군을 증원하기 위해 공격하는 국군 제1사단을 운산 인근에서 포위공격할 예정이었다. 이때 제42군은 황초령, 부전령 일대로 이동하여 동부전선에서 기동하는 국군과 유엔군을 견제할 예정이었다. 한편 제66군은 단둥에서 도하한 이후 철산으로 기동하여 신의주 방면으로 공격하는 영국군 제27여단을 저지하려 하였다.[41]

이와 같은 작전계획은 중공군의 전통적인 전술교리에 근거하였는데, 국공내전 시기에 마오쩌둥이 자주 구사한 전술이었다. 즉, 우세한 병력을 공격 대상에 집중하되, 미군에게는 5배, 국군에게는 3배의 병력우세가 가능하도록 부대와 병력을 배정하였다. 또한 여러 부대가 함께 감제고지와 주요 도로를 장악하여 적의 퇴로를 차단하고, 적의 병력과 화력을 분산시켜 와해시키는 전술이었다.

중공군 제1차 공세가 시작되자 가장 선두에서 진출하던 국군 제2군단 예하 사단들이 중공군의 타격 대상이 되었다. 국군 제6사단을 섬멸하는 임무를 부여받은 중공군 제40군은 온정리 인근에서 매복진지를 편성하고 대기하였는데, 10월 25일 오전에 제6사단 선두부대가 이들의 매복에 걸려들었다. 이후 약 14시간 동안 국군 제6사단은 중공군 제40군 예하 2개 사단에게 온정리 일대에서 포위된 이후, 포위망을 벗어나기 위해 격전을 치렀다. 그러나 국군 제6사단은 인접부대로부터 도움을 받지 못한 채, 막대한 전투력 손실을 입고 분산되어 포위망을 뚫고 가까스로 퇴각하였다.[42]

미 제1군단 선두에서 진격하던 국군 제1사단은 운산 북방에서 중공군과 조우하였다. 국군 제1사단은 중공군 제40군 예하 제120사단의 매복에 걸려들었으나, 중공군은 더 많은 부대를 유인하기 위해서 본격적인 공격을 실시하지 않고, 대신 국군 제1사단의 3개 연대(제11, 제12, 제15)를 포위한 후 점차 포위망을 압축하였다. 이처럼 국군 제1사단이 중공군으로부터 포위될 위협에 처하자, 미 제1군단장은 평양 북쪽에서 재편성 중이던 미 제1기병사단을 즉시 운산으로 출동시켰다.

미 제1기병사단 예하 제8기병연대가 운산에 도착한 11월 1일부터 운산지역에서 미군과 중공군 사이에 최초의 전투가 시작되었다. 대규모 중공군의 개입 사실을 알지 못했던 미 제1군단장(밀번 소장)은 미 제1기병사단에게 운산을 거쳐 수풍댐 방면으로 진격하라는 명령을 하달하였으나, 바로 이 시기에 중공군 최정예인 제39군 예하 총 10개 연대 규모의 병력이 미 제1기병사단을 향해 집중적인 포위공격을 시작하였다.[43]

운산전투에서 미 제1기병사단을 포위하여 심각한 타격을 입힌 중공군 제39군은 미군 최정예부대를 상대로 전술적으로 승리했다는 점을 자랑하며, 다른 부대에게도 미군을 제압할 수 있다는 자신감을 심어주었다. 한편 신의주 인근까지 진격했던 영국 제27여단, 정거동까지 진격했던 미 제2사단도 중공군 제66군의 강력한 반격에 밀려 퇴각하였다.

국군 제1사단이 중공군과 교전한 첫날인 10월 25일, 제1사단장(백선엽 준장)은 제15연대가 생포한 중공군 포로를 직접 심문하였는데, 그는 이 포로가 중공군 제39군 소속이라는 것을 알아내고 중공군의 개입이 중국 정부차원에서 체계적으로 결정된 것이며, 개입 규모도 최소한 군단급 이상이라고 판단하였다. 그는 즉시 이 사실을 미 제1군단장(밀번 소장)에게 보고하였으며, 또한 운산과 희천 일대에 약 20,000여명의 중공군이 잠복하고 있다는 첩보도 보고했다.[44]

미 제8군사령부도 중공군이 공세를 개시하기 이전에 포획한 중공군 포로를 심문하는 과정에서 이와 비슷한 정보를 확인하였다. 중공군이 대규모로 개입하였다는 내용이었는데, 미 제8군사령관(워커 중장)과 참모들은 이 사실을 믿으려고 하지 않았다. 그리고 이러한 사실을 보고받은 유엔군사령부의 반응도 유사했다.[45] 당시의 전황을 지극히 낙관적으로 평가하고 있던 맥아더 사령관은 중공군 포로에게서 획득한 첩보를 대수롭지 않게 평가하였다. 그는 기껏해야 한만 국경 북쪽 인근에서 거주하는 한인韓人 의용군 중 일부가 북한군을 지원하기 위해서 가담한 것으로 판단하였다.[46]

미 제8군사령부와 유엔군사령부는 10월 25일, 즉 중공군의 제1차 공세가 개시된 첫 날까지도 중국 정규군의 대규모 참전을 인정하지 않았다. 그 이유는 이날까지는 미군 사단이 중공군과 실제로 맞서지 않았으며, 또한 동부전선에서는 중공군의 본격적인 공격 징후가 없었기 때문이었다. 하지만 중공군이 공세의 규모를 확대함에 따

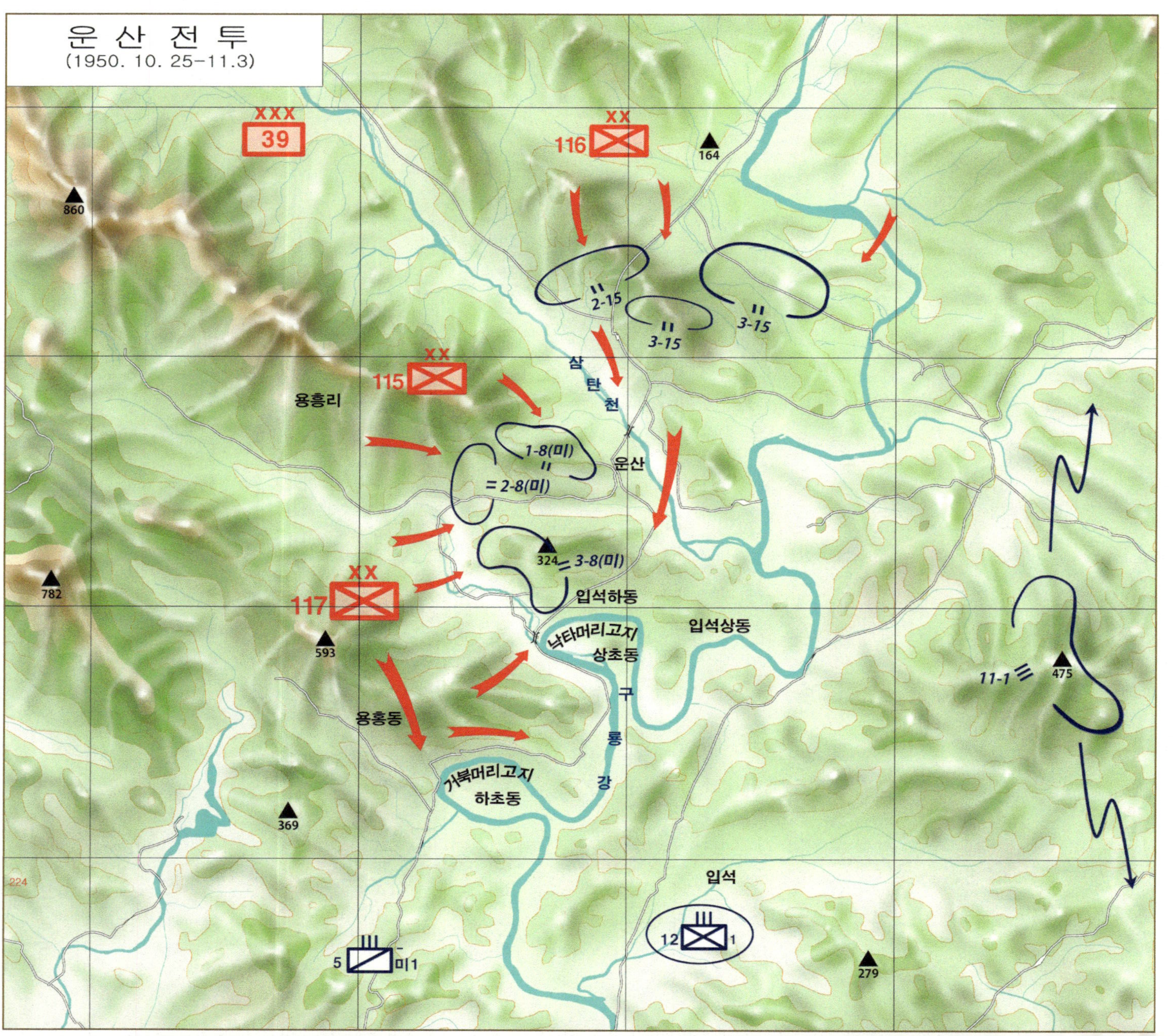
운산 전투
(1950. 10. 25–11.3)
39
116
115
117
용흥리
용흥동
삼탄천
운산
1-8(미)
2-8(미)
3-8(미)
2-15
3-15
3-15
입석하동
입석상동
낙타머리고지
상초동
구룡강
가북머리고지
하초동
입석
11-1
5 미1
12 1
860
782
593
369
164
324
475
279
224

운산 전투

추수감사절 공세 초기, 미 제1군단의 좌 전방에 배치된 미 제24사단이 신의주 방면으로 공격할 즈음, 영변을 지나 운산으로 진격한 우측의 국군 제1사단은 수풍발전소 방향으로 진출할 예정이었다. 이즈음 국군 제6사단 선두부대가 초산에 돌입한 상태였기 때문에, 국군 제1사단은 서둘러서 한만 국경을 향한 진격에 박차를 가하였다. 그런데 국군과 유엔군의 북진 과정에서 인접부대와 협조작전이 원활치 않아, 험한 산악지대에 잠입한 중공군에게 퇴로를 차단당할 위험이 도사리고 있었다.

10월 25일 오전에 운산에 도착한 국군 제1사단은 제12연대와 제15연대를 전방에 배치하여 계속 진격하였다. 그런데 11:00시 경에 운산 북쪽의 남산하동과 서쪽의 남면천 하구 일대에서 중공군 2개 연대 규모의 이동이 감지되고, 이들의 강력한 저항으로 북진이 전면 정지되었다. 국군 제1사단은 즉시 방어태세로 전환하여 제15연대를 우측, 제12연대를 좌측, 제11연대를 남쪽 입석하동 인근에 배치하였다. 10월 28일에는 중공군 포로 2명을 획득하여 중국 정규군 개입 사실을 확인하고, 이를 상급부대에 보고하였다.

10월 29일 오후부터 국군 제1사단이 운산 북방에서 중공군과 일진일퇴를 벌이는 사이, 대규모 중공군이 출현했다는 정보보고를 무시한 미 제1군단장은 미 제1기병사단에게 최초의 계획대로 국군 제1사단을 초월하여 공격하라고 지시하였다. 이에 따라 10월 30일에 운산에 도착한 제8기병연대는 운산에서 서북쪽으로 진출하고, 국군 제1사단은 동북쪽으로 진출하려고 하였다. 또한 제5기병연대는 운산 서남부에서 후방지역을 방어할 계획이었다.

그런데 중공군은 10월 30일 오후부터 국군과 유엔군의 진격을 저지할 목적으로 운산 정면에 제39군 예하의 3개 사단을 투입하여 대규모 공격을 개시하였다. 중공군은 제116사단에게 국군 제1사단을, 제115사단은 미 제8기병연대를, 제117사단은 미 제8기병연대와 제5기병연대의 간격을 공격하여 제8기병연대의 측후방을 공격함과 동시에 아군의 퇴로를 차단하려 하였다. 그리고 11월 1일 야간에 미군 부대를 향해 전면 공격을 개시하였다.

이즈음 우측에서 북진하던 국군 제2군단이 초산~온정리 전투에서 패해 퇴각하자, 미 제1군단장은 돌출되어 고립될 것을 우려하여 즉시 청천강 북안으로 철수하도록 지시하였다. 하지만 중공군의 공세가 시작되고, 다른 부대의 철수를 엄호해야 할 국군 제15연대가 중공군에 의해 와해되자, 좌측의 미 제8기병연대의 퇴로가 차단되어 중공군에게 포위되었다. 이에 따라 미 제1기병사단은 제8기병연대를 구출하기 위해 제5기병연대를 남쪽에서 공격하여 퇴로를 확보하고자 하였다. 우여곡절 끝에 제8기병연대의 주력은 철수에 성공하였으나, 일부 예하부대는 적의 포위망을 탈출하지 못했다. 이 과정에서 미 제8기병연대 3대대와 국군 제15연대가 심각한 인명손실을 입었다.

운산 전투는 6 · 25전쟁에서 세계 최강 미군이 중공군과 대결한 최초의 전투였으며, 그 결과는 두 군대의 차후 작전에 많은 영향을 주었다. 중공군은 미군의 압도적인 화력과 기동력을 실감하고 이를 약화시키기 위한 전술을 구사하였으며, 미군은 야간전투 및 근접전투, 그리고 후방 침투와 퇴로 차단 등을 구사하는 중공군의 전술에 대비하려 하였다.

라 점차 미군 지휘부의 판단착오가 입증되기 시작했다. 중공군은 10월 26일 오후부터 대규모 공세를 개시하여 국군 제1, 제6, 제8사단 등 3개 사단을 섬멸한 이후, 이어서 청천강을 건너 신의주 방면으로 공격하는 영국군 제29여단과 미 제24사단까지 공격하려 하였다. 과거 중국에서 항일전쟁과 국공내전 시기의 대규모 전역에서 한꺼번에 사단급 이상 대병력을 섬멸했던 경험을 되살린 과감한 시도였다. 다만 중공군 지휘부가 의도하였던 국군 제6사단과 제8사단을 완전섬멸하기 위한 포위작전은 실패로 끝났다. 이 작전에 투입된 중공군 제38군 예하부대의 기동이 지연되어 포위작전에 차질이 생겼기 때문이었다.[47]

이처럼 10월 말과 11월 초에 서부전선에서 북진작전을 수행하던 국군과 유엔군의 모든 부대는 중공군의 제1차 공세가 진행됨에 따라 진격이 저지되거나, 포위되어 고립되거나, 혹은 공격에 직면하여 퇴각하였다. 이 과정에서 국군 제2군단이 적에게 와해되었고, 미 제1군단의 진격도 좌절되었다. 북진작전 수행 이후 최대의 위기에 봉착한 미 제8군사령관(워커 중장)은 11월 1일에 모든 예하부대에 공격중지 명령을 하달하였다. 미 제1군단에게는 일부 부대를 청천강 북안에 투입하여 교두보를 확보하면서 강 남안으로 철수토록 지시했고, 국군 제2군단에게는 우측방에 대한 방어대책을 세우도록 지시했다. 유엔군사령부도 미 제1기병사단이 중공군에게 패배한 11월 3일에 국군과 유엔군의 모든 부대를 청천강 이남으로 후퇴하도록 지시하였다.[48]

중공군의 제1차 공세는 10월 26일부터 11월 1일까지 약 4~5일 동안 지속되었으나, 퇴각하는 국군과 유엔군을 우회, 분할하여 섬멸하려는 최초의 목적은 달성하지 못했다. 철수를 결심한 국군과 유엔군이 중공군에 비해 기동력이 뛰어났기 때문에 하루 동안 신속하게 청천강 이남으로 퇴각하여 방어선을 구축했기 때문이었다. 또한 유엔 공군의 빈번한 공습으로 인해 중공군 공격부대에 많은 피해가 발생한 상황에서도 베이징의 마오쩌둥은 계속 공격하라고 지시하였다. 하지만 한반도에서 작전을 지휘하는 펑더화이는 청천강 북방에서 국군 3개 사단에 대한 섬멸이 불가능하자 식량과 탄약 보급의 제한, 전투부대의 누적된 피로 등을 고려하여 작전 중지를 요청했다.[49]

중공군은 제1차 공세를 통해 6~7개 규모의 국군 및 미군 연대를 섬멸하는데 그쳤으나, 북한 내 중공군의 근거지가 마련되어 지속적인 작전을 수행할 수 있는 계기가 된 것에 의의를 두려 하였다. 이와 같은 펑더화이의 보고에 대해 마오쩌둥은 11월 5일자 전문에서 평양 부근까지 진격하라는 기존의 작전 목표를 변경하고, 대신 국군과 유엔군을 청천강 이북지역으로 유인할 준비를 하라고 지시했다. 이에 따라 펑더화이는 국군과 유엔군이 중공군을 약체인 것처럼 착각하도록 그들의 역량을 드러내지 않고, 대신 적을 깊숙하게 유인하기 위해 즉각 추격 중지명령을 하달하였다.[50] 이로써 중공군의 제1차 공세가 종료되었다.

동부전선에서는 압록강을 향해 진격 중이던 국군 제3사단이 황초령 일대에서 중공군 제42군 예하부대와 조우하였다. 중공군 제42군이 황초령을 방어한 이유는 국군과 유엔군이 강계와 만포, 혜산진으로 진격하기 위해서는 반드시 황초령과 장진호, 부전령을 통과해야 했기 때문이다. 황초령을 방어한 중공군은 국군 수도사단, 국군 제3사단, 미 제1해병사단이 공격하였으며, 이 방면에서는 11월 13일까지 격렬한 전투가 지속되었다.[51] 하지만 이 전투에서 중공군은 완강하게 방어작전을 실시하지 않고, 국군과 미군의 공격이 개시되자 신속하게 장진호와 부전호 인근 산간지대로 숨어들었다. 체계적으로 국군과 유엔군의 북진을 저지한 서부전선과 달리, 동부전선의 중공군은 국군과 유엔군 부대의 진출을 허용하되, 산간지대에 숨어들어서 이들의 후방을 차단하여 포위하기 위해 준비하였다.

중공군 1차 공세 분석

중공군의 개입 사실을 전혀 눈치 채지 못했던 국군과 유엔군은 패망 위기에 몰린 북한군을 몰아붙이고 신속하게 압록강과 두만강까지 진출하여, 조기에 전쟁을 종료시키려고 하였다. 이에 따라 1950년 10월 24일부터 추수감사절 공세를 개시한 국군과 유엔군은 한만 국경을 향해 진격하며, 머지않아 전쟁을 끝낼 수 있다는 희망에 부풀었다. 하지만 다음날인 1950년 10월 25일부터 중공군의 제1차 공세가 시작되었으며, 이 공세로 인해 6·25전쟁은 또 다시 전환점을 맞았다.

중공군은 서부전선에서는 청천강 이북에서 강력한 반격작전으로 국군과 유엔군을 타격하고, 동부전선에서는 방어를 펼쳐 유리한 여건을 형성한 후 반격작전을 실시한다는 방침 아래 제1차 공세를 감행하였다. 이를 위해서 주력을 서부전선에 운용하여 선천과 구성 지역으로 유엔군을 유인하면서, 미 제8군의 돌출부에 주공을 지향하여 청천강 이북으로 진출한 국군과 유엔군 부대를 섬멸하겠다는 작전을 구사하였다. 작전기간 중 중공군은 대규모의 포위 우회기동, 포위전술을 구사하여 적극적 침투작전을 수행하였고, 기만, 유인, 침투, 매복 등을 혼용하였다. 동부전선에서는 방어작전 중 지연전을 수행하였으며, 일부 유격부대의 게릴라 전술도 사용하였다.[52]

서부전선에서 중공군은 제1차 공세를 통해 한만 국경으로 전진하던 미 제8군을 청천강 선에서 저지하는데 성공하였다.[53] 이를 통해 국군과 유엔군에게 일방적으로 유리하던 전황을 역전시키는 계기를 마련하였으며, 패색이 짙던 북한군은 후퇴와 재편성을 실시할 수 있는 충분한 시간을 확보하였다. 또한 중공군은 운산전투 등에서 세계 최강 미군을 상대로 승리하는 경험을 축적하였으며, 이를 계기로 차후작전 수행에 유리한 여건을 조성하려 하였다. 하지만 열악한 상황에서 한반도에 잠입한 이후 긴급하게 전장에 투입되느라 무기와 장비가 부족했고, 물자의 보급 수송도 매우 열악했다. 또한 제공권 상실과 유엔 공군에 의한 도로 및 교량 폭격으로 인해 물자지원도 제한되었다. 뿐만 아니라 북한군과의 연합작전 수행에 어려움을 겪었고, 북한 주민과의 협조도 원활치 않았다.

중국 공산군은 장제스가 지휘하는 국민당 군대와 국공내전을 수행하면서 기본 전략과 전술을 완성하였다. 중공군은 자신들의 전력은 되도록 온전하게 보존하면서, 국민당 군대의 전력을 최대한 소모시키기 위해 거보적巨步的 전진과 후퇴를 반복하는 운동전運動戰 전략을 적용했다. 그러나 중공군 지휘부는 기동공간이 좁은 한반도에서는 그러한 전쟁 수행 방법이 적합하지 않음을 인식했다. 이에 따라 '분리分離와 소멸消滅'이라는 개념 하에 진지전(지역방어)과 운동전(기동전)을 배합한 작전을 수행한다는 방침을 세웠으며, 상황에 따라 역습, 기습, 매복으로 적의 유생역량을 소멸하는 전술을 구사하였다.[54]

중공군은 먼저 국군의 방어지역을 돌파, 포위, 소멸한 이후 미군의 측방을 노출시켜 퇴로를 차단, 포위하여 소멸시키는 분리와 소멸이라는 개념의 작전을 수행하였다. 이 전술에 의해 중공군은 방어에 유리하고 유엔군이 공격하기 어려운 산악지형에 진지를 구축하고, 은밀하게 숨어 적이 통과하기를 기다렸다가 유엔군의 측방과 후방을 포위공격했다. 또한 유엔군의 집중 화력과 공중공격을 피하기 위해 주로 야간공격을 감행하였으며, 좁은 정면에 압도적인 규모의 병력을 투입하여 화력의 열세를 극복하고 최대의 전과를 거두고자 했다. 이러한 전략과 전술은 중공군이 초기 전투에서 거둔 승리의 원동력이었다.[55]

중공군의 제1차 공세에는 세계 최강의 미군과 중공군이 최초로 정면대결 했다는 점에서 많은 관심이 집중되었는데, 양측 모두 첫 번째 맞대결 이후 서로에 대한 평가와 분석을 실시하였다. 중공군은 운산전투의 경험을 기초로 제66군에서 발간한 〈운산작전 경험초보총결雲山作戰 經驗初步總結〉[56]이라는 책자에서 다음과 같이 미군의 작전 수행을 평가하였다.

"미군의 장점으로는 포병과 전차의 협동작전은 공격력의 주체로서 경이적이며, 화포류는 강력하고 기동력이 좋다. 공군의 대지對地 공격력은 강력하며, 공군에 의한 수송력도 상당한 수준이다. 또한 보병의 화력 장비와 장거리포의 위력은 우수하다. 그러나 미군의 단점은 보병이 약해 과감한 공격 및 사수 의지가 부족하고, 오로지 공

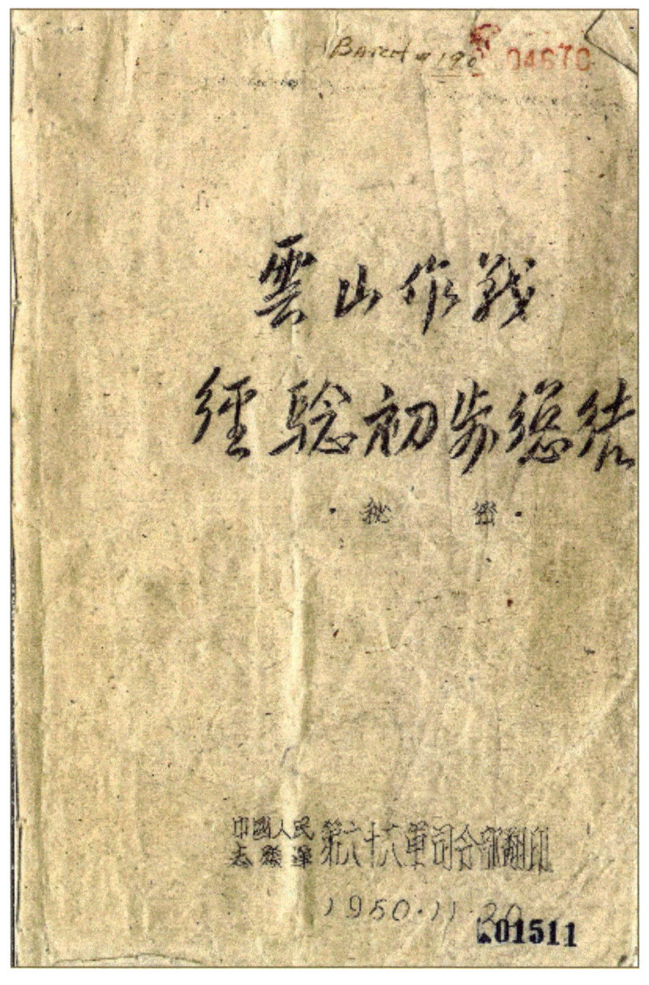

「운산작전 경험초보총결」 표지, 1950. 11. 20.

군과 전차, 그리고 포병에 의지하는 반면 오히려 우리의 화력을 겁내고 있다. 그러므로 전진 중에도 총성이나 포성을 들으면 정지하고, 더 이상 나아가지도 못하며, 주간에만 행동하는 버릇이 있다. 그리고 야간전투와 근접전투에 약하고, 전투에 패하면 질서를 갖추기가 극히 어려우며, 보급이 두절되면 전의를 상실한다."[57]

한편 미군은 중공군에 대해서 다음과 같이 평가하였다.

"중공군은 화력은 빈약하나 보병이 공격의 골간으로서 잘 훈련되어 전투에 익숙하고, 특히 야간전투에 능숙하였다. 위장술은 탁월했고, 수색에서 탐지능력 또한 뛰어났다. 전술은 화력의 열세를 인식하고, 이를 보완하기 위한 많은 연구가 이뤄지고 있었으며, 공격전술은 퇴로를 차단한 후 측방 및 후방과 정면을 동시에 공격하는 것이며, 또한 팔자八字 전법에 익숙해 있었다. 이 전법은 미리 적의 증원을 저지하는 수단을 강구한 후, 적은 V자 형의 매복지점으로 유이하여 양측에서 포위, 공격하는 방법으로, 온정리, 운산, 초산 전투에서 커다란 성과를 거둔 전법이었다. 방어전술은 완강하게 고수하며, 천부적인 축성과 위장술을 발휘하고, 산악행군에 능숙하며, 박격포 운용이 뛰어났다. 또한 고난을 극복하는 정신력과 기만전술이 능숙하나, 원시적인 군대로서 취약점이 많다."[58]

유엔군의 '크리스마스 공세'[59] 계획

중공군의 제1차 공세 직후 미 제8군이 청천강 남쪽에 방어선을 형성하고 있던 11월 7일 무렵, 청천강을 사이에 두고 대치하던 중공군 부대들이 갑자기 자취를 감추었다. 그에 따라 서부전선은 순식간에 소강상태로 접어들었는데, 유엔군사령부는 이와 같은 중공군의 행동을 어떻게 판단해야 할지 갈피를 잡지 못했다. 하루 전인 11월 6일에는 유엔군사령관 맥아더 원수가 중공군 개입에 대한 견해를 피력하며, 다음과 같은 향후 계획을 발표하였다. "…나의 임무는 북한지역에서 공산군을 격멸해 한국의 통일과 평화를 회복하려는 유엔의 사명을 달성하는데 있으므로, 이를 수행하기 위해 재공격을 실시할 것이다."[60] 이후 그는 중공군이 본격적, 조직적으로 공격을 시작하기 이전에 조속하게 전쟁을 종결짓기 위해 공세를 실시하겠다고 밝혔다. 그는 "이번 작전이 전쟁의 최종공세가 될 것이며, 10일 이내에 전쟁을 끝내고 크리스마스

까지는 집으로 돌아갈 수 있을 것이다"[61]고 공언하였다.

유엔군사령관(맥아더 원수)의 작전의도를 파악한 미 제8군사령관(워커 중장)은 1차 공세 이후 한반도 북부의 산악지대로 숨어들어간 중공군을 찾아내기 위한 작전을 개시하였다. 미 제8군은 공중정찰과 위력수색 등을 강화하면서 영변과 박천을 탈환했다. 또한 소강상태가 지속되는 시기를 이용하여 서부전선과 동부전선에 각각 1개 군단을 추가로 투입했다. 워커 중장은 청천강 교두보에서 소극적 방어 대신 적극적 공세로 나서겠다고 밝히면서, 다음과 같은 작전개념을 하달하였다. 즉, 미 제9군단을 포함한 3개 군단으로 청천강 선에서 공격작전을 실시하되, 미 제1군단은 서측, 미 제9군단은 중앙, 국군 제2군단은 동측을 담당하여 상호 협조된 공격으로 한만 국경선까지 진출한다는 내용이었다.[62] 이와 같은 작전개념에 따라 그동안 공비토벌 등 후방지역 작전을 수행하던 미 제9군단 예하 미 제2사단과 미 제25사단을 전방으로 북상시켜 차후 공세에 참가시켰다.

미 제8군사령부는 1950년 11월 초에 공세를 시도하려 하였으나, 작전에 투입된 미 제8군사령부 예하부대의 규모가 확대됨에 따라 이들에 대한 군수 및 보급지원에 차질이 발생하였고, 따라서 공격 개시가 점차 연기되었다. 서부전선에서 작전에 참가하는 3개 군단의 1일 소요 보급량은 약 4,000톤에 달했으나, 철도와 공중수송을 포함한 미 제8군의 수송 역량은 절반 정도에 지나지 않았다. 따라서 미 제8군이 의도하였던 중공군에 대한 즉각적인 공격계획이 취소 및 연기되었다. 이 문제를 해결하기 위해서 유엔군사령부는 제5공군의 추가 수송기를 동원하여 대대적인 보급 추진작전을 실시하였다.[63] 그 결과 미 제8군사령부가 구상한 새로운 공격은 11월 24일 이후에나 가능했다.

이처럼 군수 및 보급지원의 차질로 공격이 연기되자, 미 제8군사령부는 향후 추진될 공격에 적용할 부대이동 및 작전계획을 수립하였다. 10월 말에 실시한 추수감사절 공세에서는 청천강 북쪽의 서부전선은 강남산맥과 묘향산맥으로 인해 기동로가 한정되어 작전부대의 협조된 공격이 제한되며, 병참선이 제한되어 공격이 지연될 가능성도 많았다. 또한 적의 매복에 의한 기습공격을 방지하기 위해 인접부대와 협조된 공격을 실시하는 방안도 논의되었다.[64]

이에 따라 미 제8군사령부는 차후 공세에 적용할 군단별 기동계획을 확정하였다. 우측의 국군 제2군단은 원래 목표였던 희천 지역을 미 제9군단에 인계하고, 대신 국군 제7사단과 제8사단이 덕천과 영원 지역을 확보한 이후 북쪽으로 진격할 예정이었다. 미 제9군단은 미 제2사단을 구장동으로 진출시키고, 미 제25사단을 영변지역으로 북상시킨 이후 국군 제2군단과 병행하여 공격할 예정이었다. 서부전선의 좌측을 담당하는 미 제1군단은 국군 제1사단을 용산동과 박천에서, 미 제24사단을 대령강 서쪽에서 진격할 예정이었다.[65]

중공군이 출현한 이후 바쁘게 움직이던 서부전선과 달리, 동부전선의 미 제10군단은 11월 초까지도 중공군과 접촉하지 않고 계속 북진하였다.[66] 미 제1해병사단은 함흥 북방 고토리에서 장진호 방면으로 진출하고, 중앙의 미 제7사단은 압록강을 향해 북진하였으며, 11월 21일에는 국군 제17연대가 압록강 입구의 혜산진에 도달하였다. 국군 제1군단은 북한군의 산발적 저항을 물리치며 진격하였는데, 11월 25일에는 국군 수도사단이 청진에 도달하고, 국군 제3사단은 백암을 점령하였다. 한편 서부전선의 미 제8군과의 벌어진 간격을 해결하기 위해서 미 제10군단장(알몬드 소장)은 미 제1해병사단장(스미스 소장)에게 장진호를 지난 이후 서쪽의 유담리 방향으로 진격한 이후, 강계 남쪽의 무평리 방면으로 공격하라고 지시하였다. 미 제1해병사단에게는 서부전선에서 진격하는 국군 제2군단의 공격을 지원하고, 적의 퇴로를 차단하라는 임무가 하달되었다.[67]

압록강 인근 혜산진에 진입하는 국군 제17연대 1대대, 1950. 11. 21.

중공군의 2차 공세와 유엔군의 후퇴

제1차 공세에서 국군과 유엔군의 진격을 저지한 중공군은 11월 5일부터 한반도 북부 산간지역으로 철수를 시작했다. 이 시기에 중국인민군지원군 사령부는 차후작전에 필요한 준비와 여건 조성에 주력하였다. 첫 번째 실시한 군사작전에서 중국에서 지원받은 군수 및 보급품이 대부분 소진되었을 뿐만 아니라, 약 10일 동안 험준한 산악지대에서 공격을 지속하는 과정에서 전투피로가 누적되었기 때문이었다. 펑더화이는 이와 같은 상황을 마오쩌둥에게 보고한 이후, 1차 공세를 조기에 종료하고 즉시 차후공세를 위한 준비에 착수하였다.[68] 그런데 청천강 이남으로 철수한 서부전선의 미 제8군이 조만간 공격해 올 것이라는 정보가 입수됨에 따라 제2차 공세를 실시하기 위한 준비에 박차를 가했다.

제2차 공세에 임하는 중공군은 국군과 유엔군이 공격을 개시하는 즉시 반격작전을 통해 전세를 역전한 이후, 청천강~장진호~청진 등에서 국군과 유엔군을 섬멸하겠다는 작전방침을 세웠다. 또한 이후에는 남쪽으로 전과를 확대하면서, 각 지역에서 활동하는 제2전선부대와 연계하여 38도선 이북지역을 확보하려 하였다. 이에 따라 중공군은 공격의 중심을 원산~평양선 정면으로 선정하고, 덕천~구장~영변 서북지역을 후방으로 하여 장기長期작전을 유리하게 이끌겠다는 방침을 수립하였다. 또한 이러한 작전방침을 실행에 옮기기 위해서 중공군은 유엔군의 주력인 서부전선의 미 제8군에 주공을 지향하고, 동부전선에서는 조공부대를 투입하여 미 제10군단을 격파하려고 하였다. 또한 서부전선에서는 안주→평양→개성 축선을 공격방향으로 선정하고, 동부전선에서는 장진호→함흥→원산 축선, 혜산→북청 축선, 청진→함흥 축선 등을 공격방향으로 선정하였다.[69]

이와 같은 작전 방침에 따라 중공군 지휘부는 모든 전선에서 적을 깊숙하게 유인한 이후, 먼저 한쪽을 섬멸하고 전과를 확대한다는 공세계획을 확정하였다. 구체적으로 살펴보면, 동부전선에 투입될 제9병단의 제42군 일부 부대가 적을 유인하는 임무를 수행할 예정인데, 특히 장진호 방면으로 진격하는 미 제1해병사단을 섬멸한 이후 남쪽으로 전과확대 할 계획이었다. 서부전선에서는 제38군과 제42군이 국군을 유인한 이후 덕천→맹산→북창 방면에서 기습공격하고, 제40군과 제38군은 영변 방면에서 공격하며, 제39군은 태천에서 공격할 예정이었다. 한편 제66군은 구성과

정주에서 집결하는 한편, 제50군은 해안경계임무를 담당할 예정이었다.[70]

유엔군사령부의 지침에 따라 미 제8군과 미 제10군단 예하부대는 11월 24일부터 최종공세를 시작했다. 미 제8군은 좌측에 미 제1군단(미 제24사단, 국군 제1사단, 영연방 제27여단)을, 중앙에 미 제9군단(미 제2사단, 미 제25사단, 터키군 여단)을, 그리고 우측에 국군 제2군단(국군 제6사단, 제7사단, 제8사단)을 배치하고 공격을 개시하였다. 한편 동부전선에서 공격을 담당한 미 제10군단도 마천령산맥을 중심으로 좌측 미 제10군단(미 제1해병사단, 미 제7사단)을 배치하고, 우측에는 국군 제1군단(국군 수도사단, 제3사단)을 위치시킨 후 병행 공격을 실시하였다. 크리스마스 공세가 전개될 무렵 국군과 유엔군의 지상군 전투병력 규모는 국군 224,000여명, 미군 178,5000여명 등이었다.[71]

반면 중공군과 북한군으로 구성된 공산군은 전장을 동부지역과 서부지역으로 분할한 뒤, 서부는 청천강 지역에서, 동부는 장진호 일대에서 대응하였다. 서부지역은 중공군 제13병단(제38군, 제39군, 제40군, 제42군, 제50군, 제66군)과 북한군 제1군단이 담당하고, 동부지역은 중공군 제9병단(제20군, 제26군, 제27군)과 북한군 제3, 제4, 제5군단이 담당하였다. 이외에도 예비로 중공군 제12, 제15, 제60군과 북한군 제6, 제7, 제8군단을 배치하였다.[73] 한편 중공군과 북한군은 작전통합과 지휘체계 일원화를 위해 통일된 지휘기구의 필요성을 인식하였는데, 이를 위해서 1950년 12월 초에 조중연합사령부朝中聯合司令部를 설치하였다.[73]

제2차 공세에 동원된 중공군의 총병력은 9개 군, 30개 사단, 총380,000명이었다. 이중 서부전선에 6개 군, 18개 사단 230,000여명이 투입되었고, 동부전선에는 3개 군, 12개 사단 150,000여명이 배치되었다. 이들 중 동부전선에 투입된 중공군 제9병단은 한반도 상황에 맞는 훈련을 마친 후 전선에 투입될 예정이었으나, 전선 상황이 급박해짐에 따라 준비가 부족한 상태에서 투입된 부대였다. 따라서 제9병단 예하부대는 각종 장비가 부족했고, 험한 지형과 미 공군의 차단작전 등으로 인해 보급지원에 차질이 생겨 식량과 피복은 물론 탄약마저 부족했다. 또한 전장의 기후에 대한 준비가 부족하고 방한防寒 대책이 강구되지 않아서 병력의 대부분은 얇은 홑옷만 입은 채로 전선에 투입되었다.[74]

국군과 유엔군은 11월 24일부터 크리스마스 공세를 개시하였다. 하지만 마치 기다렸다는 듯이 국군과 유엔군의 공격이 개시된 바로 다음날, 중공군의 대규모 반격이 시작되었다. 서부전선을 담당한 중공군 제13병단은 적유령산맥 남쪽 일대에서,

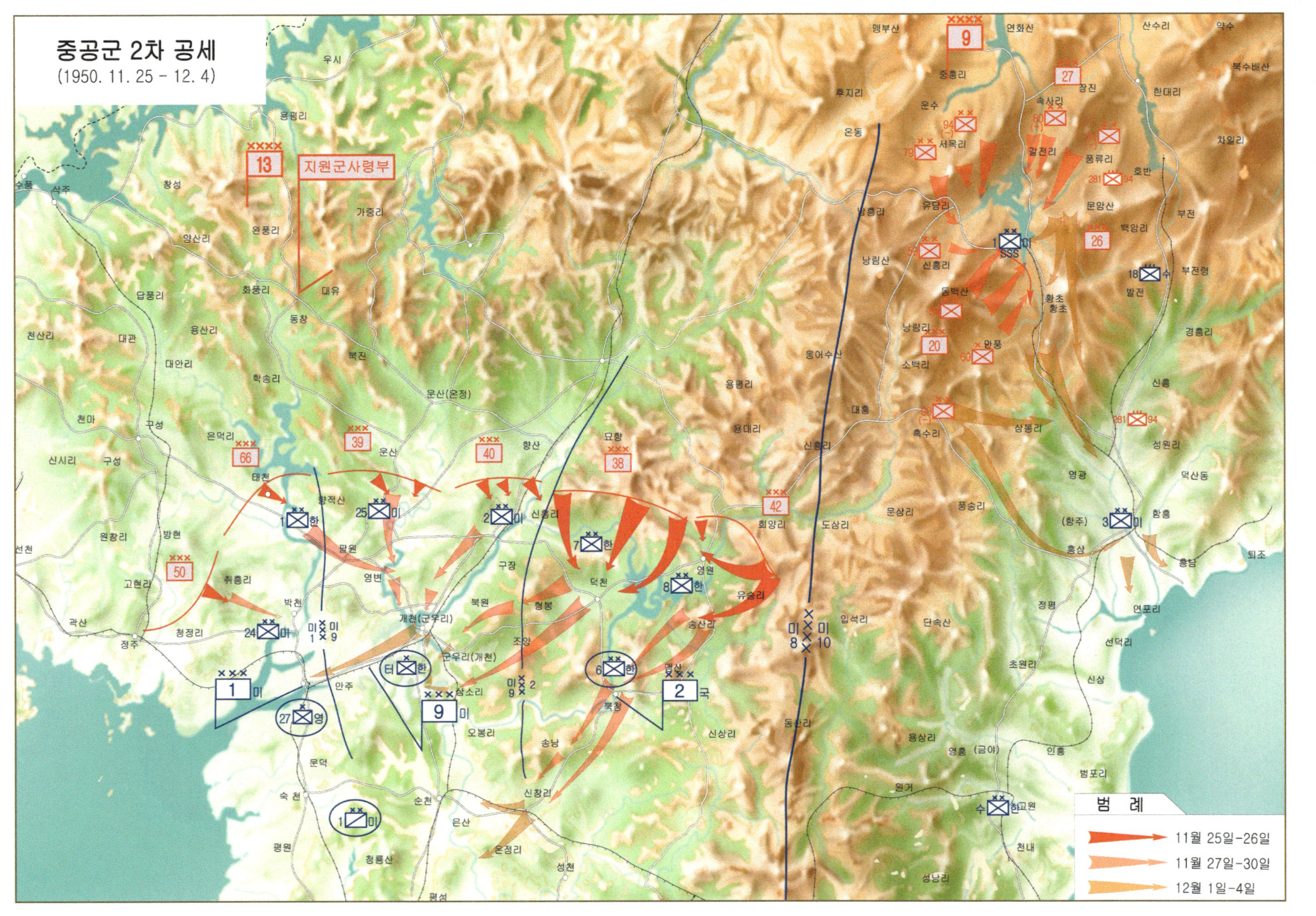
중공군 2차 공세
(1950. 11. 25 - 12. 4)
지원군사령부
범 례
11월 25일-26일
11월 27일-30일
12월 1일-4일
유담리
신흥리
덕천
영원
개천(군우리)
군우리(개천)
안주
순천
박천
청정리
정주
삭주
우시
희천
황초
함흥
흥남
퇴조
연포리
장진
발전
부전령
영흥 (금야)
성천
은산
숙천
평원
운산
향산
묘향
태천
영변
구장
북창
신창리
송남
온정리
운산(온정)

동부전선에 배치된 중공군 제9병단은 장진호 및 개마고원 일대에서 전투대형을 갖추고 대기 중이었다. 그리고 유엔군이 크리스마스 공세를 시작한 바로 그 다음 날인 11월 25일, 중공군의 제2차 공세가 시작되었다.[75]

제1차 공세와 마찬가지로, 중공군의 제2차 공세의 핵심은 기습이었다. 유엔군사령부는 크리스마스 공세를 시작할 때까지도 중공군의 주력이 의용군으로 구성된 소규모 부대에 불과하며, 중국이 정규군을 투입하여 미군에 맞서는 전쟁에 개입하지는 않을 것으로 판단하였다. 그러나 유엔군사령부의 예측과 달리, 이미 북한지역에는 조직적 지휘체제를 갖춘 중공군 30개 사단 38만여 명이 투입된 상태였다. 중공군은 미 제8군의 우측방으로 주공을 지향시켜 청천강 이남으로 진출했다. 동부전선에서는 장진호 일대에서 압도적 병력을 앞세운 중공군이 미 제1해병사단을 포위했다.[76]

동부전선과 서부전선 전체에 걸쳐 국군과 유엔군을 유인한 이후 중공군이 대규모 병력을 동원한 반격작전을 개시함에 따라 서울, 도쿄, 워싱턴에는 긴장감이 고조되었다. 한반도 북부까지 진출한 국군 및 유엔군이 위급한 국면에 처했다고 판단한 유엔군사령부는 11월 28일에 도쿄에서 미 제8군과 미 제10군단의 주요 지휘관과 참모를 소집하여 긴급 작전회의를 개최하였다. 이 회의에서 유엔군사령관(맥아더 원수)은 미 제8군사령관(워커 중장)에게 중공군에게 포위되지 않을 만큼 철수해도 좋다고 지시하였다. 또 미 제10군단장(알몬드 소장)에게는 동부전선의 국군과 미군을 함흥과 흥남 일대로 철수시키라고 명령했다.[77]

유엔군사령부에서 긴급 작전회의가 진행되는 순간에도 전선 상황은 더욱 악화되고 있었다. 전선에 복귀한 미 제8군사령관(워커 중장)은 즉시 청천강 남쪽에 새로운 방어선을 구축하기로 결심하고, 전 부대에 철수명령을 내렸다. 이에 따라 미 제8군 예하 부대들은 급히 청천강 남쪽으로 철수했고, 이어서 12월 1일에는 가까스로 숙천~순천을 잇는 선에 방어선을 구축했다. 국군과 유엔군이 청천강 일대에서 중공군과 맞서 격전을 벌이고 있을 무렵, 덕천 지역의 국군 제7사단 정면의 전선이 돌파되자 후방에서 예비대 임무를 수행하던 터키 여단이 군우리 북쪽에 투입되었다. 터키 여단은 군우리에서 중국 제38군과 치열한 전투를 벌였으며, 이 과정에서 전체 병력의 약 1/3에 해당하는 병력손실을 입었다. 그러나 이와 같은 피해에도 불구하고 터키 여단은 청천강 이북에서 미 제8군 예하 주력부대가 철수하는데 필요한 소중한 시간을 확보하였다.[78]

순천에서 평양으로 철수 중인 미 제8군 예하부대, 1950. 12월 초

한편, 미 제8군의 최종 엄호부대로 군우리에 남아있던 미 제2사단은 가장 나중에 철수하다가 중공군 제42군의 집중공격을 받았다. 그들은 적정을 정확히 파악하지 못한 채 군우리→순천 간의 협곡을 통과하던 중, 퇴로를 차단하며 매복 중이던 중공군의 공격에 노출되어 막대한 전투력 손실을 입었다. 그 후 미 제8군은 청천강 교두보를 연한 방어선을 포기하고 12월 3일에 평양 북쪽 20km지점의 순안~성천 선으로 철수하여 평양 외곽에 방어선을 형성했다. 그러나 그곳에서도 중공군의 맹렬한 추격이 이어져서 12월 4일에는 평양에서도 철수하였다. 이처럼 서부전선의 상황이 절망적으로 전개되자 유엔군사령관(맥아더 원수)은 미 제8군의 전투력 보존을 위한 특단의 조치, 즉 38도선까지 철수하겠다는 미 제8군사령관(워커 중장)의 건의를 승인하였다.[79] 이로써 6·25전쟁은 또 다시 38도선에서 대치하는 전쟁 발발 이전 상태로 복귀하였다.

미 제1해병사단이 장진호 일대에서 위급한 상황에 처하자, 원산에 있던 미 제3사단이 해병부대를 지원하기 위해 북상했다. 이에 따라 원산의 경비가 약화되었으며, 원산 인근에서 활동하던 제2전선 부대가 원산을 점령하였다. 결국 퇴로가 차단된 미 제10군단과 국군 제1군단은 해상으로 철수할 수밖에 없었다.[80] 12월 11일, 미 제1해

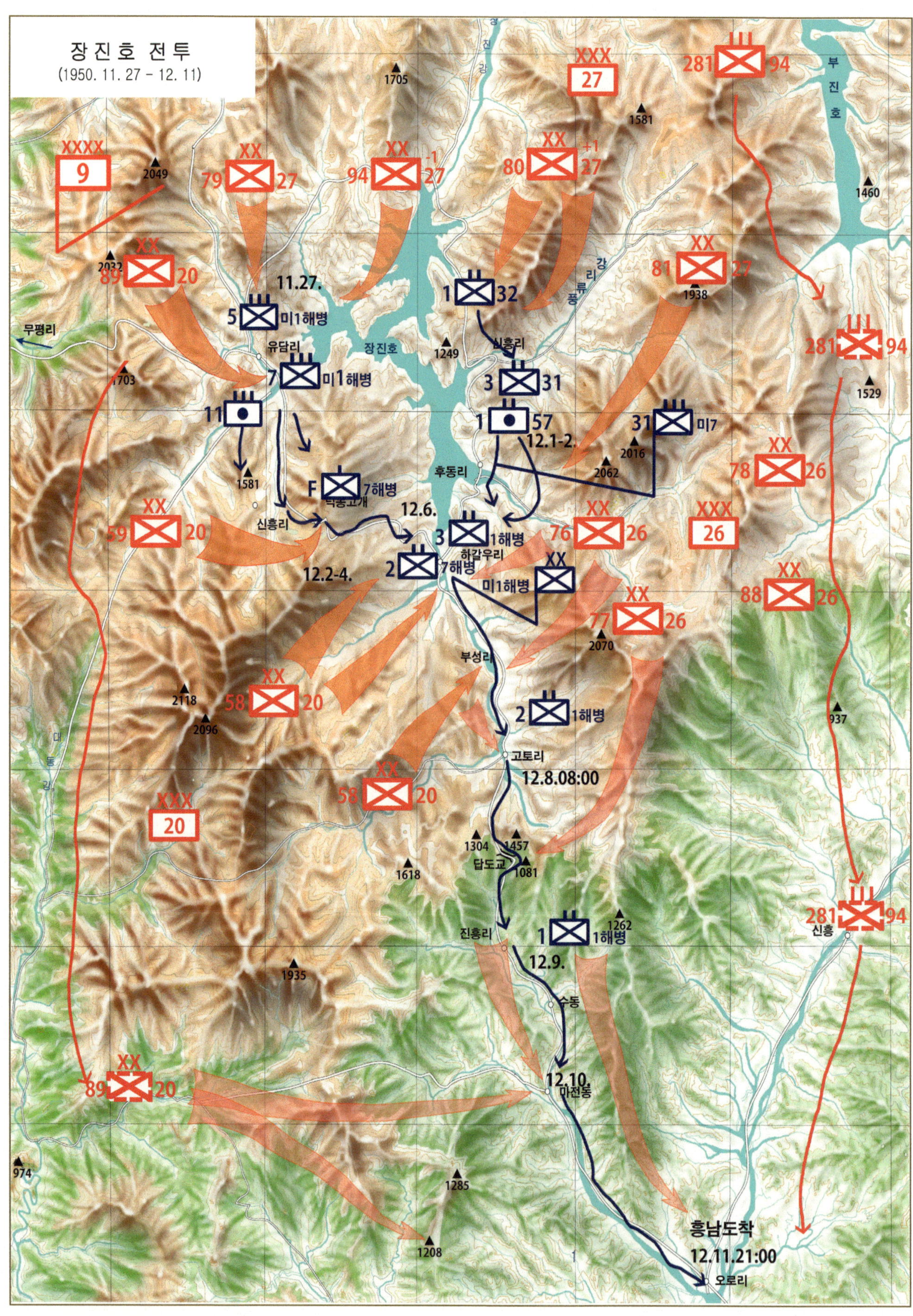
장진호 전투
(1950. 11. 27 - 12. 11)
XXXX 9
XXX 27
XXX 26
XXX 20
79 XX 27
94 XX 27 -1
80 XX 27 +1
281 III 94
89 XX 20
81 XX 27
59 XX 20
76 XX 26
78 XX 26
88 XX 26
77 XX 26
58 XX 20
5 미1해병
7 미1해병
11
F 7해병
1 32
3 31
1 57
31 미7
3 1해병
2 7해병
XX 미1해병
2 1해병
1 1해병
11.27.
12.1-2.
12.2-4.
12.6.
12.8.08:00
12.9.
12.10.
흥남도착
12.11.21:00
무평리
유담리
장진호
신흥리
후동리
덕동고개
하갈우리
부성리
고토리
답도교
진흥리
수동
마전동
오로리
신흥
부전호
장진강
풍류리강
대동강
1705
1581
2049
1460
2032
1938
1249
1703
1529
2016
1581
2062
2070
2118
2096
937
1304
1457
1081
1618
1262
1935
974
1285
1208

장진호 전투

1950년 11월 초에 한반도 북부의 산악지역에서 중공군이 출현하자, 유엔군사령부는 미 제8군사령부와 제10군단으로 분리되어 진격하던 전선을 연결하기 위해서 미 제1해병사단에게 서쪽으로 이동하여 연결작전을 실시하라고 지시하였다. 이에 따라서 미 제1해병사단은 무평리를 목표로 공격을 개시하였는데, 11월 25일에 유담리까지 진출한 제5, 제7해병연대는 이틀 후부터 무평리를 향하여 진격하였으나, 바로 이때 중공군의 제2차 공세가 시작되었다.

장진호 일대에서 미 해병사단의 공격을 저지하는데 성공한 중공군 제9병단은 예하의 3개 군(12개 사단) 중에서 장진호 북방의 유담리~하갈우리에 제27군 예하 4개 사단을 배치하고, 제20군 예하 4개 사단을 장진호 서쪽으로 우회시켜 제27군의 남쪽에서 미 해병부대의 유일한 철수로인 하갈우리→함흥 간의 산악도로를 차단할 계획이었다. 중공군 제9병단은 압도적인 병력을 투입하여 미 해병부대를 포위한 뒤, 이들을 섬멸하려고 하였다. 또한 만약의 상황에 대비하여 제26군(4개 사단)은 예비대로 확보하여, 전황의 변화에 대처하려 하였다.

미 제1해병사단에 대한 중공군의 공격은 11월 27일 저녁부터 개시되었는데, 예상과 달리 초기 전투에서는 우세한 화력과 기동력을 앞세운 미 해병부대가 중공군을 압도하였다. 특히 장진호 주변의 전장 환경은 많은 강설과 영하 30도까지 내려가는 혹한의 상황이었는데, 동계작전에 대한 준비가 부족했던 중공군은 방한복과 전투화, 식량과 탄약 등이 부족하여 작전수행에 많은 어려움을 겪었다. 유담리로 진격했던 미 제5, 제7해병연대는 12월 1일 오전에 하갈우리의 사단본부를 향해 철수를 시작하여, 가까스로 12월 4일 오전에 하갈우리에 도착하였다.

장진호 우측에서 미 해병연대의 포위에 실패한 중공군은 하갈우리에 집결한 미 해병사단의 철수를 저지할 목적으로 5개 사단을 추가로 투입하여 포위작전을 시도하였다. 중공군은 하갈우리→고토리→진흥리를 연결하는 도로 상에 모든 교량을 파괴하고, 곳곳에 장애물을 설치하여 미군의 철수를 저지하려 하였다. 이러한 상황을 파악한 미 제10군단은 항공기에 의한 철수를 제의하였으나, 미 제1해병사단장은 이를 거절하고 끝내 육로 철수를 단행하였다. 그는 해병들에게 '후퇴가 아닌 새로운 방향으로의 공격'이라는 점을 강조하며, 본격적인 철수작전에 나섰다. 12월 6일 오전에 하갈우리를 출발한 미 해병사단은 이후 약 5일 동안 중공군의 깊은 포위망과 혹한 속의 험로를 뚫고 진흥리에 도착함으로써 포위망 돌파와 철수에 성공하였다.

12월 11일에 최종 목적지인 함흥 인근에 도착한 미 제1해병사단은 14일간의 철수작전에서 전사 718명, 부상 3,504명, 실종 192명의 인명손실을 입었다. 이외에도 비전투손실이 1,534명에 달했는데, 이들은 대부분 동상 환자였다. 중공군 제9병단은 이 전투에서 전사 2,500명, 부상 12,500명 정도의 막대한 인명손실을 입었으며, 그 결과 약 4개월 동안 전투를 수행하지 못하고 부대 재정비에 집중하였다. 제9병단이 중공군 3차 공세(신정공세)와 4차 공세에 나서지 못한 이유였다.

병사단의 장진호 철수작전이 일단락되자 미 제10군단장은 미 제3사단, 미 제7사단, 국군 제1군단을 함흥 일대에 배치하여 흥남부두를 중심으로 교두보를 구축했다. 당시 제10군단이 철수시켜야 할 물동량은 병력 105,000명, 차량 18,422대, 각종 전투물자 35,000톤 정도였는데, 이에 대한 단계적 철수를 위해 3개의 작전 통제선을 설정했다. 또한 대규모 철수작전을 실시하기 위해서 미 해군은 125척의 수송선을 동원했다.[81]

흥남에서 가장 먼저 철수한 부대는 국군 제3사단이었으며, 두 번째로 미 제1해병사단의 병력과 장비가 부산으로 출항했다. 국군과 유엔군의 철수작전이 계속되는 동안 공산군은 계속해서 강력한 공격을 실시하였다. 국군과 유엔군은 반드시 교두보가 확보되어야 한다고 판단하고, 항공폭격과 함포사격 등 가용한 모든 화력을 동원하여 포위망을 압박하는 중공군을 제압했다.

미 제1해병사단에 이어서 미 제7사단과 미 제10군단 사령부가 승선했다. 12월 20일, 이 부대들이 승선을 완료하자 미 제3사단이 철수준비를 실시했다. 그때 흥남 외곽의 방호임무를 맡은 미 해군은 화력으로 공산군의 전진을 봉쇄했다. 12월 24일 오후 2시, 미 제3사단을 중심으로 한 마지막 지상군 부대가 승선을 완료했다. 그때 200톤의 탄약과 폭약, 500개의 포탄, 그리고 200여 드럼의 유류는 후송하지 못한 채 항만 폭파 시 함께 폭파되었다.[82]

흥남 철수작전에서는 10만 명이 넘는 병력과 17,500대의 각종 차량, 35만 톤의 물자를 완전하게 철수시켰다. 이와 더불어 공산주의의 압제를 피해 자유를 찾아 나선 북한 주민 98,000여명도 함께 철수하였다.[83] 흥남 철수작전의 성공으로 국군과 유엔군은 상당한 전투력을 보존하였는데, 이 병력은 다음 단계의 작전에서 중요한 역할을 담당하였다.

대규모 병력이 투입된 중공군의 제2차 공세가 성공함에 따라 국군과 유엔군이 주도하던 전세가 역전되었다. 미 제8군은 청천강 남쪽으로 후퇴했고, 동부지역의 미 제10군단에도 철수명령이 하달되었다. 두 차례에 걸쳐 중공군의 공세를 경험한 유엔군사령부는 중공군이 대규모로 개입했다는 개입 사실을 인정하지 않을 수 없었다. 유엔군사령부는 국군과 유엔군 앞에 나타난 적은 북한군이 아니라 약 30만 명에 달하는 중국 정규군이라고 발표하였다. 또한 맥아더 원수는 '새로운 전쟁a new war'에 돌입했다고 언급하였는데, 이는 사태의 긴박함을 우회적으로 표현한 것이었다.[84] 그는

철수작전 완료 후 폭파되는 흥남 항구, 1950. 12. 24.

미 합참에 국군과 유엔군은 당분간 방어태세로 전환한 뒤, 상황의 변화에 따라 적절하게 대응하겠다고 보고하였다. 이처럼 한반도의 전쟁이 중공군의 개입으로 인하여 예기치 못한 양상으로 전개되자, 미국은 이에 대응하기 위한 새로운 정책과 전략을 모색하였다. 이처럼 중국 정규군이 대규모로 개입한 사실이 확인되자 유엔군을 지휘하는 맥아더 원수는 강경한 견해를 제시하였다. 그는 만주 폭격, 중국 해안봉쇄, 그리고 타이완의 장제스蔣介石 군대의 한반도 투입 등을 요청했다. 그러나 워싱턴의 정책결정자들은 맥아더 원수의 요청을 수락하지 않았다.[85]

10장

중공군의 공세와 국군과 유엔군의 반격 I

‘새로운 전쟁’과 미국의 대응

중공군 제2차 공세 이후 전선이 38도선을 사이에 두고 형성됨에 따라 6·25전쟁은 또다시 새로운 국면으로 접어들었다. 중공군에 밀린 국군과 유엔군이 북한지역에서 철수를 시작하던 11월 30일, 미국의 트루먼 대통령이 기자회견에서 핵무기 사용 가능성을 언급하였다.[1] 미국은 한국 전선에 미 지상군을 투입한 시기부터 핵무기 운용 계획을 검토하고 있었는데, 트루먼 대통령은 중공군의 참전으로 불안해하는 유엔군 파병국에게 “유엔군은 한국에서 임무를 포기할 의도가 전혀 없다”[2]고 주장하며, 미국은 향후 군사상황에 대한 조치 중 하나로 핵무기 사용도 고려하고 있다고 밝혔다.

하지만 이러한 발언에 대해서 영국의 애틀리Clement R. Attlee 수상이 즉시 제동을 걸었고, 급기야 두 사람이 회동하여 미국은 영국과 협의 없이는 핵무기를 사용을 고려하지 않기로 합의하였다. 또한 양국의 정치 지도자는 전쟁의 향방에 대해서도 논의하였는데, 최종적으로 전쟁 이전의 경계선, 즉 38도선에서 전쟁을 종결시키기는 방안에 합의하였다. 물론 이와 같은 합의를 이행하기 위해서는 중국의 태도가 결정적이었다.[3] 하지만 전세가 국군과 유엔군에게 불리해진 상황에서 미국과 영국의 정치 지도자가 한반도에서의 전쟁을 또 다른 세계대전으로 확대하지 않기로 합의한 것은 주목할 만한 것이었다.

중공군 참전 이후 향후 정책을 고민하는 과정에서 미 합동참모본부와 유엔군사령부는 ‘확전擴戰’과 ‘철군撤軍’을 두고 첨예하게 대립하였다. 미 합참은 중공군이 전력을 증강하여 유엔군을 한반도에서 몰아내기 위해서 공격할 경우, 미국 정부는 가능한 빨리 미군을 포함한 유엔군을 한반도에서 철수시켜야 한다는 의견을 제시하였다. 대규모 중공군이 공격한다면 이에 대응하기 위해서는 유엔군에 대한 추가 병력지원이 필요한데, 당시의 국제정세와 유엔의 분위기에서는 유엔군 병력의 실질적 증강이나 미군의 추가 투입은 불가능하다고 판단했기 때문이었다.[4]

하지만 유엔군을 지휘하는 맥아더 장군은 한반도에서 유엔군이 철수하는 상황에 반대하였다. 대신 그는 한반도에서 전쟁을 승리로 이끌기 위한 강력한 조치가 포함된 확전을 요구하였다. 그는 중국의 군사력이 한반도에 상당부분 집중되어 있음을 지적하며, 이 상황을 이용하여 중국에 대한 해안 봉쇄, 해군과 공군을 이용하여 중국 공업지대 폭격, 타이완 군대를 유엔군의 일부로 참전시킬 것, 타이완 군대의 중국 본토에 대한 견제공격 허용 등을 승인하라고 촉구하였다. 맥아더 장군은 이와 같은 조치를 통해 유엔군이 중국의 전투수행에 심각한 손상을 가할 수 있으며, 유엔군에 대한 중공군의 압력을 완화하여 전세를 역전시킬 수 있을 것이라고 주장하였다.[5]

이처럼 미국의 정책 결정자들 사이에 시작된 '확전'과 '철군' 사이의 갈등은 1951년 1월 초에 개최된 미 합동참모회의와 국가안보회의NSC를 거치면서 해소되었다.[6] 이러한 회의를 거쳐 미국 정부는 맥아더 장군이 주장하는 확전 요구를 수용하지 않기로 결정하였으며, 대신 다음과 같은 군사지침을 확정하였다. "공산군에게 최대의 피해를 가하면서 축차 진지에서 방어하되, 인력과 물자의 심대한 손실을 피하기 위하여 불가피한 경우 일본으로 철수한다. 군사적으로 한반도에서 지속적 저항이 불가능할 경우, 일단 한반도에서 철수한 이후 제주도와 같은 근해 도서에서 계속 저항한다."[7] 이처럼 미국 정부가 채택한 새로운 지침은 어떠한 경우에도 중국 및 소련과의 대규모 충돌을 의미하는 제3차 세계대전으로 확전은 피할 것이며, 불가피한 경우 한반도에서 유엔군의 철수 가능성을 언급하였다.

중공군의 3차 공세와 유엔군의 대응

국군과 유엔군은 12월 초부터 청천강선에서 철수를 시작하여, 평양~원산 선을 거쳐 12월 중순경에는 38도선까지 철수하였다. 중공군의 대규모 공세로 충격을 받은 유엔군이 38도선 남쪽으로 철수하자, 중공군은 손쉽게 평양을 점령한 이후 38도선까지 진출했다. 철수하는 과정에서 국군 제2군단 예하 사단들이 심각한 타격을 입고 흩어져 철수하였으며, 유엔군 부대의 피해도 컸다.[8]

그런데 38도선까지 밀고 내려온 중공군은 열악한 보급문제와 계속된 작전으로 인하여 누적된 전투피로 때문에 부대정비와 휴식이 필요했다. 중국인민지원군을 지휘하는 펑더화이 사령관은 38도선 일대에서 2~3개월간 부대를 정비한 후, 1951년 봄에 38도선을 돌파해 서울을 점령하고자 했다. 그러나 베이징에서 한반도의 전쟁상황을 관망하던 마오쩌둥의 생각은 달랐다. 그는 부대정비와 보급 및 보충을 위한 충분한 시간이 필요하다는 현지 지휘관의 의견을 인정하면서도, 국군과 유엔군이 붕괴에 직면한 상황에서 중공군이 공세를 멈추는 것에 강한 불만을 제기했다. 따라서 그는 펑더화이 사령관에게 즉시 부대를 정비하여 38도선을 돌파한 이후, 서울을 점령하라고 지시하였다. 또한 필요한 경우 중공군의 부대정비는 서울을 점령한 후에 별도의 시간을 부여할 것이라고 덧붙이며, 대신 즉각적인 공세로 서울을 점령하는 것이 향후 정세에 유리한 상황을 조성할 것이라고 강조하였다.[9] 이와 같은 마오쩌둥의 직접 지시에 의해 펑더화이는 마지못해 예하부대를 독려하여 공세준비에 착수하였으며, 제3차 공세 개시일을 12월 31일을 선정했다.

38도선 남쪽으로 황급하게 후퇴한 국군과 유엔군은 1950년 12월 20일경 임진강 하구~연천~춘천 북방~양양을 잇는 선에 방어진지를 편성했다. 그러나 철수하는 과정에서 병력통제가 제대로 이뤄지지 않아 가용부대에 비해서 방어정면이 지나치게 넓어서 1개 사단이 약 30km가 넘는 정면을 담당하였다. 그러다보니 방어병력이 배치되지 않은 공백이 많았고, 이러한 공간은 중공군의 침투를 허용할 가능성이 많았다. 이 무렵 중공군은 38도선 부근으로 남하하여 서울을 목표로 개성→문산→서울과 철원→의정부→서울 등 2개 축선에 전투력을 집중 배치하였다.[10]

조중 연합사령부는 1950년 12월 23일에 제3차 공세를 실시하기 위해 서부전선에서 중공군 각 부대를 38도선 부근의 금천, 연천, 철원, 화천 등지로 이동시켰으며, 차후 공격명령에 따라 돌격할 수 있는 만반의 준비를 완료하라고 지시하였다. 제3차 공세 직전 중공군 제13병단과 북한군의 부대 배치는 좌측에서부터 제50군은 개성 동쪽에, 제39군은 구화리에, 제40군은 삭녕에, 제38군은 연천에, 제42군은 철원 동남쪽에, 제66군은 금화 인근에 배치되었다. 또한 북한군 제1군단은 사리원 인근에, 제2군단과 제5군단은 홍천과 인제 방면으로 이동하였다.[11]

중공군 지휘부는 제3차 공세를 단기전으로 계획하였는데, 공세 지속일자는 20일 이내로 상정하였다. 그 이유는 중공군의 보급체계와 기동수단, 그리고 화력 운용이 제한되었기 때문이었다. 앞선 두 차례의 공세에서도 중공군의 보급문제는 체계적이지 못한 보급구조와 병참선 신장 때문에 작전수행에 지장을 초래하였다. 중공군의 수송 및 기동수단은 기동화 되지 않았을 뿐만 아니라, 유엔 공군의 폭격으로 인해 도로봉쇄와 파괴, 동계 적설로 인해 많은 제한이 있었다. 따라서 중공군 각 병사는 작전 개시에 앞서 약 5~10일 분의 식량과 탄약만 지급받았을 뿐이었다.[12] 또한 당시 중공군 공격부대는 많은 수량의 탄약이 필요한 박격포, 기관총, 수류탄 등에 의존하였으나, 이 시기에는 본국으로부터 보급이 제한되어 사실상 각종 탄약이 고갈된 상태였다. 더구나 대부분의 병사들이 추위와 배고픔으로 인해 사기가 저하되었으며, 1951년 11월 초부터 계속된 공세 때문에 휴식과 정비가 시급한 상태였다.[13]

이처럼 중공군이 보급 및 군수지원에서 심각한 문제를 가지고 있었음에도 불구하고, 펑더화이는 제3차 공세를 위한 작전계획을 하달하였다. 그는 북한군 3개 군단과 중공군 6개 군이 연합작전을 수행하여 국군과 유엔군이 진지를 편성한 38도선 남쪽의 방어선을 돌파하고, 임진강 동쪽과 북한강 서쪽에 배치된 국군 제1, 제2, 제5, 제6사단을 섬멸하라고 지시하였다. 이후 상황이 순조롭게 전개되면, 계속 공격하여 서울과 춘천, 홍천, 양양, 강릉 일대를 점령할 계획이었다. 서울을 점령한 뒤에는 정비 및 휴식을 취한 다음 춘계공세를 준비한다는 작전방침을 정하고, 부대별로 구체적 공격명령을 하달하였다.[14]

제3차 공세에서 중공군은, 이전에 실시했던 두 차례 공세와 달리, 상당기간 방어준비를 마친 국군과 유엔군을 공격해야 했다. 이에 따라 중공군 각 군은 철저한 정찰을 통해 아군의 방어준비 상황을 파악하여 강습도하와 돌파작전을 준비하는데 주력하였으며, 돌파에 성공한 이후에는 종심을 향해 진출하기 위한 대책도 마련하였다. 제3차 공세에 동원된 중공군은 30개 사단 약 300,000여명이었으며, 북한군은 정규 12개 사단 및 게릴라 부대를 포함하여 약 170,000여명으로 공산군의 총 병력은 약 470,000여명이었다. 또한 참전 준비를 마친 중공군 약 650,000여명이 만주에서 대기 중이었고, 별도로 만주로 이동 중인 병력도 250,000여명이나 되었다. 반면 이 시기에 국군과 유엔군 병력은 총 365,000여명이었는데, 이중에서 전투 병력은 총 250,000여명(국군 140,000명, 유엔군 110,000여명)에 불과했다.[15]

워커Walton Walker 중장의 후임으로 미 제8군을 지휘한 릿지웨이Matthew B. Ridgway 중장

국군과 유엔군은 1950년 12월 20일 경부터 38도선 상에 대한 방어준비에 전력을 다했다. 당시 부대배치를 살펴보면, 서쪽에서부터 미 제1군단(국군 제1사단, 미 제25사단, 터키 여단)이 의정부 정면을 담당하고, 국군 제3군단(국군 제2사단, 국군 제5사단, 국군 제8사단)이 춘천 정면을 방어하며, 국군 제2군단(국군 제3사단, 제7사단)이 원대리~관대리 사이에 배치되었으며, 국군 제1군단(국군 수도사단, 제9사단)이 양양~서림~현리~원대리를 담당하였다. 미 제7사단, 미 제1기병사단, 미 제1해병사단 등은 후방에서 재편성 중이었으며, 미 제3사단, 미 제2사단 등은 전선 후방에 예비 병력으로 배치되어 작전 수행을 준비하였다.[16] 그런데 12월 23일에 미 제8군사령관 워커 중장이 의정부 북방에서 차량 충돌사고로 사망하였으며, 이후 릿지웨이Matthew B. Ridgway 중장이 사령관에 취임하여 위기에 처한 미 제8군에 대한 작전지휘를 맡았다.[17]

유엔군사령부는 중공군의 제3차 공세가 임박하자 항공정찰을 강화하였는데, 이 과정에서 적의 대규모 포병부대가 미 제1군단과 제9군단의 전투지경선인 연천~의정부 사이에 집중 배치되었고, 또한 임진강변에서 교량 제작에 필요한 다량의 물자

중공군 3차 공세
(1950. 12. 31 - 1951. 1. 8)
범 례
12월 31일-1월 2일
1월 3일-4일
1월 5일-8일
게릴라 활동지역
서울
1월 6일
1월 24일
LINE C
LINE D
NEW LINE D
지하리
이천
신막
토산
금천
장풍
배천
개성
연천
철원
평강
김화
금성
화천
양구
인제
금강산
설악산
간성
속초
양양
강릉
삼척
춘천
가평
홍천
횡성
원주
의정부
포천
동두천
광주
이천
용인(금량장)
수원
오산
안성
음성
충주
제천
영월
평창
정선
단양
태백산
소백산
영주
안동
영덕
예천
천안
조치원
청주
공주

가 배치된 것을 확인하였다. 또한 생포된 포로의 진술에 따라 적의 주공이 서울을 지향할 예정이며, 공격은 12월 31일 밤에 시작될 것이라는 첩보도 확보하였다.

중공군의 제3차 공세가 임박했다는 보고를 받은 신임 미 제8군사령관(릿지웨이 중장)은 유엔군의 추가 증원이 이뤄지지 않는 상태에서 38도선에서 고수방어 혹은 반격이 무모하다고 판단하고, 대신 지연전을 통해 적의 전력을 소모시킨 이후 공세로 전환한다는 계획을 검토하였다. 즉, "공세적 방어작전을 반복함으로써 공수의 전환을 도모한다"[18]는 작전방침을 설정하고, 이를 구체화하기 위해서는 38도선에서 부산에 이르는 6개의 방어선을 확정하였다.[19] 달리 표현하면, 미 제8군은 38도선으로부터 낙동강 방어선까지 여러 개의 방어진지를 사전에 준비할 것이며, 각각의 방어선에서 적에게 최대의 타격을 가하고 다음 방어선으로 이동하겠다는 소위 기동방어를 계획하였다.

마오쩌둥의 의사가 강력하게 반영된 중공군의 제3차 공세는 12월 31일 17시경에

1.4 후퇴 직전 한강에서 남쪽으로 이동하는 피난민, 1951년 1월 초

짧은 공격 준비사격과 함께 시작되었다. 약 20만 여명에 달하는 중공군 공격부대가 일시에 38도선을 넘어 서울을 향해 공격하였다. 중공군은 문산 우측의 제1사단과 동두천의 제6사단 등 국군 부대를 집중 공격했다. 이로 인하여 국군 제1사단과 제6사단 후방에 커다란 돌파구가 형성되었다.[20] 또한 중동부전선의 국군 제3군단도 중공군의 집중공격에 직면하였다. 이와 같은 적의 공격상황을 확인한 미 제8군사령관(릿지웨이 중장)은 국군과 유엔군이 현 위치에서 적에 대항할 경우 주력이 중공군에게 포위될 가능성이 클 것으로 판단했다. 이에 따라 그는 1월 1일에 모든 부대에게 한강~양평~홍천을 연하는 선으로 철수하라고 지시하였고, 이어서 1월 3일 오후에는 한강선에서 평택~안성을 연하는 선으로 철수시켰다.[21] 미 제8군사령관(릿지웨이 중장)의 명령에 따라 1951년 1월 4일 오전까지 한강 이북의 모든 부대들이 한강에 설치된 임시교량을 이용하여 질서 있게 철수(1.4후퇴)했으며, 서울 시민도 다시 한 번 서울을 떠나야 했다.

서울에서 철수한 국군과 유엔군은 수원과 오산을 거쳐 37도선까지 후퇴했으며, 1월 6일에는 예정대로 평택~안성을 연결하는 방어선을 점령했다. 그런데 예상과 달리 서부전선을 압박하던 중공군의 추격이 빠르지 않았으며, 1월 8일을 전후해서는 전 전선에서 중공군의 공세가 일제히 멈추었다. 중공군이 3차 공세 목표인 서울을 점령한 직후 추가공격을 중지하였기 때문이었다.[22]

홍천~원주 일대에서는 대규모 북한군이 태백산맥의 험준한 지형을 따라 국군과 유엔군의 후방으로 침투하여 기존부터 이곳에서 활동하던 유격대와 합류했다. 그들은 중공군 제3차 공세 초기에 공격을 시작한 북한군 2개 군단과 함께 전후방 동시공격을 감행했으며, 손쉽게 원주~평창과 영월~단양 일대까지 진출했다. 만약 북한군이 공세를 계속해 충주→대전방향으로 진출한다면 유엔군 주력의 후방이 차단될 우려가 있었다. 이에 따라 갑자기 원주가 국군과 유엔군 전투력의 보존을 위해서 반드시 확보해야 할 핵심지점으로 부각되었다. 결국 북한지역에서 철수한 직후 재편성에 돌입했던 미 제2사단이 원주 방면으로 투입되어 위기를 해소하였다. 이후 1월 12일에 미 제2사단이 격렬한 공방전 끝에 북한군에게 빼앗겼던 원주를 회복함으로써 중동부전선의 위기가 일단락되었다.[23] 미 제2사단이 원주 전투에서 거둔 승리를 기반으로 미 제8군은 전선의 위기를 수습하고, 차기반격을 위한 계기를 마련하였다.

릿지웨이 작전방침과 유엔군의 반격 작전(1차)

국군과 유엔군은 중공군 제3차 공세가 시작된 직후 38도선에서 철수하였으며, 1951년 1월 7일경에 평택~삼척을 연하는 37도선에서 전열을 재정비하였다. 이 과정에서 서울을 적에게 다시 내주어야하는 아픔을 겪었지만, 미 제8군사령관(릿지웨이 중장)의 지침에 따라 아군의 전투력을 보존하면서 적의 공격을 저지하는데 주력하였다. 당시 37도선은 유엔군의 계획된 방어선 중 하나였으며, 상황이 악화될 경우 이를 포기하고 더 남쪽으로 철수할 예정이었다. 만약 중공군이 남쪽으로 더 강하게 밀고 내려오면, 유엔군은 적과 대결하기보다는 전투력 보존을 위해 더 남쪽으로 후퇴할 가능성에 무게를 두고 있었다.[24]

1월 7일 이후 서부전선에서는 중공군의 공세가 중지되었다. 정확하게 표현하면, 공세 중지가 아니라 아예 유엔군 부대를 추격하는 중공군 부대를 찾을 수 없을 정도였다. 당시 중공군은 서울을 점령한 이후 전력이 소진되어 서부전선에서 평택까지 진출할 여력이 남아있지 않았다. 또한 국군과 유엔군이 쉽게 방어선을 포기하고 일찌감치 주력을 남쪽으로 후퇴시키는 것은 자신들을 유인하기 위한 작전이라고 판단하였다. 당시 중공군 지휘부는 유엔군이 자신들을 깊숙하게 유인한 후에 배후에서 상륙작전을 실시하려 할 것이라고 생각하며, 선두 공격부대에게 조심스럽게 작전을 수행하라고 지시하였다. 그리고 펑더화이 사령관은 1월 8일을 기해 중동부전선에서 전과확대 중이던 북한군을 제외한 전 부대에 추격 중지명령을 하달하고, 휴식과 정비를 지시했다.[25]

이처럼 1월 12일을 전후하여 전 전선에서 중공군과 북한군의 남하가 중단되자, 미 제8군사령관(릿지웨이 중장)은 즉시 전 전선에서 공산군의 정확한 위치를 파악하기 위한 조치를 지시했다. 그는 대규모 병력을 앞세운 중공군을 직접공격하여 지역을 탈취하는 것보다는, 우세한 기동력과 화력의 이점을 활용하여 중공군의 전투력을 약화시키는 것이 중요하다고 판단하였다. 이에 따라 미 제8군사령관은 위력수색작전을 통해 적정을 확인한 이후, 축차로 작전 통제선을 설정하여 반격한다는 작전방침을 설정하였다. 1월 14일에 하달된 작전방침의 내용은 다음과 같다.[26]

첫째, 아군은 중공군의 대규모 병력을 제압하기 위해 화력과 기동력의 우세를 최대한 활용한다. 화력과 기동력에 의한 살상전술을 원활히 달성하기 위해 보병, 포병,

기갑 등 제 병과간의 긴밀한 협동작전을 수행한다. 해군과 공군은 지상작전에 대한 화력지원에 중점을 둔다.

둘째, "나의 목표는 지역 확보보다는 오로지 적을 살상하는 것이다"라는 말과 같이, 작전의 핵심 목표는 아군의 손실을 최소화하고 적의 인원 및 물자에 최대의 출혈을 강요하는 것이다.

셋째, 공격은 모험적인 작전을 회피하고 최초 소규모 위력수색을 실시하여 적정을 확인한 후에, 보다 강력한 전투정찰 또는 제한된 목표를 탈취하기 위한 전면공격으로 확대한다.

넷째, 공격 간에는 공격의 속도보다는 인접부대와의 횡적인 협조와 연결을 긴밀하게 유지해야 하고, 이를 위해 축차적인 통제선을 설정한다. 그리고 공격부대에 의하여 아군 전선이 크게 돌출되거나 적을 우회하여 진출하는 것을 방지하기 위해 모든 공격부대는 군단장급 지휘관의 사전 승인을 얻은 후 통제선을 통과한다.

다섯째, 적의 대규모 공세가 개시되면 아군은 인접부대와 연락 및 협조를 유지하면서 사전에 계획된 축차 방어선으로 질서 있게 후퇴한다. 이때 어느 한 부대의 급속한 철수로 인해 전선의 불균형을 초래하거나, 적에게 돌파구 형성 및 후방 침투를 허용하지 않도록 한다.

여섯째, 후퇴 시 모든 부대는 일방적인 철수가 아니라 반드시 적과 접촉을 유지하면서 지연전을 수행한다. 또한 모든 가용한 기회를 포착하여 적에게 최대의 출혈을 강요하면서 적의 주력을 아군의 화망火網 속으로 유도한 다음, 지상과 항공 화력으로 집중 강타한다.

일곱째, 적의 공격기세가 한계점에 도달하면 아군은 즉시 공세로 전환하여 반격을 개시하여 지속적인 기동전을 수행하며, 이로써 적의 소모와 출혈을 강요하여 전투력을 소모시킨다.

이와 같은 미 제8군사령관의 작전방침에 따라 서부전선에서는 접촉이 단절된 중공군의 위치, 규모, 향후 작전의도 등을 탐색하고, 중동부전선에 대한 적의 압력을 견제하기 위해 제한된 규모의 위력수색작전 울프하운드 작전Operation Wolfhound을 계획하였다. 1월 15~22일 사이에 실시된 이 작전에서는 미 제1군단에서 1개 연대 전투단이, 미 제9군단에서는 1개 대대 전투단이 참가하였다.[27] 이 위력수색작전의 결과, 수원~여주 이남에는 소규모 중공군 부대만 배치되어 있음이 확인되었다.

서부전선의 중공군 배치를 확인한 미 제8군사령관은 1월 23일에는 보다 강력한 부대로 신속하게 적 종심 깊게 진출하는 파괴적 위력수색작전을 구상하고, 이를 썬더볼트 작전Operation Thunderbolt으로 명명하였다. 썬더볼트 작전의 목적은 미 제1군단과 제9군단이 전차로 증강된 미군 1개 사단과 국군 1개 연대를 추가로 투입하여 수색작전을 펼치면서 한강까지 진출하는 것이었다. 한편 중동부전선에서 공산군의 대규모 병력이 홍천 일대에 집결하고 있다는 정보를 입수한 미 제8군사령부는 이를 포위 격멸한 후, 중동부지역의 전선을 북상시키기 위해 라운드업 작전Operation Roundup을 계획하였다. 이와 같은 작전을 수행하는 과정에서 미 제8군사령관은 작전부대 사이의 연결을 유지하고, 공격제대의 안전한 진출을 보장하기 위하여 군단 지역 전방에 8km 간격으로 5개의 작전 통제선을 설정하였고, 각 통제선 통과의 시기와 방법은 군단장에게 위임하였다. 또한 작전부대가 충분한 화력지원을 받을 수 있도록 유엔 공군의 근접항공지원과 유엔 해군의 함포사격 지원을 계획하였다.[28]

미 제8군사령관(릿지웨이 중장)이 1951년 1월과 2월 초에 다양한 위력수색작전을 지휘하면서 의도한 바는 다음과 같다. 첫째, 국군과 유엔군은 우세한 기동력과 화력을 활용하여 최대한 적을 찾아 살상하려 하였는데, 이는 작전의 목표가 지역 확보가 아닌 적 군사력 섬멸에 있음을 의미한다. 둘째, 중공군의 우회침투를 방지하고 국군과 유엔군에 대한 분할포위를 막으면서, 동시에 유엔군의 장점인 화력을 최대한 활용하여 공격하려 하였다. 이 과정에서 공산군의 각 부대가 서로 연결하지 못하도록 압박하였다. 셋째, 국군과 유엔군 공격부대가 수행하는 공격방법의 변화를 추구하였다. 즉, 그동안 도로를 중심으로 주공부대를 투입하여 공격하던 방식에서 벗어나 화력으로 적을 타격하여 돌파한 이후, 보병이 소탕작전을 전개하였다. 또한 전선이 불균형하게 형성되지 않도록 부대 좌우가 완전히 연결된 상태에서 공격하는 방식을 추구하였다.[29]

중공군의 제3차 공세가 종료된 이후 1월 15일부터 국군과 유엔군이 재반격을 실시함으로써 다시 한 번 전세를 역전시킬 수 있는 가능성이 보였다. 미 제8군사령관은 울프하운드 작전과 썬더볼트 작전을 통해서 제3차 공세 이후 잠적한 중공군의 위치를 파악하였으며, 이 과정에서 중공군에 대한 패배의식과 두려움을 가지고 있던 국군과 유엔군에게 적극적 공세를 통한 공격정신을 부활시키려고 노력하였다. 따라서 1951년 1월 25일부터 시작된 썬더볼트 작전에서는 국군과 유엔군이 작전개념을 수색정찰에서 지역 확보로 전환하였다. 2월 10일까지 실시된 이 작전에서 유엔군은 공산군의 일부 거점을 제외한 나머지 전全 지역에서 한강 남안을 확보하였다.[30]

동부전선에서 2월 5일부터 시작된 라운드업 작전에서는 서부전선과 보조를 맞춰 중동부전선에 대한 적의 압력을 제거하고 압박함으로써, 점차 한강 확보, 서울 탈환, 38도선 이북으로 진격하기 위한 여건이 조성되었다. 이 작전에서는 국군이 선봉을 맡고, 미군이 후속부대의 임무를 수행하는 연합작전으로 전개되었는데, 이는 서부전선과는 정반대 병력운용이었다. 그러나 라운드업 작전 간 국군과 유엔군은 동부전선의 험준한 산악지형 때문에 적에 대한 철저한 수색 및 정찰이 불가능했다. 또한 도로가 복잡한 곳에서는 아군 부대의 병력이 분산되어 작전을 수행해야 하는 어려움도 있었다. 그럼에도 불구하고 국군과 유엔군은 작전 개시 직후 약 3일 동안 예정된 목표와 통제선을 확보함으로써 차후 작전에 유리한 여건 조성에 성공하였다. 하지만 2월 11일부터 중공군이 중동부전선에 주공을 투입하여 새로운 공격을 시작함에 따라 국군과 유엔군은 반격을 중지하고, 다시 수세로 전환하였다.[31]

1·4후퇴를 전후하여 유엔군사령부는 한반도에서 철군撤軍과 확전擴戰 사이에서 고

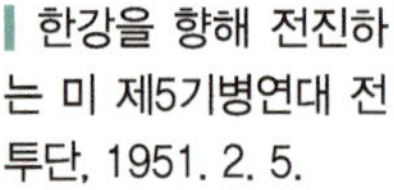

한강을 향해 전진하는 미 제5기병연대 전투단, 1951. 2. 5.

민하며 새로운 전략을 결정해야 했다. 또한 군사작전의 성패에 따라서는 대한민국 정부의 이전移轉, 즉 망명정부 설립까지도 검토하였다. 1951년 1월에 검토된 유엔군의 전쟁지도 지침에는 중공군의 압도적 공세에 밀려서 유엔군이 한반도에서 철수할 경우, 유엔군은 일단 일본으로 철수하되, 대한민국 정부와 군경을 제주도로 이전시켜 저항을 계속할 수 있도록 지원한다는 내용이 포함되었다.[32]

한편, 중공군 개입 이후 갑작스런 전황 악화는 대한민국 국민의 전쟁에 임하는 태도에도 큰 영향을 미쳤다. 중공군의 대규모 공세를 계기로 한국인은 국가의 운명을 좌우하는 심각한 현실을 직시하였으며, 온 국민이 힘을 합쳐 위기를 극복하려 하였다. 대한민국 정부는 100만 명의 청년을 무장시켜 중공군을 격퇴시키겠다고 공언하기도 했다. 이승만 대통령은 유엔과 미국 정부에게 이들이 즉시 전투에 참가하여 적을 물리칠 수 있도록, 100만 명의 애국청년에게 무기를 지원해 달라고 촉구하였다.[33] 그는 또한 통일 한국의 가능성이 멀어지고 있는 현실에 직면하자 대한청년단원들을 무장시키기로 결심하고, 미국에 장비 제공을 요청하였다. 또한 대통령의 특명을 받은 사절단이 미 국무부를 방문하여 국내의 상황을 설명한 후 미국의 지원을 호소하기도 하였다. 하지만 이러한 의도에서 출발한 국민방위군國民防衛軍은 예산과 장비, 전문 인력이 부족한 상황에서 무리하게 추진하다가, 결국 별다른 성과 없이 인재人災로 끝나고 말았다.[34]

1951년에 접어들자 유엔군은 회원국으로부터 추가로 병력을 지원받기가 어려웠다. 미국도 추가 파견할 부대와 병력이 여의치 않았기 때문에 병력증강 요청에 난색을 표명하였다. 그러던 중 미국 국방부는 이승만 대통령이 제시하는 방안, 즉 국군의 병력증강과 전투력 향상을 신중하게 검토하기 시작했다. 1951년 초에 제기된 국군 증강 및 재편성 방안은 이후 유엔군사령관(맥아더 원수) 등의 반대에도 불구하고, 1951년 5월 이후 미국 정부의 정책으로 채택되어 본격적으로 추진되었다. 특히 미 국방부의 합동전략기획위원회가 국군 증강계획을 적극 추진하였는데, 국군의 전투력이 증강되면 미국의 추가 파병이 없이도 한반도에서 전쟁 수행이 가능할 것으로 기대하였기 때문이었다.[35]

중공군의 4차 공세 준비

중공군의 제3차 공세가 끝난 직후인 1951년 1월 15일에 실시된 유엔군의 위력수색작전Operation Wolfhound에서 서부전선 수원~여주 이남지역에 배치된 중공군이 소규모에 불과하다는 것이 밝혀졌다. 이에 따라 미 제8군사령관(릿지웨이 중장)은 국군과 유엔군이 1월 25일부터 반격작전을 감행하여 전선의 작전 주도권을 회복하려 하였다. 이후 국군과 유엔군은 서부전선에서의 썬더볼트 작전Operation Thunderbolt, 중동부전선에서의 라운드업 작전Operation Roundup을 통해 2월 초순에는 김포~안양~양수리~지평리~횡성~하진부를 연하는 선까지 진출하였다.[36]

이와 같은 유엔군의 반격작전에 위기감을 느낀 중공군 사령관 펑더화이는 마오쩌둥과 수차례 전문 교환을 통해 차후작전 구상에 나섰다. 이때 두 사람은 일부 병력으로 서부전선에서 유엔군의 공격을 견제하고, 중동부전선에서 국군 2~3개 사단을 섬멸한 후 계속해서 돌진하여 측방에서 서부전선의 유엔군 주력을 위협함으로써, 최종적으로 유엔군의 공격을 저지할 수 있을 것이라고 판단하였다.[37]

하지만 당시 중공군은 계속되는 군사작전과 장거리 진격으로 인해 최소한 2~3개월 이상의 휴식이 더 필요했다. 또한 한반도에 추가 투입될 예정이던 19병단은 준비가 부족했고, 장진호 전투에서 큰 피해를 입고 재편성에 열중하던 제9병단도 충원이 늦어져서 즉시 투입이 어려웠다. 펑더화이가 1월 31일에 마오쩌둥에게 보낸 전문에 따르면, 제9병단은 제16군의 8개 연대만 출동이 가능한데, 이들도 2월 18일이 되어야 철원에 도착하여 예비대 임무를 수행할 수 있었다. 결국 향후 추진될 제4차 공세에서도 앞선 세 차례 공세를 담당했던 제13병단 소속 6개 군과 북한군 3개 군단이 핵심 전력으로 투입될 예정이었다.[38]

1951년 2월로 접어들면서 중공군은 전선에 배치된 전투부대를 가평~홍천 지역에 집결시키고, 원산에서 재편성을 마친 제9병단이 중부전선을 강화하기 위해 춘천으로 이동하였다. 이 시기에 중공군은 일부 부대를 서부전선에 투입하여 유엔군을 고착 견제한 이후, 주력은 동부전선으로 집결시켜 유엔군을 유인한 뒤 공세로 전환하려 하였다. 이에 따라 2월 9일부터 11일까지 중공군 제42군을 지평리 부근으로 이동시키고, 제39군, 제40군, 제66군을 양덕원리~홍천 일대로 추진 배치하였다. 또한 동부전선에서도 북한군 제2군단, 제3군단, 제5군단을 홍천 동쪽에 집결시켰다.[39]

홍천 일대에 대규모 부대가 집결 완료하자, 펑더화이는 유동적인 전선 상황을 주시하며 차후 공격방향을 고심하였다. 이 시기에 국군과 유엔군은 지평리와 횡성 방면에서 모두 돌출되었는데, 중공군이 두 지역을 차후 목표로 선정하는 데에는 일장일단一長一短이 있었다. 중공군 사령부는 최종적으로 2월 9일에 지평리 일대에는 유엔군 병력이 집중되어 있으며, 이미 방어진지가 마련되어 있어서 공격하기 어려울 것이라고 판단하였다. 또한 1~2일 정도의 짧은 시간에 상대에게 타격을 입히지 못하면, 유엔군이 신속하게 증원하여 강력한 역습을 가해 올 것이라고 판단하였다. 반면 횡성 일대는 병력은 많으나, 대부분 국군이어서 상대적으로 전투력이 약하고, 라운드업 작전을 시행하느라 측방이 노출되었기 때문에 신속하게 포위할 수 있다고 판단하였다. 이와 같이 판단한 중공군사령부는 제4차 공세의 목표로 횡성 지역을 선정하였다. 2월 공세에서 공산군을 총지휘한 사람은 중공군 부사령관 덩화鄧華였는데, 그는 2월 10일까지 부대 집결을 완료한 후, 2월 11일 오후에 제4차 공세를 개시하기로 결정하였다.[40]

2월 초부터 중동부전선에서 중공군의 활동이 증가하자, 미 제8군사령관(릿지웨이 중장)은 미 제9군단이 한강 이남 교두보의 적을 격퇴하지 못한 상황에서 중부전선의 미 제10군단 정면이 노출될 수 있다고 우려하였다. 그중에서도 특히 미 제2사단이나 국군 제8사단 주력부대가 돌출되어 고립되거나, 군단의 전투정면이 과도하게 신장될 것을 우려하였다.[41] 그러던 중 2월 10일 경에 미 제8군사령관은 군단 정보참모부와 중공군의 전략과 전술방책에 대해서 논의하였다. 이 시기에 미 제8군사령부는 중공군이 심각한 군수 및 보급문제에 직면해 있다고 판단하고, 이러한 문제가 중공군의 향후 작전수행에 영향을 미칠 것이라고 예측하였다. 그러나 중공군이 보급부족을 이유로 수세로 전환하지는 않을 것이며, 특히 2월 초에 홍천 인근에 집결한 중공군이 양평과 홍천 사이 방면으로 공격할 것이라고 예측하였다. 장차 공세에서 중공군은 지속적인 공격보다는 간헐적 재편성을 한 뒤, 재보급을 받아가며 종심이 얕은 포위공격을 반복할 가능성이 높다고 판단하였다.[42]

릿지웨이 사령관은 이와 같은 정보보고를 심각하게 검토하였으나, 중공군이 조만간 다시 대규모 공세를 실시할 것이라고는 예상하지 않았다. 따라서 그는 예하 부대에게 중공군의 공세에 대한 적극적인 방어준비를 지시하지 않았다. 대신 그는 기존의 작전개념과 작전계획, 즉 38도선으로 복귀하기 위한 단계적 공격작전을 계속하기

중공군 4차공세
(1951. 2. 11-2. 18)
철원
장풍
연천
화천
인제
설악산
속초
양양
동두천
포천
춘천
가평
문산
의정부
강릉
홍천
서울
2월 9일-11일
알렌TF
지평리
횡성
광주
이천
여주
원주
정선
평창
2월 13일-19일
1월 31일
반격작전 진출선
1월 25일
수원
용인(금량장)
오산
제천
안성
충주
단양
음성
수백산
태백산
범 례
2월 11일-12일
2월 13일-16일

로 결정하였다. 당시 국군과 유엔군의 배치는 서쪽에서부터 미 제1군단(미 제3사단, 미 제25사단, 국군 제1사단, 영국 제29여단, 터키 여단), 미 제9군단(미 제1기병사단, 미 제24사단, 미 제1해병사단, 국군 제6사단, 영국 제27여단), 미 제10군단(미 제2사단, 미 제7사단, 국군 제2사단, 국군 제5사단, 국군 제8사단), 국군 제3군단(제3사단, 제7사단, 제9사단), 국군 제1군단(수도사단) 순서로 배치되었다.[43]

횡성 전투와 국군 제8사단의 붕괴

1951년 1월 하순부터 중부전선에서 반격작전을 개시하던 미 제10군단은 2월 11일경에는 횡성 북방의 오음산~포동리까지 진출하였다. 그런데 바로 이날 중공군의 제4차 공세가 시작되었다. 중공군의 주공은 원주 점령에 주력하였는데, 원주에 도달하는 중간 지점인 횡성 일대에서 양측 사이에 일대 혼전이 벌어졌다. 횡성 정면에 투입된 적은 중공군 4개 군(양덕원리 북방의 제40군, 삼현리 일대의 제66군, 지평리 북쪽의 제42군, 예비 제39군)과 북한군 2개 군단(횡성 북방 풍암리 일대의 제5군단, 양구~인제 인근의 예비 제3군단)이었다. 반면 아군은 국군 제8사단이 예하의 3개 연대(제16연대, 제10연대, 제21연대)를 모두 일선에 배치하고, 제3사단을 좌측에, 제5사단을 우측에 배치하였다. 또한 미 제2사단 제23연대는 국군 제8사단의 서측방에 배치되었고, 국군 제5사단의 우측에는 미 제187공수연대가 배치되었다.[44]

횡성 일대에 배치된 국군 부대에 대한 중공군의 집중공격은 2월 11일 늦은 오후에 시작되었다. 국군 제8사단을 강타한 중공군은 사단별로 상이한 시간에 시간차 공격을 개시하였다. 가장 먼저 제42군 제124사단이 상물안리와 석자동을 공격하더니, 제39군 제117사단과 제42군 제125사단을 위한 진격로를 개척했다. 다음으로는 제66군 주력이 19시에 공격을 시작하였다. 중공군 3개 군의 집중 공격을 받은 국군 제8사단장은 즉시 철수명령을 하달하였으나, 이미 각 연대의 측방이 돌파되거나 퇴로가 차단되어 포위된 상태였기 때문에 상급부대의 명령이 제대로 전달되지 않았다. 국군 제21연대와 제10연대에 대한 측방돌파와 퇴로차단은 야간에 이뤄졌으며, 이 공격으로 국군 제8사단 예하 연대의 정상적인 철수, 즉 질서를 유지하여 도로를 이용한 신속한 철수는 불가능했다. 국군 제16연대도 전방에서는 별다른 압박을 받지

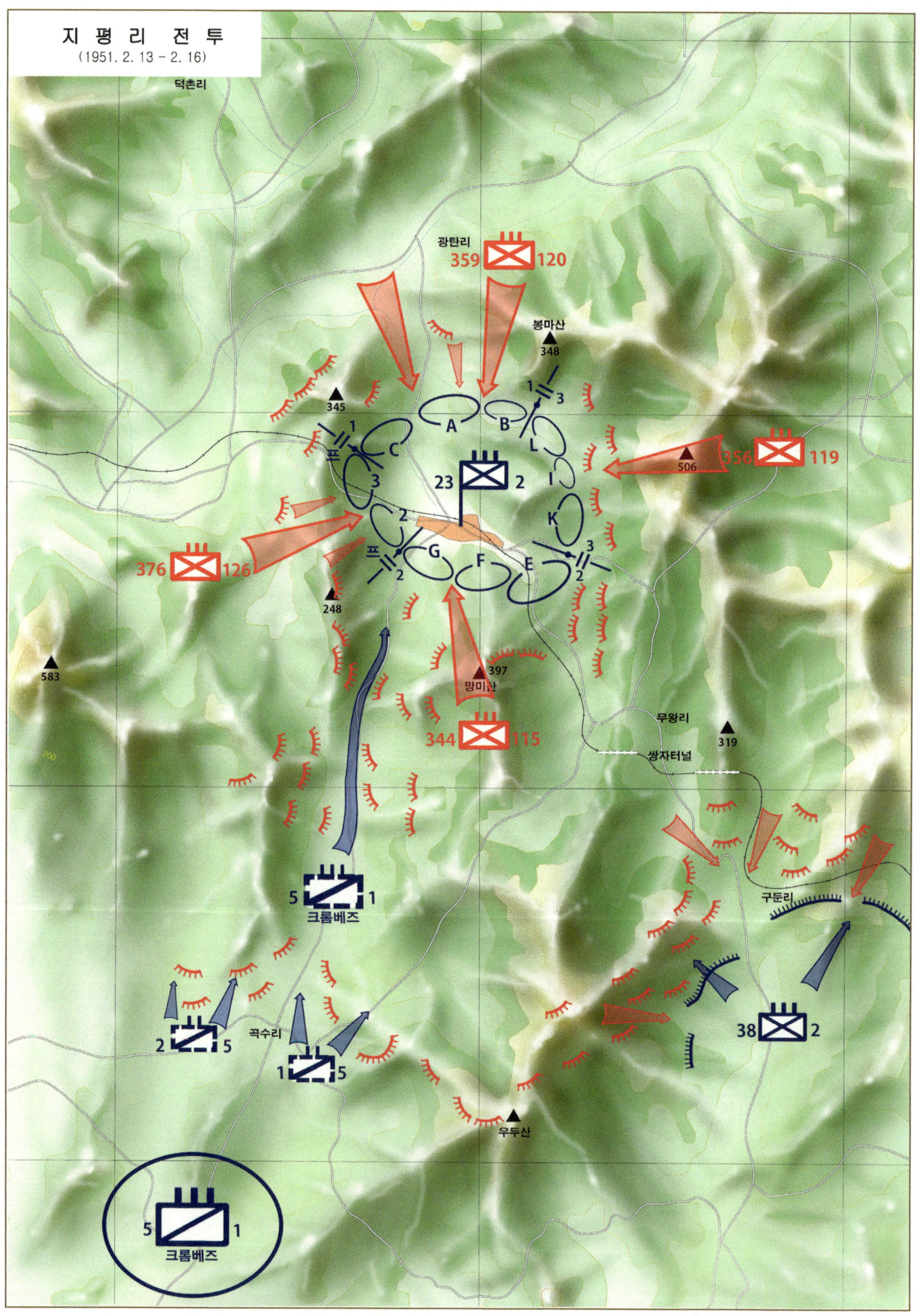
지 평 리 전 투
(1951. 2. 13 – 2. 16)
덕촌리
광탄리
359
120
봉마산
348
345
506
356
119
23
2
376
126
248
583
397
망미산
344
115
무왕리
319
쌍자터널
5
1
크롬베즈
구둔리
곡수리
2
5
1
5
38
2
우두산
5
1
크롬베즈

지평리 전투

4차 공세에서 중공군이 횡성의 국군 제8사단을 돌파한 뒤 원주 방면으로 공격하는 동안, 지평리에 배치된 미 제23연대전투단은 원주 방어에 주력하던 미 제2사단 본대에서 고립되었다. 미 제9군단장은 제23연대전투단을 여주 방향으로 철수시키려 하였으나, 미 제8군사령관은 지평리를 사수하기로 결심하였다. 여기에는 중공군 개입 이후 줄곧 패배한 중공군을 전술적으로 극복해야 한다는 미 제8군사령관의 강한 의지가 반영되었다.

지평리는 도로의 교차점이자 중앙선이 지나는 교통의 요지였으며, 만약 이곳이 중공군에게 뚫리면, 미 제9군단의 우측방과 미 제10군단 주력의 좌측방이 적에게 노출될 가능성이 높은 중요한 곳이었다. 지평리는 지리적으로 사주방어에 유리한 지역이었는데, 북쪽의 봉미산, 남쪽의 망미산, 서쪽의 248고지와 345고지, 그리고 동쪽의 506고지 등은 방어하기에 적절한 지형이었다. 미 제23연대전투단(3개 대대, 프랑스 대대, 포병 및 지원부대)을 지휘한 연대장 프리만Paul Freeman 대령은 주위의 높은 고지군이 주는 방어 상의 이점을 포기하고, 대신 지평리역을 중심으로 직경 약 1.5km의 사주 방어진지를 구축하기로 결심하였다.

중공군은 6개 연대를 투입하여 퇴로를 차단하고 미군을 포위하여 섬멸하려고 하였다. 2월 13일 오후부터 경적, 호각, 나팔을 불면서 북쪽에서 공격이 시작되더니, 밤부터는 점차 전 정면으로 확대되었다. 중공군의 첫날 공격은 대부분 격퇴되었으나, 남쪽의 제2대대 G중대 진지가 일시적으로 돌파되었다. 이때 인접 F중대와 연대의 전차중대에 의한 역습으로 격퇴하였다. 다음날 새벽에는 프랑스 대대 정면에 중공군의 공격이 집중되었으나, 프랑스 군은 방어진지 전방까지 접근한 적과 백병전을 펼치면서까지 진지를 사수하였다. 첫날 전투에서 부상을 입은 미 제23연대장 프리먼 대령은 후송을 거부하고 계속해서 연대를 지휘하였다.

2월 14일에도 중공군의 공세가 지속되었으나, 미군은 C-119수송기를 이용하여 전투에 필요한 물자와 탄약 등을 재보급하며 적에게 맞섰다. 또한 미 공군은 지평리 주변 고지를 집중포격하여 중공군의 전투력에 많은 타격을 주었다. 이날 야간에는 중공군이 전 정면에서 축차공격을 시도하였으며, 한때 남쪽의 G중대 진지가 돌파되고 말았다. 하지만 전투력이 약화된 중공군은 돌파된 진지를 더 이상 확대하지 못했으며, 날이 밝자 G중대가 역습을 통해 방어진지를 탈환하였다.

한편 미 제5기병연대를 중심으로 구성된 크롬베즈 특수임무부대TF Crombez는 지평리 남쪽 통로를 통해 미 제23연대전투단과 연결작전을 시도하였다. 하지만 지평리 남쪽 망미산을 점령한 중공군의 완강한 저항 때문에 진출이 지연되었으나, 보전협동조를 편성하여 신속하게 돌격함으로써 2월 15일 17시경에 지평리에서 망미산 방향으로 역습하던 제23연대전투단과의 연결작전에 성공하였다. 이로써 포위망이 차단된 중공군의 공세가 급격하게 약화되었으며, 4일차에 접어들어서는 중공군이 완전히 퇴각하였다.

지평리 전투는 유엔군, 특히 미군의 사기와 전투의지를 고취하는 중요한 계기였다. 중공군의 2차 공세에서 패배한 직후 북한지역에서 철수한 미군은 중공군에게 두려움을 가지고 있었으나, 이 전투를 계기로 미군은 중공군을 상대로 전술적으로 승리할 수 있다는 자신감을 갖기 시작했다.

않았으나, 잠시 후 부대 간의 간격을 이용하여 후방으로 침투한 중공군 제39군 예하 부대에 퇴로가 차단되어 위기에 봉착하였다.[45]

이렇듯 국군 제8사단의 예하 3개 연대가 중공군의 기습공격으로 사면이 포위되어 뿔뿔이 흩어져 횡성을 향해 철수하고 있을 무렵, 국군 부대의 간격으로 침투한 중공군 선두부대가 횡성 남단까지 침투하여 국군 제8사단의 지휘소를 타격하였다. 국군 제8사단은 중공군 침투부대의 공격을 저지했으나, 이 과정에서 각 연대와의 지휘통신망이 두절되어 조직적으로 철수작전을 지휘할 수 없었다. 특히 제21연대가 후방으로 이동하여 장차 사단 주력부대가 철수로로 사용할 도로를 확보하라는 사단장의 지시를 따르지 않고 독자적으로 철수함에 따라, 전방에서 적에게 고립된 사단 주력의 철수가 불가능한 상황이었다. 그나마 국군 제8사단의 지휘소와 잔여 부대가 가까스로 횡성 후방으로 철수할 수 있었던 이유는 네덜란드 대대가 섬강 일대 철수로의 유일한 교량을 끝까지 성공적으로 사수한 덕분이었다. 이와 같은 과정을 거치면서 국군 제8사단은 심각한 인명피해를 입고, 무기와 장비를 대부분 유실하거나 적에게 빼앗기고 말았다.[46] 국군 제8사단은 횡성전투에서 거의 괴멸될 정도의 패배를 당했는데, 대부분 압도적인 규모의 적에 의해 집중포위 된 이후 흩어져서 포위망을 뚫고 철수하였다. 또한 각 예하부대가 보유한 장비와 물자를 유기하였는데, 이때 손실된 장비와 물자는 대부분 미군에게서 지급받은 것들이었다.[47]

국군 제8사단의 좌측에 배치되었던 국군 제3사단에는 2월 12일 오전부터 중공군 제66군의 공격이 시작되었다. 중공군 제66군 선두부대가 국군의 후방으로 침투하여 퇴로를 차단하자, 혼란과 공포에 휩싸인 국군 제3사단 예하부대도 즉시 철수하였다. 다행히 미 제187공수연대와 국군 제18연대가 덕고산, 마옥리, 섬강 일대에서 성공적인 방어작전을 수행함에 따라 전방에서 철수하던 국군 제3사단 예하부대가 중공군의 포위망에서 벗어날 수 있었다. 한편 국군 제8사단의 우측방에 배치되었던 국군 제5사단은 북한군 제5군단의 강력한 정면공격과 중공군의 측방 및 퇴로차단 징후가 감지되자, 미 제10군단장은 즉시 국군 제5사단에 철수명령을 하달하였다.[48]

2월 11일에 횡성 방면에 집중된 중공군의 제4차 공세는 최초 점령목표였던 원주에 도달하기 이전인 2월 14일부터 소강상태에 접어들었다. 그리고 2월 15일에는 아군의 원주 북방 방어선 일대에서 국지적인 탐색전만 전개되었으며, 2월 16일에는 별다른 접전이 없었다. 2월 17일에는 북한군이 미 제10군단과 국군 제3군단 사이로 공격을 개시하여 국군 제3사단, 제5사단 일부 부대가 철수하였다. 하지만 2월 18일 오후에 국군과 유엔군이 역습을 개시함에 따라 이 방면에서의 공격도 사실상 종료되었다. 이로써 중공군의 2월 공세가 사실상 종료되었다.[49]

1951년 1월 25일에 재반격에 나선 국군과 유엔군이 전세역전을 추구하기 위해 단계적 공격작전을 전개하던 중 중공군의 제4차 공세가 시작되었고, 이를 통해 중동부 전선에서 대규모 돌파구가 형성되었다. 그러나 2월 18일경 유엔군이 지평리 전투에서 중공군을 격퇴함에 따라 중공군 제4차 공세는 별다른 성과 없이 종료되었다.

유엔군의 반격 작전(2차)

압도적 다수의 중공군과 맞서 싸워서 전술적으로 승리한 지평리 전투 이후 자신감을 되찾은 미 제8군사령관(릿지웨이 중장)은 중공군의 제4차 공세가 불과 1주일 만에 격퇴되고, 국군과 유엔군이 다시 작전의 주도권을 장악하자 적에게 새로운 공격을 준비할 시간적 여유를 주어서는 안 된다고 판단하였다.[50] 이에 따라 미 제8군사령부는 가장 먼저 제천~영월 사이 돌출된 지역에 배치된 공산군 주력을 포위 섬멸하기 위한 반격작전을 구상하였다. 이 작전은 중공군 개입 이후 두 번째로 실시되는 국군과 유엔군의 반격작전이었으며, 이 반격작전의 목적은 적의 주력을 포위 섬멸하는 것임을 강조하기 위해서 킬러작전Operation Killer이라고 명명하였다. 미 제9군단은 중공군의 제4차 공세가 지향되었던 원주→횡성 방향으로, 미 제10군단과 국군 제3군단은 제천→평창 방향으로 공격할 예정이었다.[51]

이를 위해서 서부전선에서는 미 제1군단(국군 제1사단, 미 제3사단, 미 제25사단)이 서해로부터 광지원리까지 맡았고, 중서부전선에서는 미 제9군단(미 제24사단, 미 제1기병사단, 영 제27여단, 국군 제6사단)이 한강 교두보로부터 판대리 인근까지를 담당했다. 중동부전선에서는 미 제10군단(미 제2사단, 미 제187공수연대전투단, 국군 제3사단, 국군 제5사단)이 원주 서쪽 섬강으로부터 입석리 일대까지 맡았고, 동부전선에는 국군 제3군단(제7사단, 제9사단, 수도사단)이 마차리~강릉 선에 방어진지를 구축하였다. 반면 북한군과 중공군은 한강 하구~양평~중원산~횡성~봉화산~주봉~방림리~하진부리에 이르는 제1선에 8개 군단 규모의 병력을 배치하였다. 서쪽으로부터 북한군 제1군단, 중공군 제50군, 중공군 제38군, 중공군 제42군, 중공군 제66군, 북한군 제5군단, 북한군 제3군단, 북한군 제2군단 순서였다.[52]

킬러작전은 1951년 2월 21일 오전에 시작되었으며, 중서부 전선의 미 제9군단은 횡성을 점령하기 위해 4개 사단을 일시에 투입하여 공격하였다. 주공인 미 제1해병사단은 중앙에서 횡성을 향해 공격하고, 나머지 3개 사단(미 제24사단, 미 제1기병사단, 국군 제6사단)은 좌우측에서 병행 공격하였다. 당시 미 제9군단은 중공군과 북한군이 제4차 공세가 종료된 이후 계속해서 철수하였기 때문에, 이들을 격멸하기 위해서는 서둘러서 진격해야 한다고 판단하였다. 하지만 킬러작전이 시작된 2월 21일부터 기상이 나빠져서 국군과 유엔군의 공격에 속도가 붙지 않았다. 또한 작전기간 중 항공정찰과 근접항공지원이 불가능했고, 도로의 노면상태가 악화되고 하천에 물이 차서 부대기동과 군수지원에 지장을 초래하였다.[53]

중동부전선에서는 미 제10군단이 2월 21일 오전부터 미 제7사단을 앞세워 킬러작전을 개시하였다. 이때 주공은 영월→평창 방향이었으며, 조공은 국군 제3사단이 좌측의 미 제1해병사단을 엄호하면서 강림→안흥→봉화산을 목표로 공격하였다. 이때 국군 제3군단은 미 제10군단 동쪽에서 함께 진격하며, 킬러작전의 한 축을 담당하였다. 국군 제3군단이 담당한 지역은 오대산 등이 포함된 험한 지형이었는데, 킬러작전 기간 중 날씨가 불순하고 폭설과 강우가 계속되자 작전수행에 많은 차질이 생겼다.[54]

이처럼 퇴각하는 적을 추격하기 위해서 기동성이 우수한 미군 사단을 앞세워 시작한 킬러작전은 예상치 못한 기상이변 때문에 적을 신속하게 추격할 수 없었다. 킬러작전을 통해 전선은 북상되었으나, 국군과 유엔군은 적 주력 격멸에 실패하였으며 악천후 때문에 고전을 면치 못했다. 2월 21일부터 약 2주 동안 추격작전을 통해 미 제9군단과 미 제10군단이 횡성~평창의 목표선까지 도달하였으나, 목표선 애리조나Line Arizona 이남의 적 주력 격멸에는 실패한 채 킬러작전을 종료하였다.[55]

국군과 유엔군은 킬러작전에 이어서 3월 7일부터 또 한 차례의 공격작전을 실시하였다. 킬러작전을 통해 1951년 3월 초에는 한강 남안~횡성~강릉을 잇는 선까지 진출하는데 성공하였는데, 이로써 서울 재탈환과 38도선으로의 진출을 눈앞에 두고 있었다. 그런데 이 시기에 미 제8군사령부는 서울 재탈환에 별다른 의미를 부여하지 않았다. 대한민국의 수도였던 서울이 정치적, 심리적으로 중요한 지리적 장소임에는

Operation Killer 기간 중 중공군을 생포하는 미 제1기병사단, 1951. 2.

분명하지만, 유엔군의 전투력 증강이 더딘 상황에서 서울 재탈환에 중요한 의미를 부여하여 대대적인 공세를 진행할 경우 무리한 희생만 발생할 것으로 예측하였기 때문이었다. 따라서 미 제8군사령부는 서울 탈환을 목표로 추진하는 대신, 현 전선의 중앙에 돌파구를 형성하여, 서부의 중공군과 동부의 북한군을 분리시키고, 서울을 남쪽과 동쪽에서 포위하여 탈환하겠다는 리퍼작전Operation Ripper을 구상하였다.[56]

미 제8군사령관의 의도를 반영하여 리퍼작전에서는 미 제9군단과 미 제10군단이 중부전선에서 진격하고, 미 제1군단이 서울 서쪽과 한강 남안에서 적을 견제한 후 서울을 탈환할 예정이었다. 또한 국군 제1군단과 제3군단은 동부전선에서 적을 견제하고 후방 산악지대에서 소탕작전을 실시할 계획이었다. 특히 미 제8군사령부는 미 제9군단을 주공으로 서울 동쪽의 덕소~가평~춘천 북방~한계리를 연결하는 최종 공격목표인 목표선 아이다호Line Idaho까지 진출하여 전선을 양분하고, 적의 보급기지인 홍천과 춘천을 점령하여 동쪽 방면에서 수도권 지역을 압박하려 하였다. 이 과정에서 미 제8군사령부는 중공군의 공격 가능성을 고려하여 주공 부대의 통제에 중점을 두고, 중간에 3개의 통제선Line Albany, Line Buffalo, Line Cairo을 선정하였다.[57]

리퍼작전의 계획에 따라 주공 미 제9군단은 29번 도로를 따라 홍천과 춘천을 공

유엔군의 2차 반격작전
(1951. 3. 7 – 4. 22)
3월 7일
반격작전 개시선
LINE WYOMING
LINE UTAH
LINE KANSAS
LINE BOSTON
LINE IDAHO
LINE CAIRO
LINE ASPEN
LINE BUSTE
LINE BUFFALO
LINE ALBANY
LINE LINCOLN
신계
이천
남천점
시변리
한포리
구화리
개성
문산
파주
강화도
김포
서울
의정부
동두천
포천
연천
철원
평강
수태사
성산리
금성
(김화)
김화
와수리
다목리
사방거리
당거리
화천
양구
사창리
일동
가평
춘천
청평
양평
홍천
횡성
원주
문막
여주
이천
용인(금량장)
수원
오산
송탄
군포
안양
광주
생극
제천
영월
평창
정선
현리
금강산
속사리
해안
원당리
서화
인제
원통
한계령
설악산
진부령
거진
간성
속초
양양
주문진
퇴곡리
강릉
대관령
계방산
하진부리
태백산

격하였으며, 조공 미 제10군단은 풍암리→태기산→운두령 방면으로 공격하여 주공의 우측방을 엄호하였다. 또한 서쪽의 미 제1군단은 주력을 한강선에서 적을 고착견제하고, 일부 부대는 예봉산→천마산 방면으로 공격하여 주공인 미 제9군단의 좌측방 엄호와 서울 포위를 준비하였다. 미 제10군단의 우측에서 공격하던 국군 제3군단은 산악지역인 운두령→황병산 방면으로 공격하고, 동해안에서는 국군 제1군단이 도로를 따라 북상할 예정이었다.[58]

또한 유엔군사령부는 지상작전을 지원하기 위해서 해군과 공군을 적극 활용할 예정이었다. 해군은 리퍼작전의 주공 방향에 대한 적의 관심을 돌리기 위해서 서해안에서 상륙 양동작전을 실시하였다. 미 해군 제95기동함대가 서해안 진남포 외곽의 대동강 입구로 진입하고, 순양함과 구축함으로 편성된 1개 분견대가 가상 상륙지점에 함포사격을 하는 등 적에게 상륙작전 임박을 암시하였다. 또한 공군은 적의 공격 준비를 저지하기 위해 주요 철도의 교량 파괴에 역점을 두고 폭격을 실시하였다.[59]

중공군 사령부는 국군과 유엔군이 리퍼작전을 시작한 다음날에 예하부대에 다음과 같이 지시하였다. “수차례의 전투에서 알 수 있듯이, 적은 포병, 공군, 전차 화력에 의지하여 보병이 공격할 때에는 먼저 파괴 사격을 실시한 후에 보병으로 돌격한다. 우리의 작전 방침은 종심 방어선을 설치하여 적극 방어하고, 양호한 지형을 이용하여 적을 축차적으로 저지 지체시키고 살상하여 시간을 획득하고, ... 따라서 전역 배치는 반드시 전경후중前經後重의 원칙으로 확실하게 한다.”[60] 이 시기에 공산군의 전술은 전경후중의 전력 배치나 유리한 지형에 의지한 적극적 기동작전을 전개하여 많은 적을 살상하고 오랫동안 방어선을 지탱하려 하였다.[61]

기상악화로 조기에 종료되었던 킬러작전과 달리, 미 제9군단이 주도한 리퍼작전은 성공적으로 진행되었다. 미 제9군단은 정면의 중공군을 물리치고 차분하고 확실하게 진격하여 3월 13일까지 제1단계 목표선 알바니Line Albany에 도달했으며, 곧바로 제2단계 목표선 버팔로Line Buffalo를 향해 공격을 계속하였다. 이후 약 5일 동안 미 제9군단 예하 4개 사단이 홍천과 춘천을 향해 본격적으로 공격하였다. 특히 홍천 북방에서 저항하는 중공군을 제압하는 과정에서 미 제1해병사단이 치열한 교전이 발생하였으며, 3월 19일에는 두 번째 통제선에 도달하였다. 3월 19일부터 시작된 춘천 방면에 대한 공격에서 미 제8군사령부는 미 제187공수연대의 공중투입을 고려하기도 하였으나, 이 지역에서 중공군이 예상보다 빨리 후퇴함에 따라 미 제1기병사단이

3월 22일에 춘천을 점령 후 목표선 카이로Line Cairo에 도달하였다. 또한 미 제1해병사단도 홍천 북방 가리산에서 중공군을 격퇴시킴에 따라 미 제9군단의 리퍼작전은 성공리에 종료되었다.[62]

미 제9군단이 중서부전선에서 리퍼작전을 수행하는 동안, 서부전선에서는 미 제1군단이 서울 재탈환작전에 나섰다. 3월 7일에는 미 제25사단이 팔당과 양수리 인근에서 한강을 도하하는데 성공하였고, 동시에 국군 제1사단이 김포 정면에서, 미 제3사단이 서울 남안에서 양동작전을 펼쳐 서울을 방어하는 적의 집중을 분산시켰다. 이후 서해안에 배치된 국군 제1사단은 3월 14일에 정찰대를 서울 시내로 들여보내 적정을 파악하는 등 본격적인 서울 재탈환작전을 추진하였다. 그런데 3월 10일에 조중 연합사령부가 서울 주둔 방어부대를 문산~의정부 북쪽까지 철수시켰다. 또한 3월 14일에는 북한군 제19사단이 고양 북쪽으로 이동하고, 중공군 제26군이 의정부~포천 일대에 배치되었다.[63]

예하 정찰부대의 활동 결과, 서울에 공산군 주력이 없음을 확인한 미 제8군사령관(릿지웨이 중장)은 3월 15일에 미 제1군단장에게 서울 북쪽의 주요 고지군을 점령하라고 지시하였다. 그는 이번 작전의 목적이 적을 공격하는 것이 아니라, 적의 철수를 추적하기 위한 것이라고 밝혔다. 따라서 중동부전선의 목표선 버팔로Line Buffalo를 연하는 선에 통제선 링컨Line Lincoln을 한계로 설정하고, 이 선 북쪽으로는 정찰대만 파견하여 적과 접촉을 유지하도록 지시하였다. 이에 따라 미 제1군단장은 국군 제1사단에게 북한산을, 미 제3사단에게 용마산을 점령하도록 지시하였다. 국군 제1사단은 3월 15일에 서울 탈환을 위해 영등포~한강 철교 방향으로 예하 제15연대를 진격시켰으며, 동쪽의 미 제3사단과 함께 이튿날까지 서울을 완전히 확보하는데 성공하였다.[64] 중공군에게 점령된 서울은 폐허가 되었으며, 정상적인 도시 기능을 회복하기까지 많은 시간이 필요했다. 당시 미 제8군사령부는 서울 재탈환에 별다른 의미를 부여하지 않았으며, 대신 공산군 주력 타격을 중시하는 군사작전에 주안점을 두고 작전을 실시하였다.[65]

리퍼작전의 조공부대인 미 제10군단은 한계~풍암리~태기산~계방산을 연하는 목표선 아이다호Line Idaho를 향하여 공격을 시작하였다. 미 제10군단장은 횡성~풍암리 사이의 도로와 평창~방림리~속사리 도로에 미 제2사단과 미 제7사단을 투입하고, 국군 제5사단은 양 도로 사이의 산악지역에 투입하였다. 이와 같은 작전계획에 따라 미 제10군단은 미 제2사단을 좌전방, 중앙에 국군 제5사단, 우전방에 미 제7사단을 배치하고, 3개 사단 병진공격을 개시하였다.[66]

미 10군단이 목표선 아이다호Line Idaho를 향해 진격하는 과정에서 태기산 인근에 배치된 북한군 제6사단이 완고한 방어진지를 구축하고 저항하였다. 이에 따라 중앙의 산악지대에 대한 공격을 담당한 국군 제5사단이 3월 11일부터 태기산을 향해 공격하였으며, 양쪽에서 미군 사단들이 측방을 병행하여 공격하였다. 특히 3월 12일부터는 증강된 포병사격과 항공폭격까지 더해지자 북한군의 방어태세가 흔들리기 시작했고, 이후 국군 제35연대가 자주봉을 점령하자 위협을 느낀 북한군 제6사단이 태기산에서 철수하였다. 승기를 잡은 국군 제5사단은 이후 추격전을 펼쳐 3월 17일에는 주요 고지를 모두 점령하고, 목표선 아이다호Line Idaho까지 진출하는데 성공하였다. 국군 제5사단의 좌우측에서 도로를 따라 함께 전진하던 미 제2사단과 미 제7사단도 목표선 아이다호Line Idaho에 진출하여 리퍼작전을 종료하였다.[67]

미 제8군사령관은 국군과 유엔군이 서울을 재탈환하고 춘천을 점령하자, 3월 21일에 새로운 작전을 구상하였다. 정찰 결과와 새롭게 입수된 정보에 따르면, 북한군 제1군단과 중공군 제26군이 의정부를 연하는 선에 배치되어 방어작전을 준비 중이었다. 이에 따라 미 제8군사령관은 리퍼작전을 서부전선으로 확대하여 미 제187공수연대전투단을 이들의 후방지역에 공중투하 하는 토마호크 작전Operation Tomahawk을 실시하고, 미 제1군단이 적을 압박하여 격멸한다는 개념의 작전계획을 구상하고 이를 커레이져스 작전Operation Courageous으로 명명하였다.[68]

커레이져스 작전 제1단계는 미 제1군단이 행주~의정부까지 진출하여 공격을 준비하고, 미 제187공수연대전투단을 문산 일대에 투하하여 1번 도로를 봉쇄하는 것이었다. 이어서 미 제1군단이 즉시 공격을 개시하여 24시간 이내에 두 부대가 연결함으로써 임진강 하구~문산 북쪽~의정부 북쪽을 연결하는 목표선 아스펜Line Aspen까지 진출하려 하였다.[69]

두 번째 단계에서는 임진강에 연하여 설정된 목표선 벤튼Line Benton을 점령하는 것이었다. 비록 미 제187공수연대 전투단의 토마호크 작전은 기상과 수송기의 결함 때문에 차질을 빚었으나, 이 부대는 3월 27일 오전까지 법원리 북방 228고지를 점령하고 미 제3사단과 연결작전에 성공하였다. 이어서 미 제25연대는 포천 점령에 성공하였다. 이에 따라 미 제1군단의 38도선 진격작전은 중공군 제26군에게 큰 피해를 주

의정부 북쪽으로 진격 중인 미 제3사단, 1951. 3. 23.

고, 3월 28일에 예정된 통제선까지 진출함으로써 성공리에 종료되었다.[70]

국군 제3군단은 리퍼작전에서 조공 임무를 수행하였다. 당시 국군 제3군단은 최종 공격목표인 계방산~황병산을 연결하는 목표선 아이다호Line Idaho까지 진격하기 위해서는 고작 16km만 남겨둔 상황이어서, 다른 군단에 비해 진격 거리가 짧은 편이었다. 하지만 국군 제3군단이 작전을 수행한 지역은 험준한 태백산맥 줄기가 포함되어 있어서 부대 기동이 어려웠고, 화력증원과 병참 지원이 제한되었다. 따라서 국군 제3군단장(유재흥 소장)은 국군 제7사단과 국군 제1해병연대를 선두에 공격부대로 투입하고, 국군 제3사단을 예비로 배치하였는데, 이는 작전지역의 기동 공간 제한과 산악 기동로를 따라 북상 중이던 북한군 유격부대의 빈번한 출몰 등을 고려한 조치였다.[71]

국군 제3군단의 공격은 3월 7일에 시작되었다. 그런데 국군 제7사단의 공격로 정면의 백적산에서 방어 중이던 북한군 부대가 강력하게 저항함에 따라 진출에 차질이 생겼다. 북한군 방어부대는 방어 시에는 소수의 병력을 배치한 이후, 아군의 공격이 종료될 즈음 대규모 병력을 동원한 역습을 전개하는 등 변칙적 전술을 구사하며 백적산을 사수하려 하였다. 이에 따라 국군 제3군단의 공격이 개시된 지 약 3일 동안 진전이 없자, 국군 제3군단장은 예비인 국군 제3사단을 이곳에 투입하였다. 그리고 보병, 포병, 공병이 합동으로 적의 방어진지를 돌파하여, 3월 11일에는 백적산 점령에 성공하였다. 3월 12일에는 최종 목표인 속사리와 하진부리를 점령하고, 지속적으로 적을 압박하였다. 그 결과 3월 25일에는 국군 제3사단이 목표선 카이로Line Cairo까지 진출하였다.[72]

동해안에서 작전을 수행하던 국군 제1군단은 다른 지역과 달리 이미 3월 초에 목표선 아이다호Line Idaho에 도달하였다. 국군 제1군단은 국군 제9사단을 앞세워 7번 국도 상의 북한군 패잔병을 소탕하였으며, 3월 18일을 전후하여 본격적인 진격을 위한 정찰에 나섰는데, 이때 국군 수도사단 제1연대가 미 함정의 화력지원을 받으며 작전을 수행하였다. 위력수색을 통해 적 위치를 파악한 국군 제1군단은 3월 25일부터 목표선 카이로Line Cairo로 진격하기 위한 작전을 개시하였다. 이 과정에서 국군 제9사단과 수도사단이 번갈아가면서 적을 압박하고, 저항하는 적 부대를 동해의 미 해군 함정의 화력지원으로 제압하며 계속 진격하였다. 그 결과 국군 제1군단은 3월 29일 경에 동해안의 전술적 요충지인 양양 확보에 성공하였다.[73]

이처럼 국군과 유엔군은 2월 21일부터 시작된 킬러작전과 3월 7일부터 시작된 리퍼작전을 성공적으로 수행하였다. 킬러작전의 성공으로 국군과 유엔군은 어느 정도 전선의 균형을 이뤘으나, 미 제8군사령관 릿지웨이 중장은 적의 주력 섬멸에 실패했다는 이유로 만족하지 않았다. 리퍼작전이 종료된 이후 중동부전선에서는 3월 13일 경에 청평~홍천~주문진 선을 확보하였으며, 서부전선에서는 국군 제1사단이 서울을 재탈환하였다. 국군과 유엔군은 킬러작전과 리퍼작전의 성공으로 3월 말에는 다시 38도선에 도달하였다.[74]

유엔군의 38도선 확보 작전

리퍼작전으로 국군과 유엔군이 1951년 3월 말경에 문산~춘천~양양 선까지 진출하자, 대한민국과 미국의 정치권에서는 또 다시 38도선 돌파 문제가 중요한 관심사로 떠올랐다. 당시 협상에 의한 한반도 문제의 해결책을 모색하고 있던 미국의 정책 결정자들은 릿지웨이 장군이 이룬 성공적 군사작전으로 자신들의 입지가 강화된 것을 다행스럽게 생각하였다.[75] 하지만 공산군은 1951년 3월 말경에 또 다른 대규모 공세를 실시할 수 있을 만큼의 충분한 병력을 보유하고 있었다. 따라서 국군과 유엔군이 현재 점령하고 있는 38도선에 멈춰서 공격하지 않을 경우, 공산군이 그 틈을 이용하여 또 다른 공세를 시작할 가능성이 높았다. 다시 말하면, 공산군에게 지속적인 군사적 압력이 가해지지 않으면, 미국이 요구하는 협상을 수용하지 않을 가능성이 높다고 판단하였다. 이와 같은 판단에 따라 미 합참은 북한 전 지역 점령을 목표로 추구하는 북진작전은 바람직하지 않으나, 제한된 전술적 목표를 점령하기 위해 38도선을 넘는 것은 유엔군사령관과 미 제8군사령관이 논의하여 결정할 문제라고 생각하였다.[76]

이에 따라 미 제8군사령관은 유엔군사령관의 승인 하에 38도선 돌파작전을 계획하였다. 릿지웨이 장군은 제한된 목표를 공격하는 방식으로 적에게 지속적인 압력을 가해야 한다고 주장했다.[77] 킬러작전과 리퍼작전 이후 미 제8군사령관의 관심은 38도선을 안정적으로 확보하기 위한 핵심지역으로 부상된 철의 삼각지대로 진출할 수 있고, 또 적의 공세가 시작될 경우를 감안하여 양호한 방어진지로 사용될 수 있는 중요지형을 점령하는 것이었다. 따라서 미 제8군사령관은 38도선 북쪽의 3~16km 지점에 위치한 중요지형을 연결한 목표선 캔사스Line Kansas를 선정하고, 이를 확보하기 위한 러기드 작전Operation Rugged을 실시하였다. 이후 철의 삼각지대를 확보하고, 목표선 유타Line Utah와 목표선 와이오밍Line Wyoming까지 진격하기 위해서 돈틀리스 작전Operation Dauntless을 실시하였다.[78]

러기드 작전Operation Rugged은 1951년 4월 3일에 개시되었다. 중서부전선에서 미 제9군단은 수리산 줄기의 험준한 산악지대를 통과하여 화천을 향해 진격하였고, 중공군은 화천댐에서 철수하여 북쪽으로 후퇴하였는데, 이 과정에서 화천댐을 사이에 두고 치열한 전투가 벌어졌다. 그 사이에 미 제1군단과 미 제10군단이 좌측과 우측에서, 그리고 동부전선과 동해안에서는 국군 제3군단과 국군 제1군단이 캔사스 선에 도달하였다.[79]

미 제8군사령부는 4월 11일부터 미 제1군단과 미 제9군단을 투입하여 돈틀리스 작전Operation Dauntless을 개시하였다. 돈틀리스 작전은 철원鐵原, 김화金化, 평강平康으로 둘러싸인 철鐵의 삼각지대에 집결한 공산군의 대규모 병력을 무력화시키고, 유엔군이 이곳을 장악하기 위한 목적으로 추진되었다. 그런데 이때 공산군은 유엔군을 유인하여 공세로 전환하겠다는 계획을 수립하고, 유엔군과의 격전을 피하면서 공세 준비를 갖추었다. 이에 따라 국군과 유엔군은 작전 개시 10일 후인 4월 21일 경에 목표지역인 철의 삼각지대에 근접하였다.[80]

이 시기에 유엔군과 공산군은 상대방의 작전과 전술을 어느 정도 간파하고 있었다. 중공군은 국군과 유엔군이 병력보충이 부족한 상태에서 계속 공격하여 피곤한 상태였으나, 지속적으로 목표선인 캔사스 선을 넘어 철의 삼각지대 방향으로 공격할 것이라고 예상하였다. 반대로 유엔군은 2월 공세 이후 멈춰진 중공군의 대규모 공세가 곧 시작될 것으로 예측하였다. 그리고 그러한 예측은 4월 22일에 시작된 중공군의 4월 공세로 현실화되었다.[81]

11장

중공군의 공세와 국군과 유엔군의 반격 II

맥아더 장군 해임과 미국의 종전終戰정책

1951년 4월 11일, 미국 언론이 일제히 트루먼 대통령이 "맥아더 원수를 유엔군사령관, 주일 연합군사령관, 극동 미군사령관, 극동 미 육군사령관 지위에서 해임했다"[1] 고 보도했다. 전장 지휘관과 군 통수권자인 대통령의 의견충돌에 따른 결과였다. 유엔군사령관 맥아더 장군의 해임을 몰고 온 갈등은 중공군 개입 이후 시작되었다. 그리고 1951년 3월에 국군과 유엔군이 38도선을 향해 반격을 계속하는 과정에서 갈등이 증폭되었다. 38도선을 향해 순조로운 진출을 계속하던 국군과 유엔군이 또 다시 38도선을 넘을 것인가의 문제가 관심사로 떠올랐기 때문이었다.[2]

실제로 국군과 유엔군이 38도선을 회복한 이후의 전략이 무엇인가에 대해서는 국제사회에서 많은 관심이 집중되었다. 미국의 정책결정자들은 국군과 유엔군이 공산군을 몰아 붙여 압록강까지 진출할 수 있다면 금상첨화겠으나, 이는 현실적으로 기대하기 어려웠기 때문에 공산군을 38도선 북쪽으로 몰아내고 휴전할 수 있다면 대의명분과 전쟁 목적을 모두 달성할 수 있을 것이라고 판단하였다.[3] 반면 맥아더 장군은 한반도에서 공산주의 세력을 제압하기 위해서는 확전擴戰이 필요하다고 주장하였다. 한반도에서 전쟁이 시작된 이상 38도선은 무의미하며, 압록강까지 진격과, 필요한 경우에는 중국과의 결전을 통해 공산주의를 격멸해야 한다는 것이 그의 일관된 주장이었다.[4] 따라서 맥아더 원수는 확전을 제한하는 미국 정부의 정책에 불만을 가지고 있었다.

그런데 국군과 유엔군이 38도선에 도달할 즈음인 3월 23일, 맥아더 원수가 미국

맥아더Douglas MacArthur(左), 릿지웨이Matthew Ridgway(中), 밴플리트Jame A. Van Fleet(右)

의 한 정치인에게 보낸 편지가 언론에 대대적으로 보도되면서 논란이 증폭되었다. 이 편지에서 맥아더 원수는 유엔이 현재의 군사적 제한조치를 풀고 군사행동을 중국 해안선까지 확대한다면, 중국은 곧 군사적 붕괴위기에 처하게 될 것이라고 주장했다. 맥아더 원수의 이러한 발언은 공산군과의 협상을 통해 전쟁을 종결하려던 트루먼 대통령의 의견과 정면으로 충돌하는 것이었다. 이 사건을 계기로 전선사령관 맥아더 원수와의 불편한 관계가 바람직하지 않다고 고심하던 트루먼 대통령은 1951년 4월 12일 그를 유엔군사령관 직책에서 해임하기로 결정하였다.[5] 그리고 맥아더 원수의 후임으로 미 제8군사령관 릿지웨이 장군을 임명하였으며, 미 제8군사령관에는 밴플리트James A. Van Fleet 중장을 임명하였다.[6] 이처럼 지휘관 교체를 계기로 유엔군의 향후 작전과 전략지침에 큰 변화가 예고되었다.

중공군의 춘계공세

제3차 및 제4차 공세에서 국군과 유엔군을 섬멸하여 조기 종전을 추구했으나 실패한 중공군 지휘부는 또 한 차례의 대규모 공세를 통해 국군과 유엔군의 진격을 저지하고, 전장의 주도권을 장악하려고 하였다. 또한 중공군은 만약 지상에서 유엔군의 진격을 계속 허용할 경우, 유엔군이 동부전선의 산악지대를 점령한 이후 주력의 일부를 서해안에서 상륙작전으로 전환하여 중공군과 북한군의 후방을 위협할 것이라고 예측하였다. 따라서 이러한 위협에 대비하고 신속하게 전장의 주도권을 회복하기 위해 제5차 공세를 추진하였다.[7]

중공군 지휘부는 증원부대의 집결이 완료되는 시기를 고려하여 유엔군이 김화~문등리~간성을 연하는 선까지 진출하면 제5차 공세를 개시하기로 잠정 결정하였다. 이번에 실시될 공세에서는 중공군 3개 병단(11개 군)과 북한군 4개 군단의 집결이 완료되면 동두천과 포천, 춘천 방면에 주공을 투입하여 대대적인 공세를 실시할 예정이었다. 이를 위해서 국군과 유엔군을 유리한 지역으로 유인하여 저지하려고 하였다. 또한 이동 및 집결 중인 부대의 전투준비 시간과 유엔군의 전진속도를 고려할 때, 대체로 4월 20일경 혹은 늦어도 5월 초에는 공격을 개시할 예정이었다.[8]

중공군 지도부가 내세운 제5차 공세의 목적은 국군과 유엔군 수개 사단을 섬멸하여, 이들의 작전기도를 분쇄하고 전장의 주도권을 회복하는 것이었다. 이와 같은 목적을 달성하기 위해서는 김화~가평 산악을 이용하여 돌파구를 형성하여 국군과 유엔군을 동서로 양분한 이후, 제9병단과 제19병단을 서부전선에 투입하여 유엔군을 양익포위하려 하였다. 이때 정면공격을 실시할 제3병단은 국군과 유엔군을 각개 분할 및 섬멸하고, 38도선 이북에서 국군과 유엔군 수개 사단을 섬멸한 후 서울 방향으로 공격하려 하였다.[9]

4월 공세의 주공방향은 문산에서 춘천에 이르는 광정면이었으며, 주요 공격목표는 이 지역을 방어하는 국군과 유엔군 5개 사단과 2개 여단(미 제3사단, 미 제24사단, 미 제25사단, 국군 제1사단, 영국군 제29여단, 터키 여단, 국군 제6사단)이었다. 달리 말하면, 서부전선에 배치된 거의 모든 국군 및 유엔군 부대를 대상으로 압박 및 돌파, 포위를 시도하는 대담한 공격계획이었다. 이를 위해서 제9병단에 배속된 제40군을 김화~가평 선에서 돌파구를 돌파하여 아군 방어선의 동서를 분할토록 하고, 제39군에게는 화천~춘천에 배치된 미군을 견제하여 이들의 서쪽으로의 증원을 차단하는 임무를 부여하였다. 또한 한반도의 군사작전에 최초로 투입되는 제3병단과 제19병단, 그리고 장진호 전투에서 입은 피해를 극복하고 재편성을 완료한 제9병단이 미 제1군단과 미 제9군단을 집중공격토록 하였다.[10]

1951년 4월 초에 국군과 유엔군은 전 전선에서 목표선 캔사스Line Kansas를 중심으로 방어종심을 깊게 하고, 적의 공세준비를 차단할 목적으로 중부전선의 철원~김화를 통제할 수 있는 새로운 목표선 와이오밍Line Wyoming을 점령하기 위한 작전을 구상 중이었다. 또한 동부전선에서는 양구~가전리~송도진리를 연결하는 목표선 알라바마Line Alabama를 확보할 계획이었다. 이를 위해서 중부전선에서 4월 11일부터 미 제1군단(미 제3사단, 제24사단, 제25사단)과 미 제9군단(영연방 제27여단)이 공격을 개시하여 4월 20일 경에 목표선 유타Line Utah를 점령하였다. 이처럼 목표선 와이오밍으로 진격하기 위한 1단계 작전이 성공하자, 미 제1군단과 제9군단은 4월 21일부터 항공 및 포병화력을 추가하여 최종 목표를 점령하기 위한 공세를 개시하였다.[11]

그러던 중 4월 중순 이후 공산군의 저항으로 국군과 유엔군 각 부대의 진출이 둔화되었으며, 적 포로로부터 전체 전선에 걸쳐 중공군의 공세가 임박했다는 첩보를 확보하였다. 특히 적과 접적지역 일대에서 체포된 중공군 포로들이 4월 22일 야간부터 중공군의 대공세가 개시될 것이라고 진술함에 따라, 미 제8군사령부는 즉시 공격을 중지하고 방어태세로 전환토록 지시하였다.[12]

서울 북방에서는 4월 22일부터 중공군의 4월 공세가 시작되었다. 이번 공세의 주공인 중공군 제19병단은 개성→문산 축선의 국군 제1사단과 영국군 제29여단을 공격하였고, 제3병단은 연천→전곡→동두천 축선의 미 제3사단과 터키 여단을, 제9병단은 김화→포천→의정부 축선의 미군 2개 사단을 공격하였다. 중공군의 공격이 개시됨에 따라 국군과 유엔군은 대규모 중공군을 맞아 우세한 항공 및 포병화력, 기동력을 동원하여 적에게 최대한의 출혈을 강요하면서 통제선 캔사스Line Kansas→통제선 델타Line Delta→통제선 골든Line Golden으로 단계적 철수작전을 전개하였다. 이 과정에서 영국군 제29여단은 설마리 일대에서, 국군 제1사단은 파평산 일대에서 중공군과 혈전을 펼쳤다. 특히 4월 26일부터는 서울 장악을 눈앞에 둔 중공군이 과감하게 주간공격으로 전환하면서까지 강공을 펼침에 따라 서울 외곽에서 중공군과 아군 사이에 치열한 전투가 시작되었다. 중공군의 강공이 시작됨에 따라, 미 제1군단은 서울 외곽의 수색→북한산→덕소를 연결하는 통제선 골든Line Golden을 점령했는데, 이때 다른 군단도 통제선 네바다Line Nevada(한강~양평~횡성~양양)로 철수하되, 상황에 따라서는 다시 서울을 포기할 가능성도 배제할 수 없었다.[13]

그러나 미 제8군사령관(밴플리트 중장)은 미 제1군단의 예하 부대들이 통제선 골든으로 철수하기 직전에 국군과 유엔군 전 부대의 작전개념을 조정하여 통제선 네바다

보다 30~40km 북쪽에 통제선 노네임Line No Name(용문산~홍천~한계령~속초)이라는 새로운 방어선을 설정하였다. 미 제8군사령관이 이와 같은 조치를 취한 이유는 결코 서울을 포기하지 않겠다는 의지를 표명하기 위해서였다. 이와 같은 변경된 작전방침에 의해 미 제1군단은 서울 방어에 주력하였으며, 미 제9군단 소속의 미 제24사단과 미 제1기병사단을 미 제1군단에 배속하여 강력한 예비대로 보유하였다.[14]

중공군 제19병단은 4월 28일 새벽에 서울 외곽을 사수하기 위한 미 제1군단의 증강된 방어선에 대한 공세를 시작하였다. 이에 따라 4월 30일까지 미 제1군단과 중공군 제19병단 주력 사이의 치열한 격전이 전개되었다. 중공군은 국군 제1사단 정면을 돌파하기 위해 대규모 병력을 투입하였으나, 국군 제1사단의 선전으로 돌파에 실패하였다. 북한산과 도봉산을 공격한 중공군 제65군은 일시적으로 유엔군의 방어선을 돌파하였으나, 예비인 미 제1기병사단이 이 방면에 투입되어 저지함에 따라 서울을 점령하려던 중공군의 모든 공격은 실패로 끝났다.[15]

중부전선의 미 제9군단 정면에서도 4월 22일에 중공군 제9병단의 공세가 시작되었다. 전체적으로 4월 공세의 조공인 제9병단은 화천→가평 축선에서 신속하게 진출하여 유엔군의 증원을 차단하고, 주공인 제19병단의 동측방을 엄호하기 위해서 가장 먼저 공격을 개시하여 국군과 유엔군을 고착하였다. 이 과정에서 중공군 제9병단은 미군에 비해서 상대적으로 전투력이 약한 국군 제6사단을 집중 공격하였다.[16]

4월 21일까지 석룡산~화악산에서 통제선 와이오밍Line Wyoming의 육단리와 복주산을 향해 공격하던 국군 제6사단에게 다음날 오후 중공군의 공격이 집중되었다. 특히 제20군과 제60군 예하부대가 국군 제6사단은 정면에서 집중적으로 공격하면서 동시에 후방차단을 위해 침투부대를 진출시켰다. 국군 제6사단은 이미 후방으로 진출한 중공군에 의해 퇴로가 차단되고, 통신마저 두절되면서 예하부대의 통제가 불가능했다. 상황이 이렇게 전개되자 좌전방의 국군 제19연대는 적에게 포위되어 고립되었고, 우측의 국군 제2연대와 예비 제7연대는 중공군에게 포위되기 직전에 차량과 화기를 포함한 주요 장비를 모두 포기하고 분산하여 철수하였다.[17]

전방의 국군 제6사단 전선을 돌파한 중공군은 계속해서 제7연대 후방의 국군 포병부대와 미군 지원부대를 공격하였다. 국군 제6사단 예하부대들이 두서없이 철수함에 따라, 미군 포병 및 지원부대들도 북한강 동쪽으로 이동을 서둘렀다. 이에 따라 사창리 일대에는 아군 보병과 포병부대가 뒤섞이면서 큰 혼잡이 발생하였다. 그런

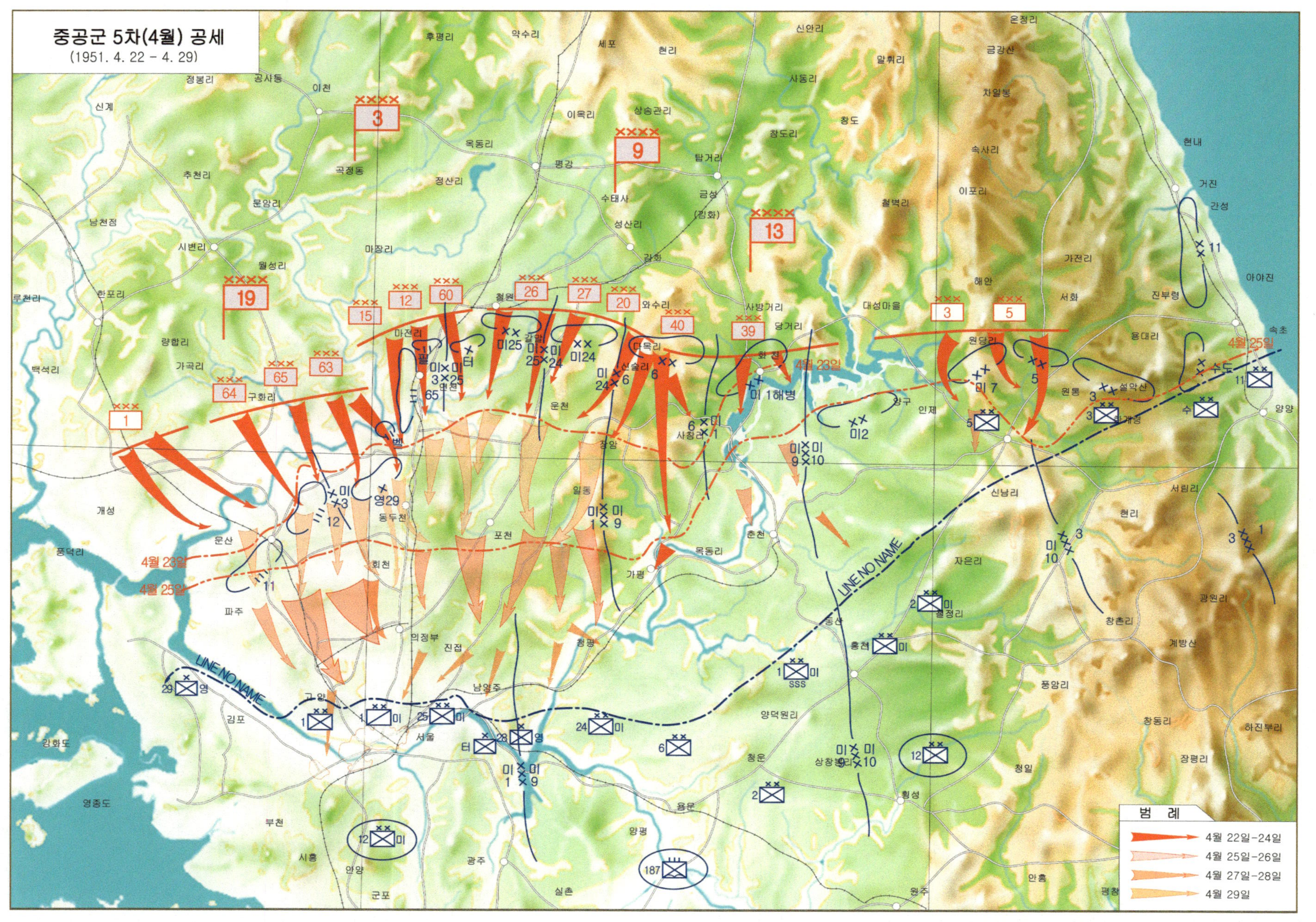
중공군 5차(4월) 공세
(1951. 4. 22 - 4. 29)
범 례
4월 22일-24일
4월 25일-26일
4월 27일-28일
4월 29일
4월 23일
4월 25일
LINE NO NAME

상황에서 측후방에 대한 중공군의 공격이 시작됨에 따라 국군과 미군 포병부대는 다수의 화기와 탄약을 유기한 채 철수하고 말았다.[18]

국군 제6사단의 조기 붕괴로 야기된 전선돌파 위기는 후방에서 작전을 수행하던 미 제1해병사단이 중공군 침투부대의 진출을 저지하고, 영연방 제27여단이 철수로를 성공적으로 사수하여 4월 24일이야 가까스로 수습되었다. 사창리 전투에서 국군 제6사단은 중공군에게 공간 침투를 허용한 후 퇴로를 차단당한 상태에서 철수작전을 감행했기 때문에 박격포 42문, 곡사포 13문, 차량 87대, 대전차포 2문 등의 손실을 입고 말았다.[19] 미 제9군단장은 국군 장교와 부사관의 기본 자질과 리더십 향상이 이뤄지지 않는 한, 이러한 문제가 해결되지 않을 것이라고 지적하며, 국군 제6사단에게 신속한 재편성을 지시하였다.

중동부전선의 미 제10군단 정면에는 4월 22일 야간부터 북한군 제5군단의 공격이 시작되었다. 북한군 제12사단과 제6사단은 원통~인제~홍천 방향으로 공격을 개시하여 이 정면에 배치된 국군 제5사단과 국군 제3사단을 압박하였다. 당시 국군 부대들은 4월 19일부터 목표선 알라바마Line Alabama를 점령하기 위해 공격하려 하였으나, 적의 공격이 임박했다는 정보를 입수한 이후 수세로 전환하여 대비태세를 갖추고 있었다. 따라서 4월 24일 오전부터 본격화된 국군과 북한군의 전투에서는 국군이 북한군을 압도하였다. 국군 제5사단 정면에서는 후방에 예비로 배치되었던 국군 제7사단이 역습을 개시하여 북한군을 격퇴하였고, 국군 제3사단은 매봉 및 한석산에서 북한군 제6사단과 치열한 전투를 벌인 끝에 고지를 사수하였다.[20]

중공군의 4월 공세를 성공적으로 격퇴한 국군과 유엔군은 4월 30일부터 통제선 골든Line Golden~통제선 노네임Line No Name에서 부대 재배치와 방어진지 보강에 착수하였다. 그런데 5월 초에 체포한 중공군 포로로부터 중공군이 조만간 또 다른 대규모 공세를 실시하려고 준비한다는 첩보를 확보하였다. 이에 따라 국군과 유엔군은 각 군단에게 주저항선 전방에 정찰기지를 설치하여 방어종심을 확보하고, 또한 적정을 탐지하기 위하여 정찰대를 투입하여 적과 접촉을 시도하도록 지시하였다. 또한 적의 활동을 조기에 탐지할 수 있는 지형을 선정하고, 이를 탈취하기 위한 작전에 나섰다.[21]

미 제8군사령관은 중서부전선의 통제선 골든Line Golden~통제선 노네임Line No Name에 따른 방어진지가 강화되고 정찰기지 설치가 완료되자, 중공군에게 넘겨주었던 중동부전선의 홍천~인제~간성을 연결하는 주요 전술도로를 확보하기 위한 작전에 나섰다. 특히 미 제8군은 국군 제3군단의 보급지원 문제를 해결하고, 차후 화천 저수지 동쪽에서 공세작전으로 전환할 경우 유리한 기동로를 확보하기 위한 목적으로 목표선 미주리Line Missouri까지 진격하려 하였다. 이에 따라 중동부전선과 동해안의 국군 6개 사단(제3, 제5, 제7, 제9, 제11, 수도사단)이 5월 7일부터 목표선 미주리를 목표로 공격을 개시하였다. 이때 국군 제9사단은 한석산을, 제5사단과 제7사단은 한석산 좌측에서 소양강 남쪽 방향으로, 수도사단은 설악산을 목표로 공격을 실시하였다. 그런데 국군 사단들의 공격이 진행 중이던 5월 11일 경, 미 제8군사령부는 중공군의 또 다른 대규모 공세가 임박했다는 정보를 입수하였다. 이에 따라 중서부전선 부대의 공세가 취소되었고, 동부전선에서 진행 중인 목표선 미주리에 대한 국군 부대의 공격도 중단되었다.[22]

중공군의 5월 공세와 유엔군의 반격 작전(3차)

4월 22일 경부터 시작된 중공군의 4월 공세가 약 1주일 만에 중단되자, 미 제8군사령관(밴플리트 중장)은 4월 30일을 기해 통제선 노네임Line No Name을 요새화하고, 적정 파악을 위한 위력수색을 지시하였다. 이 시기에 미 제8군사령부는 공산군이 서울 점령 직전에 일부러 공세를 중단하였으며, 조만간 또 다른 공세를 취할 것이라고 판단하였다. 이에 따라 서울 외곽을 방어 중이던 미 제1군단은 문산 축선에 국군 제1사단, 의정부 축선에 미 제1기병사단과 미 제25사단을 배치하고, 영국군 제29여단을 예비로 편성하였다.[23] 한편 서울 서쪽의 북한강 일대(덕소~예봉산~용문산~금학산)를 방어 중이던 미 제9군단은 영연방 제28여단, 미 제24사단, 국군 제2사단, 국군 제6사단, 미 제7사단을 차례로 배치하고, 미 제187공수연대전투단을 예비로 확보하였다. 또한 동부전선의 국군 제3군단은 한석산~가리봉 일대의 산악능선에 국군 제9사단과 제3사단을 배치하고, 국군 제1군단은 설악산~대포리에 국군 수도사단과 국군 제11사단을 배치하여 대비하였다. 새로운 부대배치가 완료된 이후 국군과 유엔군은 전 전선에 걸쳐 위력수색을 실시하였는데, 이 과정에서 5월 9일까지 김포반도~봉일천~의정부~가평~춘천을 확보하고, 또한 동부전선의 인제와 속초까지

탈환하였다. 이로써 4월 공세에서 상실한 지역을 대부분 확보하였다.[24]

이처럼 국군과 유엔군의 반격 상황이 호전되자, 미 제8군사령관은 38도선을 회복하기 위한 본격적인 반격작전을 계획하였다. 5월 12일부터 새롭게 실시될 반격작전에서는 미 제1군단, 미 제9군단, 미 제10군단이 문산~춘천 선을 점령한 이후, 북동쪽의 인제 방면으로 공격할 예정이었다. 국군 제3군단과 국군 제1군단도 정면공격하여 38도선을 회복하고, 계속 정면으로 진격할 예정이었다. 그러나 5월 10일 이후 전 전선에서 공산군의 활동이 두드러지게 증가하고, 새로운 공세 징후들이 포착됨에 따라 미 제8군사령부는 즉시 반격계획을 취소하고 적의 공세에 대응하기 위한 방어조치를 준비하라고 지시하였다. 이 시기에는 중부 및 중동부 전선에서 중공군의 부대이동이 관측되었으나, 5월 초의 기상악화로 인해 구체적인 정보파악은 불가능했다.[25]

한편, 4월 공세에서 만족할만한 성과를 얻지 못한 중공군은 공세 실패에 따른 불리한 전황을 조기에 만회하고, 전선에서의 작전 주도권을 다시 장악하기 위해 5월 공세를 계획하였다. 이때 펑더화이가 내세운 목표는 '서울 점령'이라는 정치적 목적을 포기하고, 대신 중동부 산악지대에서 국군 사단을 집중 공격하여 격멸한 뒤 측방이 고립된 미군을 섬멸할 수 있는 여건을 조성하는 것이었다. 즉, 중공군은 5월 공세에서 중서부지역에서 타격을 입은 미군이 손실된 전투력을 회복하기 이전에 중동부 전선의 국군에게 치명적 타격을 주는 한편, 국군의 일부를 와해시켜 장차 유엔군이 추진하려는 대규모 공세의 기도를 차단하려 하였다.[26]

보다 구체적으로 살펴보면, 중공군은 중동부지역, 특히 현리 일대에 배치된 국군 4개 사단을 다중多重 포위하여 섬멸한다는 작전계획을 수립하였다. 이에 따라 주공인 중공군 제9병단은 양구→인제 축선을 돌파한 후 신속하게 상남리→속사리, 한계→풍암리로 종심 깊게 기동하고, 조공을 맡은 중공군 제3병단의 일부가 미 제10군단을 고착 견제하는 동안, 주력이 국군 방어선을 돌파하여 오마치→창촌→속사리로 종심 기동하도록 임무를 부여하였다. 전체적으로 볼 때, 현리 일대를 포함한 중동부 전선에 중공군 3개 병단과 북한군 4개 군단 등 총 41개 사단을 집중 투입하는 계획을 수립하였다. 한편 서부전선의 중공군 제19병단은 전체 공세의 견제부대로 운용될 예정이었다. 공산군이 의도했던 대로 동부전선의 국군 6개 사단이 붕괴될 경우 이 전선은 유엔군의 전체 전선유지에 큰 타격을 줄 것이었다. 이는 중서부전선에 배

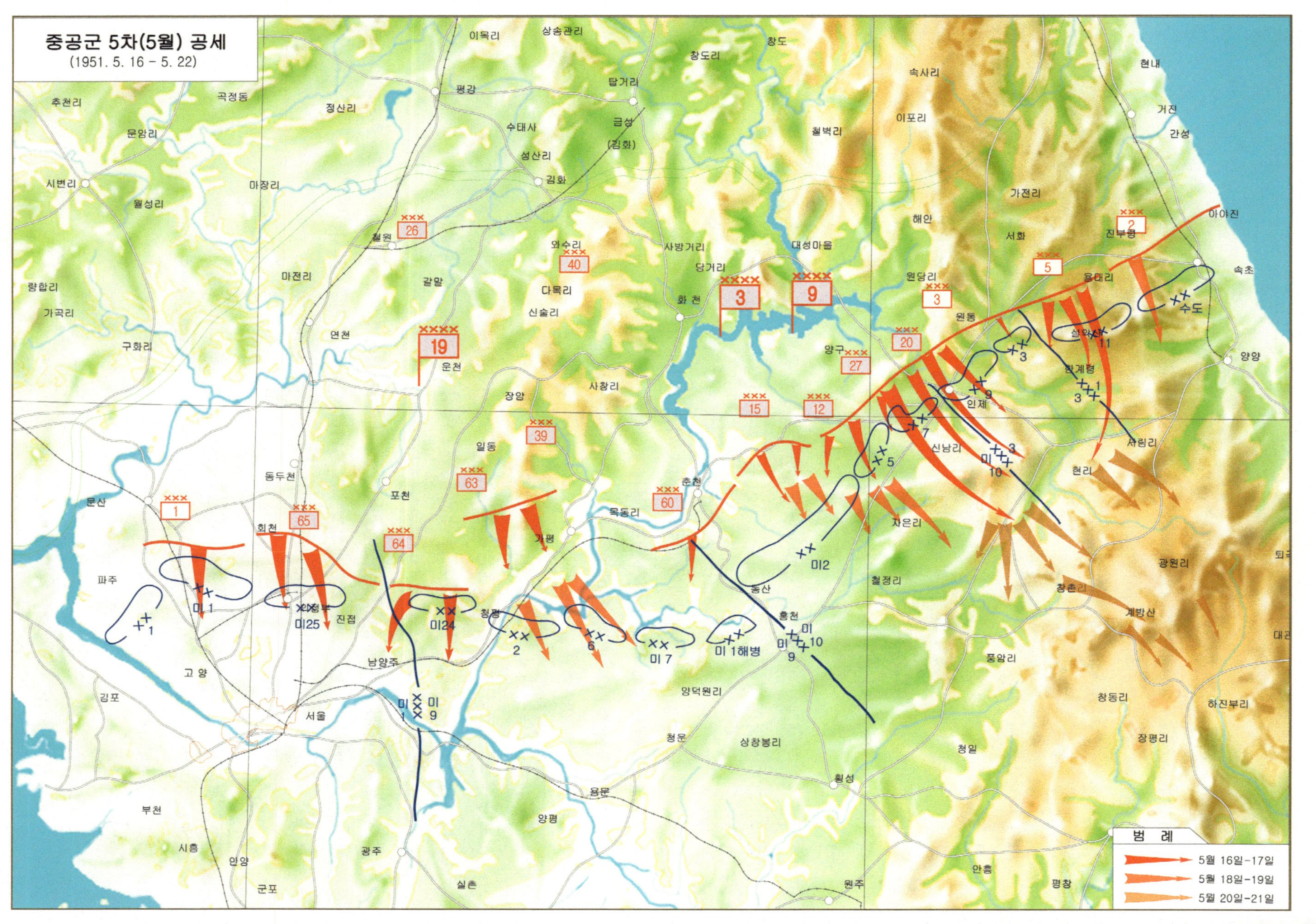
중공군 5차(5월) 공세
(1951. 5. 16 - 5. 22)
범례
5월 16일-17일
5월 18일-19일
5월 20일-21일

현 리 전 투
(1951. 5. 16 - 5. 22)
855
1430
1408
원통
인제
1047
1226
1519
가리봉
550
가리산리
725
657
875
인제
1119
897
650
인제
수리봉
665
682
799
847
신남리
968
596
현리
777
어론리
용포
갑둔리
대암산
941
1091
927
가마봉
술구내미고개
수리
945
방태산
1436
1076
1191
상남리
833
챠은리
광암리
895
1060
침교
3군단의
계획된 철수로
외야리
고사리재
1214
588
도관리
방내1리
광원리
매봉산
1165
1103
451
가진포
가마소
창촌리

현리전투

4월 공세에서 서울 장악과 유엔군의 주력 섬멸에 실패한 중공군은 계속해서 공세를 유지하며, 전선의 주도권을 장악하려 하였다. 이를 위해 중공군 제9병단을 동부전선으로 이동시켜 국군 부대를 섬멸하고, 이 사이에 중부전선에서는 전선을 양분하여 유엔군을 고립시키려 하였다. 당시 유엔군은 4월 공세 직후 제한된 공세작전을 시작하여 통제선 캔사스–와이오밍Line Kansas-Wyoming Line을 점령하기 위해 진격하였는데, 이때 공산군이 또 다른 대규모 공세를 준비하고 있음을 간파하였다. 미 제8군사령부는 중공군이 5월 초에 중부전선에 주공을 투입하여 공격할 것으로 예측하고, 동부전선의 국군 사단들에게 진격을 멈추고 방어태세로 전환하라고 지시하였다. 당시 국군 제1군단은 동해안과 태백산맥을 담당하고, 국군 제3군단(제9사단, 제3사단)은 인제와 원통 북쪽의 소양강 남안에 배치되었다. 국군 제3군단의 우측에는 미 제10군단 예하의 국군 제5사단과 제7사단이 배치되어 중공군의 공세에 대비하였다.

중공군은 5월 16일 오후부터 국군 제5사단과 제7사단을 정면 공격하였다. 이후 중공군 제20군, 제27군, 제20군은 국군 1개 연대 혹은 1개 사단을 상대로 정면압박, 우회 및 돌파, 퇴로 차단, 섬멸 등의 연속된 전술을 구사하며 진격하였다. 또한 중공군 제20군 예하 연대급 침투부대가 국군 방어진지를 돌파한 이후, 깊숙하게 진격하여 5월 17일 새벽에 국군 제3군단이 철수로로 이용할 예정인 오마치 고개를 점령하였다. 이로써 국군 제3군단은 퇴로가 차단되었고, 자칫 포위될 위기에 처했다.

정면 압박과 강력한 돌파전술을 구사하는 중공군의 공격에 속수무책으로 당하던 국군 제3군단 예하부대는 5월 16일 야간부터 연대 단위의 지휘통제가 불가능했고, 상급부대의 지시가 없는 상태에서 부대별로 분산 철수하기 시작했다. 또한 군단 주력이 철수로로 사용하려고 했던 현리~창촌리 사이 도로가 중공군에게 장악됨에 따라, 국군 제3군단 지휘부는 5월 17일에 현리에서 철수하기로 결심하였다. 이를 위해서 국군 제3사단과 제9사단에게 오마치 일대를 장악한 중공군을 제압하고 퇴로를 개척하면서 철수하라고 지시하였다.

하지만 예하부대 통제가 어려웠으며, 적에게 퇴로가 차단되었다는 사실이 알려지자 부대 전체가 공포에 휩싸이고 말았다. 결국 국군 제3군단 예하부대는 공격은 시도조차 못한 채, 뿔뿔이 흩어져서 개별적으로 방태산을 넘어 퇴각하기 시작했다. 이 과정에서 많은 병력이 적의 포로가 되었으며, 모든 장비와 무기를 적에게 넘겨주고 말았다. 일시적으로 지휘체계가 와해된 국군 제3군단 병력 중 5월 20일에 하진부리에 도착한 이들은 고작 40%에 불과하였다. 한편 미 제8군사령부는 국군 제3군단 붕괴로 형성된 돌파구를 봉쇄하기 위해서 미 제3사단을 운두령에, 미 제187공수연대와 국군 제8연대를 홍천 북방의 벙커고지에, 국군 수도사단을 대관령에 투입하여 가까스로 방어선을 형성에 성공하였다.

현리전투에서 국군 제3군단이 중공군에게 포위된 이후 철수하는 도중 막대한 손실을 입고 와해되는 과정에서 당시 국군의 총체적 문제가 노출되었다. 중공군에게 돌파를 허용하고 전선에서 이탈하는 국군 부대의 전투수행능력이 향상되지 않는다면, 유엔군이 모든 전선에서 중공군과 대치해야 할 상황이었다. 중공군 개전 초기에 속수무책으로 당하던 미군이 수차례 전투를 경험하면서 중공군을 극복했던 것과 달리, 국군은 여전히 중공군의 공세를 극복하지 못하고 어려움을 겪고 있었다.

치된 국군과 유엔군 부대들이 고립되거나 측방이 노출되는 심각한 위기상황에 직면하는 것을 의미하였다.[27]

중공군과 북한군이 중동부전선에서 대규모 공세를 감행하기 위해 막바지 준비에 전념하는 동안, 미 제8군사령부는 1951년 5월 이전 공산군의 배치상황을 근거로 다음 공세가 집중될 지역을 예측하려 하였다. 그러던 중 5월 초순부터 화천지역에서 적의 야간 차량통행이 늘어남과 동시에, 대규모 병력이 동쪽으로 이동하는 등 중공군 주력이 중동부 축선으로 집중되는 일련의 정황들이 포착되었다. 또한 생포한 포로가 중공군의 주력이 미 제10군단 정면을 향할 것이라는 진술함에 따라, 중공군의 다음 공세가 서부전선이 아니라 중동부전선에 집중될 것으로 예측하였다.[28]

이 시기의 유엔군사령부는 적의 공격 징후와 방향을 비교적 정확하게 예측하였으나, 이에 대비한 작전계획과 전선 조정을 위한 시간이 부족했다. 이에 따라 미 제8군사령관(밴플리트 중장)은 기존의 부대배치와 방어계획을 유지한 채, 미 제1군단의 예비인 미 제3사단을 필요한 곳에 투입하려 하였다. 한편 중공군의 주력이 집중될 것으로 예상된 미 제10군단도 방어계획을 조정하고, 적의 공세에 대비하였다. 우선 적의 대규모 공세가 펼쳐질 동부 산악지역에서 방어작전을 펼쳐 적의 힘을 소진시켜 적이 스스로 작전한계점에 도달하면, 국군 및 유엔군이 우세한 화력과 기동으로 반격에 나설 계획이었다.[29]

1951년 5월 16일 오후, 중공군은 소양강 남안의 국군 제7사단과 국군 제5사단의 방어진지에 대한 돌파를 시작으로 5월 공세의 포문을 열었다. 중공군 제20군과 제27군 예하의 6개 사단이 국군 2개 사단 정면에 공격준비사격과 더불어 침투와 돌파, 후방차단 등 중공군의 전형적 기동전 전술을 구사하며 국군 사단을 압도하였다. 이 과정에서 특히 중공군 제20군 예하부대(제58, 제59, 제60사단)가 소양강 일대에서 국군 제7사단을 포위 및 압박하여 공격함에 따라, 미 제10군단 우측과 국군 제3군단 좌측 전선이 심각한 위기에 처했다. 한편 중공군 제12군과 제27군의 일부가 우회와 종심기동으로 국군 제5사단을 포위 및 고립함에 따라 현리 일대에 배치된 국군 제3군단의 좌측이 적에게 완전히 노출되었다.[30]

미 제8군사령부는 중공군의 5차 공세가 개시된 지 이틀 후인 5월 18일에야 비로소 적의 주공이 국군 제3군단과 미 제10군단 지역에 집중된 것을 간파하였다. 따라서 미 제8군사령관은 변경된 통제선 노 네임New Line No Name을 방어선으로 설정한 춘천을 향해 공격 중인 국군 제7사단, 1951. 5. 24.

후, 미 제8군 예하의 미 제3사단, 미 제9군단의 예비인 미 제187공수연대전투단 등 가용한 모든 예비대를 미 제10군단 지역에 투입하였다. 미 제10군단 사령부를 방문한 밴플리트 중장은 미 제10군단과 국군 제3군단 사이에 벌어진 간격이 가장 큰 문제라고 지적하면서, 현리 정면에서 큰 타격을 입은 국군 제3군단이 더 이상 동남쪽으로 퇴각해서는 안 된다고 강조하였다. 이와 동시에 중동부전선에서 중공군이 작전 한계점에 도달했다고 판단하고, 중공군이 잠시 재충전 후 서부전선으로 공격방향을 전환할 가능성과 이에 대한 대비책 마련을 지시하였다.[31]

이와 같은 미 제8군사령관의 지시에 의해 중부전선에서는 5월 20일부터 미 제1군단과 미 제9군단이 반격을 개시하여, 임진강~의정부~금곡~홍천강을 연하는 선까지 순조롭게 진출했다. 또한 미 제8군사령부는 군 예비인 미 제3사단을 현리에서의 패배 이후 후퇴중인 국군 제3군단 작전지역에 긴급 투입했다.

이후 미 제3사단은 5월 22일에 운두령을 점령함으로써 속사리와 하진부리까지 진출한 중공군의 보급로를 장악하고, 이를 통해서 돌파구를 확대하려는 적의 의도를 저지하는데 성공하였다. 이후 중공군의 작전 지속능력이 한계점에 도달했다고 판단한 미 제8군사령관은 5월 23일부터 미 제10군단에 반격작전으로 전환하여 간성을

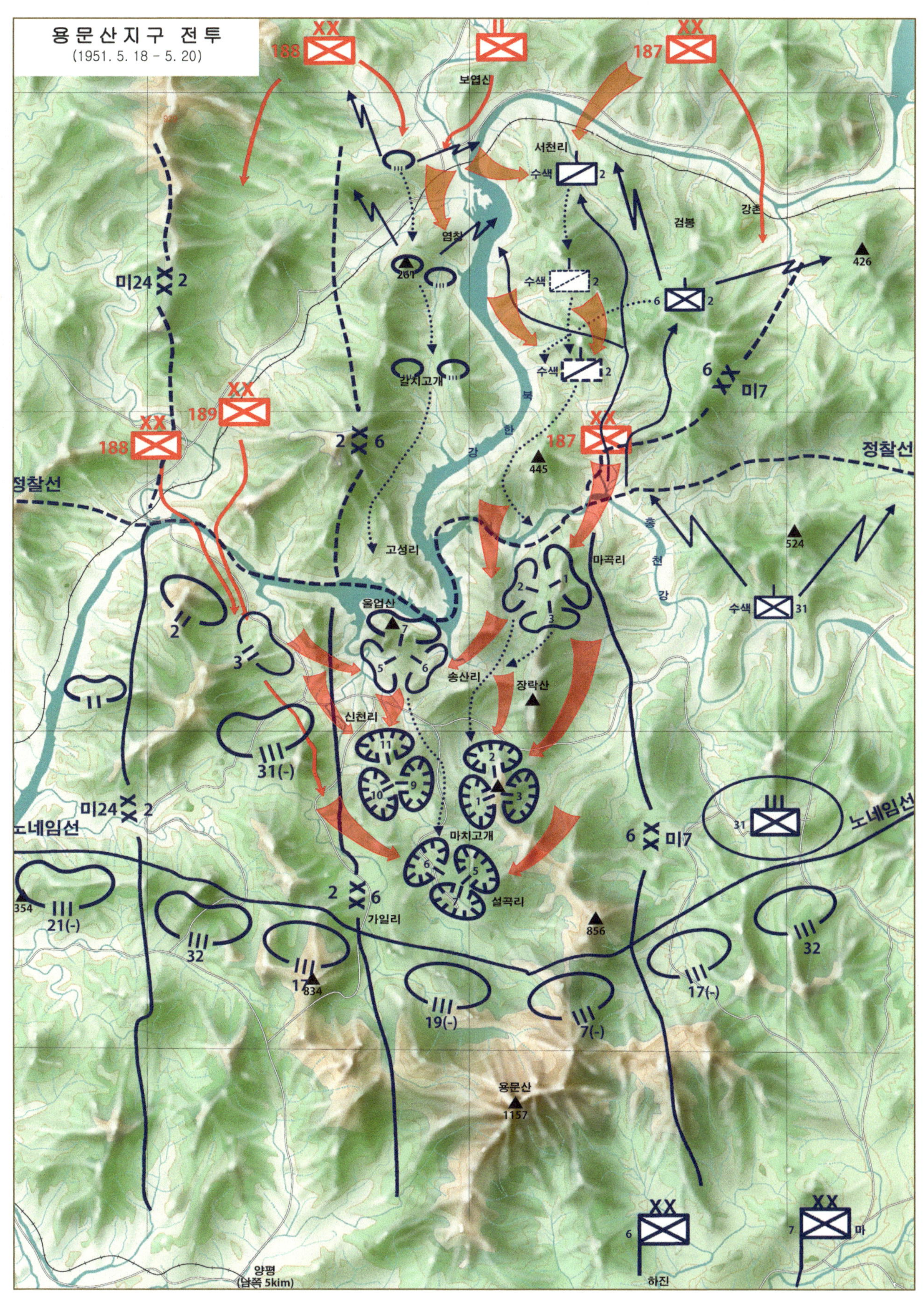

용문산지구 전투
(1951. 5. 18 - 5. 20)

용문산 전투

서울 북방에 주공을 투입하여 공격한 4월 공세가 실패로 끝난 직후, 중공군은 중동부 전선에서 작전 주도권을 장악할 목적으로 5월 공세를 구상하였다. 이 공세에서 중공군은 유엔군에 비해 전투력이 약한 국군을 격멸한 뒤, 이를 통해 전선의 균형을 무너뜨리려 하였다. 따라서 중공군은 현리에 배치된 국군 제3군단과, 4월 공세 초기 사창리에서 참담하게 패배한 이후 용문산 일대로 후퇴한 국군 제6사단을 공격목표로 선정하였다.

용문산(1,157m) 전방의 북한강 남안을 중심으로 방어진지를 구축하던 국군 제6사단은 제2연대를 북한강과 홍천강 남쪽에 추진 배치하고, 주저항선인 용문산 서쪽에 제19연대, 동쪽에 제7연대를 배치하였다. 이러한 방어선 배치에는 4월 공세 초기 사창리 전투에서 겪은 치욕스러운 패배를 반복하지 않겠다는 굳은 의지가 반영되어 있었다. 특히 제2연대는 사창리 전투의 패배를 설욕하기 위하여 철모에 '결사決死'라고 새기며 전투의지를 고취하며 결전에 임했다. 이후 중공군의 공격이 임박했다는 정보가 입수됨에 따라 좌측의 국군 제2사단과 우측의 미 제7사단이 갑자기 주저항선으로 철수하자, 제6사단 제2연대만 청평호 남쪽의 돌출된 지역에서 방어에 임했다.

중공군은 1951년 5월 17일부터 제19병단 예하 제63군의 3개 사단(제187, 제188, 제189사단)을 투입하여 아군 방어진지를 공격하였다. 그런데 전방으로 돌출된 방어진지에 배치된 국군 제2연대는 물러서지 않았으며, 상급부대 포병의 화력지원에 힘입어 적과 백병전을 펼치면서 적의 공격을 격퇴하였다. 그런데 이 시기에 중공군은 제6사단 제2연대의 전투전초진지를 주 저항진지로 잘못 판단하고, 제2파 공격부대를 간격으로 침투시켜 퇴로를 차단하려 하였다. 이에 대해서 국군 제2연대는 상급부대의 화력 지원, 중대 및 대대 단위로 진행된 효과적 진지 전환 등을 통해 적을 제압하였으며, 약 3일에 걸친 치열한 전투에서 한 발짝도 물러서지 않고 진지를 사수하였다.

이처럼 제2연대가 선전하자, 5월 21일 오전에 국군 제6사단장(장도영 준장)은 제7연대와 제19연대에게 역습을 지시하였다. 국군 제6사단의 대대적인 역습이 시작되자, 예기치 못한 공격을 받은 중공군 제63군은 2개 연대를 전방에 배치하여 지연전을 실시하고, 주력은 곧바로 퇴각하기 시작했다. 또한 5월 24일부터 본격적으로 방어에서 공격으로 전환한 제6사단은 지암리~화천에 이르는 선까지 중공군을 추격하였다. 이 과정에서 국군 제6사단은 캔자스 선까지 추격하였는데, 제2연대는 화천 발전소를 점령하고, 제7연대와 제19연대는 화천 저수지 남쪽의 전 지역을 확보하였다.

국군 제6사단이 용문산 전투에서 보여준 성공적인 방어작전과 효과적 추격작전은 전 장병의 강인한 전투의지와 부대 지휘관의 적절한 상황판단과 효과적 방어전술 구사, 강력한 화력지원에 힘입어 이뤄낸 것이었다. 특히 중공군 개입 이후 지속적으로 중공군에게 정면 돌파와 후방 퇴로 차단 등에 의한 섬멸적 패배를 당했던 국군 지휘관들은 이를 역이용하여 사주방어에 유리한 진지를 구축한 뒤, 적절한 사격통제와 진지 전환 등의 전술을 통해 성공적인 방어작전을 수행했다. 국군 제6사단이 용문산 전투와 화천 진격전에서 중공군을 상대로 거둔 대승大勝은 국군의 사기 진작과 전투의지 고양에 기여하였다.

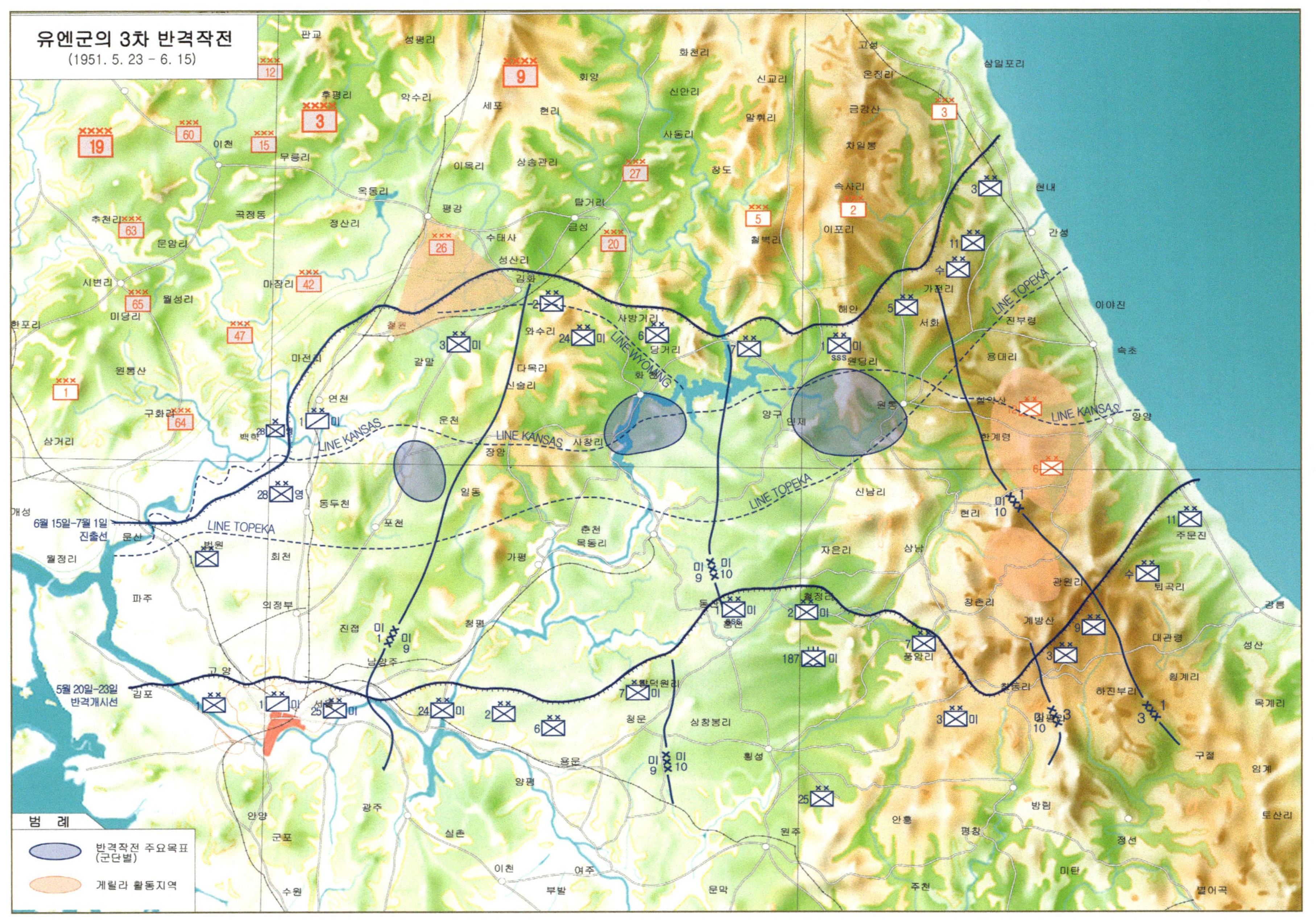
유엔군의 3차 반격작전
(1951. 5. 23 - 6. 15)
범 례
반격작전 주요목표 (군단별)
게릴라 활동지역
LINE KANSAS
LINE TOPEKA
LINE WYOMING
6월 15일-7월 1일 진출선
5월 20일-23일 반격개시선
판교
성평리
회양
화천리
고성
삼일포리
신교리
온정리
신안리
금강산
약수리
세포
현리
말휘리
후평리
사동리
차일봉
이천
무릉리
이목리
상송관리
창도
옥동리
평강
속사리
현내
곡정동
탑거리
추천리
정산리
수태사
금성
이포리
간성
운암리
철벽리
성산리
김화
시변리
마장리
월성리
미당리
가전리
와수리
사방거리
해안
서화
진부령
아야진
마전리
당거리
원당리
용대리
속초
원통산
갈말
다목리
신술리
연천
운천
화천
양구
인제
원통
양양
구화리
백학
삼거리
장암
사창리
한계령
일동
동두천
신남리
개성
운산
포천
현리
주문진
월정리
법원
회천
춘천
목동리
자은리
상남
가평
파주
의정부
청평
홍천
청정리
관원리
강릉
진접
남양주
청손리
계방산
대관령
성산
풍암리
고양
덕원리
김포
횡계리
하진부리
청운
상창봉리
횡성
용문
목계리
구절
임계
양평
방림
광주
안양
원주
토산리
군포
실촌
안흥
평창
정선
이천
여주
수원
부발
문막
주천
미탄
별어곡

목표로 진격하고, 국군 제1군단에 북서방향으로 진격토록 명령하였다. 미 제3사단이 긴급하게 투입된 운두령 전투는 중공군의 5월 공세에 종지부를 찍고, 차후 유엔군이 반격작전으로 전환하는 계기가 되었다.[32]

5월 16일에 중동부전선에서 대규모 병력을 동원한 공격을 개시하며 시작된 5월 공세에서 중공군은 현리 일대에 약 60km에 달하는 대규모 돌파구를 형성한 뒤, 속사리와 하진부리까지 진출하는데 성공하였다. 그러나 5월 20일을 전후하여 중공군 주력부대의 활동이 현저하게 감소하였고, 국군 제1군단이 대관령 일대에서 치열한 전투를 전개하여 중공군의 추가 남진을 저지하였다. 또한 운두령에 투입된 미 제3사단이 돌파구 확장 저지에 성공함에 따라 5월 공세가 점차 마무리되었다. 이처럼 약 5일 동안 지속된 작전에서 중공군은 국군과 유엔군의 조직적인 지연작전과 강력한 포병 및 항공부대의 폭격에 의해 심대한 피해를 입었으며, 그로 인해 당분간 더 이상 공세작전을 펼칠 수 없을 정도로 전투력이 약화된 부대도 속출했다. 하지만 중공군은 국군 제3군단 예하의 3개 사단을 사실상 전멸시켰으며, 동부전선에서 약 40km 이상 밀고 내려오는 성과를 거두었다.[33]

중공군 일부 부대의 피해 현황과 4월과 5월 공세를 연달아 실행하는 과정에서 누적된 전투피로 등을 파악한 펑더화이는 5월 21일을 기해 공격중지를 지시하였다. 이후 모든 예하부대에게 신속하게 후퇴하도록 명령하였는데, 그 이유는 유엔군이 신속하게 중공군의 측후방으로 공격해 올 것에 대비하기 위해서였다. 이처럼 중공군이 자발적으로 철수함에 따라, 국군과 유엔군은 별다른 저항을 받지 않은 채 순조롭게 반격을 계속하였고, 1951년 6월 초에는 다시 38도선까지 진격하는데 성공하였다.[34]

12장

휴전회담과 전선의 교착

휴전회담 추진 배경

1951년 7월 10일 개성에서 개최된 휴전회담은 6·25전쟁의 또 다른 전환점이었다. 대규모 군대를 북한에 파견하여 미국과 정면 대결하던 중국은 1951년 상반기 전황을 통해 군사적 한계를 명확하게 실감하였다. 중공군은 1951년 초에 대규모 공세를 통해 국군과 유엔군을 군사적으로 압박하여 승리하려 했으나, 1951년 4월 및 5월에 실시한 공세를 통해 군사적 승리에 의한 전쟁 종결은 불가능하다는 점을 확인하였다. 여섯 차례의 대규모 공세를 치르는 동안 중공군은 약 50만 명에 달하는 인명피해를 입었으며, 북한군의 인명피해는 더 많았다. 또한 이와 같은 인명피해에도 불구하고 전선 상황은 호전되지 않았으며, 1951년 초에 대규모 공세를 치르는 동안 소모된 전투력 때문에 중공군은 병력과 병참물자가 증원되지 않는다면 추가 공세가 어려운 상황이었다.[1]

이 시기에 중공군과 북한군은 군사작전 수행과정에서도 어려움을 겪고 있었다. 공산군이 대규모 공격을 개시한 직후마다 곧바로 실시되는 국군과 유엔군의 반격으로 인해서 중공군의 화기와 장비, 통신수단 등이 큰 타격을 입었다. 또한 중공군과 북한군은 화력과 기동 면에서 국군과 유엔군에 비해서 열세였다. 더구나 유엔군이 지속적으로 제해권과 제공권을 장악하고 있었기 때문에 전선에 투입된 중공군 및 북한군 부대에 대한 병참지원에 어려움이 많았다. 이 시기에 유엔군 공군은 중국에서 북한으로 들어오는 수송 수단과 도로망을 포격하는 후방차단작전을 실시하였는데, 그 결과 공산군의 수송 및 보급체계는 사실상 마비되었다. 따라서 중공군과 북한군 예하 대규모 병력은 제대로 병참지원을 받지 못한 상태에서 압도적 화력과 기동력을 앞세운 국군 및 유엔군과 맞서야 했다.[2]

1951년 전반기 전황이 이와 같이 전개됨에 따라 중공군은 선택의 순간에 직면하였다. 여러 가지로 불리한 조건에서 계속 군사작전을 수행할 경우 더 많은 병력손실이 우려되었고, 또한 미국을 상대로 제3차 세계대전으로까지 확전할 수는 없는 상황이었다. 그렇다고 해서 불리한 상황을 앞세워 그럴듯한 명분이나 실리가 없이 무작정 전쟁을 끝내는 것은 중국의 국가적 체면을 고려할 때 있을 수 없는 일이었다. 이처럼 곤란한 상황에서 중국이 선택할 수 있는 최고의 대안은 적절한 명분을 앞세운 협상을 통해 전쟁을 끝내는 것이었다. 특히 전쟁 발발 이전의 상태인 38도선에서 종전한다면, 그럴듯한 명분과 실리를 동시에 만족시킬 수 있다고 판단하였다. 게다가 전선이 다시 38도선으로 복귀한 1951년 6월에는 중공군과 북한군이 유엔군에 의해 북쪽으로 밀리고 있었기 때문에, 중국의 입장에서는 하루라도 빨리 휴전休戰/cease fire하는 것이 필요했다.[3]

마오쩌둥은 1951년 6월에 한반도에서의 전쟁 장기화와 동시에 협상 가능성을 염두에 두면서, 펑더화이에게 장차 지구전을 수행하면서 정치적으로 유엔군과 협상할 준비를 하라고 지시하였다. 이어서 마오쩌둥은 스탈린을 방문하러 모스크바로 향하는 김일성과 가오강에게 공산측이 먼저 휴전을 제의하는 방안을 건의하라고 지시하였는데, 구체적으로는 소련 정부가 먼저 유엔군에게 휴전을 요구하고, 이를 받아들인 유엔군이 휴전을 제의할 경우 북한과 중국이 이를 수용하는 형태로 진행하자는 의견을 제시하였다. 1951년 6월 13일에 스탈린, 가오강, 김일성이 만난 자리에서는 '38도선을 경계로 휴전'하는 방안이 공산진영의 전쟁목표로 확정되었다. 이에 따라 휴전을 추진하기 위해 주유엔 소련대사 말리크Yakob Malik가 6월 23일에 자유진영에 휴전을 제의하였고, 자유진영이 이를 수락함으로써 마침내 1951년 7월 10일에 개성에서 한반도에서의 전쟁을 끝내기 위한 휴전회담이 개최되었다.[4]

미국을 포함한 자유진영도 중공군이 개입한 이후 국군과 유엔군의 37도선까지 철수, 서울 재탈환과 전선의 38도선 복귀 등을 고려하면서 점차 군사적 승리가 아닌 협상을 통한 휴전을 고려하기 시작했다. 미국 정부는 설령 국군과 유엔군이 전면공격을 통해 전황을 크게 호전시키더라도 수많은 인명피해가 발생할 것이며, 또한 막대한 전쟁비용이 소모될 것으로 우려하였다. 실제로 미국은 1951년 6월 말까지 약

80,000여 명에 달하는 인명손실을 입었으며, 천문학적인 전쟁비용이 투입되었다. 그럼에도 불구하고 한반도에서 진행 중인 전쟁에서 군사적으로 승리할 가망은 보이지 않았으며, 이로 인해서 미국의 국내 여론도 점차 부정적으로 바뀌고 있었다.[5] 그렇다고 해서 전쟁을 끝내기 위해서 중국 본토에 대한 폭격 등으로 전선을 확대하는 경우 자칫 소련이 참전하여 제3차 세계대전이 발발할지도 모른다는 우려를 지울 수 없었다. 다만, 릿지웨이 장군이 미 제8군사령관으로 취임한 이후 그의 성공적인 군사작전 지휘 덕분에 유엔군이 한반도에서 밀려나 철수하는 상황이 발생하지 않은 것은 천만다행이었다. 이와 같은 모든 정황을 고려할 때, 미국 정부는 한반도에서 군사적으로 방어 가능한 지역을 확보한 뒤, 이곳에서 군사적 승리가 아닌 정치적 타협에 의해서 전쟁을 종결한다는 방침을 세웠다. 누군가는 이를 '명예로운 휴전honorable armistice'이라고 부르기도 했다.[6]

군사작전을 지휘하는 유엔군사령부도 미국 정부와 일치된 생각을 가지고 있었다. 1951년 5월 말 이후에 전세를 역전시킨 유엔군사령관(릿지웨이 대장)은 한반도에서 가장 좁은 지역인 평양~원산 선까지 진출하려 하였으나, 당시의 접촉선이던 목표선 와이오밍Line Wyoming을 넘어서서 진격하는 과정에는 많은 인적 및 물적 손실이 발생할 것으로 우려하였다. 또한 만약 유엔군이 성공적으로 평양~원산 선까지 밀고 올라갈 경우, 지역적으로 손해를 본 공산군이 유엔군이 제시하는 휴전에 응하지 않을 것이라고 판단하였다.[7]

이처럼 미국은 정치적, 군사적 판단에 근거하여 한반도에서 진행 중인 전쟁의 휴전을 추진하였다. 이 시기에 미국의 전쟁목표는 한반도의 전쟁을 종결하고, 이후 유지하기 적합한 수준의 정전체제를 구축하며, 이와 동시에 38도선 남쪽에 대한민국의 권위를 회복한 뒤, 북한이 감행할지 모르는 또 다른 침략을 저지할 수 있는 군사력을 보강하는 것이었다. 이처럼 한반도에서 협상을 통해 전쟁을 종결하겠다는 미국의 결정에 대해 유엔과 자유진영 국가들은 환영하였는데, 이로써 미국은 국가의 위신과 대의명분을 모두 챙길 수 있게 되었다.[8]

1951년 6월 23일, 주유엔 소련대사 말리크는 '평화의 가치Price of Peace'라는 라디오 연설에서 "소련 인민은 … 교전상태의 중지와 휴전을 위해 38도선에서 상호 철군함으로써 교전국 사이에 대화가 시작되어야 한다"[9]고 제안하였다. 이는 사실상 휴전협상을 암시하는 것이었다. 이와 같은 소련의 제의에 대해 중국, 북한이 지지를 표명하였고, 영국과 프랑스도 긍정적으로 수용하였다. 이에 따라 미국 정부는 그동안 내부적으로 논의하던 협상에 의한 종전을 추진할 수 있다고 판단하여 이를 수용하기로 결정하였다. 이에 따라 6월 30일에 유엔군사령관(릿지웨이 대장)이 공식적으로 공산군에게 휴전회담을 제의하였고, 김일성과 펑더화이가 공동명의로 이를 수락함으로써, 마침내 휴전회담이 성사되었다.[10]

그런데 유엔군과 공산군이 정치적, 군사적 필요에 의해서 휴전회담에 합의하자, 대한민국 정부가 격렬하게 반대하고 나섰다. 특히 북한의 남침으로 6·25전쟁이 발발한 이후 계속해서 한반도의 통일문제를 거론하던 이승만 대통령은 유엔군과 공산군 사이의 휴전회담 추진 결정이 대한민국 국민의 의사와 상관없는 것임을 분명하게 밝혔다. 또한 그는 자신과 대한민국 정부는 휴전회담과 그 결과로 성사될 정전停戰에 반대한다는 의사를 공식적으로 표명하였다. 이승만 대통령은 국민들에게 통일의 당위성을 강조하며, 이를 위해서 북진통일北進統一 해야 한다고 주장하였다. 대한민국 국회도 1951년 4월 2일에 38도선에서의 전투 정지, 평화 교섭, 완충지대 설치 등에 반대하는 결의문을 채택하여 유엔과 미국, 그리고 유엔군사령부에 전달하였다. 또한 임시수도 부산을 중심으로 전국 각지에서 북진北進을 염원하는 집회를 개최하여 대한민국 정부와 국민의 의지를 대내외로 전파하였다.[11]

유엔군사령관의 휴전 제의와 중국과 북한이 이를 수용했다는 보도가 나온 1951년 6월 27일, 이승만 대통령은 또 다시 휴전 반대성명을 발표하였다. 그는 공산군과의 타협을 완강히 반대하며, 전쟁 이전상태로의 복귀를 거부하였다. 그리고 1951년 9월이 되자 이승만 대통령은 휴전을 수용할 수 있는 조건을 내세웠는데, 이는 중공군의 한반도 완전철수와 북한군의 무장해제 등이었다. 이와 같은 대한민국 국민과 이승만 대통령의 공공연한 휴전 반대 움직임은 휴전을 성사시켜야 하는 유엔군사령관(릿지웨이 대장)에게 큰 부담이었다. 특히 국군을 작전지휘하던 릿지웨이 장군은 이승만 대통령이 국군을 유엔군으로부터 철수시켜 단독으로 북진하겠다는 취지의 발언을 하자, 더욱 곤란한 상황에 처하였다. 결국 협상에 의한 종전을 추진하기 위해서는 휴전회담을 강행할 수밖에 없는 상황에서 미국 정부와 유엔군사령부는 이승만 대통령과 대한민국 국민을 만족시킬 수 있는 대안을 제시하기 위해 고민하였다.[12]

휴전회담 초기의 전선 상황

유엔군과 공산군이 정치적, 군사적 고려에 의해 휴전회담을 추진하던 1951년 6월, 유엔군은 한강 하구~장단~고랑포~연천~철원~김화~화천~서화~간성에 이르는 선에 방어선을 구축하였다. 38도선을 기준으로 볼 때, 서해안에 연하는 지역에서는 옹진과 연안반도가 포함되지 않았으나, 중부와 동부에서는 거의 대부분 38도선을 넘어서 북쪽으로 약 20~30km 정도 올라간 지점이었다. 반면에 공산군은 예성강 하구~토성리~송악산~오리정~평강~등대리~애막동~서화리~사천리~고성 남쪽을 연하는 선에서 방어선을 구축하였다. 이 시기 전장의 주도권은 중공군의 제5차 공세 이후 반격에 성공한 유엔군이 확보하였으며, 춘계공세에서 막대한 인명 및 장비, 물자 손실을 입은 공산군은 수세로 전환한 뒤 방어선 구축 및 강화에 열중하고 있었다. 곧이어 휴전회담이 가시화됨에 따라 유엔군과 공산군 사이의 전선은 교착상태에 접어들었다. 1951년 7월 1일, 유엔군사령관(릿지웨이 장군)은 모든 공격을 중지하라고 지시하였고, 이후 유엔군도 휴전회담을 위한 준비에 만전을 기했다. 공산군도 공격은 중지하였으나, 차후 공격을 위한 재정비와 공격 준비태세는 멈추지 않았다.[13]

휴전회담이 시작되던 시기의 유엔군 병력은 총 554,000여명으로, 이중에는 국군이 273,000여명, 미군이 253,000여명, 그리고 나머지 유엔군이 28,000여명이었다. 부대배치는 서쪽으로부터 미 제1군단이 한강 하구~김화, 미 제9군단이 김화~북한강, 미 제10군단이 북한강~소양강, 국군 제1군단이 소양강~동해안 지역을 담당하였다. 지상군 외에도 유엔군은 미 제7함대를 포함한 극동 해군, 대한민국 해군, 영연방 등의 함정으로 구성된 해군을 보유하고 있었다. 또한 유엔 공군은 미국의 극동 공군을 중심으로 공산군을 압도하는 공군력을 보유하며 작전을 수행하였다.[14]

휴전회담을 앞둔 상황에서 스탈린과 마오쩌둥은 향후 전쟁수행에 필요한 방안을 모색하기 위해 논의하였는데, 스탈린은 유엔군의 공중폭격과 후방에 대한 상륙작전에 대비할 것을 강조하고, 마오쩌둥이 이를 수용하였다. 공산측은 적극적 방어를 통한 지구전과 춘계공세에서 입은 전력손실을 만회하기 위한 공세역량 강화를 추구하였다. 이에 따라 마오쩌둥은 1951년 6월 중순에 "지구작전持久作戰과 평화회담平和會談을 통하여 전쟁을 마무리 짓는다"[15]는 향후 전쟁지도 방침을 결정하며, 이를 수행하기 위해 지구작전과 적극방어를 지시하였다. 그는 "유리한 지형을 이용하여 견고한 방어진지를 구축하고, 또한 적극방어의 수단으로 적군의 유생역량을 대량 살상시키고...."[16] 등의 방침을 조중 연합군사령부에 하달하였다. 공산군은 휴전회담을 지연시켜 춘계공세에서 입은 전력손실을 신속하게 보충하고, 이를 바탕으로 공세역량을 축적하여 군사적 우위를 확보하려 하였다. 만약 공산군이 군사적 우위를 확보하면, 이를 토대로 또 다시 대규모 공세를 실행하거나, 휴전회담에서 이를 유리하게 활용할 의도였다.[17]

이 시기의 공산군 전력은 중공군 55개 사단(19개 군, 5개 병단), 북한군 25개 사단(8개 군단) 등으로 구성되었으며, 중공군 77만 여명과 북한군 34만 여명을 포함하여 총 112만 여명에 달했다. 공산군은 이와 같은 대규모 병력을 제1선(전방), 제2선(후방), 전략예비로 구분하여 운용하였다. 제1선에는 중공군 8개 군과 북한군 3개 군단 등 총 11개 군단(33개 사단)을 배치하였다. 제2선에는 중공군 9개 군과 북한군 4개 군단을 곡선-양덕지역과 평양 및 원산을 중심으로 동해안과 서해안에 배치하여 후방지역을 방어하도록 하였다. 전략예비에 해당하는 부대는 북한의 동북지역에 배치하였다. 휴전회담 시기에도 공산군의 주력은 서부와 중부의 주요 전선을 담당한 중공군이었고, 북한군은 동부전선의 산악지역을 담당하였다.[18]

미국 정부가 휴전회담에 의한 정전을 천명함에 따라, 국군과 유엔군의 군사작전을 지휘하는 유엔군사령부는 휴전협상을 지도하고, 휴전회담에 지장을 주지 않을 정도의 제한된 군사작전을 수행하기로 결정하였다. 미 합참이 릿지웨이 유엔군사령관에게 하달한 작전지침 중에는 목표선 캔사스-와이오밍Line Kansas-Line Wyoming을 넘지 말 것이며, 만약 이를 넘어야 할 경우에는 미 합참으로부터 승인을 받아야 한다는 내용이 포함되어 있었다. 자칫 지나친 공세로 인해서 어렵게 성사된 휴전회담 진행을 저해하지 못하도록 하기 위한 조치였다. 이에 따라 유엔군사령관(릿지웨이 대장)은 휴전회담 기간 중 유엔군의 작전목표를 휴전회담 타결을 지원하고, 국군과 유엔군의 현 방어선을 개선하며, 공산군의 공세 저지에 중점을 두었다. 또한 공세가 필요한 경우에는 제한된 목표에 대한 소규모 군사작전만 실시할 예정이었다.[19]

국군과 유엔군에 대한 실제 군사작전을 지휘하는 미 제8군사령관(밴플리트 중장)은 미국 정부, 미 합참, 유엔군사령관의 지침에 따라야 했으며, 상부의 지침에 벗어나는 경우에는 반드시 유엔군사령관의 승인을 받아야 했다. 이와 같은 제약에도 불구하고 미 제8군사령관은 여러 차례 야심찬 공격계획을 수립하여 유엔군사령관에게 보고하였으나, 유엔군사령관의 반대로 실행에 옮기지 못하는 경우가 많았다. 대표적인 것으로는 오버웰밍 계획Plan Overwhelming을 들 수 있는데, 9월 1일에 실시될 예정이던 이 공격계획은 원산에 대한 상륙작전과 더불어 목표선 캔사스-와이오밍Line Kansas-Line Wyoming에서 일제히 진격한다는 내용이었다.[20]

이처럼 유엔군사령부가 국군과 유엔군의 지상작전을 제한하고 있었던 시기에 유엔군 공군부대는 적 후방지역에 대한 차단작전으로 큰 활약을 펼쳤다. 이 작전은 휴전회담이 개시된 직후 공산군이 소강된 전장 상황을 이용하여 대규모 보급품과 장비를 전선지역으로 추진하여 전방 부대의 전투력 강화를 추구하려고 한다고 판단하고, 이를 저지하기 위한 조치였다. 이 시기에 실시된 대표적인 후방지역 차단작전은 1951년 8월 18일부터 시작된 스트랭글 작전Operation Strangle인데, 미 제5공군이 출동하여 전선으로 연결된 북한 내의 모든 철도와 도로를 차단함으로써 공산군에게 휴전에 응하도록 압박하였다.[21]

유엔군은 휴전회담이 시작되어 난항을 거듭하던 1951년 7월 이후 세 차례의 공격작전(하계작전, 추계작전, 동계작전)을 실시하였다. 휴전회담 초기에 실시된 전투는 전선의 만곡부彎曲部를 메우기 위한 작전, 휴전 체결 이후 방어에 유리한 지형확보를 위한 작전, 그리고 휴전회담에서 주도권을 장악하기 위한 작전 등으로 구분할 수 있다.[22] 먼저 1951년 하계작전은 미 제10군단이 강원도 양구 북동쪽의 해안분지(펀치볼) 인근 노전평~가칠봉~단장의 능선~백석산을 연하는 선에서 실시되었다. 추계작전은 1951년 10월 초순에 시작되어 하순에 종료되었는데, 이 기간 중 국군 제1군단이 북한군 제6군단을 밀어붙여 남강 이남 지역을 완전히 장악하는데 성공하였다. 또한 미 제10군단이 가칠봉~단장의 능선 구간에서 공세를 지속하였고, 미 제9군단이 금성분지까지 진격하였으며, 미 제1군단이 코만도 작전Operation Commando를 전개하여 목표선 제임스타운Line Jamestown까지 도달하였다. 동계작전은 1951년 11월부터 1952년 3월까지 실시되었으며, 이 기간 중 월비산 전투, 949고지 전투 등에서 피아간에 한 치의 땅이라도 더 확보하기 위한 혈전이 전개되었다.[23]

1951년 하계작전 중에서 가장 먼저 국군과 유엔군의 압박이 시작된 곳은 북한군 제12사단, 제32사단이 방어하는 도솔산 일대였는데, 국군 해병대는 1951년 8월 말에 해안분지 북쪽의 김일성 고지와 마오쩌둥 고지를 공격하여 점령에 성공하였다.[24]

한편 8월 중순에는 휴전회담에 임하는 공산군이 일방적으로 회담의 중단을 선언하자, 유엔군이 중동부전선에서 제한된 공격을 재개하기로 결정하였다. 이때 미 제1해병사단과 국군 해병대는 9월 22일부터 양구 북동쪽의 피의 능선 상의 고지들을 점령하기 시작했다. 이후 이 지역에는 미 제2사단이 본격적으로 투입되어 작전을 수행하였으며, 10월 6일에는 문등리 지역까지 진출하여 단장의 능선 점령에 성공하였다. 한편 서부전선에서도 미 제1군단과 미 제9군단이 공격을 개시하여 경원선 철도와 도로를 보호하기 위해 진격하여 연천과 철원 서쪽 역곡천 일대의 고지군 확보에 성공하였다.[25]

이처럼 1951년 말까지 초기 형태의 고지 쟁탈전과 진지전이 전개되었으나, 1951년 5월까지 전 전선에서 전개되었던 대규모 병력을 동원한 공세는 반복되지 않았다. 휴전을 염두에 두고 있는 유엔군과 공산군이 대규모 인명피해가 발생할 것으로 예상되는 무모한 공격을 실시하지 않았기 때문이었다. 다만, 유엔군과 공산군 모두 휴전회담에서 상대방을 위압하고, 전장의 주도권을 장악하기 위한 목적에서 전선의 특정 지역에 국한된 전투에 집중하였다. 이처럼 한쪽에서는 유엔군과 공산군 대표가 협상에 의해 전쟁을 종결하기 위해 분주하게 움직이고 있었으나, 다른 한쪽에서는 여러 가지 정황을 고려하여 보다 유리한 고지와 지역을 점령하기 위한 혈투가 동시에 진행되었다. 휴전회담 초기에 양측이 전선에서 치열하게 대결한 이유는 휴전회담에서 군사분계선을 정전협정 조인 당시의 접촉선으로 한다는 합의가 도출된 직후, 양측이 조금이라도 유리한 고지와 지역을 점령하기 위해 치열한 공방전을 전개하였기 때문이었다.[26]

미 제8군사령관(밴플리트 중장)은 휴전회담 시작으로 전선이 소강상태에 빠지자, 즉시 국군에 대한 재편성과 전투력 강화에 나섰다. 밴플리트 장군은 국군의 전투 효율성combat effectiveness을 강화하기 위해서 장교와 부사관의 역량 강화, 전투원과 부대의 훈련 체계화, 전투부대의 화력과 기동력 강화 등을 우선적으로 추진하였다. 6·25전쟁 중에만 약 3,000여명이 넘는 장교와 부사관의 미 육군 교육기관 위탁교육이 실시되었다. 또한 미 제8군사령부는 국군의 신병 훈련체계를 개선하였고, 이와 더불어 전방의 미군 군단마다 1개씩 야전훈련사령부Field Training Command를 설치하여 국군 사단급 부대의 전투력 향상 집중훈련을 실시하였다.[27]

휴전회담의 진행과 결렬

1951년 6월 30일 유엔군사령관(릿지웨이 대장)이 공산군 측에 휴전회담 개최를 제의하자, 공산군 측이 펑더화이와 김일성의 공동명의로 이를 수락함에 따라 휴전 논의가 급진전되었다. 이후 유엔군 측이 7월 3일에 예비회의를 개최하자고 제의하였고, 7월 4일에 공산군 측이 이를 수용하였다. 휴전회담 개최를 위한 예비회의가 7월 8일에 개성에서 열렸는데, 양측 연락장교단은 휴전회담 첫 회의를 1951년 7월 10일에 개성 내봉장來鳳莊에서 개최하기로 합의하였다.[28] 유엔군 측은 최초의 휴전회담 장소로 선정된 개성이 공산측이 통제하는 지역이라 정치적, 심리적으로 불리하다고 파악하였으나, 공산군 측이 먼저 개성을 회담장소로 제의함에 따라 이를 수용하고 말았다.

1951년 7월 10일에 첫 번째 휴전회담이 개성에서 개최되었다. 유엔군 측은 미 극동해군사령관 조이Turner Joy 해군 중장이 수석대표를 맡았고, 미 제8군 참모장 호데스Henry I. Hodes 육군 소장, 미 극동공군부사령관 크래이기Laurence C. Craigie 공군 소장, 미 극동해군 참모부장 버크 Arleigh A. Burke 해군 소장, 국군 제1군단장 백선엽 육군 소장 등이 참석하였다. 공산군 측에서는 북한군 총참모장 남일 육군 대장이 수석대표를 맡았고, 중국인민지원군 제1부사령관 겸 부정치위원 덩화鄧華, 중국인민지원군 참모장 쎄팡解方, 북한군 정찰국장 이상조 육군 소장, 북한군 제1군단 참모장 장평산 육군 소장 등이 참석하였다.[29]

휴전회담에 참가한 유엔군과 공산군 대표

첫날 회의에서는 양측 대표에 의한 기조연설이 진행되었고, 장차 회담에서 논의할 의제 선정은 7월 15일에 열린 두 번째 회의에서부터 논의되었다. 그리고 양측은 회담이 시작된 지 보름 만에 회담 의제에 합의하였다. 이때 선정된 의제는 첫째, 군사분계선 설정, 둘째, 휴전과 휴전에 관한 조항의 수행을 감독할 기관의 구성 및 권한 등에 대한 협정, 셋째, 포로에 관한 협정, 넷째, 양측 정부에 대한 건의 등이었다.[30]

그런데 휴전회담 첫날부터 공산군 측이 유엔군 측 대표의 행동을 제약하는 일이 발생했다. 사실 이러한 움직임은 개성을 휴전회담 장소로 제안한 과정에서부터 예견되었는데, 공산군 측은 회담 첫날부터 회담장에 대한 중립을 보장하지 않았을 뿐만 아니라, 회담을 취재하려는 유엔군 측 기자의 출입도 통제했다. 공산군 측이 처음부터 휴전 회담장을 자신들에게 유리하게 이용하려고 했기 때문이었다. 예를 들면, 유엔군 측 대표단이 개성으로 들어가기 위해서 차량에 백기白旗를 달아야 했으며, 판문점에서는 공산군 측 초병이 차량을 중지하고 인원을 점검하며 통제했다.[31] 또한 유엔군측 대표가 공산군 무장 병력의 감시 하에 회담장으로 이동하는 모습은 공산측 언론이 마치 유엔군 측 대표가 항복하러 오는 것으로 연출할 수 있는 장면이었다. 이처럼 공산군 측의 회담장소 선정과 험악한 회담장 분위기 연출 때문에 휴전회담은 시작부터 순탄치 않았다.

① 군사분계선 협상

7월 26일부터 본격적인 협상에 나선 양측 대표들은 군사분계선 설정을 둘러싸고 대립하였다. 먼저 공산군 측 대표단은 38도선은 전쟁 발발 이전부터 국제사회가 경계선으로 인정하였기 때문에 당연히 그 선으로 복귀해야 한다는 취지의 입장을 제시하였다. 이에 대해서 유엔군 측 대표는 휴전선은 38도선보다는 현現 전선에 기초하여 설정하는 것이 더 합당하다고 주장하며, 38도선이라는 가상의 선은 적절치 않다고 맞섰다. 하지만 공산군 측이 격한 용어를 사용하며 유엔군 측의 의견에 반발하였고, 유엔군 측 대표가 이에 항의하자 회담 초기부터 심상치 않은 분위기가 연출되었다. 게다가 공산측이 회담장 외부에 의도적으로 완전무장 병력을 출동시키자 원만한 회담 진행이 불가능했다. 8월 10일~22일 사이에도 양측이 군사분계선 설정을 논의하였으나, 끝내 합의에 도달하지 못했다. 결국 8월 23일부터 약 2개월 동안 회담 자체

개성의 회담장 중립 문제로 인해 새롭게 휴전회담 장소로 선정된 판문점에 설치된 천막

가 중단되고 말았다.[32]

개성에서 진행된 초기 회담이 별다른 성과 없이 중지된 이후, 양측은 회담 재개를 위한 의견을 제시하였다. 9월 초에 공산군 측이 회담 재개를 요구하자, 유엔군 측은 회담장의 중립이 확보되지 않는 한 회담을 재개할 수 없다고 맞섰다. 이후 약 1달이 넘게 양측의 연락장교단이 물밑 작업을 벌인 결과 회담 장소가 개성에서 판문점板門店으로 변경되었으며, 양측은 이 지역을 공동방호 책임 하에 두는 중립지역으로 설정하는데 합의하였다. 그리고 10월 25일에 새로운 장소에서 재개된 휴전회담 본회의에서 양측 대표는 군사분계선 설정을 위한 논의에 착수하였다.[33]

그 결과, 1951년 11월 23일에 양측 대표들은 군사분계선과 비무장지대 설치 의제에 대해 합의하였으며, 양측의 참모장교들이 이때 합의된 군사분계선과 비무장지대 설치안을 11월 27일에 최종 확정하였다. 이에 따라 설정된 군사분계선은 서해안의 임진강 하구에서 동해안의 남강 하구 남쪽 감호까지 237km 구간이었으며, 비무장지대는 이를 중심으로 남북 각 2km씩 총 4km의 폭으로 결정되었다. 그런데 이때 설정된 군사분계선은 합의 시점으로부터 30일 이내에 정전협정이 조인될 경우에만 유효하도록 동의하였다. 따라서 만약 이 시한을 넘길 경우에는 정전협정이 체결될 당시의 접촉선으로 결정하고, 이를 새로운 군사분계선으로 설정하기로 동의하였다. 즉,

향후 30일 이내에 나머지 의제에 대한 합의가 이뤄지지 않으면, 11월 27일에 승인된 군사분계선은 무효가 될 예정이었다. 이로써 휴전회담의 첫 번째 의제인 군사분계선 설정 문제가 해결되었다.[34]

② 휴전 및 휴전 실현방안 확정을 위한 협상

11월 27일에 잠정 군사분계선에 대한 합의에 도달함에 따라, 양측은 휴전회담의 다음 사안을 논의하였다. 하지만 두 번째 사안을 논의하는 과정에서도 공산군 측과 유엔군 측은 또 다시 팽팽하게 맞섰다. 공산군 측이 모든 적대행위 중지, 휴전위원회 구성 방안, 비무장지대 운영 및 감시 방안 등 다섯 가지 사안을 제시한 반면, 유엔군 측은 공동 감독기관 설치, 휴전 후 군사력 증강 금지, 군사정전위원회 설치 및 운영 등 일곱 가지 사안을 제시하였다. 이 중에서 가장 논란이 되었던 사안은 군사력 증강 문제였다. 공산군 측은 유엔군 측이 제시한 군사력 증강 금지에 대한 제안을 거부했고, 북한 내에 비행장을 증설함으로써 휴전 기간 중 군사력을 증강시킬 권한이 있다고 주장하며 맞섰다. 이에 대해서 유엔군 측은 비행장의 건설은 제한하되, 도로와 철로 등을 포함한 기타시설은 복구할 수 있다고 양보하였다.[35]

양측이 합의 도출에 어려움을 겪었던 또 다른 사안은 휴전이 조인될 경우 지상과 공중에서 이를 감시하기 위한 방안이었다. 유엔군 측 대표는 군사정전위원회를 두어 지상과 공중을 모두 감시해야 한다고 주장한 반면, 공산군 측은 공중감시가 불필요하고 지상감시를 위해서 감시기구를 별도로 운용하자고 주장하였다. 이 사안은 이후 군사정전위원회에 포함될 중립국을 선정을 둘러싸고 다시 양측이 격렬하게 대립하는 등 휴전회담 최종 조인 직전까지 난항을 겪었다. 이처럼 30일 간의 기안 마감이 지났으나, 양측은 비행장 건설 및 복구, 지상 및 공중 감시 등의 사안을 해결하지 못한 채, 기존의 입장만 강조하며 맞섰다.[36]

③ 전쟁포로에 관한 협상

6·25전쟁 중 발생한 양측의 전쟁포로를 송환하는 방안에 대한 논의가 본격적으로 시작된 시기는 1951년 12월 초부터였다. 유엔군 측과 공산군 측은 전쟁포로를 송환하는 문제에 대해서는 1919년에 체결되었으며 1949년 8월 12일에 수정된 '포로의 대우에 관한 제네바 협약'이 근간이 될 것으로 생각하였다. 하지만 이 협약은 포로

중에서 본국으로 돌아가는 것을 수치스럽게 생각하여 거부하거나, 혹은 패전의 책임을 회피하려고 귀국을 원치 않는 자가 있을 수 있으며, 특히 자기 나라의 정치제도와 이념에 반대하는 입장에서 제3국으로 가기를 희망하는 자들이 있을 수 있다는 점을 간과하고 있었다. 기존의 전쟁에서 종전 이후에 포로송환 문제를 둘러싸고 양측이 팽팽하게 대립했던 경우는 많지 않았다. 하지만 6·25전쟁의 경우 정치이념과 민족, 국가 등의 개념과 현실이 복잡하게 얽히다보니, 다른 전쟁과 달리 본국으로의 송환을 거부하는 포로의 숫자가 많아졌다. 바로 이 문제의 해결을 둘러싸고 유엔군 측과 공산군 측이 오랫동안 설전舌戰을 벌여야 했다.[37]

포로교환 협상은 회담 초기에는 비교적 간단하게 마무리 될 것으로 예측하였으나, 이러한 예측은 잘못된 것이었다. 휴전회담 초기부터 포로 처리에 대한 양측의 입장이 정면으로 충돌하였기 때문이었다. 공산군 측은 모든 포로를 일괄 송환하자고 주장했는데, 이것은 모든 포로의 무조건 송환과 강제송환을 의미하였다. 공산군 측은 제네바 협약에 명시된 표면상의 문구에 기초하여 모든 포로의 강제송환을 주장하며, 전체 대 전체all-for-all 교환방식을 요구하였다. 반면에 유엔군 측은, 미 합참이 유엔군사령관(릿지웨이 대장)에게 하달한 기본지침에 의거하여, 공산군에 억류된 모든 유엔군 포로를 안전하게 귀환시켜야 한다는 판단 하에 1:1 교환방식을 요구하고, 또한 국제적십자사 대표의 포로수용소 방문 허용을 요청하였다.[38]

실질적인 포로교환 방식에 대한 논의에 앞서 양측은 서로가 보유하고 있는 포로 명단을 교환하였다. 그런데 공산군 측이 제출한 포로 명단은 유엔군 측이 기대했던 것에 훨씬 미치지 못했다. 공산군 측이 제출한 포로 명단에는 국군 포로 1,142명과 유엔군 포로 4,417명을 포함된 총 11,559명만 명시되었는데, 이는 전쟁 초기에 북한군이 발표한 포로 숫자가 65,000여명이었고, 국군과 유엔군이 추정한 실종자 중에서 국군 88,000여명, 미군 11,500여명임을 고려할 때 큰 차이가 있었다. 반면에 유엔군 측이 공산군 측에게 건넨 명단에는 총 132,474명이 포함되어 있었는데, 북한군 95,531명과 중국인 20,700명 등이었다. 공산군 측도 유엔군 측이 제출한 명단에 문제를 제기하였는데, 당시 공산군이 추정한 실종자는 188,000명이었기 때문이었다. 결국 회담장에서는 양측 대표가 서로가 제출한 명단에 대한 반박과 해명 요구 등이 번복되며 점차 회담이 격화되었다.[39] 다만 1952년 초에 포로 송환의 기준, 송환포로에 대한 선거 실시 여부 등에 대한 합의가 이뤄졌는데, 2월 말에는 난항을 거듭하던 포로송환에 대한 문제는 포로 교환방식, 즉 자원自願송환과 강제强制송환의 방식만을 제외하고 대부분 타결되었다.[40] 그런데 이때까지만 하더라도 포로송환 방식을 둘러싼 갈등이 향후 1년 반 이상이나 해결되지 않을 것이라고는 예측하지 않았다.

휴전회담에서 유엔군 측이 전쟁포로의 교환 방식으로 자원송환 혹은 자유송환을 주장하고 나선 것은 미국 정부의 지침에 따른 것이었다. 유엔군사령부와 미 육군은 유엔군 포로의 보호와 안전송환이 필요하다고 판단하였는데, 콜린스J. Lawton Collins 미 육군참모총장, 릿지웨이 유엔군사령관, 로벳Rovert Lovett 국방장관 등은 자원송환 방식이 인도주의적이며 심리적 효과가 있다고 인정하였다. 특히 콜린스 미 육군참모총장은 단 한명의 중공군이나 북한군 포로도 각자의 완전한 동의 없이 공산 치하로 송환되어서는 안된다고 강조하였다. 에치슨 국무장관도 "송환되면 죽음을 당하리라고 생각되는 포로들을 공산군에게 강제로 인도하라는 주장은 인간의 존엄성에 대한 우리의 근본적인 도덕적, 인도주의적 원칙에 어긋나는 것이다"라고 주장하며, 자원송환 방식에 찬성하였으며, 트루먼 대통령도 이를 지지하였다. 하지만 자원송환 방식을 주장하거나 찬성하고 나선 미국의 정책결정자들도 이 사안 때문에 6·25전쟁이 장기화될 것이라고는 예상치 못했다.[41]

④ 양측 정부에 대한 건의사항을 위한 협상

휴전회담 개최 초기에 양측 대표단은 쌍방은 휴전협상에서 해결하지 못한 문제는 장차 정치회담을 통해 논의하도록 관련 국가의 정부에게 권고한다는 구절을 논의하였다. 이 사안이 최초로 논의된 시기는 1952년 1월 말에 유엔군이 이 사안을 다른 의제와 함께 논의하자고 공산측에 제시하면서부터였다. 양측은 한반도에 정전이 실현되면, 이 전쟁과 관련된 국가들이 고위급 정치회의를 개최하여 한반도 문제의 평화적 해결에 착수한다는 개념에 동의하였다. 그런데 휴전협상에서 해결하지 못하고 남겨 놓은 문제를 정치회담에서 해결하자는 주장은 구속력이 없었다. 따라서 양측 중 어느 한쪽이 구속력이 없는 권고사안을 무시하더라도 크게 문제가 되지 않을 전망이었다. 따라서 이 사안에 대한 합의에 이르는 과정은 불과 11일 밖에 걸리지 않았다. 하지만 쌍방이 쉽게 합의할 수 있었던 것은 향후에 이 합의가 불필요하다고 판단될 경우 다분히 무시할 수 있는 가능성이 있었기 때문이었다.[42]

이처럼 유엔군 측과 공산군 측이 거의 모든 사안의 처리 방안을 두고 팽팽하게 대립함에 따라 휴전회담은 예상했던 것보다 많은 시간이 소요되었다. 따라서 릿지웨이 유엔군사령관은 휴전회담이 난항에 봉착하자 중립국 감시문제, 비행장 건설, 포로송환 방식 등 미결된 중요 문제를 한꺼번에 제시하여 일괄타결 한다면 큰 성과가 있을 것으로 기대하였다. 이에 따라 1952년 3월 9일에 유엔군사령부에서는 미결 사안에 대한 일괄타격을 내부 방침으로 정하고, 공산군에 의해 끌려가는 회담진행 상황을 타개하기 위해서라도 강력한 방침을 세우기로 결정하였다.[43]

당시 유엔군은 휴전회담에서 이상의 세 가지 미결 사안에 대하여 쌍방의 입장을 신중히 검토한 뒤 비행장 건설 및 복구에 대해서는 양보하되, 포로 송환문제와 중립국 감시위원회 구성에 대해서는 공산군 측이 유엔군 의견을 수락하도록 요구하였다. 하지만 미 해결 사안에 대한 일괄타개를 주장하는 유엔군 측의 주장을 공산군 측 대표가 거부함에 따라 다시 협상이 결렬되었다. 그리고 회담이 결렬된 지 약 5개월 후인 1952년 9월 말에 다시 세 가지의 새로운 선택적 타결안을 제시하였으나, 공산측이 이마저도 거부하자 휴전협상은 또다시 결렬되었다. 결국 협상이 개시된 지 15개월 만에 포로송환 방식에 대한 쌍방의 입장차이가 해결되지 않아, 휴전협상은 1952년 10월 초에 무기휴회로 접어들었다.[44]

전선 교착과 유엔군의 1951년 추계작전

휴전회담이 가시화됨에 따라 유엔군과 공산군은 회담에서 기선을 제압하여 유리한 조건에서 정전에 이르려고 하였으며, 이와 동시에 전선에서도 원활한 군사작전을 추진하기 위한 지침 마련에 고심하였다. 공산군은 1951년 6월과 7월에 지속적으로 병력을 증강하였으나, 대규모 공세는 실시하지 않았다. 대신 당시 접촉선을 중심으로 방어진지를 강화하기 위하여 후방의 도로와 철도를 건설하고, 보급품을 운반하는 등 추가공세를 실시할 수 있는 군사적 역량강화에 집중하였다. 1951년 7월 1일 당시 중공군은 총 13개 군으로 증강되었는데, 이중에서 7개 군은 중부전선에 배치되었고, 나머지 6개 군은 예비로 편성되었다.[45]

유엔군 역시 휴전회담을 추진하라는 정책 결정자들의 지침을 수용하고, 이를 실천에 옮기기 위한 명확한 작전개념을 수립하였다. 1951년 6월 1일에 미 합참은 유엔군사령관(릿지웨이 대장)에게 정전협정에 따른 한반도에서 적대행위를 종결시키기 위한 지침을 하달하였는데, 이는 유엔군사령관의 작전 지시로 구체화되었다. 릿지웨이 대장은 목표선 캔사스-와이오밍Line Kansas-Wyoming 북쪽에 유엔군의 진출을 금지하였다. 또한 미 제8군사령관(밴플리트 중장)에게는 목표선 캔사스-와이오밍 일대에서 제한된 목표에 대한 공격을 실시하여 적에게 최대한의 손실을 강요하라는 지침을 하달하였다. 이에 따라 미 제8군사령관은 6월 1일부터 목표선 캔사스Line Kansas에 대한 방어진지를 강화하고, 이를 거점으로 적과 접촉을 유지하였다. 또한 장차 예상되는 적의 공격을 사전에 분쇄하기 위해서 목표선 와이오밍Line Wyoming까지 진출하기로 계획하였다. 이후 6월 중순에 목표선 캔사스-와이오밍에 도달한 이후, 그곳에 유리한 감제지형을 연결하여 강력한 방어선 구축에 착수하였다.[46]

한편 7월 초에 유엔군은 일정한 조건만 마련된다면 9월 초에 평양~원산 선까지 진출할 수 있다고 판단하고, 이를 추진하기 위한 오버웰밍 작전Operation Overwhelming을 구상하였다. 미 제8군사령관(밴플리트 중장)은 만일 공산군을 크게 약화시킬 수 있고, 미 제8군에 추가 부대가 할당된다면 이 작전의 성공 가능성이 높다고 판단하였다. 그러나 유엔군사령관(릿지웨이 대장)은 7월 10일에 개성에서 시작되는 휴전회담의 진행 경과를 관망하면서 오버웰밍 작전을 시행하는 것이 좋겠다고 판단하였다.[47]

하지만 미 제8군 사령관이 건의한 오버웰밍 작전은 승인되지 않았으며, 대신 밴플리트 장군은 제한목표 공격과 종심 깊은 정찰활동으로 적의 배치를 파악하라는 작전명령을 하달하였다. 당시 양측이 접적한 상태에서는 여러 개의 감제지형을 점령하여 전선이나 병참선에 위험을 주는 지형을 제거할 수 있는 곳이 몇 군데 있었는데, 미 제8군사령관은 공세를 통해서 이들을 제거하려 하였다. 이를 위해서 유엔군은 소극적 방어 대신 제한된 공세작전으로 전환하여 진격하였으며, 적의 방어능력을 시험하고 배치상황을 파악하여 공산군에게 지속적으로 피해를 강요할 예정이었다. 또한 공산군의 부대배치에 혼란을 유도하고, 국군과 유엔군의 공격기세를 유지하면서 목표선 캔사스-와이오밍을 잇는 방어진지를 강화하려고 하였다.[48]

미 제8군사령관(밴플리트 중장)이 동부전선에서 가장 먼저 확보하고자 했던 곳은 펀치볼Punch-bowl(해안분지) 지역인데, 약 1,000미터 정도의 뾰족한 산봉우리가 둘러싸고 있는 지형이었다. 유엔군이 이 지역의 고지를 모두 점령하면 미 제10군단과 국군 제1군단을 분리하려는 적의 공격위험을 줄일 수 있으며, 이 전선을 일직선으로 만듦으로써 전선 축소에 따른 예비병력 확보가 가능할 것이었다. 이를 위해서 7월 말부터 펀치볼 일대에 대한 유엔군의 공세가 시작되었는데, 국군 제1군단이 펀치볼 동쪽의 J자형 능선에 대한 공격을 개시하여 8월 말까지 이를 확보하였다.[49]

한편 8월 중순부터는 미 제2사단과 국군 제5사단이 '피의 능선'으로 알려진 983고지를 공격하였으며, 미 제2사단은 9월 5일에 이 능선을 확보하는데 성공하였다. 북한군은 약 15,000여명이 넘는 사상자가 발생하는 과정에서도 이 능선을 사수하려고 하였으나, 펀치볼 일대에 대한 유엔군의 다각적 공세로 인해 물러서지 않을 수 없었다. 이어서 미 제2사단은 9월 8일부터 피의 능선 북쪽에 자리 잡은 894~931~851고지를 탈취하기 위한 새로운 공격에 나섰는데, 이 고지군은 훗날 '단장의 능선'으로 알려졌다.[50]

한편 서부전선에서는 미 제1군단이 담당한 코만도 작전Operation Commando이 실시되었다. 미 제1군단은 군단의 보급선을 강화할 수 있도록 현 접촉선의 약 10km 전방에 목표선 제임스타운Line Jamestown(문산리~사미리~교동리~주토소)을 설정하고, 이 목표선까지 진격하려 하였다. 이 목표선을 연결하는 중요지형을 점령할 경우 적의 관측과 사격으로부터 철원과 연천 계곡의 교통망을 보호할 수 있으며, 서울→철원→금화에 이르는 철로를 활용할 수 있고, 주저항선을 전방으로 추진하는 효과가 있을 것으로 기대하였다. 이 작전을 수행하기 위해서 미 제1군단은 4개 사단(국군 제1사단, 영연방사단, 미 제1기갑사단, 미 제3사단)을 동원하여 중공군 4개 군(제65군, 제64군, 제47군, 제42군)을 격퇴시켜야 했다. 10월 3일에 시작된 코만도 작전에서 미 제1군단은 약 3주 후에 목표선 제임스타운을 확보하였다. 이 기간 중 공산군의 인명 손실은 21,000명에 달했고, 미 제1군단에도 4,000여 명의 사상자가 발생했다.[51]

동부에서 미 제10군단과 국군 제1군단이 펀치볼 지역, 피의 능선, 단장의 능선에 대한 공격을 실시하고, 서부에서는 미 제1군단이 코만도 작전을 실시하는 동안, 중동부전선의 미 제9군단은 금성 일대를 공격하였다. 미 제9군단의 작전 목표는 금성 일대의 방어진지를 강화하고 있는 공산군에게 지속적으로 압력을 가하는 것이었다. 당시 금성 일대에는 중공군 제67군 예하 부대가 투입되어 4개월 동안 북한강, 금성천 및 남쪽 일대에 견고한 진지를 구축하고, 금성천 남쪽의 주요고지를 확보하고 있었다.[52]

미 제9군단장은 국군 제6사단을 투입하였는데, 국군 제6사단의 3개 연대는 금성천 남쪽의 적을 포위 섬멸한 이후 금성천을 기습으로 도하하고, 이후 금성천 북쪽의

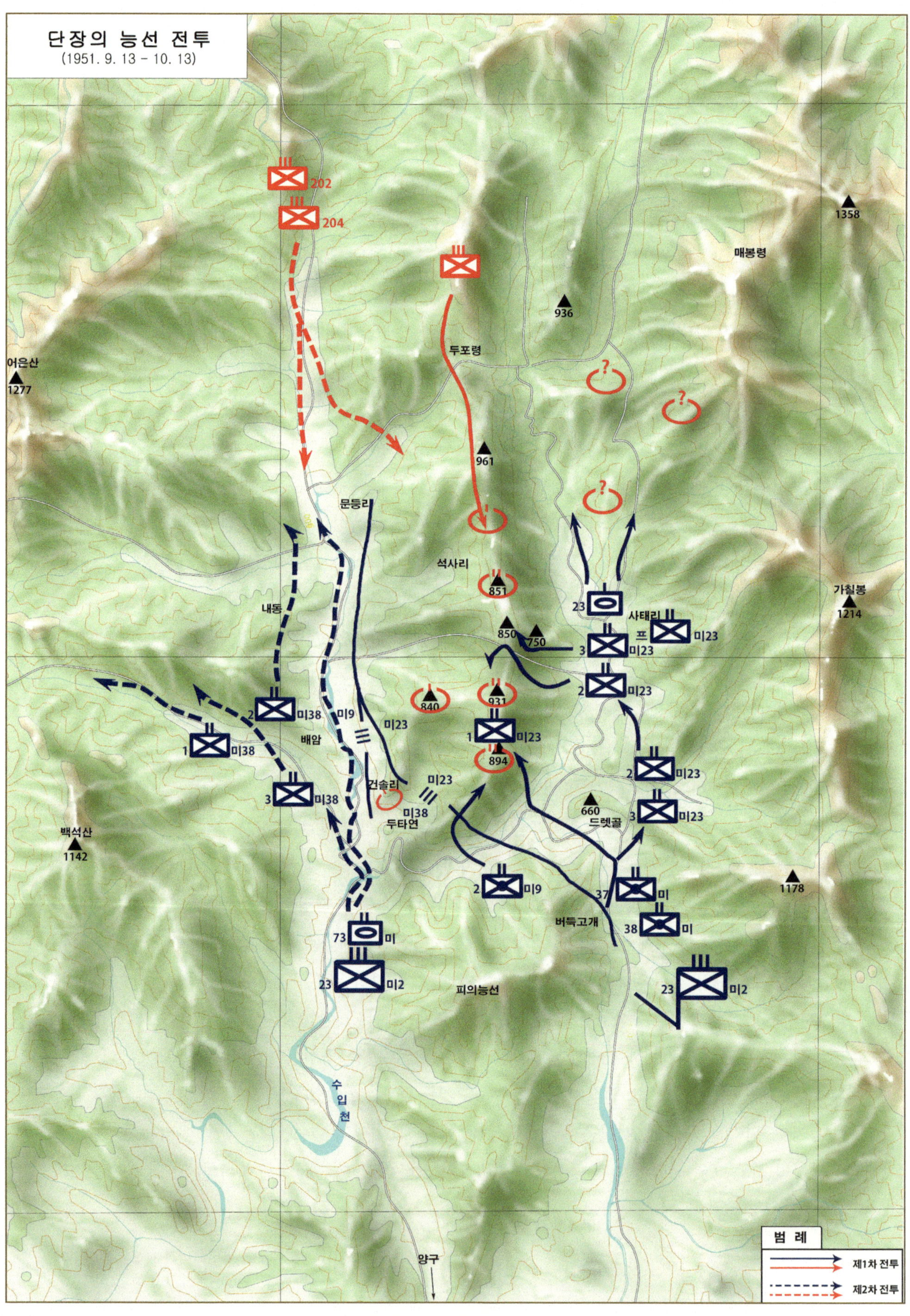

단장의 능선 전투
(1951. 9. 13 - 10. 13)
202
204
1358
매봉령
936
두포령
어은산
1277
961
문등리
석사리
851
가칠봉
1214
23
사태리
프
미23
850
750
3 미23
내동
2 미23
2 미38
미9
미23
840
931
1 미23
1 미38
배암
894
3 미38
건솔리
미23
미38
두타연
660
드렛골
2 미23
3 미23
백석산
1142
2 미9
37 미
1178
버득고개
38 미
73 미
23 미2
피의능선
23 미2
수입천
양구
범 례
제1차 전투
제2차 전투

단장의 능선 전투

미 제8군사령부는 미 제2사단이 피의 능선을 확보한 이후, 계속해서 이 능선 북방의 종격실 고지군(894~931~850~851고지)에 대한 공격을 지시하였다. 훗날 이 능선은 단장의 능선斷腸의 稜線/Heartbreak Ridge로 알려졌으며, 이름에 걸맞게 치열한 공방전이 펼쳐져 수많은 인명피해가 발생한 격전지였다. 미 제2사단은 1951년 9월 11일부터 피의 능선 전투에서 활약한 미 제9연대에게 사단 좌측 능선을 인수토록 하고, 미 제23연대를 전방의 단장의 능선 방면으로 공격토록 하였으며, 제38연대(-1)는 예비로 전환하였다. 한편, 피의 능선에서 물러난 공산군은 북한군 제6사단을 문등리 계곡에, 제13사단을 사태리 계곡에 배치하여 방어선을 구축하였다.

미 제2사단장은 단장의 능선을 탈취하기 위해서 남북으로 늘어선 능선 고지군을 남쪽에서 축차적으로 공격하여 점령하기 보다는, 사태리 계곡 동쪽에서 능선의 북쪽 2개 고지와 남쪽 2개 고지를 동쪽에서 서쪽으로 공격하는 것이 바람직할 것으로 판단하였다. 이를 위해서 미 제23연대에게 능선 고지를 점령토록 지시하자, 제1대대와 제38연대 제3대대가 단장의 능선에 대한 공격 준비를 완료하였다.

하지만 9월 13일 새벽부터 시작된 미 제23연대의 공격에서는 참호 및 동굴진지에서 방어작전을 펼친 북한군의 선전으로 많은 인명피해가 발생하였다. 게다가 800~900미터에 달하는 산지에서 작전이 수행되었기 때문에 미군의 포병 화력지원은 효과가 크지 않았으며, 대부분의 전투가 총격전과 백병전 형태로 진행되었다. 미 제23연대는 9월 13일 저녁 무렵에 능선 북쪽 850고지를 점령하였으나, 계속된 북한군의 야간 역습에 의해 고지 정상을 빼앗기고 말았다. 이후 미 제9연대가 초월공격을 시도하였으나, 정상탈환에 실패하고 인명피해만 늘어갔다.

이처럼 1차 공격(9.13~9.26)에서 진전이 없자, 미 제2사단장은 사단의 포병과 전차의 지원 아래 3개 연대가 협조된 2차 공격(10.5~10.13)을 실시하여 목표를 탈취하기로 결심하였다. 이후 10월 5일 야간부터 시작된 제2차 공격에서는 사단 및 군단의 포병과 미 1해병사단 항공기까지 동원하여 적진을 강타하였으며, 이 틈을 이용하여 제23연대가 다음날 아침에 931고지 점령에 성공하였다. 또한 공병대대가 10월 9일까지 문등리 일대의 도로를 완전 개통함에 따라, 이를 이용하여 미 제9연대가 북쪽의 851고지를 공격하였다. 또한 10월 10일부터는 제72전차대대, 제38연대, 제23연대 전차중대와 프랑스 대대의 보병과 공병 등으로 구성된 특수임무부대가 851고지를 양 측방에서 차단하였다. 공산군도 중공군 제204사단을 증원하여 미군의 공격을 저지하려 하였으나, 압도적 화력을 동원한 미 제2사단은 10월 13일 여명 공격에서 851고지 정상 점령에 성공하였다.

이처럼 미 제2사단은 9월 13일부터 약 1개월간에 걸친 혈전을 통해 단장의 능선을 탈취하고, 이후 1,220고지~문등리~가칠봉까지 전선을 추진하였다. 단장의 능선 전투가 진행되는 동안 미군은 3,700여 명의 손실을 입었으며, 북한군과 중공군의 피해는 약 20,000명에 달했다.

1951년 말 전선의 상황

(1951. 7. 10 - 12. 31)

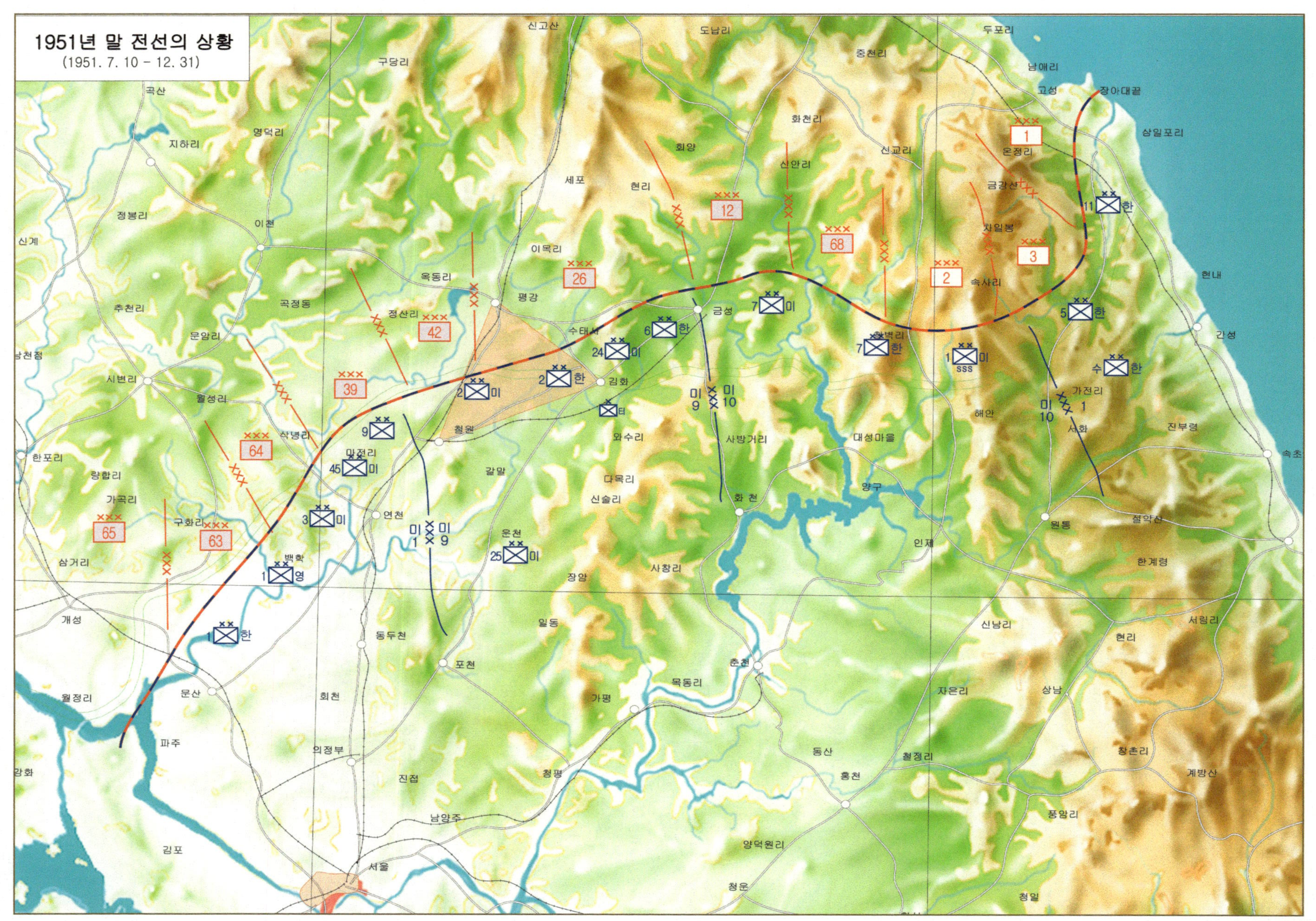

472고지~541고지~552고지를 탈취한 뒤, 최종적으로 교암산 일대를 점령하려 하였다. 10월 12일에 시작된 국군 제6사단의 공격은 제2연대가 교암산을 최종적으로 확보한 10월 21일에 종료되었다. 이 전투는 교암산 일대에서 약 4개월 동안 방어진지를 구축하며 아군을 위협하던 중공군을 공격하여 격퇴시킨 최초의 진지 공격전이었다. 또한 국군과 유엔군이 점차 증강되는 공산군의 예비대를 격파하여 차후 작전에서 유리한 여건을 조성하는데 기여하였다는 점에서 성공한 작전이었다. 한편 이 시기에 양측 사이의 전투는 치열하게 전개되었으나 전선의 유동은 크지 않았는데, 이는 전선이 교착된 시기에 전개된 군사작전의 대체적 양상이었다.[53]

미 제8군 사령관(밴플리트 중장)은 탈론 작전Operation Talons와 왱글러 작전Operation Wrangler 등을 통해 동해안에서의 상륙작전과 동부전선에서의 진격작전을 연결시켜 전선을 북상하려는 구상을 제시하였으나, 유엔군사령관(릿지웨이 대장)은 이를 허용하지 않았다. 밴플리트 장군이 구상하는 상륙작전은 제한적인 공격만 실시한다는 유엔군사령부의 작전지침에 어긋나며, 또한 이 작전들이 적지에 아군 부대를 상륙시켜야 하는 모험적인 요소가 있으며, 자칫 적의 대규모 반격을 불러올 가능성이 있었기 때

Operation Wrangler의 기동계획이 명시된 작전지도

문이었다. 이처럼 유엔군사령관이 국군과 유엔군이 실시할 군사작전 형태와 규모를 제한하자, 미 제8군사령관은 동부, 서부, 중부전선에서 제한된 목표를 설정하고 이를 탈취하기 위한 작전을 추진할 수밖에 없었다.[54]

1951년 가을의 성공적 공격작전으로 국군과 유엔군은 원하는 전선을 확보하였는데, 이는 11월 26일에 휴전회담에서 군사분계선에 대한 합의가 이뤄짐에 따라 더욱 중요한 의미를 갖는다. 사실상 임시 군사분계선(임진강입구~판문점~금곡~금성북쪽 고지~신탄리~산덕리~남강)이 결정됨에 따라 휴전회담이 개시된 이후 제한된 목표를 탈취하기 위해서 치열하게 전개되었던 진지 쟁탈전이 종료되었고, 그 이후로는 수색전 정도의 전투만 계속되었다. 유엔군은 11월 28일 모든 전투부대에게 적이 공격해 올 때에만 발포하라고 지시하였으며, 이 명령은 곧 "전투는 정지되지 않았으며, 정전협정이 조인될 때까지 적에게 압력을 가한다"[55]는 지침으로 대체되었다. 하지만 1951년 12월부터 1952년 봄에 이르기까지 대규모 전투는 거의 중단된 상태였다.[56]

지리산 공비토벌 작전

개성에서 시작된 휴전회담이 1951년 10월 이후 판문점으로 장소를 바꿔 전개되는 동안, 전선에서는 치열한 고지 쟁탈전과 진지전이 전개되고 있었다. 그런데 이때 전선의 후방과 대한민국 남부 산악지대 일대에서는 공비共匪들이 준동하여 국군과 유엔군의 보급로를 차단하고, 지역 주민의 안전을 위협하고 있었다. 일부 지역에서는 '낮에는 대한민국, 밤에는 인민공화국'이라는 말이 나올 정도로 후방의 치안 상황이 악화되고 있었다.[57] 이 시기에 지리산 일대에서 활동하던 무장공비들은 인천상륙작전이 성공한 이후 국군과 유엔군이 총반격에 나서자 퇴로가 차단당한 북한군 패잔병, 기존부터 지리산 일대의 산악지대에서 활동하던 게릴라 등으로 구성되었다. 이들은 병력을 규합하여 국군과 유엔군의 병참선 차단 및 전투근무지원 시설을 심각하게 위협하였다.[58]

이들의 활동이 점차 국가적 위협으로 인식되자, 대한민국 정부는 1950년 말부터 1951년 봄에 이르기까지 일부 부대 및 경찰력을 동원하여 진압하려 하였다. 그러나 이들이 다시 산악지대로 도주하여 활동함에 따라, 진압작전이 별 효과 없이 끝나고 말았다. 그런데 1951년 말에 다시 지리산을 중심으로 영남과 호남 일대에서 공비들에 의한 피해가 심각하게 부각되자, 국회가 나서서 대책을 요구할 정도로 특단의 조치가 필요했다. 결국 이승만 대통령이 미 제8군사령관(밴플리트 중장)에게 공식으로 공비토벌을 요청했고, 미 제8군사령부는 지리산 일대에서 준동하고 있던 공비들에 대한 대규모 토벌작전을 구상하였다.[59]

공비토벌 작전에 앞서 육군본부가 수집한 정보에 따르면, 지리산 일대의 험준한 산악지대에 거점을 두고 무장활동을 벌이던 공비의 규모는 약 4,000여 명 정도였다. 이들은 대부분 여수·순천 10.19사건 당시 제14연대 반란군 출신자, 인천상륙작전 이후 북한으로 철수하지 못한 낙오병 등이었으며, 북한군 제81사단, 제91사단, 제57사단 등이 이들의 핵심 부대였다. 공비들은 집단으로 이동하며 소도시의 경찰 및 행정 관서를 습격하고, 촌락을 점령하여 병참을 해결하였다. 또한 조직원을 충원하기 위해서 주민을 납치하였으며, 거부하는 주민을 살해하는 만행을 자행하였다. 군사작전을 방해하기 위해 철도 파괴, 군용열차 습격, 무기 및 보급품 약탈 등 대담한 작전을 펼치기도 했으며, 지리산 인근 지역에서 주민들을 위협 및 약탈하고 만행을 자행하였다.[60]

미 제8군사령부는 이들을 진압하여 후방지역의 안정화를 추구하기 위해 전방에서 국군 2개 사단을 차출하여 공비토벌 작전을 수행하기로 결정하고, 이를 위한 특수임무부대를 편성하였다. 동계에는 전선에서 아군이 공세를 취하지 않는 한 전황이 크게 바뀌지 않을 것이기 때문에 국군 2개 사단을 차출하는 것은 어렵지 않을 것으로 판단하였다. 또한 산악지대에 은거하여 활동하는 공비들을 토벌하기 위해서는 산간지대에 녹음綠陰이 없는 동계가 적절하다고 판단하였으며, 당시 진행 중이던 국군 재편성을 고려하여 작전 참가부대에게 실전경험을 쌓을 기회를 부여할 수 있을 것으로 기대하였다.[61]

이러한 고려를 통해 1951년 11월 말에 백야전전투사령부白野戰戰鬪司令部/Task Force Paik가 설치되었으며, 예하에 국군 수도사단, 제8사단, 서남지구전투사령부, 경찰부대 등이 포함되었다. 사령관 백선엽 소장의 지휘에 따라 1951년 12월 초부터 본격적인 공비토벌 작전이 개시되어 이후 약 4개월 동안 총 4단계로 작전을 실시하였다. 12월 14일까지 약 2주 동안 실시된 제1단계 작전에서는 백야전전투사령부가 지리산을 봉쇄하고 약 1천여 명의 공비를 사살하고, 다수의 포로를 생포하였다. 다음해 1

월 초까지 실시된 제2단계 작전에서도 공비 4천여 명을 사살하고, 다수의 포로를 생포하는 전과를 거두었다.[62]

백야전전투사령부가 약 4개월 동안 실시한 지리산 공비토벌작전은 다수의 공비를 토벌함으로써 성공리에 마무리되었다. 이 작전을 통해 후방지역의 치안이 확보되었고, 영남 및 호남 산악지대 일대의 민생이 안정되었다. 또한 군과 경찰의 후방지역 작전에 필요한 병참선이 확보되었다. 물론 백야전전투사령부가 임무를 마치고 전선으로 복귀한 이후에도 일부 지역에서는 공비들의 활동이 끊이지 않았으나, 이들은 각 지역 경찰에 의해서 제압될 수 있을 정도로 소규모에 불과했다. 이처럼 전선에서 출동한 2개 정규사단의 적극적 작전수행으로 후방지역의 불안 요소가 성공리에 제거 되었다.[63]

교착된 전선의 전투 양상

1951년 7월 10일에 휴전회담이 시작됨에 따라 유엔군과 공산군은 모두 공개적으로는 마지막 합의에 도달할 때까지 군사작전을 계속할 것이라고 주장하였으나, 내부적으로는 휴전협상 자체를 파국으로 몰아넣을 수 있을 정도의 대규모 공세작전을 자제하면서 회담의 진행경과에 주목하였다. 유엔군사령부는 확보하고자 했던 목표선 캔사스-와이오밍을 점령한 이후, 이곳에서 다시 북쪽으로 진출하여 충분한 진지를 확보한 뒤, 전선에서의 주도권을 유지할 정도의 국부적 탐색공격만 반복하였다. 대규모 공세를 통한 결정적 승리를 추구하는 것이 아니라, 전장에서 주도권을 상실하지 않기 위한 자세만 유지한 것이다. 적극방어 혹은 공세적 방어의 개념을 바탕으로 끝임 없는 제한목표 공격으로 적에게 압력을 유지하고, 적의 전투력 소모와 출혈을 강요하여 공격 기도를 좌절시키려는 의도였다.[64]

약 2년 동안의 휴전협상 시기의 교착된 전선에서 계속된 군사작전은, 예외적인 몇 개의 격전을 제외하고, 대부분 단조롭고 반복적 형태와 양상으로 전개되었다. 양측의 제1선 전초부대 간에 소규모 접전이 계속되는 동안 주저항선의 방어진지는 날로 강화되었고, 그 결과 이전에 비해 훨씬 더 큰 희생과 손실을 각오하지 않고서는 상대편의 방어선을 돌파하거나 점령하는 것이 어려웠다. 따라서 큰 손실이 예상되는 대규모 지상작전 대신, 적의 전투력을 끊임없이 소모시켜 공세의 위협을 미리 제거하기 위한 공군의 폭격, 포병의 요란사격 등 간접적 수단과 방법이 동원되었다.[65]

물론 예외적인 경우도 적지 않았다. 휴전협상이 원활하게 진행되지 않는 경우에는 양측 모두 상대방을 압박하기 위한 수단으로 전선에서 군사적 압력을 가하려고 했다. 전선의 소강상태를 깨뜨리고 간헐적으로 전개되는 공방전에 유엔군과 공산군은 그동안 축적한 전투력을 집중시켰으며, 전투가 시작될 경우 격렬한 결전이 전개되어 공자와 방자 모두 심각한 피해를 입었다. 전선이 교착된 시기의 전투 양상은 대체로 진지전, 수색정찰전, 요란사격과 방해폭격, 고지 쟁탈전의 형태로 전개되었다.[66]

① 진지전

휴전회담에서 군사분계선을 정전협정 체결 당시의 접촉선으로 합의함에 따라 유엔군과 공산군 모두 자신들이 확보하고 있는 지역을 더욱 확고하게 사수하려 하였다. 유엔군은 목표선 캔사스-와이오밍을 반드시 확보해야 할 주저항선으로 간주하였고, 이 선을 방어하기 위한 준비에 착수하였다. 공산군도 전선이 교착되자 산악지형을 최대한 활용하여 견고한 참호선을 구축하기 시작했다. 특히 공산군은 유엔 공군과 포병의 공격에서 방어진지를 보호하기 위하여 튼튼한 지하보루를 구축하여 병력과 장비를 보호하였다. 공산군은 하나의 고지를 확보하기 위하여 아군과 마주보는 정상 부근의 전사면에 참호를 구축한 이후, 고지 전체를 참호로 연결하였다. 또한 고리 모양의 참호선이 완성되면, 후사면에서 터널을 파서 전사면까지 관통시키고, 고지 내부에 그물 모양의 통로와 각종 진지를 구축하였다. 이처럼 고지 전체가 유엔군의 폭격이나 포격을 견뎌낼 수 있는 거대한 요새로 조성되었다.[67]

동해안에서 서해안에 이르기까지 전 전선에서 피아가 구축한 종심 깊은 참호가 연결되었는데, 이는 흡사 제1차 세계대전 중 서부전선에서 나타났던 참호선과 유사했다. 그리고 이와 같은 참호선의 등장으로 양측은 출혈이 클 것으로 예상되는 대규모의 전면공세를 자제할 수밖에 없었다. 다만 양측 모두 전선에서 주도권을 장악하고, 이와 더불어 전투부대의 공격기세를 유지하기 위한 목적으로 소규모 군사작전은 중단하지 않았다.[68] 이에 따라 휴전회담과 군사작전 모두 어느 쪽도 상대방에게 일방적 패배와 후퇴를 강요할 수 없는 팽팽한 힘의 균형이 유지되었으며, 조기에 정전을 맺고자 했던 정책 결정자들의 의도와 달리 전쟁은 점차 장기 소모전의 양상으로 전개되었다.

② 수색 정찰전

전선이 교착상태에 접어들자, 유엔군과 공산군 모두 전초부대와 방어부대 사이에서 빈번한 탐색과 소규모 국지공세를 통해 적과 접촉을 유지하려 하였다. 양측 모두 상대방의 주저항선을 돌파하기 위한 공세를 실시하기 보다는 자신의 주저항선을 확보 및 유지하기 위한 방어에 중점을 두었으며, 이 과정에서 전초부대의 전술적 운용에 많은 관심을 쏟았다. 전초부대는 주저항선 전방에서 적의 접근을 탐지 및 경고하고, 적이 대규모로 공격할 경우 이를 지연, 저지, 와해시켜 주저항선에서 방어태세를 강화할 수 있는 시간적 여유를 확보하려 하였다.[69]

한편 양측은 전초부대 외에도, 수색정찰대를 운용하여 제한된 규모의 공세적 탐색작전을 지속하였다. 공산군의 수색정찰대는 대체로 소대~중대급 규모로 편성되었으며, 관측과 폭격을 피할 수 있는 야간에 유엔군의 방어선을 정찰 및 탐색하였다. 유엔군도 소대~중대급 규모의 수색정찰대를 편성하였는데, 이들은 주로 주간에 적 진지에 제한된 규모의 공격작전을 실시하였다. 이와 같은 수색 정찰전과 제한된 목표에 대한 공격작전을 통하여 유엔군은 접촉선 주변의 유리한 지형지물을 확보하여 전초진지를 강화하였으며, 이 과정에서 적의 전투력 소모와 출혈을 강요하였다.[70]

③ 포병사격과 전략폭격

전선에서 전면돌파와 대규모 기동전이 불가능해지자, 적에게 전투력 소모와 출혈을 강요하기 위하여 포병 화력 의존도가 높아지고, 항공기를 동원하여 적 후방에 대한 장거리 폭격이 자주 실시되었다. 1952년 봄부터 공산군이 포병을 강화하여 유엔군의 주방어선을 위협하자, 유엔군도 1952년 가을부터 155mm 등을 보강하여 대포병 사격과 진지 파괴사격을 실시하였다. 1952년 10월과 11월 사이 유엔군이 사격한 포탄의 양은 공산군에 비해 야포 8:1, 박격포 4:1로 많았으며, 12월에는 야포 19:1, 박격포 3:1로 많았다.[71] 우세한 화력을 동원하여 병력의 열세를 만회하려 했던 유엔군은 강력한 포격으로 적을 압도하였으나, 점차 포격의 양이 증가됨에 따라 심각한 보급문제가 제기되기도 했다.

한편 유엔군은 적 후방 병참선을 포격을 통해 차단하였는데, 이는 적 후방의 주요 보급시설과 교통망을 조직적으로 파괴하여 적 일선 부대를 고립시키려는 목적에서 실시되었다. 1951년 6월에 실시한 스트랭글 작전Operation Strangle은 적의 주력부대와 후방 보급기지를 분리하기 위해 시도한 대표적인 차단작전이었다. 이 작전에서는 38도선과 39도선 사이의 8개 간선도로와 철도, 그 일대의 교량, 제방, 협로, 교차로, 열차 등을 목표로 선정하여 폭격하였다.[72] 미 제5공군, 미 해군 항공대, 미 해병 제1항공대가 폭격 임무를 분담하여 실시한 이 작전은 적 일선 부대의 공격능력을 크게 감소시키는 데에는 성공하였으나, 최초에 기대하였던 적의 보급을 제한하는 효과는 크지 않았다.

1952년 여름에는 포로송환을 둘러싸고 휴전회담이 정체상태에 접어들자 유엔군은 새로운 전략폭격 목표를 선정하였는데, 이 시기에는 기존보다 훨씬 광범위한 작전목표를 선정하여 타격하였다. 1952년 6월 23일에는 미 제5공군에서 항공기 약 500여대가 출동하여 압록강 지역의 수풍댐을 폭격하였고, 7월 11일에는 평양의 주요 시설을 폭격하였다. 이외에도 나진, 청진, 회령, 길주 등지의 산업시설, 보급시설, 발전소 등을 타격하였다. 1953년 5월에는 북한 전역에 산재한 농업용 저수지를 폭격하였는데, 하천의 범람으로 철도와 도로가 유실 및 파괴되는 큰 성과를 거두었다.[73] 하지만 유엔군 공군이 실시한 전략폭격은 공산군의 보급량을 제한하고 보급 속도를 지연시켜 적 공격의 빈도와 규모를 줄이는데 기여하였으나, 공군주의자들이 주장했던 것처럼 공군력만으로 전쟁 자체를 종결시키는 데에는 역부족이었다.

④ 고지 쟁탈전

1951년 가을 이후 전선이 교착되자, 양측은 전초진지와 주방어선을 강화하기 위하여 접촉선의 감제고지와 능선 확보에 주력하였다. 특히 군사분계선을 정접협정 조인 당시의 접촉선으로 확정한다는 합의가 이뤄짐에 따라, 양측 모두 조금이라도 유리한 조건으로에서 정전을 체결하기 위해서 주요 고지의 확보에 주력하였다. 유엔군과 공산군이 치열하게 대결한 곳은 주로 적의 주저항선을 감제할 수 있는 고지이거나, 적의 주저항선을 위협할 수 있는 능선 접근로, 그리고 적에게 피탈될 경우 아군의 주저항선이 심각하게 위협을 받게 되는 고지들이었다. 유엔군이 장악한 전초진지는 백마고지, 수도고지, M1 고지, 저격능선 등 반드시 확보해야 할 고지들이었다.[74] 만일 이들 고지가 적에게 피탈될 경우 많은 희생을 무릅쓰고서라도 반드시 탈환해야 할 곳들이었다.

이와 같은 전초진지에서의 전투는 하나의 고지를 둘러싸고 공격과 방어, 후퇴와 역습이 되풀이 되었으며, 공자와 방자 모두 막대한 인적, 물적 피해를 감수해야 했다. 유엔군은 화력과 기동에서 공산군보다 우세였으나, 해발 1,000m 이상의 고지에서 실시되는 고지 쟁탈전에서는 이와 같은 전투력의 우세를 전술적으로 활용하기에 제한되는 경우가 많았다. 따라서 고지 쟁탈전에서 승리하기 위해서는 부대원의 단결과 강인한 정신력, 그리고 충분한 보급 및 화력 지원 등이 필수적이었다.[75] 밀고 밀리는 치열한 산악 고지 쟁탈전에서 고지의 주인은 수시로 바뀌는 경우가 많았으며, 동굴진지를 이용하여 저항하는 방자와 많은 희생을 무릅쓰고 정면공격에 의존하는 공자 사이에 의지와 의지의 대결이 펼쳐졌다.

1952년 전황과 주요 작전

1952년 초에도 유엔군과 공산군은 전 전선에서 첨예하게 대결하였으나, 양측 모두 상대를 향해 대규모 전면공세를 취할 의도를 가지고 있지는 않았다. 유엔군과 공산군 모두 휴전회담의 진전 상황을 주시하면서, 전선에서는 군사력과 방어태세 증강에 주력하였다. 따라서 1952년 1월부터 6월 사이에 유엔군과 공산군 사이의 전투는 군사분계선을 중심으로 수색작전과 포격전, 고지 쟁탈전 등의 양상으로 전개되었다. 특히 양측은 전선이 교착되자 전투보다는 진지강화와 부대정비를 통한 전투력 증강에 주력하였다. 다만 전초진지를 중심으로 소부대를 동원한 탐색전과 수색, 정찰 등을 통해서 적과의 접촉을 유지하는데 주력하였다. 따라서 이 시기의 군사작전은 쌍방이 상대방의 주저항선을 돌파하는 공격을 추구하는 대신, 주저항선을 확보 및 유지하기 위한 방어에 주력하였다.[76] 이 과정에서 전초의 전술적 운용이 지상작전 운용에서 큰 비중을 차지하였다. 적을 감제할 수 있는 유리한 지형에 전초를 운용할 경우, 이 부대는 경계부대로서 적의 공격을 지연, 저지, 와해시킬 수 있을 뿐만 아니라 주방어진지에 배치된 부대에 방어태세를 강화할 수 있는 시간을 확보할 수 있었다.

1952년 6월에는 국군과 유엔군이 제한적 규모의 공격작전을 개시하였다. 서부전

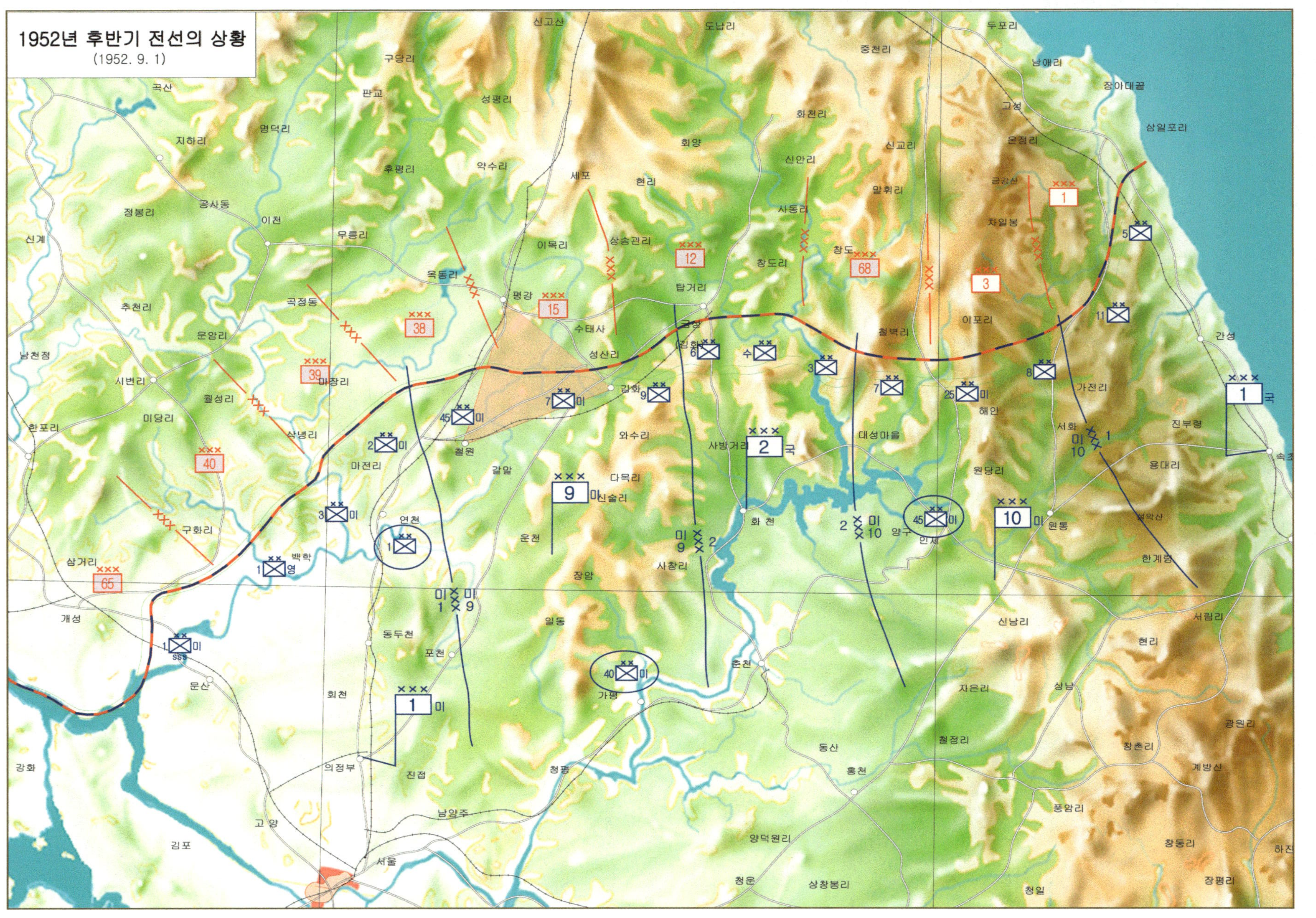
1952년 후반기 전선의 상황
(1952. 9. 1)
신고산
도납리
두포리
중천리
남애리
장아대골
구당리
판교
성평리
화천리
고성
삼일포리
곡산
명덕리
회양
신교리
온정리
지하리
신안리
후평리
악수리
세포
현리
말휘리
금강산
정봉리
공사동
사동리
차일봉
이천
신계
무릉리
이목리
상송관리
창도
창도리
옥동리
평강
탑거리
이포리
추천리
곡정동
수태사
금성
철벽리
간성
운암리
성산리
남천점
시변리
마장리
김화
가전리
월성리
미당리
한포리
삭녕리
철원
와수리
사방거리
대성마을
해안
서화
진부령
마전리
갈말
원당리
용대리
다목리
신술리
연천
운천
화천
양구
인제
원통
설악산
구화리
백학
삼거리
사창리
장암
한계령
개성
일동
신남리
서림리
동두천
현리
포천
문산
춘천
회천
가평
자은리
상남
광원리
동산
철정리
창촌리
강화
의정부
진접
청평
홍천
계방산
남양주
풍암리
고양
양덕원리
김포
창동리
하진
서울
청운
상창봉리
청일
장평리

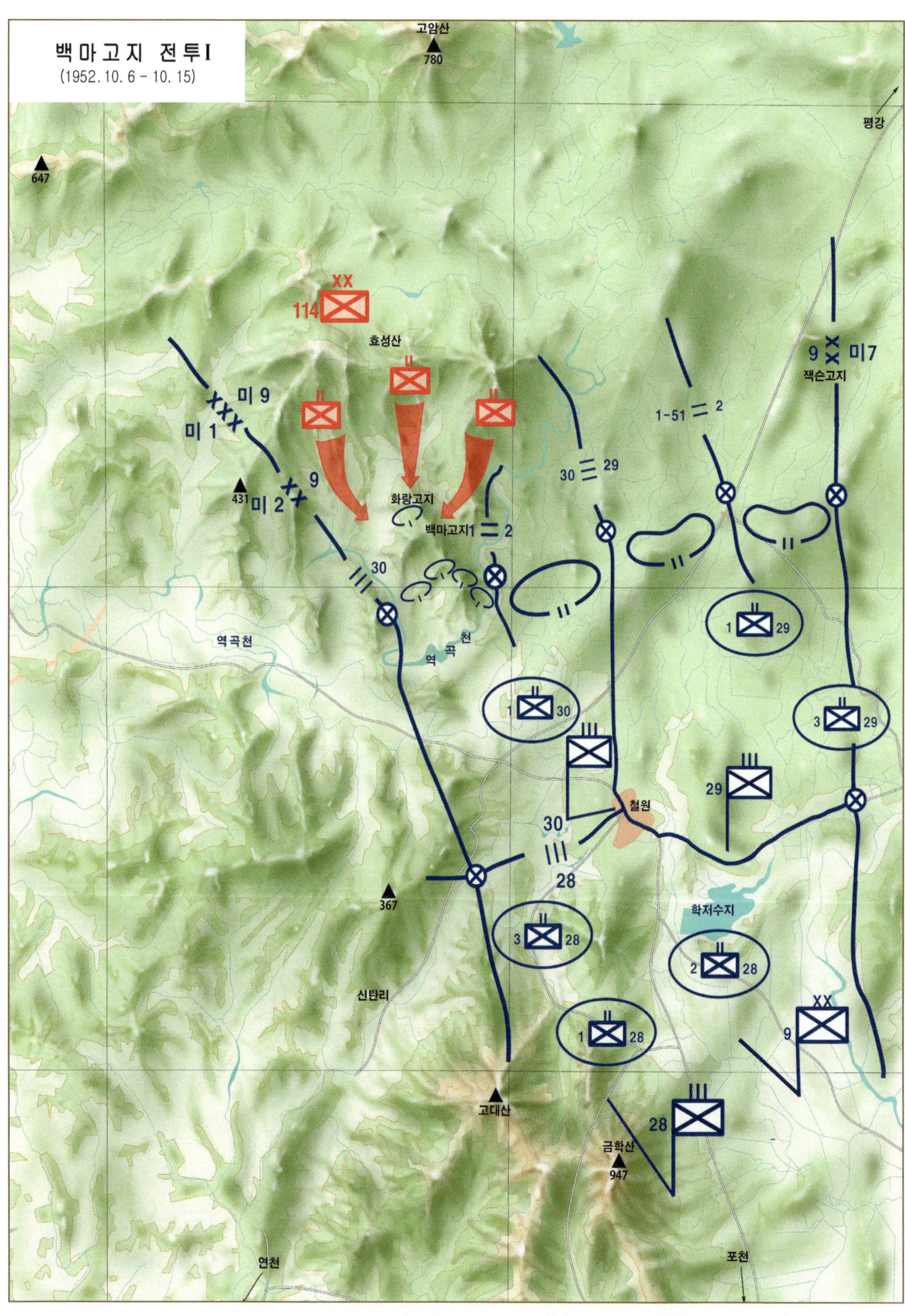
백마고지 전투I
(1952. 10. 6 - 10. 15)
고암산
780
평강
647
114
효성산
미 9
미 1
미 2
9
431
화랑고지
백마고지
2
30
29
1-51
2
9
미7
잭슨고지
역곡천
역
곡
천
1
30
1
29
3
29
29
철원
30
28
367
학저수지
3
28
2
28
신탄리
1
28
9
고대산
28
금학산
947
연천
포천

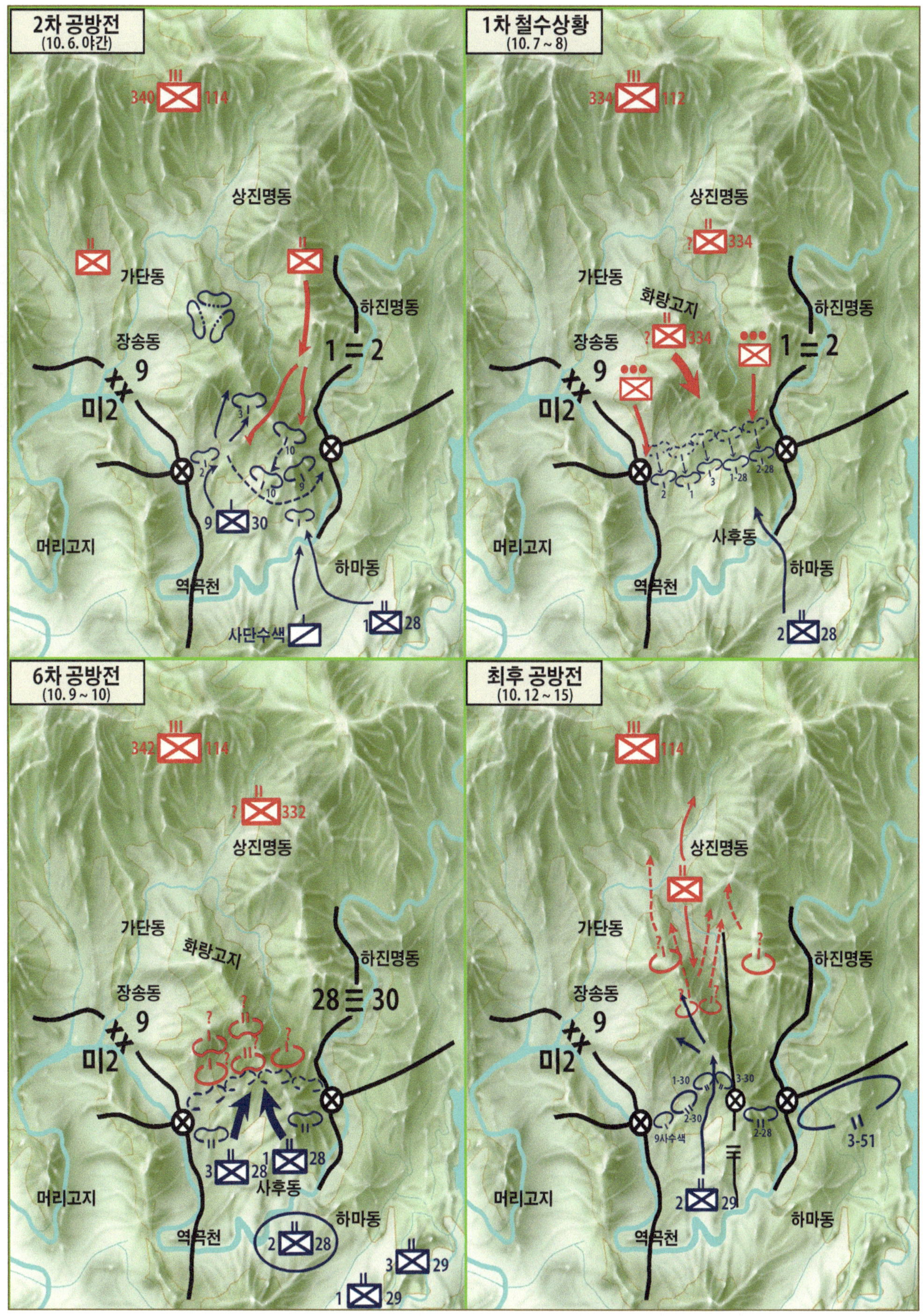

2차 공방전
(10. 6. 야간)
340
114
상진명동
가단동
하진명동
장송동
9
1 = 2
미2
9
30
머리고지
하마동
역곡천
사단수색
1
28
1차 철수상황
(10. 7 ~ 8)
334
112
상진명동
334
가단동
화랑고지
하진명동
장송동
334
1 = 2
9
미2
사후동
머리고지
하마동
역곡천
2
28
6차 공방전
(10. 9 ~ 10)
342
114
332
상진명동
가단동
화랑고지
하진명동
장송동
28 = 30
9
미2
3
28
1
28
사후동
머리고지
하마동
역곡천
2
28
3
29
1
29
최후 공방전
(10. 12 ~ 15)
114
상진명동
가단동
하진명동
장송동
9
미2
1-30
3-30
2-30
9사수색
2-28
3-51
2
29
머리고지
하마동
역곡천

백마고지 전투

백마고지는 강원도 철원 북서쪽 12km 지점에 위치한 고암산과 효성산 남동쪽 끝에 자리 잡은 무명 395고지와 1.5km에 달하는 능선군이다. 이 고지는 전선이 고착된 1952년 이후 철의 삼각지대를 감제하는 중요지형으로 선정되면서 양측의 관심이 집중되었다.

1952년 9월 말이 되자 철원~금화 지구의 중서부전선에서는 미 제9군단이 국군 제9사단, 국군 제7사단, 미 제2사단을 전방에 배치하고, 미 제40사단을 예비로 확보하여 중공군 제15, 38군과 대치하고 있었다. 좌측에서는 미군 제2사단에 배속된 프랑스 대대가 화살머리 고지에서 중공군의 공격을 격퇴하였으며, 우측에서는 국군 제2사단과 미군 제7사단이 저격능선과 삼각고지에서 중공군과 격전을 벌였다. 백마고지 정면의 적은 중공군 제38군 예하 제114사단이었는데, 이 부대는 효성산 남쪽의 무명 395고지를 탈취하기 위해 공격준비에 박차를 가했다.

9월 말이 되자 국군 제9사단장은 사단 방어선의 좌 전방에 제30연대, 우 전방에 제29연대를 배치하고, 제28연대를 예비로 배치하고, 배속 받은 제51연대를 대대 단위로 운용하면서 주저항선을 방어하였다. 이를 통해서 제9사단은 적의 공격을 저지하여 철원평야를 제압함과 동시에, 차후 공세에서 중부전선에서 전략적 이점을 확보하고 아군의 방어태세를 강화하려 하였다.

백마고지에 대한 중공군의 본격적인 공격은 10월 6일 아침의 봉래호 제방 파괴와 역곡천 범람을 통한 아군의 기동 제한으로 시작되었으며, 이후 중공군 제114사단의 정면공격으로 이어졌다. 하지만 국군 제9사단은 이후 약 10일 동안 진행된 중공군 제38군의 공격에 맞서 7차례나 고지의 주인이 바뀌는 격전을 치루면서도 395고지를 굳건히 지켜내는데 성공하였다. 특히 총 12차례의 전투가 진행되는 동안 395고지 정상 쟁탈전이 약 8회나 시행되었으며, 이 과정에서 제한된 공간에서 밀집된 병력이 서로 수류탄을 던지고 백병전을 벌이는 치열한 접전이 계속되었다.

이 전투에서 국군 제9사단장은 초기전투에서 많은 인명손실을 입은 제28연대와 제30연대를 철수시키고, 적시 적절한 예비대의 투입과 부대 교대 등으로 작전수행에 활기를 불어넣었다. 또한 사단과 군단의 막강한 포병지원, 미 공군의 항공지원 등으로 적에게 막대한 인명손실을 입혀 아군이 적을 효과적으로 제압할 수 있는 계기를 마련하였다. 백마고지 전투를 수행하는 동안 중공군 제38군은 총 9개 연대 중 7개 연대를 투입하여, 그 중 10,000여명의 사상자를 낸 것으로 집계되었고, 국군도 약 3,500여 명의 인명손실을 입었다.

국군과 유엔군은 백마고지 전투의 승리를 통해 중부전선의 전략적 요충지인 395고지를 확보하는데 성공하였다. 또한 국군은 이 전투의 승리를 통해 1952년 중반부터 본격화된 국군 증강과 전투력 향상 과정에 주도적으로 참여할 수 있었다. 한편, 국군 제9사단 장병들은 백마고지 전투의 승리를 통해 1951년 초에 현리전투에서 당한 패배의 기억을 씻어내고, 장차 중공군과 정면 대결에서도 승리할 수 있다는 자신감을 회복하였다.

선에서는 미 제1군단이 소규모 제한공격인 카운터 작전Operation Counter를 시작하여 미 제45사단이 방어진지 정면의 주요 감제고지를 점령하고, 아군의 방어진지를 강화하는데 성공하였다. 이 작전의 결과에 따라 국군과 유엔군은 역곡천 북쪽의 백마고지(395m), 화살머리 고지(281m), 티본T-Bone 고지(290m), 역곡천 남쪽의 폭찹Porkchop 고지(255m), 올드 발디Old Baldy(266m) 등 11개 목표를 장악하여 전초고지를 강화하였으며, 이를 통해 차후 작전에 유리한 지형을 확보하였다.[77]

한편 1952년 초부터 방어진지 강화와 병력증원에 힘쓰던 공산군도 1952년 중반에 접어들면서 전력이 증강되고, 공격준비 상태도 개선되었다. 이 시기에 공산군의 총병력은 90만여 명이었으며, 이중에서 중공군이 63만 여명에 달했다. 중공군 병력이 휴전회담 개시 이전에 비해 약 2배나 증가한 셈이다. 이와 더불어 이 시기에 중공군의 화력, 특히 포병화력의 증가는 가장 큰 변화였다. 공산군은 1952년 4월까지 884문의 야포, 520대의 전차와 자주포를 추가로 배치하여 일선 부대의 전투력을 증강시켰다. 반면에 국군과 유엔군의 병력규모는 총 70만여 명이었는데, 이중에서 전선에 배치된 병력은 25만 명에 불과했다.[78]

전체적으로 볼 때, 1952년 초여름까지만 하더라도 유엔군이 공격적 태세를 유지하면서 전선의 주도권을 장악하고 있었다. 하지만 1952년 가을이 되자, 공산군이 전 전선에서 수색활동을 강화하는 등 활발한 움직임을 보이기 시작했다.

이러한 징후가 가장 활발한 곳은 중부전선이었는데, 중공군은 국군 수도사단이 확보 중이던 수도고지와 지형능선에 대한 공격을 시작으로, 국군 제2군단 정면에 확대된 공세를 개시하였다. 이를 통해서 공산군이 이때부터 전선의 주도권을 장악하고, 차후 공세를 주도하였다.[79] 1952년 가을에 실시된 공산군의 역습 대상은 국군과 유엔군이 탈환한 중요 전초진지들이었다. 따라서 전 전선에서 전초진지에 대한 쟁탈전이 벌어졌으며, 이 기간 중에 발생한 대표적인 전투는 철원 서북방의 백마고지 전투와 삼각고지 전투, 그리고 김화 동북방의 저격능선 전투 등이다.[80]

한편 유엔 공군은 북한 전 지역에 대한 차단작전과 폭격을 실시하여 적의 전투준비 상황과 전투의지를 분쇄하고, 진척이 없는 휴전회담에서 유리한 입장을 차지하려 하였다. 제공권을 확보하고 있던 유엔군 공군은 1952년 봄부터 공산군의 보급소, 도로 및 철도 등에 대한 차단작전을 계속하는 한편, 전선의 적 보급품과 장비, 병력 집결지 등을 강타하였다.[81]

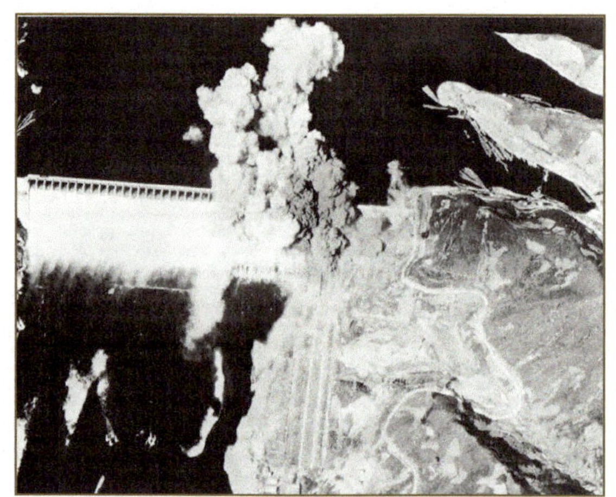
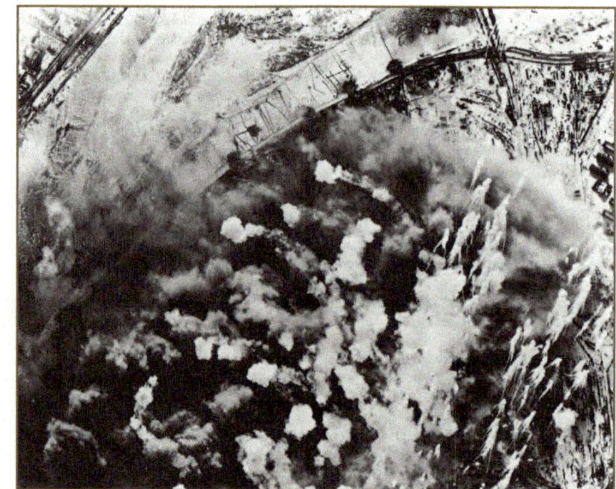

유엔 공군 항공기에 의해 폭격되는 수풍발전소(左)와 평양 시가지(右)

그런데 1952년 5월에 클라크Mark Clark 대장이 유엔군사령관으로 부임한 직후, 유엔 공군의 작전목적이 새로운 방향으로 전환되었다. 신임 유엔군사령관(클라크 대장)은 그동안 유엔 공군이 수행한 적 보급로 차단 등 전술목표 타격에 한계가 있었음을 지적하며, 차후에는 공산군 전력의 공급원이 되는 산업시설을 폭격하는 등 전략목표 타격을 지시하였다. 이를 위해서 가장 먼저 압록강변의 수풍 화력발전소를 포함한 전력시설을 공격하고, 이후 폭격에는 해군 및 공군 항공기가 대거 참가하여 총 13개의 발전시설을 폭파하여 북한 지역의 전력공급에 막대한 차질을 주었다. 또한 7월 12일부터는 평양에 인근의 군사시설과 주요 공업시설을 폭격하여 대규모 군사시설, 군수품 집적소, 공장들을 파괴하였다.[82]

13장

정전협정 체결과 정전체제

1953년의 전황과 국제정세

1953년에 접어들어서도 휴전회담은 휴회休會와 재개再開가 반복되었으며, 전선에서는 유엔군과 공산군이 조금이라도 유리한 고지와 지역을 점령하기 위해 격렬한 고지쟁탈전과 진지전을 지속하였다. 유엔군 측과 공산군 측은 모두 휴전협상의 조기 타전을 바라고 있었으나, 회담장에 출석한 양측 대표들은 포로송환 등 주요 사안에 대한 이견을 좁히지 못하고 격한 설전舌戰만 계속하였다. 특히 1952년 초부터 포로송환 방식을 둘러싼 양측의 견해 차이가 휴전회담 장기화의 원인으로 부각되자, 국제적십자사는 전쟁의 즉각 종결과 제네바 협약에 따라 부상 포로의 송환을 촉구하는 결의안을 가결하여 유엔 총회에 상정하기도 했다.[1]

이처럼 국제사회가 휴전회담의 조기타결을 촉구하는 방향으로 움직이고 있던 와중에, 6·25전쟁의 흐름을 바꾸어 놓을 몇 가지 중요한 사건이 발생하였다. 먼저, 미국에서는 1953년 1월에 아이젠하워Dwight D. Eisenhower 대통령이 취임하였다. 제2차 세계대전 기간 중 연합군 총사령관을 역임한 경험이 있는 아이젠하워 대통령은 취임 이후 한반도의 전쟁이 휴전회담의 난항으로 인해서 해결될 기미가 보이지 않자, 전쟁 종결을 위해 새로운 대책 마련이 필요하다고 판단하였다. 그는 1952년 대통령 후보 시절에 자신의 선거 공약에 한반도의 전쟁을 종결시키겠다는 사안을 포함시켜 미국 국민의 지지를 얻었다.[2]

그는 또한 취임 직후에는 미국 해군의 타이완 해협 봉쇄 철회를 결정하고, 미 제7함대가 더 이상 중국에 대한 방벽 역할이나, 장제스의 중국 본토 공격을 저지하는 역

철원 인근 전선을 시찰하는 아이젠하워 미국 대통령 당선자, 1952. 12.

할을 하지 않겠다고 주장하며 중국을 압박하였다. 아이젠하워 대통령의 이러한 발언과 정책을 통해 미국 정부는 한반도에서 휴전회담으로 대치하고 있는 중국과 공산진영의 전쟁수행 정책의 변화를 촉구하였다.[3]

그러던 중 1953년 3월 7일에 소련의 스탈린이 사망하였다. 그동안 스탈린은 6·25전쟁의 기획, 개전, 전개, 휴전 등 전 과정에서 공산 진영을 대표한 6·25전쟁의 실질적 장본인이었다. 따라서 그가 사망함에 따라 공산진영의 전쟁수행 전반에 대대적인 변화가 있을 것으로 예상되었다. 스탈린 사망 직후에 소련은 내부문제 해결을 위해 6·25전쟁이 조속히 종결되기를 희망했으며, 여기에는 북한도 동조하였다. 따라서 공산진영 내부에서는 휴전회담에서 오랫동안 해결되지 않고 있던 포로송환 방식 등의 문제를 적당한 수준에서 양보하고, 조속한 정전(停戰) 실현을 추구하기로 결정하였다.[4]

1953년에 접어들자 유엔군사령관(클라크 대장)은 기존의 제한목표공격 전략에서 확전전략으로의 전환과, 북한 지역에 대한 대규모 항공압박 작전을 추진하였다. 이와 같은 유엔군의 군사전략의 변화는 제한목표 공격전략의 효과가 미미하여 공산측을 휴전 회담장으로 끌어들이지 못하고 있다는 분석에 근거하였다. 그리고 1953년 봄에 유엔군이 채택한 확전전략은 아이젠하워 행정부가 제시하는 새로운 군사정책과 같은 맥락에서 상당한 진전을 이루었다.[5]

1953년 2월 초부터 미국의 정책결정자들은 교착상태에 빠진 한반도의 전쟁을 조기에 종전하기 위한 방안 마련에 착수하였다. 이에 따라 유엔군사령부는 중공군이 대규모 병력을 한반도에 추가 투입할 경우, 이에 대응하기 위한 별도의 준비에 착수하였다. 이 과정에서 유엔군은 기존의 제한목표공격 전략의 한계를 인정하고, 향후에는 확전을 통해 공산군에게 유엔군이 제시한 휴전조건을 수용하도록 강압할 수 있는 충분한 군사적 압력을 가하여 전쟁을 끝내겠다는 결론에 도달했다.[6]

이와 같은 유엔군사령부의 결정 사항을 검토한 미 합참은 이러한 내용을 NSC 147에 정리하여 제출하였다. 휴전회담의 장기화로 인해 진전이 없는 한반도의 전쟁 상황을 종료하기 위해서 제출된 이 문서의 골자는 국군을 증강하고, 공산군이 휴전에 동의할 수 있도록 군사적 압력을 강화하는 것이다. 또한 이 문서에는 국군과 유엔군이 한반도의 허리부분에 방어선을 설치하기 위하여 공세를 취하며, 전쟁이 유리하게 해결될 수 있도록 만주와 중국 등지에도 단계적으로 군사적 압력을 확대한다는 내용을 포함하였다. 이를 위해서 유엔군사령부는 국군 20개 사단 증강을 적극적으로 추진하는 등 병력 및 장비 증강, 군수품 증강을 강구하였다. 이러한 조치는 현실적으로 공산군의 전투력 확충에 효과적으로 대처할 수 있을 뿐만 아니라, 휴전 이후 북한의 공격재발을 억제하기 위한 대책이었다.[7]

반면 공산군은 아이젠하워 한국 방문 등 유엔군 측의 전쟁수행 방식에 대대적 변화를 감지한 이후에도 기존의 지구작전 및 적극방어를 고수하였다. 또한 1953년에는 서해안으로 예상되는 유엔군의 상륙작전에 대비하기 위해서 해안방어에 역점을 두고 추진하였다. 또한 이와 같은 전략적 기조 하에 휴전회담에서 유리한 여건 조성과 휴전 체결 이후 군사적으로 유리한 방어선을 개선하기 위해 하계공세를 추진키로 하였다.

이러한 판단에 따라 중공군은 1953년 3월 말까지 추가로 총 3개 보병사단, 1개 전차사단, 8개 포병연대 규모의 병력을 투입하여 대對상륙 및 대對공수방어에 중점을 두고 방어작전을 펼쳤다. 중공군은 북한의 동해안과 서해안의 해안지역에 대한 방어태세를 강화하도록 부대배치를 조정하였는데, 이를 위해서 서해안부대 연합지휘부와 동해안부대 연합지휘부를 별도로 구성하기도 했다. 이처럼 병력과 방어태세를 보완한 공산군은 1953년 4월 초에 총 병력 180만 여명을 보유하였는데, 이중에서 중공군이 20개 군 135만 여명이고, 북한군은 6개 군단 45만 여명에 달했다.[8] 이 시기의 중공군은 병력과 화력이 크게 증강되었으며, 견고하게 구축된 진지는 더욱 강화되었고, 군수물자도 충분히 보급되어 전투력을 발휘하기 위한 최적의 상황이었다. 공산군 지도부는 1953년 5월 중순부터 시작할 대규모 공세를 계획하였는데, 당시에는 이를 하계공세 혹은 최후最後공세라고 불렀다. 중공군 하계공세의 목적은 "유엔군을 섬멸하고, 아군 부대를 단련시키고, 경험을 쌓게 하는 것"[9]이었다. 이와 더불어 판문점에서 진행되고 있는 휴전회담에 도움을 주는 것이며, 또한 국군 및 유엔군과 첨예하게 대치하고 있는 방어선 개선도 추구하였다.

1953년의 전황과 주요 작전

유엔군과 공산측은 1952년 여름과 가을에 백마고지, 저격능선 등에서 계속된 치열한 고지 쟁탈전을 실시한 이후, 겨울이 다가오자 공세를 멈추고 전선을 정비하면서 차후 작전에 대비하였다. 그런데 1953년 3월이 시작되자 방어력 강화와 병력증강에 성공한 공산군이 먼저 제한된 형태의 공격을 시작하였다.

이 시기에 공산군은 약 4개월에 걸친 전선 교착을 타개하고, 축적된 전투력을 바탕으로 고지 쟁탈전을 재개하여 차후 작전수행 및 휴전회담에서 유리한 조건을 조성하려 하였다. 중공군은 3월 1일에 임진강 서남쪽에서 미 제2사단 예하의 프랑스군 대대에 대한 정면공격을 시작으로, 3월 내내 미 제1군단 정면을 압박하였다.[10] 한편 스탈린 사망과 부상포로 교환을 계기로 4월 26일부터 휴전회담이 재개됨에 따라 휴전협상에 대한 기대감이 고조된 상황에서도 공산군의 공격 기세는 줄어들지 않았다. 중공군은 5월 초부터 중대~대대 규모에 이르는 병력을 투입하여 제한된 목표에 대한 공격을 지속하였다.

그리고 6월 10일부터 시작된 공산군의 하계공세에서는 대규모 공세가 전개되었는데, 이때 중공군의 병력이 집중한 곳은 중동부의 금성지역에 배치된 국군 제2군단 정면이었다. 중공군은 미 제9군단 우익에 대한 견제 공격과 더불어 미 제10군단과 국군 제2군단 전투지경선, 특히 국군 제2군단 예하 제8사단과 제5사단 정면에 4개 사단을 집중 투입하는 등의 공격을 개시하였다. 이 전투에서 중공군은 산악전술, 야간전투 등을 효과적으로 운용하여 8~9일 동안 13km의 공격정면에서 약 4km 가량 남하하였다. 압도적인 규모의 중공군 공세에 밀린 국군 제8사단과 제5사단은 북한강 남안까지 철수하여 새로운 방어선을 구축하였으며, 이후 유엔 공군의 지원에 힘입어 중공군의 공세를 저지하였다.[11] 이 공격에서 중공군은 최초 계획만큼 효과를 거두지 못했으며, 국군의 유생역량 섬멸에도 실패하였고, 공격과정에서 막대한 병력손실이 발생함에 따라 차후 작전에 차질을 가져왔다. 반면 국군 제2군단은 또 다시 방어작전이 실패하여 부대의 사기가 저하되었고, 재편성과 훈련보강을 통해 전투력을 증강한 국군 사단들도 체면을 구기고 말았다.[12]

6월 공세를 통해 선두부대를 금성 돌출부 우측의 금성천~북한강선까지 진출시키는데 성공한 중공군 지휘부는 6월 공세의 경험을 바탕으로 7월 10일 경부터 새로운 공세, 즉 7월 공세를 실시하기로 결정하였다. 여기에는 6월 18일에 이승만 대통령이 휴전협상의 진전을 저지하기 위해 반공포로를 석방하자, 대한민국 정부에 정전협정을 준수하도록 군사적 압력을 가하려고 하였다. 또한 휴전을 앞둔 상황에서 전장과 협상 모두에서 주도권을 행사하려는 의도가 포함되었다.[13]

중공군은 7월 공세에서 금성돌출부에 배치된 국군 4개 사단(제5, 제6사단, 제8사단, 제3사단)에 대한 섬멸을 목표로 선정하였다. 이러한 목표를 선정한 이유는 국군 제2군단이 배치된 금성지역의 전선이 돌출되어 있어서 공격에 유리할 것으로 판단하였기 때문이었다. 또한 이미 6월 공세에서 이 지역에서 군사작전을 실시한 경험을 가지고 있어서 지형이 익숙하고, 국군 부대의 방어선의 특징을 잘 파악하고 있었기 때문이었다.[14]

이와 같은 의도에서 중공군은 7월 13일부터 금성 돌출부에 대한 최후공세를 개시하였다. 중공군은 금성 돌출부에만 5개 군(제66군, 제67군, 제68군, 제24군, 제23군)을 투입하여 국군 제2군단 예하의 4개 사단(제5사단, 제3사단, 제8사단, 제6사단)과, 미 제9군단 우익의 국군 수도사단과 제9사단 등 총 6개 사단 정면에 대규모 공세를 시작하였다. 중공군의 공격이 개시되자, 국군 사단의 방어선이 붕괴되었고, 이후 금성 정면에서 국군의 전선이 화천 북쪽까지 철수하기도 했다.[15]

이처럼 중공군의 대규모 공세로 전황이 악화되자, 신임 미 제8군사령관 테일러 Maxwell Taylor 중장은 미 제9군단장과 국군 제2군단장에게 신속하게 북한강~금성

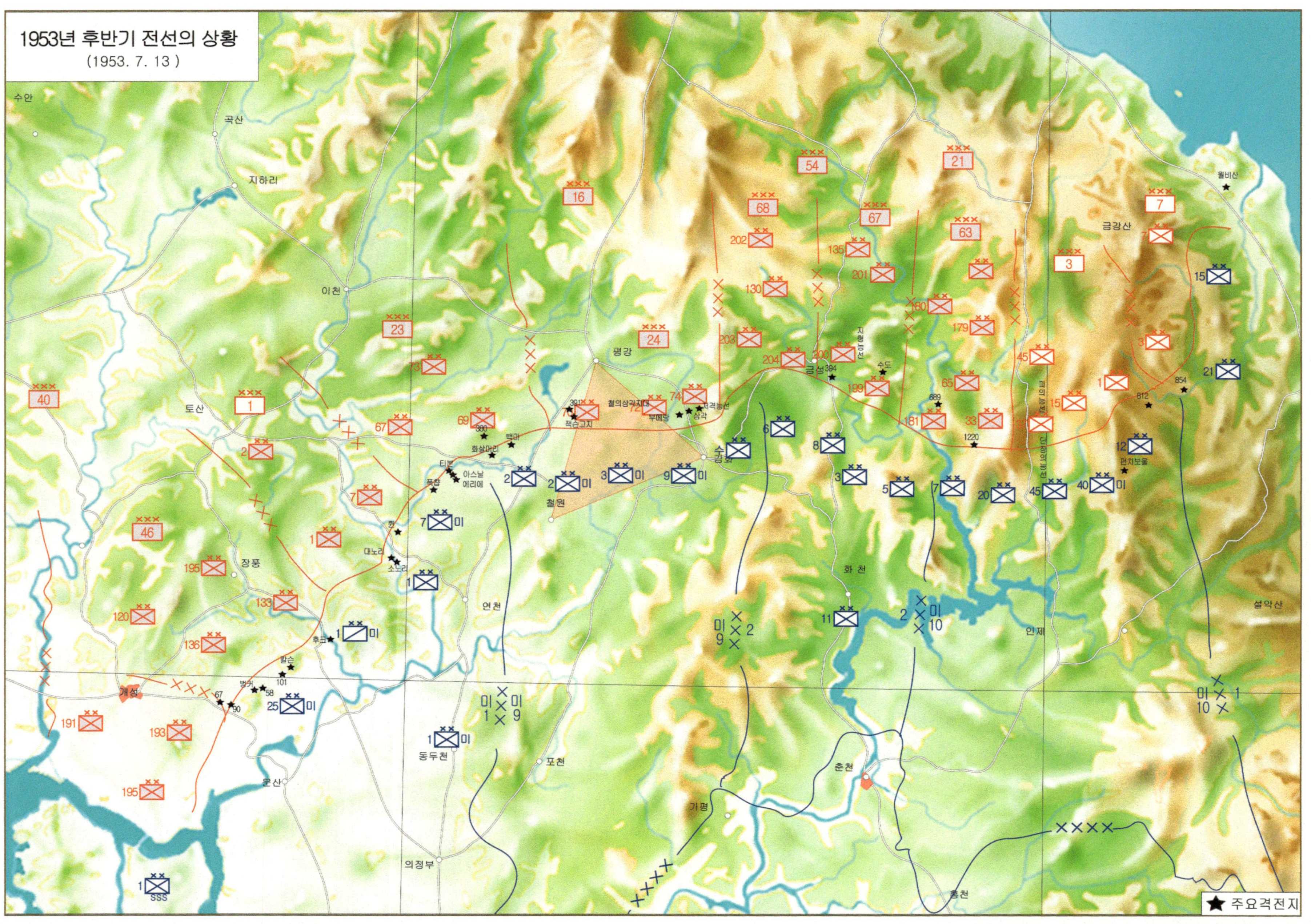
1953년 후반기 전선의 상황
(1953. 7. 13)
★ 주요격전지
수안
곡산
지하리
이천
토산
평강
금강산
월비산
금성
수도
철원
연천
장풍
개성
화천
인제
설악산
춘천
가평
포천
동두천
의정부
문산
홍천
편치보울

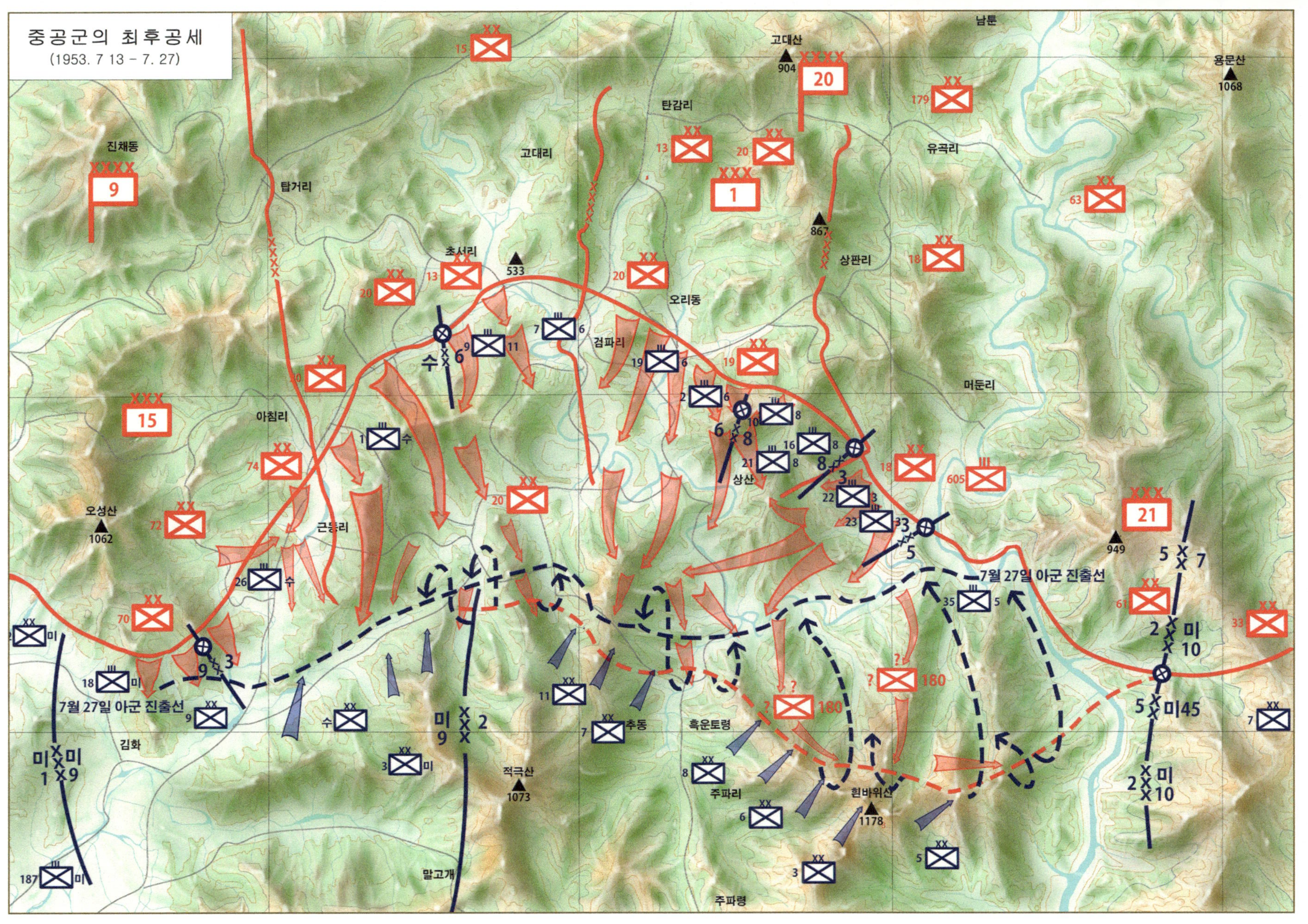

중공군의 최후공세
(1953. 7 13 - 7. 27)

중공군 최후공세와 금성전투

1953년 초까지 전투력을 보강한 중공군은 3월부터 활동을 재개하더니, 5월 중순 이후 대규모 공세작전을 시도하였다. 이 시기에 중공군은 서부와 중부전선에서 국군과 유엔군이 장악한 주요 전초기지에 대한 전면적인 공격을 시도하였는데, 그 대상은 중부전선의 금성 돌출부 전방에 위치한 689고지, M1고지, 271고지, 수도고지, 지형능선, 저격능선 등이었다. 그런데 1953년 6월 8일 개초된 휴전회담에서 양측이 포로송환 관련 의제에 합의하자 휴전체결이 가시화되었고, 이에 대비하여 양측은 최대한 점령지역을 확대하려 하였다. 이러한 의도가 반영된 것이 6월과 7월에 대규모로 실시된 중공군의 최후공세였다.

중공군의 6월 공세는 화천 북방의 금성 돌출부를 방어하고 있던 국군 제2군단 정면에 지향되었다. 중공군은 6월 10일부터 약 9일 동안 지속된 공세에서 증강된 1개 군을 투입하여 수도고지~949고지~973고지~883고지를 연하는 선을 점령하는 등 약 13km 정면에서 4km가량 진출하는데 성공하였다. 국군 제2군단은 예비인 국군 제3사단의 엄호에 힘입어 통제선 아이슬란드 선Line Iceland으로 철수하여, 이곳에 다시 새로운 방어선을 구축하였다.

그런데 6월 18일에 대한민국 정부가 반공포로를 석방하여 휴전 성사를 가로막자, 중공군은 또 다른 공세를 통해 국군에 막대한 전투력 손실을 주려고 하였다. 7월 13일에 시작된 최종공세에서 중공군의 목표는 금성 돌출부에 배치된 국군 4개 사단(수도, 6, 8, 3사단)을 섬멸하는 것이었는데, 이를 위해서 주공인 제20병단(제 54, 66, 67군)에 제21군의 일부 부대를 추가로 배속하여 공격부대의 전투력을 강화하였다. 구체적으로는 세 방향에서 금성 돌출부의 국군 부대를 포위섬멸 한 뒤, 화천까지 남하하려 하였다. 한편, 미 제8군사령관은 중공군의 공세가 금성 정면에 집중될 것으로 예측하고, 6월 공세에서 타격을 입은 국군 제2군단의 방어선 강화에 주력하고, 부대를 재배치하였다. 이에 따라 금성 돌출부에는 국군 제9사단과 수도, 제6, 제8, 제3, 제5, 제7사단 등 모두 7개 사단이 배치되었으며, 예비인 제11사단은 화천 북쪽에 주둔하였다.

금성 돌출부에 대한 중공군의 최후공세는 7월 13일부터 금성 양측방에서 시작되었으며, 곧 돌출부 정면으로 집중되었다. 전투가 시작되자 중공군 공격부대가 국군 제9사단, 제8사단, 제3사단의 방어선을 돌파한 이후, 후방 퇴로를 차단하기 위해 진출하였다. 국군 제2군단장은 예비대를 투입하여 이들을 저지하려 하였으나, 흑운토령을 비롯한 일부 지역에서 돌파를 허용함에 따라 미처 철수하지 못한 국군 부대에 많은 인명손실이 발생하였다. 전황이 이처럼 전개되자 미 제8군사령관은 국군 부대들이 적에게 포위되어서는 안된다고 판단하고, 7월 14일 새벽에 금성천 남안으로 철수하여 새로운 방어선을 편성하라고 지시하였다. 이에 따라 국군 제2군단은 7월 15일 저녁까지 와이오밍선 북쪽의 새로운 주저항선까지 철수하였다.

그런데 국군 제2군단은 7월 16일에 곧바로 반격작전을 개시하였으며, 3일 후인 7월 19일에는 미 제8군사령관이 진출 통제선으로 제시한 금성천을 확보하는데 성공하였다. 이후 국군 제2군단은 전선을 정리하고, 적의 추가 공격에 대비하였다. 이 전투를 통해 국군 제2군단은 비록 금성 돌출부를 상실하였으나, 반격을 통해 금성천 확보에 성공함으로써 방어에 유리한 지형에서 휴전을 맞을 수 있었다.

천~저격능선을 연하는 선에 설정한 통제선 아이슬란드Line Iceland를 점령하여 새로운 방어선으로 구축하도록 지시하였다. 또한 미 제2사단을 포함한 증원 병력을 금성 정면에 투입하여 방어선의 일부를 인수하고 전선을 보강하여 반격하라고 지시하였다. 그 결과 중공군의 공격이 개시된 지 불과 3일 후인 7월 15일부터 국군 제2군단과 미 제9군단의 반격이 개시되어 금성천을 연하는 선을 확보하기 위한 작전이 개시되었다. 반격에 나선 국군 제2군단 예하 제5사단, 제8사단, 제11사단 등이 진격을 계속하여, 7월 19일에 금성천 남안까지 진출하는데 성공하였다. 하지만 중공군이 금성천 북쪽에서 완강하게 저지함에 따라 더 이상의 진격은 불가능했다.[16] 이로써 휴전협상이 시작된 이후 가장 치열한 군사작전이 전개된 금성 정면의 전선은 안정을 되찾았고, 이후 양측 사이에 소규모 탐색전이 지속되다 휴전을 맞았다.

중공군의 7월 공세, 즉 최후공세는 유엔군과 공산군이 진지전을 시작한 이후 가장 큰 규모로 실시된 공격 및 반격작전이었다. 특히 이 공세는 견고하게 구축된 국군과 유엔군의 방어진지에 대하여 중공군이 대규모 병력을 동원하여 공격하였다는 점에서도 독특한 작전이었다. 비록 이 전투에서 국군 제2군단은 금성돌출부를 상실했으나, 중공군 5개 군 15개 사단의 집중공격을 저지하고, 이후 공세로 전환하여 대규모 반격작전을 펼쳐 금성천까지 회복함으로써 기존과는 확연히 달라진 국군의 전투력 향상을 입증하였다.[17] 이 전투에서 국군 제2군단은 성공적인 반격작전을 통해 금성 정면의 전선이 안정을 되찾았고, 이후 군사분계선 확정 과정에서도 유리한 위치를 확보할 수 있었다.

이승만 대통령의 정전 반대와 한미회담

1952년 10월 8일 이후 포로송환 문제에 대한 이견 때문에 중단된 휴전회담은 1953년 3월 초에 스탈린의 사망으로 재개의 계기가 마련되었다. 공산군 측이 1953년 3월 30일에 연락장교단을 통해서 유엔군사령관 클라크 대장이 2월 22일에 제의하였던 부상포로 교환 제의에 동의한다고 통보함에 따라, 사실상 회담 재개 의사를 전달하였다. 이후 약 6개월 이상 중단되었던 휴전회담이 1953년 4월 26일에 다시 판문점에서 재개되었으며, 향후 회담진행과 정전협정 조인에 대한 기대가 고조되었다.[18]

부상포로 교환에 서명하는 양측 휴전회담 대표, 1953. 4. 11.

재개된 회담에서는 공산군 측 대표들이 이전까지 자신들이 고집하던 포로의 강제송환 주장을 철회하며, 송환을 거부하는 포로의 중립국 이송을 주장하였다. 하지만 포로의 중립국 이송만으로는 포로송환 문제의 본질을 해결하기 어렵다고 판단한 유엔군 측 대표는 공산군 측의 주장에 수정안을 제안하여 복잡한 회의가 반복되었다.[19] 하지만 유엔군 대표의 5월 25일 제안, 즉, "자유송환을 거부하는 모든 포로는 중립국으로 구성된 포로송환위원회의 관리 하에 두고, … 60일 이후 모든 송환거부 포로들에게는 자유인으로서 민간인의 신분을 부여한다"[20]는 내용에 공산군 측이 수용의사를 표시함에 따라 포로송환 문제가 급진전 되었다. 특히 양측의 실무자 회의에서는 "포로 송환 2개월 후 송환을 거부하는 포로에 대해서는 90일 간의 설득기간을 거쳐, 그들에 대한 처리문제를 정치회의에서 30일간 토의"[21]하기로 하였다.

만약 이 정치회의에서도 합의가 이뤄지지 않으면 송환거부 포로들은 민간인 신분을 갖게 되며, "포로가 원한다면 인도 적십자사나 중립국송환위원회에 의하여 중립국으로 송환되어 그곳에서 그들 스스로의 운명을 결정토록 한다"[22]고 결정하였다. 양측 대표단은 1953년 6월 8일 휴전회담 제146차 본회의에서 그동안 난항을 겪었던 포로송환 문제를 타결하였다. 이로써 약 2년을 끌어오던 휴전회담이 급진전을 보일

것으로 예상되었다.[23]

이처럼 별다른 진전을 보이지 않았던 휴전회담이 양측의 합의를 통해 급진전되자, 이승만 대통령과 대한민국 정부의 태도에 큰 변화가 생겼다. 이승만 대통령은 휴전이 논의되기 시작하는 단계에서부터 이를 반대해 왔으며, 대한민국 정부, 국회, 국민도 모두 한 목소리로 이승만 대통령의 휴전반대를 지지하였다. 하지만 이승만 대통령과 대한민국 국민의 의사와 달리, 휴전회담은 점차 유엔군 측과 공산군 측에 의해서 합의를 찾아가고 있는 형상이었다.[24]

이승만 대통령은 1952년 여름에 경상북도 영천의 포로수용소를 시찰하던 중 반공포로 석방에 대한 결심을 굳힌 상태였으며, 이후 지속적으로 반공포로 석방을 미국에 요구하였다. 그리고 판문점에서 유엔군과 공산군 대표들이 대한민국 정부의 의사와 무관하게 휴전회담에 의해 정전하려고 하던 1953년 6월 18일에 국군이 수용하고 있던 총 27,388명의 반공포로를 석방하였다. 반공포로 석방 직후 이승만 대통령은 이에 대한 책임은 모두 자신에게 있다고 주장하고 나섰다.[25]

대한민국 정부가 반공포로의 일부를 석방했다는 소식을 접한 미군 지휘관과 미국 정부의 정책결정자들은 경악하였다. 미군 지휘관들은 즉시 국군 수뇌부에 격렬하게 항의하였으며, 미국 정부의 각료들은 이승만 대통령의 예상치 못한 조치에 우려를 표시하였다. 이들은 대한민국 정부가 취한 조치를 휴전협상을 지연 및 저해하려는 것으로 인식하였으며, 특히 이승만 대통령이 미국 정부에게 사전에 통보하지 않고 이와 같은 조치를 취한 것의 진의 파악에 주력하였다. 그리고 이승만 대통령이 휴전협상을 저지하기 위해서 다음에 펼칠 행동이 무엇인지에 대해서 고민하면서, 그를 통제하지 않을 경우 미국이 추구하는 휴전정책이 자칫 물거품이 될 수 있을 것이라고 우려하였다. 만약 이승만 대통령이 유엔군사령관의 작전지휘를 받고 있는 국군을 직접 통제할 경우, 그동안 미국을 포함한 유엔군이 한반도의 전쟁에 참전하여 수행한 모든 노력이 수포로 돌아갈 수 있었기 때문이었다.[26]

공산군 측도 대한민국 정부의 반공포로 석방에 불쾌감을 표시하였다. 휴전회담 공산군 측 대표단은 6월 19일에 개최하기로 예정된 회의를 취소하며 불편한 심기를 드러냈고, 며칠 후에는 유엔군사령관에게 항의 서한을 보내 이승만 대통령에 대한 '통제' 필요성을 거론하였다. 이처럼 반공포로 석방 문제로 이승만 대통령과 대한민국 정부는 유엔군과 공산군으로부터 비난을 받았으나, 이 사건을 계기로 휴전협상

막바지에 대한민국의 입장과 목소리를 국제사회에 명확하게 전달할 수 있었다.[27]

이처럼 이승만 대통령이 자칫 휴전회담을 물거품으로 만들고, 협상에 의한 '명예로운 휴전'으로 한반도에서의 전쟁을 종결하려는 미국의 정책목표 달성에 걸림돌이 되자, 미국 정부는 이승만 대통령을 '통제'하는 방안은 고심하지 않을 수 없었다.[28] 아이젠하워 행정부는 이 문제를 해결하기 위해서 로버트슨Walter S. Robertson 국무부 차관보를 특사로 파견하였다. 로버트슨 차관보는 콜린스 미 육군참모총장과 동행하였는데, 이들은 한국에 오기에 앞서 일본을 방문하여 클라크Mark Clark 유엔군사령관, 브리그스Ellis Briggs 주한 미국대사, 머피Robert D. Murphy 주일본 미국대사 등과 회동하였다. 이들은 최대한 빨리 휴전을 성사시키되, 이 과정에서 이승만 대통령이 휴전 성사를 방해 혹은 지연시킬 수 있는 또 다른 문제를 일으킬 경우에 대한 해결책을 논의하였다. 일부 참석자는 이승만 대통령이 다시 한 번 곤란한 상황을 초래할 경우, 미국이 한국에서 철수하겠다는 의사를 전해야 한다고 주장하기도 했다. 하지만 이승만 대통령에 대한 처리 문제는 전적으로 미국 정부가 전담할 사안이었기 때문에, 로버트슨 특사는 이승만 대통령을 예방한 뒤, 미국 정부의 의사를 전달하고 의견을 조율하는 역할만 수행할 예정이었다.[29]

1953년 6월 26일에 로버트슨 특사가 이승만 대통령을 예방하였다. 이 자리에서 이승만 대통령은 휴전회담 관련 사안 외에도, 대한민국에 대한 미국의 경제원조, 국군 20개 사단 증강 지원, 한미 상호방위조약 즉각 보장 등에 대한 확답을 요구하였다. 이러한 내용을 보고받은 미국 정부는 아이젠하워 대통령의 서신을 통해 한국인 반공포로에 대한 처리문제를 포함하여 전후복구, 경제원조, 국군 전투력 증강, 상호방위조약 등에 대한 내용을 수락하겠다는 의사를 전달하였다. 그리고 로버트슨 특사는 "대한민국 정부는 전쟁수행 중이나, 전쟁 종결될 때까지 유엔군사령부의 권위를 인정하고, 휴전을 준수하며, 상호 동의에 의해 협정이 체결될 때까지 국군이 유엔군사령부의 통제를 받아야 한다"[30]는 준수사항에 대한 이승만 대통령의 합의를 이끌어 냈다. 이처럼 정전협정의 조인을 앞둔 상황에서 두 나라 사이에 조율이 필요한 사항에 대한 합의가 원만하게 해결되는 것처럼 보였다.[31]

그런데 바로 다음날, 이승만 대통령이 갑자기 "한미 상호방위조약을 정전협정 체결 이전에 매듭짓고, 정치회담이 결렬된 경우 … 유엔군사령부가 전쟁을 승리로써 해결하여 공동의 대의를 도모하려는 한국 정부의 노력에 협력하고 지원하는 한 국군을 유엔군사령부의 지휘아래 둔다"[32]는 서한을 미국의 아이젠하워 대통령에게 발송하였다. 이는 로버트슨 특사와 협의한 사항을 전면적으로 뒤집는 것이며, 이로 인해서 미국 정부는 이승만 대통령에 대한 '통제' 방안을 둘러싸고 또 다시 심각한 논의를 시작했다. 미국 정부의 일부 각료들은 "이승만 대통령이 허세bluff를 부리고 기회주의적 태도를 취하여 미국으로부터 추가 사안에 대한 양보를 얻어낼 수 있다고 생각한다"[33]고 추정하며, 이를 해결하기 위해서는 이승만 대통령을 견제 혹은 압박하기 위해서 유엔군 철수, 국군에 대한 보급지원 중단 등의 사안을 공식적으로 거론해야 한다고 주장하였다. 하지만 이승만 대통령을 직접 만나 논의를 펼쳤던 로버트슨 특사는 그가 일부러 허세를 부리는 것으로 판단하지 않았으며, 따라서 이승만 대통령을 위협하여 문제를 해결하기 보다는 그가 요구하는 바에 대하여 미국 정부가 명확한 해답을 주어야 한다고 주장하였다.[34]

결국 미국 정부는 미국이 주도하는 정전협정을 수용하는 대신, 미국에 의한 전후 복구지원, 경제 원조, 전투력 증강과 한미 상호방위조약 체결 등에 대한 미국 정부의 확답 등 이승만 대통령의 요구를 상당 부분 수용하기로 방침을 정했다.[35] 이에 따라 7월 4일에는 로버트슨 특사가 다시 경무대를 방문하여 상호방위조약 초안을 이승만 대통령에게 전달하였다. 이에 만족한 이승만 대통령은 7월 9일에 로버트슨 특사를 만난 자리에서 "대한민국 정부는 휴전을 거부하지 않고, 국군을 유엔군사령부 휘하에 두는 것이 대한민국에 이익이 되는 한 그렇게 할 것이다"[36]라고 구두 확답하였다.

이처럼 이승만 대통령과 로버트슨 특사 사이에 진행된 한미회담에 의해 점차 정전협정의 조인을 가로막는 요소들이 제거되었으며, 이를 통해서 전후에 출발할 새로운 한미관계의 전형이 구체적인 모습을 드러냈다. 물론 회담이 진행되는 동안 양측 사이에 일시적으로 긴장이 고조되며, 유엔군사령부가 유사시 이승만 대통령의 처리 방안으로 알려진 '에버레디 작전Operation Ever Ready'[37]을 검토하는 등 미묘한 갈등이 연출되기도 했다. 하지만 공산주의 세력과 대결하는 냉전 상황에서 이승만 대통령과 같은 강력한 반공反共 지도자가 대한민국을 이끌고 있다는 점은 미국 정부가 포기하기 힘든 사실이었다. 반면 이승만 대통령은 정전협정이 체결된 이후 폐허로 변한 국토에 대한 전후복구, 북한에 의한 전쟁 재발의 방지와 국군의 전력증강 등 긴요한 사안에 대해서 미국이 확실하게 지원 및 원조하겠다는 약속을 받아냄으로써 불안한 정전협정을 받아들일 수 있었다.[38]

정전협정 조인과 정전체제

지속적인 휴전반대 운동과 급기야 반공포로석방으로 한때 공산군과 유엔군 휴전회담 대표들을 허탈하게 만들었던 이승만 대통령이 앞으로는 더 이상 휴전을 방해하지 않을 것이라는 점이 확인되자, 유엔군과 공산군은 휴전회담을 종결하려 하였다. 반공포로를 포함한 송환에 반대하는 포로에 대한 처리 등 몇 가지 세부사항이 남아있었으나, 대체로 7월 19일 회의를 통해 그동안 논의된 대부분의 사안이 정리되었다. 이에 따라 양측은 7월 24일을 정전협정 조인 일자로 상정하고, 이를 위한 마지막 세부 사안을 확인하는 작업에 착수하였다. 이때 양측이 최종적으로 확인해야 할 문제는 첫째, 군사분계선 및 비무장지대 설치, 둘째, 송환반대 포로의 인도 장소, 셋째, 정전협정에 의거하여 설치될 각종 위원회의 활동에 대한 사항, 넷째, 정전협정 문서의 조인을 위한 준비사항 등이었다.[39]

군사분계선에 대해서는 양측의 연락장교들이 그동안의 전선 변동사항을 확인한 뒤, 7월 22일에 최종적으로 군사분계선을 확정한 지도를 교환하였다. 또한 포로 인도장소는 비무장지대 남쪽 지대에서 포로송환위원회에 인계하기로 합의하였다. 한편 양측이 수용하고 있는 포로 숫자에 대한 최종 확인이 진행되었는데, 이때 유엔군 측은 북한군 포로 69,000명과 중공군 포로 5,000명을 공산군 측에 돌려보내겠다고 발표했다. 이와는 별도로 송환을 원하지 않는 포로가 있었는데, 중공군이 14,500명이고 북한군은 7,800명에 달했다. 공산군 측은 미군 포로 3,313명과 국군 포로 8,818명을 포함한 총 1,746명을 송환하겠다고 밝혔다.[40]

하지만 정전협정에 따른 최종합의 및 준비로 인해 정전협정 서명일이 7월 24일에서 7월 27일로 연기되었다. 이에 따라 양측은 정전협정 조인 일시를 1953년 7월 27일 오전 10시로 하고, 발효시점은 이날 22시로 합의하였다. 이에 따라 클라크 유엔군사령관은 모든 유엔군 부대에 7월 27일 오전 10시부터 12시간 동안 해군과 공군은 계획된 작전, 지상군은 진지 유지와 보존 상태를 확인하는 작전만 실시하라고 지시하였다. 또한 이날 22시부터는 모든 적대행위를 중지하고, 비무장지대에서 철수토록 지시하였다. 그리고 정전협정 조인 직후 지상의 모든 전투는 중단되었으나, 일부 지역에서 포격전은 계속되었다. 유엔군 공군은 지속적으로 북한의 비행장, 철로, 도로 등을 폭격하였으며, 유엔군 해군 전함들은 고성과 원산에 함포사격을 실시하였다.

정전협정에 조인하는 유엔군과 공산군 대표, 1953. 7. 27.

그러나 저녁 22시가 되자 한반도 전역에서 포성이 멈추고 정전 상태에 돌입하였다.[41]

정전협정에 의해 설정된 군사분계선Military Demarcation Line, MDL은 한강 하구~임진강 하구~(문산 서남 8km)~판문점~고양대~유정리(철원 북쪽 12km)~하감령~밤성골~문등리~신탄리~수령~동해안 감호(남쪽 1km)를 잇는 선이었다. 군사분계선은 지도상에 표시된 선이며, 철책이 가설되지는 않았다. 다만 남북한의 경계를 표시하기 위한 표식물이 248km(155 mile)를 따라 200미터 간격으로 총 1,292개가 설치되었다. 군사분계선을 중심으로 북쪽 2km 지점의 북방한계선과 남쪽 2km 지점의 남방한계선을 설정하여, 이 내부지역에 비무장지대를 설정하였다.[42]

정전협정이 정한대로 군사정전위원회Military Armistice Committee가 비무장지대 내에서 발생하는 적대행위를 포함한 모든 행위를 관장할 예정이었다. 또한 군사정전위원회는 정전체제 하에서의 모든 감시 책임을 가지고 있었는데, 정전협정의 이행을 감독하고, 위반 사건을 공동으로 협의하여 처리하는 것을 주 임무로 하였다. 이와 더불어 중립국감시위원회Neutral Nations Supervisory Commission는 정전협정 조인 후 한반도에서 새로운 군사력을 증강시키는 것을 금지하는 임무를 수행하는 조직이었다. 이 위원회는 스위스, 스웨덴, 폴란드, 체코슬로바키아 4개국으로 구성되었는데, 이들 국가는 남한과 북한의 주요 항구에서 병력과 장비 등에 대한 감독, 시찰, 조사를 실시한 후, 이를 군사정전위원회에 보고하였다.[43]

1953년 8월 7일에 유엔군사령부는 휴전회담 경과와 향후 전망에 대한 보고서를 유엔 총회에 제출하였다. 유엔은 이 보고서를 접수한 뒤, 정전협정에 규정된 한반도 통일을 위한 정치회담에 대하여 토의하였다. 이후 8월 17일에는 유엔 임시총회에서 한반도 문제를 해결하기 위한 정치회담 개최 사안을 논의하였다. 정전협정은 협정 조인 후 3개월 이전에 정치회담을 열어야 한다고 규정하였으나, 정치회담의 성격이나 구성, 방식 등에 대한 별다른 규정은 없었다. 이에 따라 유엔 임시총회에서는 정치회담의 참가자와 의제를 놓고 공산진영과 자유진영 사이에 또 한 차례의 설전이 오갔으며, 결국 8월 28일에 정치회담에 대한 핵심 논점이 정리되었다.[44] 이와 더불어 10월 26일에 판문점에서 정치회담 개최를 위한 준비회의를 개최하기로 하였다.

하지만 판문점 예비회담은 준비하는 과정에서 양측이 팽팽하게 대결함에 따라 무산되었는데, 소련의 참가 자격에 대한 이견 때문이었다. 이처럼 한반도 문제를 해결하기 위한 정치회담은 성사 자체가 미지수였다. 그런데 1954년 1월 25일에 미국, 영국, 프랑스, 소련의 4개국 외무장관이 독일의 베를린에서 회동하여 독일과 오스트리아의 통일문제를 논의하는 과정에서 "1954년 4월 26일에 제네바에서 중국을 포함한 5대국과 관계국이 모두 회합하여, 한국 통일문제 및 인도차이나 휴전 문제를 논의하는 아시아 회의를 개최한다"[45]는 성명을 발표함으로써 제네바 회의가 성사되었다. 이 과정에서 대한민국과 북한의 동의는 없었다.[46]

결국 1954년 4월 26일에 스위스 제네바에서 6·25전쟁으로 더욱 관계가 악화된 대한민국과 조선민주주의 인민공화국 사이의 통일문제를 처리하기 위한 정치회담이 개최되었다. 이 회담에 참가한 국가는 대한민국과 유엔 참전 15개국(남아프리카공화국 불참), 중국, 북한, 소련 등 총 19개국이었다. 하지만 제네바 회담에서는 회담에서는 공산진영과 자유진영이 팽팽하게 대결하며 선전전에 열중하며, 서로 각자의 주장만 앞세울 뿐 상대방의 주장에는 신경을 쓰지 않았기 때문에 이를 통해서 분단된 한반도의 통일 문제를 논의하는 것은 불가능했다. 이처럼 한반도 통일문제를 논의하기 위해 소집된 제네바 정치회담은 별다른 성과를 내지 못하고 결렬되고 말았다.[47]

정전협정 체결 직후인 1953년 8월 4일, 덜레스John F. Dulles 미국 국무장관이 한국을 방문하여 대한민국 정부와 상호방위조약 체결을 논의하였다. 그리고 4일 후인 8월 8일에 변영태 외무장관과 덜레스 미국 국무장관이 서울 중앙청에서 한미 상호방위조약Mutual Defense Treaty between the Republic of Korea and the United States of America에 가조인

假調印하였다. 이후 이 조약은 10월 1일에 미국 수도에서 정식 체결되었으며, 미 상원의 비준 절차를 거쳐 1954년 11월 17일에 정식 발효되었다. 이로써 대한민국과 미국 사이의 군사동맹이 체결되었는데, 이 동맹은 단순한 군사동맹을 넘어서 향후 양국 사이 혈맹血盟관계의 근간이 되었다. 한미 상호방위조약은 북한의 또 다른 침략을 억제하고, 대한민국에 대한 어떠한 침략 세력의 공격에 대해서도 양국이 공동으로 대처하여 국가의 평화와 안전을 보장하고, 나아가 지역 내의 평화와 안전에 기여하기 위한 제도적 장치로서의 역할을 수행하였다. 또한 이 조약은 대한민국의 안보뿐만 아니라 동북아시아의 안정에도 큰 영향을 미치는 장치로서의 기능을 수행하였다. 특히 냉전기간 중에는 공산주의 세력의 동북아시아 지역으로의 팽창을 억제하는데 크게 기여하였다.[48]

6·25전쟁 총평 : 의미와 영향

1950년 6월 25일에 북한의 기습 남침으로 시작되어 3년 넘게 지속되다 1953년 7월 27일에 정전협정 체결로 일단락 된 6·25전쟁은 한반도라는 지리적 공간에서 전개되었으나, 냉전초기 자유진영과 공산진영으로 구분되어 싸운 국제적 성격의 전쟁이었다. 남한과 북한을 제외하고 유엔군으로 참전한 국가는 22개국(전투부대 파병 16개국, 의료지원 6개국)이었으며,[49] 공산군으로는 중국이 참전하였으며, 소련은 직접 군대를 보내지 않았으나 개전부터 정전에 이르기까지 밀접하게 관여하였다. 이처럼 수많은 국가들이 참전 혹은 관여한 이 전쟁에서는 미국과 소련이 핵무기를 보유하고 있었음에도 불구하고, 재래식 무기만 사용된 제한전의 양상으로 전개되었다. 무력이 사용되는 범위 역시 한반도와 인근 해역에 국한되었다는 점에서도 이 전쟁의 제한적 특성이 잘 드러난다.

하지만 6·25전쟁은 한반도의 두 국가, 즉, 대한민국과 조선민주주의인민공화국 모두 국가의 패망敗亡과 국민이 생사生死의 위험에 처할 정도로 격렬하게 치러진 총력전 그 자체였다. 남한에서만 민간인 991,000여명, 군인 622,000여명, 경찰 17,400여명 등 총 162만 여명 인명피해가 발생했으며, 북한에서의 인명손실은 최소 173만 여명으로 추정된다.[50] 이 외에도 남한과 북한에 약 1,000만 명에 달하는 실향민과 이

산가족 등이 발생하였는데, 이들의 아픔은 오늘에까지 이어지고 있다. 또한 이 전쟁 중에는 막대한 물리적 파괴가 진행되어, 남한과 북한 모두 사회 및 경제발전에 필요한 생산 기반시설이 큰 타격을 입었다. 남한의 총 피해액은 약 4,123억 환으로 집계되었으며, 북한의 피해액은 약 4,200억 원으로 추정되었다.[51]

6·25전쟁이 전쟁 당사자 모두가 참가하거나 혹은 최소한 남한과 북한 사이에 평화협정平和協定 체결을 통한 종전終戰에 합의하지 않았기 때문에 여전히 정전停戰 상태가 유지되고 있다. 그러다보니 오늘에 이르기까지 이 전쟁은 대한민국과 조선민주주의인민공화국 사이의 적대적 대결과 긴장을 고조시키는 근원이었으며, 이 전쟁의 경험은 냉전기간 내내 남한과 북한이 교류와 협력 관계로 발전하는 과정의 걸림돌이 되었다.

6·25전쟁은 대한민국에게 막대한 피해와 깊은 상처를 남겼으나, 전쟁 중 황폐화된 국토와 사회, 경제를 재건하는 과정에서 미국을 포함한 국제사회의 지원은 효과적이었고, 전후재건에 큰 도움이 되었다. 전쟁 직후에 전쟁고아와 배고픈 걸인으로 넘쳐나던 서울의 거리가 1960년대와 1970년대를 거치면서 점차 전쟁의 아픔을 씻어내고 새로운 희망을 향해 나아가는 활기찬 거리로 변모하였다. 그리고 이 과정에서 6·25전쟁을 경험한 수많은 이들의 헌신이 대한민국을 국제사회에서 제 역할을 다하는 국가로 성장할 수 있는 초석이 되었다.

한편 6·25전쟁은 모든 국민에게 국가 안보의 소중함을 일깨우는 계기가 되었으며, 이러한 깨달음은 대한민국 국군의 증강과 현대화를 위한 노력에 적극 반영되었다. 전쟁 직후에 국가의 재정 능력이 감당하기 힘들 정도의 군사비를 지출해야 하는 어려움은 있었으나, 또 다시 6·25전쟁과 같은 안보위기를 겪지 않겠다는 국민적 합의에 의해 강력한 군사력이 유지되었고, 이를 바탕으로 튼튼한 국가안보를 유지할 수 있었다. 또한 견고한 한미 동맹의 기반 위에서 대한민국 국군은 냉전 시기에 공산주의와의 대결에서 승리할 수 있는 근간을 제공하였다.

마지막으로 6·25전쟁은 대한민국 국민들에게 자유의 소중함을 일깨워준 사건이었다. 이 전쟁의 경험 때문에 대한민국에서는 자유민주주의가 핵심적인 정치이념으로 자리 잡을 수 있었으며, 이를 바탕으로 다른 나라에서 찾아보기 힘들 정도로 신속한 경제성장을 이룩할 수 있었다. 일시적으로 제도 운영의 미숙으로 예상치 못한 진통을 겪기도 했으나, 대한민국의 자유민주주의는 점차 성숙한 형태로 발전하고 있다.

주

1장 | 6·25전쟁의 원인과 배경

1 국방부 군사편찬연구소, 『6·25전쟁사』 1권 (서울: 국방부 군사편찬연구소, 2004), p. 15.
2 『6·25전쟁사』 1권, p. 14.
3 『6·25전쟁사』 1권, pp. 17~18.
4 『6·25전쟁사』 1권, pp. 6~11.
5 『6·25전쟁사』 1권, pp. 8~9.
6 『6·25전쟁사』 1권, pp. 6~7.
7 『6·25전쟁사』 1권, p. 168. 표 2-11 참고.
8 『6·25전쟁사』 1권, p. 22.
9 『6·25전쟁사』 1권, p. 22.
10 『6·25전쟁사』 1권, p. 23.
11 『6·25전쟁사』 1권, p. 24.
12 『6·25전쟁사』 1권, p. 29~30. 표 1-3 참고.
13 『6·25전쟁사』 1권, pp. 31~32.
14 『6·25전쟁사』 1권, p. 32.
15 국방군사연구소, 『한국전쟁』 상권 (서울: 국방군사연구소, 1995), p. 5.
16 『6·25전쟁사』 1권, p. 34에서 재인용.
17 『6·25전쟁사』 1권, pp. 34~35.
18 한반도 문제의 국제연합 이관과 이후 상황에 대해서는 『6·25전쟁사』 1권, pp. 39~43을 참고할 것.
19 『6·25전쟁사』 1권, p. 164.
20 『6·25전쟁사』 1권, p. 168.
21 『6·25전쟁사』 1권, p. 173.
22 『6·25전쟁사』 1권, p. 52.
23 『6·25전쟁사』 1권, p. 56. 1949년 10월 21일 국제연합 총회 결의안 제293조 4항에 명시된 영어 원문은 다음과 같다. "… *the Government of the Republic of Korea is a lawfully established government having effective control and jurisdiction over that Part of Korea* where the United Nations Temporary Commission on Korea was able to observe and consult … and *that this is the only such Government in Korea....*"

24 2차 세계대전 직후 미국이 봉쇄정책을 도입하게 된 배경과 과정은 『6·25전쟁사』 1권, pp. 96~101을 참고할 것.

25 『6·25전쟁사』 1권, p. 115. 1947년 4월 29일에 미국 합동참모본부 산하 Joint Strategic Survey Committee가 작성한 국가안보 면에서 본 미국의 대외원조라는 제목의 보고서는 미국의 국가안보 측면에서 대외원조의 우선순위를 결정하면서 '핵심지역vital region'과 '주변지역peripheral region'으로 구분하여 건의하였는데, '핵심'과 '주변'은 여기에서 유래하였다.

26 『6·25전쟁사』 1권, pp. 150~151.

27 『6·25전쟁사』 1권, pp. 169~170.

28 『6·25전쟁사』 1권, pp. 177~178.

29 『6·25전쟁사』 1권, pp. 99~105.

30 『6·25전쟁사』 1권, pp. 109~111.

31 『6·25전쟁사』 1권, pp. 126~127.

32 『6·25전쟁사』 1권, pp. 225~229.

33 『6·25전쟁사』 1권, pp. 227~228.

34 『6·25전쟁사』 1권, pp. 229~233.

35 『6·25전쟁사』 1권, p. 254.

36 『6·25전쟁사』 1권, pp. 265~266.

37 『6·25전쟁사』 1권, pp. 313~322.

38 『6·25전쟁사』 1권, pp. 345~349.

39 『6·25전쟁사』 1권, p. 345.

40 『6·25전쟁사』 1권, p. 361. 〈표 4-13〉 참고.

41 『6·25전쟁사』 1권, p. 370에서 재인용.

42 『6·25전쟁사』 1권, p. 386.

43 『6·25전쟁사』 1권, pp. 498~499.

44 위의 글.

45 『한국전쟁』 상권, p. 38.

46 『6·25전쟁사』 1권, pp. 169~170.

47 『6·25전쟁사』 1권, p. 541.

48 『6·25전쟁사』 1권, p. 550.

49 『6·25전쟁사』 1권, p. 553.

50 『6·25전쟁사』 1권, pp. 587~588.

51 『6·25전쟁사』 1권, p. 273.

2장 | 양측의 작전계획과 군사력

1 『6·25전쟁사』 1권, pp. 278~279.

2 『한국전쟁』 상권, pp. 31~34.

3 『6·25전쟁사』 1권, pp. 588~589.

4 『6·25전쟁사』 1권, p. 598.

5 『6·25전쟁사』 1권, pp. 593~596.

6 『6·25전쟁사』 1권, p. 601.

7 위의 글.

8 『6·25전쟁사』 1권, p. 609.

9 『6·25전쟁사』 1권, p. 617.

10 『6·25전쟁사』 1권, pp. 637~640.

11 『6·25전쟁사』 1권, p. 639.

12 대한민국 국군 건군 초기 숙군에 대해서는 『6·25전쟁사』 1권, pp. 480~485를 참고할 것.

13 『6·25전쟁사』 1권, p. 641.

14 『6·25전쟁사』 1권, p. 645.

15 『6·25전쟁사』 1권, pp. 645~647. 전쟁 발발 당시 육군이 보유한 부대는 8개 사단, 23개 연대, 66개 대대였으며, 이 중에서 38도선 전방에 배치된 부대는 12개 대대에 불과했다. 21개 대대는 제1선 부대의 예비부대로서 서울~원주~삼척을 연하는 지역에 주둔해 있었고, 나머지 33개 대대는 후방지역 경계와 공비 토벌작전을 위해 남부지방에 분산 배치되어 있었다.

16 『6·25전쟁사』 1권, p. 645.

17 『6·25전쟁사』 1권, pp. 654~676을 정리 요약한 내용임.

18 『6·25전쟁사』 1권, p. 677.

19 『6·25전쟁사』 1권, p. 682.

20 『6·25전쟁사』 1권, p. 680. 〈표 7-5〉 재인용.

21 위의 글.

22 육군사관학교 전사학과, 『한국전쟁사』(서울: 일신사, 1987), p. 197; 온창일, 『한민족전쟁사』(서울: 집문당, 2001), p. 489에서 재인용.

23 위의 글.

24 『한국전쟁』 상권, p. 59; 『6·25전쟁사』 2권, p. 698.

25 『6·25전쟁사』 1권, p. 689.

26 『6·25전쟁사』 1권, pp. 690~691.

27 『6·25전쟁사』 1권, p. 684 〈표 7-7〉 재인용.

28 위의 글.

3장 | 개전과 초기전투

1 『6·25전쟁사』 2권, pp. 7~8.

2 『6·25전쟁사』 2권, p. 13. 〈표 1-2〉 재인용.

3 『6·25전쟁사』 2권, p. 272.

4 개전 당일 육군본부의 조치에 대해서는 『6·25전쟁사』 2권, pp. 62~66을 참고할 것.

5 『6·25전쟁사』 2권, pp. 122~127.

6 『6·25전쟁사』 2권, pp. 162~163.

7 『6·25전쟁사』 2권, pp. 172~174.
8 『6·25전쟁사』 2권, pp. 214~215.
9 『6·25전쟁사』 2권, pp. 231~238.
10 『6·25전쟁사』 2권, pp. 567~568.
11 『6·25전쟁사』 2권, pp. 614~616.
12 『6·25전쟁사』 2권, pp. 648~650.
13 『6·25전쟁사』 2권, pp. 651~656.
14 『6·25전쟁사』 2권, pp. 658~662. 육군본부는 북한군이 서울 시내에 진입하기 2시간 전에 교량을 폭파할 계획을 가지고 있었다. 이에 따라 6월 28일 새벽 1시, 적 전차가 미아리 방어선을 통과했다는 상황을 보고받은 육군 총참모장 채병덕 소장은 공병감 최창식 대령에게 전화를 걸어 한강교 폭파를 지시했고, 2시 30분경에 한강 인도교와 철교가 폭파되었다.
15 『6·25전쟁사』 3권, pp. 24~27.
16 『6·25전쟁사』 2권, p. 692.
17 『6·25전쟁사』 2권, p. 788.
18 『6·25전쟁사』 2권, p. 784.
19 『6·25전쟁사』 2권, pp. 661~662.

4장 | 한강 방어선 전투와 미군의 참전

1 『6·25전쟁사』 3권, pp. 137~138. 개전 직후 6월 28일 오전까지 문산 남쪽에서 방어작전을 수행하던 국군 제1사단장 백선엽 대령은 한강을 건너 철수할 수 있는 유일한 철수로인 한강 인도교가 폭파되었다는 소식을 접한 직후, 예하 연대에게 개별적으로 한강을 도하하여 시흥의 보병학교에 집결하라는 명령을 하달하였다. 의정부 정면에서 북한군 주공에 밀려 후퇴를 거듭하다, 서울 시내로 철수한 국군 제7사단장 유재흥 준장은 완전히 부서지지 않았던 한강 철교 교량의 부러진 난간을 가까스로 부여잡고 도하하였다.
2 『6·25전쟁사』 3권, pp. 144~145.
3 『6·25전쟁사』 3권, pp. 163~164.
4 『6·25전쟁사』 3권, p. 166.
5 『6·25전쟁사』 3권, pp. 229~230; 233~234.
6 『6·25전쟁사』 3권, pp. 163~164.
7 『6·25전쟁사』 3권, pp. 175~177.
8 『6·25전쟁사』 3권, p. 267.
9 『6·25전쟁사』 3권, pp. 246~247.
10 『한국전쟁』 상권, pp. 187~188. 6·25전쟁 초기에 북한군이 서울을 점령한 직후 약 3일 동안 특별한 이유 없이 지체하였는데, 그 결과 초기 전투에서 패배하여 붕괴 위기에 직면했던 국군이 구사일생할 수 있었으며, 게다가 미군이 조기에 참전할 수 있었다고 주장하는 이들도 있다. 더 나아가 북한군이 3일 동안 서울에서 지체한 것에 대해 의문을 제기하는 이들도 있다. 그런데 6월 28일 새벽부터 북한군이 서울에서 체류하면서 군사작전을 멈춘 시간은 3일이

아니라 6월 28일 새벽부터 6월 29일 야간까지 약 45시간 정도였다. 6월 30일부터는 한강을 도하하기 위해서 다양한 방법을 동원하고 여러 차례 시도했으나, 매번 실패하였다. 그러던 중 7월 2~3일 경에 전차를 먼저 도하시키기로 결정하고, 전차를 앞세워 도하를 시도하였다. 북한군은 서울 점령 직후 대대적인 축하연을 벌여 부대의 사기를 높였으며, 김일성은 서울에 최초로 진입한 제3, 제4사단과 제105전차여단에게 '서울 사단'이라는 칭호를 수여하였다.

11 『한국전쟁』 상권, pp. 190~193.
12 위의 글.
13 위의 글.
14 『6·25전쟁사』 3권, p. 338.
15 『6·25전쟁사』 3권, pp. 338~339.
16 『한국전쟁』 상권, pp. 201~203.
17 『6·25전쟁사』 3권, p. 337.
18 『6·25전쟁사』 3권, pp. 339~340.
19 『6·25전쟁사』 4권, pp. 32~35.
20 『6·25전쟁사』 3권, pp. 418~419.
21 『6·25전쟁사』 3권, pp. 737~739.
22 『한국전쟁』 상권, p. 166.
23 『6·25전쟁사』 3권, pp. 85~91.
24 『6·25전쟁사』 3권, pp. 91~92.
25 위의 글.
26 『6·25전쟁사』 3권, pp. 85~91.
27 『6·25전쟁사』 3권, pp. 66~70.
28 『6·25전쟁사』 3권, pp. 71~75.
29 위의 글.
30 『6·25전쟁사』 3권, pp. 96.
31 『6·25전쟁사』 3권, pp. 278~279에서 재인용.
32 『6·25전쟁사』 3권, pp. 281~282.
33 『6·25전쟁사』 3권, pp. 281~284.
34 위의 글.
35 『6·25전쟁사』 3권, p. 411.
36 『6·25전쟁사』 3권, pp. 267~268.
37 『6·25전쟁사』 3권, pp. 326~328.
38 『6·25전쟁사』 3권, p. 329.
39 『6·25전쟁사』 3권, p. 309.
40 『6·25전쟁사』 3권, p. 311.
41 『6·25전쟁사』 3권, p. 284.

5장 | 국군과 유엔군의 지연전

1 『6·25전쟁사』 3권, p. 321.
2 『6·25전쟁사』 3권, p. 322에서 〈표 5-1〉 재인용.
3 『6·25전쟁사』 3권, pp. 322~323.
4 『6·25전쟁사』 3권, p. 310.
5 『6·25전쟁사』 3권, pp. 331~333.
6 『6·25전쟁사』 3권, pp. 329~330.
7 『6·25전쟁사』 3권, pp. 331~333.
8 『6·25전쟁사』 3권, pp. 356~357.
9 『6·25전쟁사』 3권, p. 355.
10 『6·25전쟁사』 3권, p. 428에서 재인용.
11 위의 글.
12 『6·25전쟁사』 3권, pp. 435~436.
13 『6·25전쟁사』 3권, pp. 504~505.
14 국군 제6사단 제7연대의 동락리 전투에 대해서는 『6·25전쟁사』 3권, pp. 483~487을 참고할 것.
15 『6·25전쟁사』 3권, p. 520에서 재인용.
16 『6·25전쟁사』 3권, p. 519.
17 『6·25전쟁사』 3권, pp. 528~529.
18 『6·25전쟁사』 3권, pp. 559~562.
19 『6·25전쟁사』 4권, p. 73.
20 위의 글.
21 『6·25전쟁사』 4권, pp. 73~74.
22 『6·25전쟁사』 4권, p. 74.
23 『6·25전쟁사』 4권, pp. 130~131.
24 『6·25전쟁사』 4권, pp. 129~130.
25 『6·25전쟁사』 4권, pp. 169~171.
26 『6·25전쟁사』 4권, pp. 172~175.
27 『6·25전쟁사』 4권, pp. 200~201.
28 『6·25전쟁사』 4권, pp. 223~224에서 재인용.
29 『6·25전쟁사』 4권, pp. 225~227.
30 『6·25전쟁사』 4권, p. 223에서 재인용.
31 『6·25전쟁사』 4권, pp. 225~227.
32 『6·25전쟁사』 4권, pp. 363~364.
33 위의 글.
34 『6·25전쟁사』 4권, pp. 385~387에서 인용.
35 『6·25전쟁사』 4권, p. 385.

36 『6·25전쟁사』 4권, pp. 385~387.

37 『6·25전쟁사』 4권, p. 386.

38 『6·25전쟁사』 4권, pp. 418~419.

39 『6·25전쟁사』 4권, pp. 385~386.

40 위의 글.

41 『6·25전쟁사』 4권, pp. 418~419.

42 위의 글.

43 『6·25전쟁사』 4권, pp. 425~426에서 재인용.

44 『6·25전쟁사』 4권, p. 426.

45 『6·25전쟁사』 4권, pp. 560~562.

46 『6·25전쟁사』 4권, pp. 32~35.

47 『6·25전쟁사』 4권, pp. 63~66.

48 『6·25전쟁사』 4권, p. 34.

49 『6·25전쟁사』 4권, pp. 717~720.

50 위의 글.

6장 | 낙동강 방어선에의 혈투

1 낙동강 방어선은 '부산 교두보the Pusan Perimeter' 또는 '워커 라인the Walker Line'이라고 불렸다. 미 제8군사령관 월튼 워커Walton Walker 중장이 이 방어선을 이용한 작전을 구상하였고, 작전수행 중 많은 어려움을 극복하고 수세에서 공세로 전세를 역전시킨 주인공이었기 때문이었다.

2 『6·25전쟁사』 5권, pp. 30~31에서 재인용.

3 『6·25전쟁사』 5권, pp. 27~28.

4 위의 글.

5 『6·25전쟁사』 5권, p. 32.

6 『6·25전쟁사』 5권, pp. 31~32. 1950년 7월 29일 미 제8군 사령관이 미 제25사단 병사들에게 한 연설 중에 다음과 같은 내용이 포함되어 있다. "… There is *no line behind us* to which we can retreat. …There will be *no Dunkirk*, there will be *no Bataan*… "

7 『6·25전쟁사』 5권, pp. 35~36.

8 위의 글.

9 『6·25전쟁사』 5권, pp. 89~92.

10 『6·25전쟁사』 5권, p. 37에서 재인용.

11 『6·25전쟁사』 5권, pp. 37~38.

12 『6·25전쟁사』 5권, pp. 41~42.

13 『6·25전쟁사』 5권, p. 38에서 재인용.

14 『6·25전쟁사』 5권, pp. 38~42.

15 『6·25전쟁사』 5권, p. 41.

16 『6·25전쟁사』 5권, pp. 38~42.

17 『6·25전쟁사』 5권, pp. 54~58.

18 『6·25전쟁사』 5권, pp. 59~63.

19 위의 글.

20 『6·25전쟁사』 5권, pp. 61~64. 한국 전선에 투입된 미 지상군 부대의 병력 부족을 보완하기 위해서 대한민국 정부는 국군 병력을 미군 부대에 보충하여 운영하였는데, 이것이 카투사Korean Augmentation to the United States Army, KATUSA 제도이다. 육군본부는 최초 8월 16일에 국군 313명을 보낸 것을 시작으로 일본 주둔 미 제7사단에 총 8,625명을 배속시켰으며, 미국의 다른 사단에도 대략적으로 약 8,000여명 정도가 지원되었다. 미군 부대에 소속된 카투사들은 주로 경계와 정찰, 노동력이 필요한 업무 등에 투입되었으며, 일부 중화기 중대나 포병부대에서는 기관총, 박격포, 탄약을 운반하면서 미군과 함께 작전을 수행하였다.

21 『6·25전쟁사』 5권, pp. 73~74.

22 『6·25전쟁사』 5권, pp. 59~60.

23 『6·25전쟁사』 5권, pp. 69~70.

24 『6·25전쟁사』 5권, pp. 80~89.

25 『6·25전쟁사』 5권, pp. 73~74.

26 『6·25전쟁사』 5권, pp. 761~762.

27 『6·25전쟁사』 5권, pp. 105~106.

28 『6·25전쟁사』 5권, pp. 42~48.

29 위의 글.

30 『6·25전쟁사』 5권, pp. 81~85.

31 위의 글.

32 위의 글.

33 『6·25전쟁사』 5권, p. 240.

34 『6·25전쟁사』 5권, pp. 313~318.

35 『6·25전쟁사』 5권, pp. 270~271.

36 『6·25전쟁사』 5권, pp. 271~273.

37 위의 글.

38 위의 글.

39 『6·25전쟁사』 5권, pp. 327~330.

40 『6·25전쟁사』 5권, p. 87.

41 『6·25전쟁사』 5권, pp. 558~562.

42 『6·25전쟁사』 5권, p. 87.

43 『6·25전쟁사』 5권, pp. 48~49.

44 위의 글.

45 위의 글.

46 『6·25전쟁사』 5권, p. 49에서 재인용.

47 『6·25전쟁사』 5권, pp. 48~50.

48 위의 글.

49 『6·25전쟁사』 5권, pp. 50~53.
50 위의 글.
51 『6·25전쟁사』 5권, pp. 270~271.
52 『6·25전쟁사』 5권, pp. 313~318.
53 『6·25전쟁사』 5권, pp. 48~53.
54 『6·25전쟁사』 5권, pp. 76~81.
55 『6·25전쟁사』 5권, pp. 241~243.
56 『6·25전쟁사』 5권, pp. 311~312.
57 『6·25전쟁사』 5권, pp. 540~541.
58 『6·25전쟁사』 5권, pp. 575~576.
59 『6·25전쟁사』 5권, pp. 90~92. 이처럼 낙동강 방어선에서 북한군의 전투력이 점차 감소한 상황을 설명하는 개념으로는 공세종말점攻勢終末點 혹은 한계정점Culminating Point 등이 있다.
60 『6·25전쟁사』 5권, pp. 93~94.
61 『6·25전쟁사』 5권, p. 91.

7장 | 인천상륙작전과 전세의 역전

1 『6·25전쟁사』 6권, p. 99에서 재인용.
2 『6·25전쟁사』 6권, p. 39에서 재인용.
3 『6·25전쟁사』 6권, p. 39.
4 『6·25전쟁사』 6권, pp. 39~40.
5 『6·25전쟁사』 6권, pp. 40~41.
6 위의 글.
7 『6·25전쟁사』 6권, p. 92.
8 『6·25전쟁사』 6권, p. 93.
9 『6·25전쟁사』 6권, pp. 94~95.
10 위의 글.
11 『6·25전쟁사』 6권, pp. 100~101.
12 『6·25전쟁사』 6권, pp. 98~102.
13 『6·25전쟁사』 6권, pp. 102~104.
14 위의 글.
15 『6·25전쟁사』 6권, pp. 107~109.
16 위의 글.
17 위의 글.
18 『6·25전쟁사』 6권, p. 109.
19 『6·25전쟁사』 6권, pp. 111~112.
20 『6·25전쟁사』 6권, pp. 113~114.
21 위의 글.

22 『6·25전쟁사』 6권, pp. 119~122.
23 『6·25전쟁사』 6권, pp. 126~128.
24 『6·25전쟁사』 6권, pp. 129~136.
25 『6·25전쟁사』 6권, pp. 136~137.
26 『6·25전쟁사』 6권, pp. 138~142.
27 『6·25전쟁사』 6권, pp. 191~193.
28 『6·25전쟁사』 6권, pp. 193~195.
29 위의 글.
30 『6·25전쟁사』 6권, pp. 191~193.
31 『한국전쟁』 상권, p. 415.
32 『6·25전쟁사』 6권, p. 32.
33 『6·25전쟁사』 6권, pp. 147~149.
34 『6·25전쟁사』 6권, pp. 160~163.
35 『6·25전쟁사』 6권, pp. 161~164.
36 『6·25전쟁사』 6권, pp. 158~160.
37 『6·25전쟁사』 6권, p. 159에서 재인용.
38 『6·25전쟁사』 6권, pp. 163~164.
39 위의 글.
40 『6·25전쟁사』 6권, pp. 164~166.
41 『6·25전쟁사』 6권, pp. 166~169.
42 위의 글.
43 위의 글.
44 위의 글.
45 위의 글.
46 『6·25전쟁사』 6권, pp. 169~171.
47 『6·25전쟁사』 6권, pp. 172~173.
48 위의 글.
49 위의 글.
50 『6·25전쟁사』 6권, pp. 173~175.
51 『6·25전쟁사』 6권, pp. 175~183.
52 위의 글.
53 위의 글.
54 『6·25전쟁사』 6권, pp. 184~185.
55 『6·25전쟁사』 6권, pp. 185~187.
56 『6·25전쟁사』 6권, p. 205.
57 『6·25전쟁사』 6권, p. 212~213.
58 『6·25전쟁사』 6권, pp. 209~210.
59 위의 글.

60 『6·25전쟁사』 6권, p. 330.
61 위의 글.
62 위의 글.
63 『6·25전쟁사』 6권, pp. 330~332.
64 위의 글.
65 『6·25전쟁사』 6권, p. 330.

8장 | 38도선 돌파와 북진작전

1 『6·25전쟁사』 6권, pp. 348~349.
2 『6·25전쟁사』 6권, pp. 345~346.
3 『6·25전쟁사』 6권, pp. 347~349.
4 『6·25전쟁사』 6권, p. 347에서 재인용.
5 『6·25전쟁사』 6권, p. 347에서 재인용.
6 『6·25전쟁사』 6권, p. 347.
7 『6·25전쟁사』 6권, pp. 347~349.
8 위의 글.
9 위의 글.
10 『6·25전쟁사』 6권, p. 353에서 재인용.
11 『6·25전쟁사』 6권, pp. 348.
12 『6·25전쟁사』 6권, pp. 348~349.
13 『6·25전쟁사』 6권, p. 349.
14 『6·25전쟁사』 6권, p. 349에서 재인용.
15 『6·25전쟁사』 6권, pp. 349~350. 9.27 훈령의 주요 내용은 다음과 같다. **"귀관의 군사적 목표는 북한군의 격멸에 있다.** 이 목표를 달성함에 있어서 귀관은 38도선 북쪽에서 상륙 및 공중작전을 포함한 군사작전을 실시하도록 인가되었다. 이는 그러한 작전 시에 소련이나 중화인민공화국의 주요 부대의 북한 진입이 없거나 진입하겠다는 의도의 발표도 없고, 또 북한에서 우리의 작전에 군사적으로 대응하려는 어떠한 위협도 없는 조건이어야 한다. **그렇지만 어떠한 환경에서도 귀관은 만주나 소련의 국경을 넘어서는 안 되며…"**
16 위의 글.
17 『6·25전쟁사』 6권, pp. 350~351.
18 『6·25전쟁사』 6권, pp. 351~354.
19 위의 글.
20 『6·25전쟁사』 6권, p. 360.
21 『6·25전쟁사』 6권, pp. 355~356.
22 위의 글.
23 『6·25전쟁사』 6권, p. 358에서 재인용.
24 『6·25전쟁사』 6권, p. 357. 북진한계선은 북위 39도 40분에서 50분 사이를 가로지르며,

압록강으로부터 90~170km 남쪽이다.
25 『6·25전쟁사』 6권, pp. 356~357.
26 『6·25전쟁사』 6권, pp. 357~358.
27 『6·25전쟁사』 6권, p. 359.
28 위의 글.
29 위의 글.
30 『6·25전쟁사』 6권, pp. 440~443.
31 위의 글.
32 위의 글.
33 위의 글.
34 『6·25전쟁사』 6권, p. 360.
35 『6·25전쟁사』 6권, pp. 374~376.
36 위의 글.
37 『6·25전쟁사』 6권, pp. 404~405.
38 『6·25전쟁사』 6권, pp. 405~408.
39 위의 글.
40 『6·25전쟁사』 6권, p. 409.
41 『6·25전쟁사』 6권, pp. 440~441.
42 위의 글.
43 위의 글.
44 『6·25전쟁사』 6권, pp. 353~356.
45 『6·25전쟁사』 6권, pp. 397~398.
46 『6·25전쟁사』 6권, pp. 399~403.
47 『6·25전쟁사』 6권, pp. 419~420.
48 『6·25전쟁사』 6권, pp. 393~396.
49 위의 글.
50 『6·25전쟁사』 6권, pp. 424~425.
51 『6·25전쟁사』 6권, p. 419.
52 『6·25전쟁사』 6권, pp. 419~420.
53 『6·25전쟁사』 6권, p. 420에서 재인용.
54 『6·25전쟁사』 6권, pp. 420~423.
55 국군 제1사단의 평양 공격에 대해서는 『6·25전쟁사』 6권, pp. 424~434를 참고할 것.
56 위의 글.
57 『6·25전쟁사』 6권, pp. 434~438.
58 『6·25전쟁사』 6권, p. 439.
59 『6·25전쟁사』 6권, p. 453.
60 위의 글.
61 『6·25전쟁사』 6권, pp. 453~54.

62 위의 글.
63 『6·25전쟁사』 6권, pp. 466~468.
64 위의 글.
65 숙천과 순천에 대한 공수작전은 『6·25전쟁사』 6권, pp. 473~488을 참고할 것.
66 위의 글.
67 『6·25전쟁사』 6권, pp. 527~531.
68 위의 글.
69 『6·25전쟁사』 6권, pp. 561~564.
70 위의 글.
71 위의 글.
72 위의 글.
73 『6·25전쟁사』 6권, p. 561에서 재인용.
74 『6·25전쟁사』 6권, pp. 561~564.
75 위의 글.

9장 | 중국의 개입과 중공군 1차 공세

1 『6·25전쟁사』, 7권, p. 25.
2 『6·25전쟁사』, 7권, pp. 23~27.
3 『6·25전쟁사』, 7권, p. 29. 타이완 해방 문제가 중국 공산당 지도부의 주관심사에서 완전히 제외된 시기는 국군과 유엔군이 인천상륙작전을 감행한 9월 15일 이후였다. 즉, 인천상륙작전으로 한반도의 정세가 역전되기 이전까지만 해도 중국 공산당 내부에서는 타이완 문제에 더 많은 관심을 쏟고 있었다고 볼 수 있다.
4 『6·25전쟁사』, 7권, p. 28.
5 『6·25전쟁사』, 7권, pp. 29~31.
6 『6·25전쟁사』, 7권, p. 31에서 재인용. 이 서한에는 "적이 만약 계속해서 38도선 이북지역을 공격해 오면… (북한군) 스스로의 힘으로는 이 위기를 극복하기 어려우니 하는 수 없이 당신(마오쩌둥)에게 특별한 지원을 부탁한다."는 내용이 포함되어 있다.
7 『6·25전쟁사』, 7권, p. 40. 중국은 6·25전쟁에 중공군을 투입하면서 '인민 지원군人民志願軍'이라는 명칭을 붙였다. 그 이유는 명칭이 뜻하는 바와 같이 한반도에 파견된 군대가 중국의 정규군이 아니라 인민들이 스스로 지원하여 자발적으로 조직된 군대라는 것이다. 하지만 이 군대는 사실상 중국의 정규군, 즉 인민해방군人民解放軍의 일부였다. 한반도에 투입된 중공군은 동북변방군이 주축이었으며, 참전 경험이 많은 정규군으로 구성되었다. 총사령관에 펑더화이彭德懷, 부사령관에 덩화鄧華, 홍쉬에쯔洪學智, 한시엔추韓先楚, 참모장에 쉐팡解方이 임명되는 등 중공군을 대표하는 인물들이었다. 그럼에도 불구하고 그들을 국가가 보내는 지원군支援軍이라 하지 않고, 인민이 지원하여 구성된 지원군志願軍이라고 명명한 것은 중국 인민이 조선 인민을 돕는 민간 차원의 군대라고 겉모양을 포장하려 했기 때문이었다.
8 중국 공산당의 6·25전쟁 참전 결전 과정에 대해서는 『6·25전쟁사』, 7권, pp. 35~46을 참고할

것.

9 『6·25전쟁사』, 7권, p. 28.

10 보다 구체적인 마오쩌둥의 참전 결정 과정은『6·25전쟁사』, 7권, pp. 57~81을 참고할 것.

11 위의 글.

12 위의 글.

13 『6·25전쟁사』, 7권, p. 39.

14 『6·25전쟁사』, 7권, pp. 40~41.

15 『6·25전쟁사』, 7권, p. 45에서 재인용.

16 위의 글.

17 『6·25전쟁사』, 7권, pp. 77~81.

18 『6·25전쟁사』, 7권, pp. 51~68.

19 『6·25전쟁사』, 7권, pp. 68~77.

20 『6·25전쟁사』, 7권, p. 145에서 재인용.

21 『6·25전쟁사』, 7권, p. 146.

22 중공군의 편제 및 전투서열에 대해서는『6·25전쟁사』, 7권, p. 165의 〈표 3-4〉를 참고할 것. 6·25전쟁에 개입한 중공군의 편제는 국군이나 미군과 달랐다. 중공군의 '병단兵團'은 미군의 야전군野戰軍/a Field Army에 해당하며, '군軍'은 미군의 군단軍團/a Corp에 해당한다. 사단 이하 제대의 명칭은 동일하나, 자세한 편제와 구성은 차이가 있다.

23 『6·25전쟁사』, 7권, pp. 150~151.

24 『6·25전쟁사』, 7권, p. 156에서 재인용.

25 『6·25전쟁사』, 7권, pp. 108~109.

26 『6·25전쟁사』, 7권, p. 97.

27 『6·25전쟁사』, 7권, pp. 108~109.

28 위의 글.

29 『6·25전쟁사』, 7권, pp. 135~136.

30 위의 글.

31 『6·25전쟁사』, 7권, pp. 139~141.

32 『6·25전쟁사』, 7권, pp. 142~144.

33 『6·25전쟁사』, 7권, pp. 106~107.

34 『6·25전쟁사』, 7권, pp. 142~144.

35 『6·25전쟁사』, 7권, pp. 248~250. 중공군의 전술개념에서 기동전은 우세한 병력을 보유한 정규 야전군 규모의 병단이 긴 전선과 넓은 전쟁구역 내에서 전개하는 일련의 전투수행 방식이며, 빠른 속도로 적을 공격하는 전술이다. 통상 빠른 속도를 가능케 하는 기동 장비와 압도적인 화력에 의존하는 서양 군대의 기동전mobile warfare과는 차이가 있다.

36 『6·25전쟁사』, 7권, p. 183에서 재인용.

37 『6·25전쟁사』, 7권, pp. 273~275.

38 『6·25전쟁사』, 7권, pp. 275~277.

39 『6·25전쟁사』, 7권, pp. 292~293.

40 『6·25전쟁사』, 7권, pp. 278~279.

41 위의 글.

42 국군 제2군단에 대한 중공군의 공세에 대해서는 『6·25전쟁사』, 7권, pp. 315~324를 참고할 것.

43 운산전투에 대해서는 『6·25전쟁사』, 7권, pp. 295~309를 참고할 것.

44 『6·25전쟁사』, 7권, p. 301.

45 『6·25전쟁사』, 7권, pp. 377~378.

46 위의 글.

47 『6·25전쟁사』, 7권, p. 338에서 재인용.

48 『6·25전쟁사』, 7권, pp. 373~375.

49 위의 글.

50 위의 글.

51 『6·25전쟁사』, 7권, pp. 338~372.

52 『6·25전쟁사』, 7권, pp. 375~377.

53 『6·25전쟁사』, 7권, pp. 373~375.

54 『한민족전쟁사』, pp. 836~837.

55 위의 글.

56 『6·25전쟁사』, 7권, p. 376.

57 『6·25전쟁사』, 7권, pp. 376~377에서 재인용.

58 『6·25전쟁사』, 7권, pp. 376~377에서 재인용.

59 한반도에서의 전쟁을 끝내기 위한 공세라는 의미에서 '종전終戰 공세'라고 불렀으며, 혹은 조기에 전쟁을 종료하고 크리스마스인 12월 25일 이전에는 본국으로 복귀하겠다는 의미에서 '크리스마스 공세the X-MAS Offensive'라고 불렀다.

60 『6·25전쟁사』, 7권, p. 392에서 재인용.

61 위의 글.

62 『6·25전쟁사』, 7권, pp. 392~394.

63 『6·25전쟁사』, 7권, pp. 406~409.

64 위의 글.

65 『6·25전쟁사』, 7권, pp. 405~406.

66 『6·25전쟁사』, 7권, p. 394.

67 『6·25전쟁사』, 7권, pp. 405~409.

68 『6·25전쟁사』, 7권, pp. 398~405.

69 『6·25전쟁사』, 7권, pp. 395~397.

70 위의 글

71 『6·25전쟁사』, 7권, pp. 405~409.

72 『6·25전쟁사』, 7권, pp. 398~405.

73 위의 글.

74 위의 글.

75 『6·25전쟁사』, 7권, pp. 502~503.
76 『6·25전쟁사』, 7권, pp. 469~471.
77 『6·25전쟁사』, 7권, p. 476.
78 『6·25전쟁사』, 7권, pp. 466~468.
79 『6·25전쟁사』, 7권, pp. 502~504.
80 『6·25전쟁사』, 7권, pp. 496~501.
81 위의 글.
82 위의 글.
83 위의 글.
84 『6·25전쟁사』, 8권, pp. 52~53.
85 위의 글.

10장 | 중공군 공세와 국군과 유엔군의 반격 I

1 『6·25전쟁사』, 8권, p. 53~54.
2 『6·25전쟁사』, 8권, p. 53에서 재인용.
3 『6·25전쟁사』, 8권, pp. 57~61.
4 위의 글.
5 위의 글.
6 『6·25전쟁사』, 8권, pp. 65~66.
7 『6·25전쟁사』, 8권, p. 62에서 재인용.
8 『6·25전쟁사』, 8권, pp. 98~100.
9 『6·25전쟁사』, 8권, pp. 106~113.
10 『6·25전쟁사』, 8권, pp. 110~113.
11 『6·25전쟁사』, 8권, pp. 113~116.
12 『6·25전쟁사』, 8권, pp. 110~113.
13 위의 글.
14 위의 글.
15 『6·25전쟁사』, 8권, p. 119 〈표 3-6〉에서 재인용.
16 『6·25전쟁사』, 8권, pp. 116~121.
17 『6·25전쟁사』, 8권, pp. 122~123.
18 『6·25전쟁사』, 8권, p. 124에서 재인용.
19 『6·25전쟁사』, 8권, pp. 124~127.
20 『6·25전쟁사』, 8권, pp. 195~200.
21 위의 글.
22 위의 글.
23 위의 글.
24 『6·25전쟁사』, 8권, pp. 209~211.

25 위의 글.
26 『6·25전쟁사』, 8권, pp. 224~225에서 재인용.
27 『6·25전쟁사』, 8권, pp. 226~227.
28 위의 글.
29 위의 글.
30 『6·25전쟁사』, 8권, pp. 278~279.
31 『6·25전쟁사』, 8권, pp. 280~281.
32 『6·25전쟁사』, 8권, pp. 61~65.
33 위의 글.
34 『6·25전쟁사』, 8권, pp. 39~44.
35 『6·25전쟁사』, 8권, pp. 80~82.
36 『6.25전쟁사』, 8권, pp. 280~281.
37 『6.25전쟁사』, 8권, pp. 281~283.
38 『6.25전쟁사』, 8권, pp. 283~287.
39 위의 글.
40 위의 글.
41 『6.25전쟁사』, 8권, pp. 287~290.
42 위의 글.
43 위의 글.
44 중공군 4차 공세 초기 횡성전투에 대해서는 『6.25전쟁사』, 8권, pp. 290~300을 참고할 것.
45 위의 글.
46 위의 글. 중공군 공간사는 횡성전투에서 나타난 중공군 작전지도의 특징을 다음과 같이 정리하였다. "첫째, 중공군의 공격목표 선택이 탁월했다. …횡성의 적은 주로 국군으로서 전투력이 약하여 중공군이 한 번의 포위로 적 1개 사단을 포위할 수 있었다; 둘째, 중공군이 절대 우세한 병력과 화력을 최대한 많이 집중하였다. 예정한 적 섬멸 목표는 국군 1개 사단과 미군 1개 연대뿐이었으나, 중공군은 적을 확실하게 섬멸하기 위해 4개 군 총11개 사단 총 병력 약 125,000명을 집중하였다; 셋째, 기습을 달성하였다. …; 넷째, 전역에서는 다층우회포위多層迂回包圍 전법을, 전술 면에서는 분할포위分割包圍 전법을 채택하였다." 『6.25전쟁사』, 8권, p. 299에서 재인용.
47 『6.25전쟁사』, 8권, pp. 290~300.
48 위의 글.
49 『6.25전쟁사』, 8권, pp. 342~344.
50 『6.25전쟁사』, 8권, p. 310에서 재인용.
51 『6.25전쟁사』, 8권, pp. 310~312.
52 위의 글.
53 『6.25전쟁사』, 8권, pp. 312~319.
54 위의 글.
55 위의 글.

56 『6.25전쟁사』, 8권, pp. 319~324.

57 위의 글.

58 우의 글.

59 위의 글.

60 『6.25전쟁사』, 8권, pp. 322~323에서 재인용.

61 위의 글.

62 『6.25전쟁사』, 8권, pp. 319~324.

63 『6.25전쟁사』, 8권, pp. 325~329.

64 위의 글.

65 위의 글.

66 『6.25전쟁사』, 8권, pp. 334~336.

67 위의 글.

68 『6.25전쟁사』, 8권, pp. 329~334.

69 위의 글.

70 위의 글.

71 『6.25전쟁사』, 8권, pp. 336~338.

72 위의 글.

73 『6.25전쟁사』, 8권, pp. 338~340.

74 『6.25전쟁사』, 8권, pp. 340~341.

75 『6.25전쟁사』, 8권, p. 359.

76 『6.25전쟁사』, 8권, pp. 359~360.

77 『6.25전쟁사』, 8권, pp. 366~367.

78 위의 글.

79 『6.25전쟁사』, 8권, pp. 380~383.

80 『6.25전쟁사』, 8권, pp. 383~386.

81 『6.25전쟁사』, 8권, pp. 439~443.

11장 | 중공군 5차 공세와 국군과 유엔군의 반격 II

1 『6.25전쟁사』, 8권, p. 69에서 재인용.

2 『6.25전쟁사』, 8권, pp. 70~72.

3 『6.25전쟁사』, 8권, pp. 72~75.

4 『6.25전쟁사』, 8권, pp. 66~69.

5 맥아더 원수는 해임 이후에도 많은 일화를 남겼다. 미국 국민들이 귀국한 맥아더 원수를 아이젠하워를 환영했을 때보다도 훨씬 큰 규모로 환영하였다는 것은 후세의 화젯거리가 되었다. 또한 그는 맥아더 청문회MacArthur Hearing라고 알려진 상원의 군사외교합동위원회에 소환되어 여러 가지 화제를 낳았다. 그러나 그가 지나칠 정도로 자기의 정당성을 주장 및 변호하였고, 더 나아가 트루먼 대통령까지 공격하여 언론의 빈축을 삼에 따라, 결국 '위대한

군인'이라고 알려진 맥아더 장군의 이미지가 구겨지고 말았다.

6 『6.25전쟁사』, 8권, pp. 69~70.

7 위의 글.

8 『6.25전쟁사』, 8권, pp. 443~446.

9 위의 글.

10 『6.25전쟁사』, 8권, pp. 448~452.

11 『6.25전쟁사』, 8권, pp. 453~455.

12 위의 글.

13 『6.25전쟁사』, 8권, pp. 462~463.

14 『6.25전쟁사』, 8권, p. 493.

15 『6.25전쟁사』, 8권, pp. 462~475.

16 『6.25전쟁사』, 8권, pp. 475~480.

17 위의 글.

18 위의 글.

19 위의 글.

20 『6.25전쟁사』, 8권, pp. 480~483.

21 『6.25전쟁사』, 8권, pp. 483~487.

22 『6.25전쟁사』, 8권, pp. 487~492.

23 『6.25전쟁사』, 8권, pp. 508~518.

24 위의 글.

25 위의 글.

26 『6.25전쟁사』, 8권, pp. 496~499.

27 『6.25전쟁사』, 8권, pp. 500~503.

28 『6.25전쟁사』, 8권, pp. 510~511.

29 위의 글.

30 중공군 5차 공세 중 동부전선에서의 군사작전, 특히 현리지구 전투에 대해서는 『6.25전쟁사』, 8권, pp. 518~548을 참고할 것.

31 위의 글.

32 『6.25전쟁사』, 8권, pp. 549~552.

33 『6.25전쟁사』, 8권, pp. 518~548.

34 『6.25전쟁사』, 8권, pp. 557~558.

12장 | 휴전회담과 전선의 교착

1 『6.25전쟁사』, 9권, pp. 25~27.

2 『6.25전쟁사』, 9권, pp. 29~31.

3 위의 글.

4 『6.25전쟁사』, 9권, pp. 31~33.

5 『6.25전쟁사』, 9권, pp. 27~29.

6 위의 글.

7 『6.25전쟁사』, 9권, pp. 39~42.

8 『6.25전쟁사』, 9권, pp. 27~29.

9 『6.25전쟁사』, 9권, p. 32에서 재인용.

10 『6.25전쟁사』, 9권, pp. 31~33.

11 『6.25전쟁사』, 9권, pp. 34~37.

12 위의 글.

13 『6.25전쟁사』, 9권, pp. 221~227.

14 『6.25전쟁사』, 9권, pp. 232~240.

15 『6.25전쟁사』, 9권, pp. 218~219에서 재인용.

16 『6.25전쟁사』, 9권, pp. 218~219에서 재인용.

17 『6.25전쟁사』, 9권, pp. 218~221.

18 『6.25전쟁사』, 9권, pp. 221~227.

19 『6.25전쟁사』, 9권, pp. 228~232.

20 『6.25전쟁사』, 9권, pp. 315~319.

21 위의 글.

22 위의 글.

23 위의 글.

24 『6.25전쟁사』, 9권, pp. 330~347.

25 『6.25전쟁사』, 9권, pp. 347~362.

26 『6.25전쟁사』, 9권, pp. 427~430.

27 『6.25전쟁사』, 10권, pp. 57~65.

28 『6.25전쟁사』, 9권, p. 135.

29 위의 글.

30 『6.25전쟁사』, 9권, pp. 143~146.

31 『6.25전쟁사』, 9권, pp. 140~143.

32 『6.25전쟁사』, 9권, pp. 147~171.

33 위의 글.

34 위의 글.

35 『6.25전쟁사』, 9권, pp. 172~182.

36 위의 글.

37 『6.25전쟁사』, 9권, pp. 183~189.

38 위의 글.

39 위의 글.

40 위의 글.

41 『6.25전쟁사』, 9권, pp. 188~189에서 재인용.

42 『6.25전쟁사』, 10권, pp. 150~158.

43 『6.25전쟁사』, 10권, pp. 159~168.
44 『6.25전쟁사』, 10권, pp. 168~187.
45 『6.25전쟁사』, 9권, pp. 451~453.
46 『6.25전쟁사』, 9권, pp. 470~472.
47 위의 글.
48 위의 글.
49 『6.25전쟁사』, 9권, pp. 526~541.
50 『6.25전쟁사』, 9권, pp. 489~499.
51 『6.25전쟁사』, 9권, pp. 518~526.
52 위의 글.
53 『6.25전쟁사』, 9권, pp. 596~598.
54 위의 글.
55 『6.25전쟁사』, 9권, pp. 443~445에서 재인용.
56 위의 글.
57 『6.25전쟁사』, 9권, pp. 585~586.
58 위의 글.
59 『6.25전쟁사』, 9권, pp. 588~590.
60 『6.25전쟁사』, 9권, pp. 585~586.
61 『6.25전쟁사』, 9권, pp. 588~590.
62 위의 글.
63 『6.25전쟁사』, 9권, pp. 594~595.
64 『한국전쟁』, 하권, pp. 231~237.
65 위의 글.
66 육군사관학교 전사학과, 『한국전쟁사』, pp. 499~505에서 재인용.
67 『6.25전쟁사』, 10권, pp. 207~213.
68 위의 글.
69 『6.25전쟁사』, 10권, pp. 218~220.
70 위의 글.
71 『6.25전쟁사』, 10권, pp. 329~331에서 재인용.
72 『6.25전쟁사』, 10권, pp. 353~356.
73 『6.25전쟁사』, 10권, pp. 640~666.
74 『6.25전쟁사』, 10권, pp. 329~331.
75 『6.25전쟁사』, 10권, pp. 483~487.
76 『6.25전쟁사』, 10권, pp. 201~203.
77 『6.25전쟁사』, 10권, pp. 218~220.
78 『6.25전쟁사』, 10권, pp. 337~339에서 재인용.
79 『6.25전쟁사』, 10권, pp. 431~444.
80 『6.25전쟁사』, 10권, pp. 483~487.

81 『6.25전쟁사』, 10권, pp. 640~666.

82 『6.25전쟁사』, 10권, pp. 715~717.

13장 | 정전협정 체결과 정전체제

1 『6.25전쟁사』, 11권, pp. 103~104.

2 『6.25전쟁사』, 11권, pp. 24~26.

3 위의 글.

4 『6.25전쟁사』, 11권, pp. 28~30.

5 『6.25전쟁사』, 11권, pp. 37~40.

6 『6.25전쟁사』, 11권, pp. 55~58.

7 『6.25전쟁사』, 11권, pp. 60~62.

8 『6.25전쟁사』, 11권, pp. 41~46.

9 『6.25전쟁사』, 11권, p. 45에서 재인용.

10 『6.25전쟁사』, 11권, pp. 177~178.

11 위의 글.

12 『6.25전쟁사』, 11권, pp. 183~186.

13 위의 글.

14 위의 글.

15 『6.25전쟁사』, 11권, pp. 198~203.

16 『6.25전쟁사』, 11권, pp. 474~476.

17 『6.25전쟁사』, 11권, p. 474에서 재인용.

18 『6.25전쟁사』, 11권, pp. 103~104.

19 『6.25전쟁사』, 11권, pp. 109~117.

20 『6.25전쟁사』, 11권, pp. 125~126에서 재인용.

21 『6.25전쟁사』, 11권, pp. 127~129.

22 위의 글.

23 위의 글.

24 『6.25전쟁사』, 11권, p. 130.

25 『6.25전쟁사』, 11권, pp. 130~137.

26 『6.25전쟁사』, 11권, pp. 141~142.

27 『6.25전쟁사』, 11권, pp. 143~147.

28 『6.25전쟁사』, 11권, pp. 148~149.

29 『6.25전쟁사』, 11권, pp. 149~158.

30 『6.25전쟁사』, 11권, pp. 149~151에서 재인용.

31 『6.25전쟁사』, 11권, pp. 149~158.

32 『6.25전쟁사』, 11권, p. 152에서 재인용.

33 『6.25전쟁사』, 11권, pp. 152~153에서 재인용.

34 『6.25전쟁사』, 11권, pp. 149~158.
35 위의 글.
36 『6.25전쟁사』, 11권, p. 157에서 재인용.
37 『6.25전쟁사』, 11권, pp. 149~158.
38 『6.25전쟁사』, 11권, pp. 158~161.
39 『6.25전쟁사』, 11권, pp. 693~700.
40 『6.25전쟁사』, 11권, pp. 698~699에서 재인용.
41 『6.25전쟁사』, 11권, pp. 701~706.
42 『6.25전쟁사』, 11권, pp. 712~718.
43 『6.25전쟁사』, 11권, pp. 718~723.
44 『6.25전쟁사』, 11권, pp. 749~756.
45 『6.25전쟁사』, 11권, pp. 759~760에서 재인용.
46 위의 글.
47 『6.25전쟁사』, 11권, pp. 759~773.
48 『6.25전쟁사』, 11권, pp. 774~778.
49 『한권으로 읽는 6.25전쟁』, p. 495.
50 『한권으로 읽는 6.25전쟁』, pp. 494~497.
51 위의 글.

사진 출처

순서	출처	쪽
1	『6.25전쟁사』 1권, p. 12.	14
2	Franklin D. Roosevelt Presidential Library & Museum	16
3	『6.25전쟁사』, 1권, p. 73.	17
4	국가기록원 소장 자료	20
5	국사편찬위원회 소장 미 국립문서기록관리청 사료	21
6	국사편찬위원회 소장 미 국립문서기록관리청 사료	23
7	『6.25전쟁사』, 1권, p. 265.	24
8	전쟁기념관 소장 자료	28
9	국사편찬위원회 소장 미 국립문서기록관리청 사료	29
10	『6.25전쟁사』 1권, p. 561.	40
11	국가기록원 소장자료	41
12	*Military Advisors in Korea*, p. 71.	46
13	*South to the Naktong North to the Yalu*, p. 25.	80
14	*South to the Naktong, North to the Yalu*, p. 45.	87
15	*South to the Naktong, North to the Yalu*, p. 63.	94
16	*South to the Naktong, North to the Yalu*, p. 66.	95
17	*South to the Naktong, North to the Yalu*, p. 60.	101
18	*South to the Naktong, North to the Yalu*, p. 89.	119
19	*South to the Naktong, North to the Yalu*, p. 346.	119
20	*South to the Naktong, North to the Yalu*, p. 189.	123
21	*South to the Naktong, North to the Yalu*, pp. 260~261.	123
22	*South to the Naktong, North to the Yalu*, p. 358.	130
23	*South to the Naktong, North to the Yalu*, p. 451.	137
24	*South to the Naktong, North to the Yalu*, p. 505.	146
25	*South to the Naktong, North to the Yalu*, p. 514.	151
26	*South to the Naktong, North to the Yalu*, p. 510.	155
27	*South to the Naktong, North to the Yalu*, p. 517.	158

순서	출처	쪽
28	*South to the Naktong, North to the Yalu*, p. 533.	160
29	*South to the Naktong, North to the Yalu*, p. 564.	164
30	*South to the Naktong, North to the Yalu*, p. 617.	178
31	*South to the Naktong, North to the Yalu*, p. 636.	182
32	*South to the Naktong, North to the Yalu*, p. 636.	190
33	국립중앙도서관 전자사료관 소장 해외수집기록물 자료	213
34	*South to the Naktong, North to the Yalu*, p. 734.	216
35	*Ebb and Flow*, p. 151.	221
36	*Ebb and Flow*, p. 175.	225
37	*Ebb and Flow*, p. 178.	233
38	*Ebb and Flow*, p. 203.	235
39	*Ebb and Flow*, p. 257.	240
40	*Ebb and Flow*, p. 309.	251
41	*Ebb and Flow*, p. 342.	256
42	*Ebb and Flow*, p. 309, 369.	264
43	*Ebb and Flow*, p. 473.	276
44	*Truce Tent and Fighting Front*, pp. 25~26.	291
45	*Truce Tent and Fighting Front*, p. 114.	293
46	Matthew B. Ridgway Papers, Box 84.	303
47	*Truce Tent and Fighting Front*, p. 321, 323.	316
48	*Truce Tent and Fighting Front*, p. 368.	320
49	*Truce Tent and Fighting Front*, p. 416.	328
50	*Truce Tent and Fighting Front*, p. 494.	333

▶ 대한민국 국방부 공간사

* 국방부 군사편찬연구소, 『6·25전쟁사』 1~11권 (서울: 국방부 군사편찬연구소, 2004~2013)

▶ 미국 육군 공간사(https://history.army.mil/html/books)

* Roy E. Appleman, *South to the Naktong, North to the Yalu* (Washington D.C.: US Army Center of Military History, 1992)

* Billy Mossman, *Ebb and Flow: November 1950-July 1951*(Washington D.C.: US Army Center of Military History, 1990)

* Hermes Walter G., *Truce Tent and Fighting Front*(Washington D.C.: US Army Center of Military History, 1992)

참고문헌

국방부, 『한국전란 3년지』, 서울: 대한민국 국방부 정훈부, 1954.

국방부 군사편찬연구소, 『6·25전쟁사』 1~11권, 서울: 국방부 군사편찬연구소, 2004~2013.

국방군사연구소, 『한국전쟁』 상~하권, 서울: 국방군사연구소, 1995.

김영호, 『한국전쟁의 기원과 전개과정 : 스탈린과 미국의 롤백』 서울: 두레, 1998.

박명림, 『한국전쟁의 발발과 기원 Ⅰ, Ⅱ』 서울: 나남출판, 1996.

브루스 커밍스, 김자동 역, 『한국전쟁의 기원』 서울: 일월서각, 1986.

와다 하루키, 서동만 역, 『한국전쟁』 서울: 창작과 비평사, 1995.

온창일, 『한민족 전쟁사』, 파주: 지문당, 2013.

온창일 외, 『6·25전쟁 60대전투』, 서울: 황금알, 2011.

육군본부, 『유엔군전사』, 1~3권, 대전: 육군본부, 2004.

육군 군사연구소, 『중국군 공간사 번역서: 중국군이 경험한 6·25전쟁 I』, 대전: 육군 군사연구소, 2017.

육군본부 군사연구소, 『중국군 공세 의지를 꺾은 현리-한계 전투』, 대전: 육군본부 군사연구소, 2009.

________, 『유엔군 3차 반격작전 시 지암리-파로호 전투』, 대전: 육군본부 군사연구소, 2011.

이정식, 『21세기에 다시 보는 해방후사』 서울: 경희대학교출판문화원, 2012.

일본 육전사연구보급회, 이원복 역, 『한국전쟁』 1~10권, 서울: 명성출판사, 1991.

중국 군사과학원 군사역사연구부, 오규열 역, 『중국군의 한국전쟁사』 1~2권, 서울: 국방부 군사편찬연구소, 2002~2005.

하영선, 『한국전쟁의 새로운 접근』 서울: 나남, 1990.

한국전략문제연구소 역, 『중공군의 한국전쟁사』, 서울: 세경사, 1991.

한용원, 『남북한의 창군』 서울: 오름, 2008.

홍학지, 홍인표 역, 『중국이 본 한국전쟁』 서울: 한국학술정보, 2008.

김인철, 『38선에서 휴전선까지』 서울: 보문당, 1992.

김행복, 『6·25전쟁과 채병덕 장군』 서울: 국방부 군사편찬연구소, 2002.

고든 L. 리트먼, 『인천 1950』 서울: 플래닛 미디어, 2006.

드미트리 볼코고노프, 한국전략문화연구소 역, 『스탈린』 서울: 세경사, 1993.

박경석, 『오성장군 김홍일』 서울: 서문당, 1984.
백선엽, 『6·25 한국전쟁 회고록: 군과 나』, 서울: 대륙연구소 출판부, 1989.
마틴 러스, 임상균 역, 『브레이크 아웃』 서울: 나남, 2004.
마크 클라크, 김형석 역,『다뉴브에서 압록강까지』 서울: 국제문화출판공사, 1994.
유재흥, 『격동의 세월』 서울: 을지문화사, 1994.
유현종, 『백마고지:김종오 장군 일대기』 서울: 을지출판공사, 1985.
육군교육사령부, 『타이거장군 송요찬』 대전: 육군본부, 1996.
이대용, 『두 번의 혈전: 춘천전투와 낙동강교두보 사수』, 서울: 도서출판 백년동안, 2014.
이한림, 『세기의 격랑』 서울: 팔복원, 1994.
이형근, 『군번1번의 외길 인생』 서울: 중앙일보사, 1993.
장도영, 『장도영 회고록: 망향』, 서울: 도서출판 숲속의 꿈, 2001.
정래혁, 『격변의 생애를 돌아보며』 삼양: 삼양애드, 2001.
정승화, 『대한민국 군인 정승화』 서울: Human & Books, 2002.
중앙일보사 편, 『민족의 증언』, 서울: 중앙일보사, 1983.
차규헌, 『전투』 서울: 병학사, 1985.
채명신, 『사선을 넘고 넘어』 서울: 매일경제신문사, 1994.
한신, 『신념의 삶속에서』 서울: 명성출판사, 1994.
해리 J. 마이하퍼, 김만족 역, 『허드슨강에서 압록강까지』 서울: 범문사, 2010.

Appleman, Roy. *South to the Naktong, North to the Yalue.* Washington, D.C.: United States Government Printing Office, 1962.

________. *Disaster in Korea: The Chinese Confront MacArthur*. College Station, TX: Texas A&M University Press, 1989.

Blair, Blair. *The Forgotten War: America in Korea 1950-1953.* New York: Time Books, 1987.

Braim, Paul F. *The Will to Win: The Life of General James A. Van Fleet.* Annapolis, MD: Naval Institute Press, 2001.

Clarke, Jeffrey J. *Advice and Support: The Final Years, 1965-1973.*Washington, D.C.: United States Army Center of Military History, 1988.

Coleman, Craig S. *American Images of Korea: Korea and Koreans as Portrayed in Books, Magazines, Television, News Media, and Film.* Elizabeth, NJ & Seoul: Hollym, 1990.

Cumings, Bruce. *The Origins of the Korean War: Liberation and the Emergence of Separate Regimes, 1945-1947.*Princeton: Princeton University Press, 1981.

__________. *The Origins of the Korean War: The Roaring of the Cataract, 1947-1950*. Princeton: Princeton University Press, 1990.

__________ed., *Child of Conflict: The Korean-American Relationship, 1943-1953.* Seattle: University of Washington Press, 1983.

Ent, Uzal W. *Fighting on the Brink: Defense of the Pusan Perimeter.* Paducah, KY: Turner Publishing

Company, 1996.

Hausrath, Alfred H. *The KMAG Advisor: Role and Problems of the Military Advisor in Developing an Indigenous Army for Combat Operations in Korea.* Chevy Chase, Maryland: Johns Hopkins University, Operations Research Office, 1957.

Headquarters, Eighth United States Army, *KMAG's Heritage: The story of Brigadier General William McEntire Dye.* San Francisco: Historical Branch, Office of the Assistance Chief of Staff, G–3, Eighth United States Army, 1966.

Hermes, Walter G., *Truce Tent and Fighting Front,* Washington D.C.: Office of the Chief of Military History, United States Army, 1966.

Goncharov, Sergei, John Lewis and Xue Litai. *Uncertain Partners: Stalin, Mao and the Korean War.* Stanford: Stanford University Press, 1993.

Henderson, Gregory. *Korea: The Politics of the Vortex.* Cambridge: Harvard University Press, 1968.

Hong, Yong–Pyo *State Security and Regime Security: President Syngman Rhee and the Insecurity Dilemma in South Korea, 1953-60.* New York: St. Martin's Press, 2000.

Li, Xiaobing et al, *Mao's General Remember Korea.* Lawrence: University Press of Kansas, 2001.

Myers, Kenneth W. *KMAG's Wartime Experience: 11 July 1951 to 27 July 1953 (U),* Record Group 338, Military Historians'Files, Box 12–13, National Archives, College Park, Maryland. (Unpublished)

Oberdorfer, Don. *The Two Korea: A Contemporary History.* Reading, Massachusetts: Addison–Wesley, 1997.

Oliver, Robert T. *Syngnam Rhee and American Involvement in Korea, 1942-1960: A Personal Narrative.* Seoul: Panmun Book Company, 1978.

Pach, Chester J. Jr. *Arming the Free World: The Origins of the United States Military Assistance Program, 1945-1950.* Chapel Hill: University of North Carolina Press, 1991.

Sawyer, Robert K. *Military Advisors in Korea: KMAG in Peace and War.* Washington, D.C.: United States Army Center of Military History, 1955.

Schnabel, James F. *Policy and Direction: The First Year.* Washington D.C.: United States Government Printing Office, 1972.

Schnabel, James F. and Robert Watson, *The History of the Joint Chiefs of Staff: The Joint Chiefs of Staff and National Policy.* Wilmington: Michael Glazier, 1979.

Skaggs, David C. and Richard P. Weinert. *American Military Assistance to the Republic of Korean Army 1951-1965 (U),* Draft Manuscript, Record Group 319, Military History Section, "KMAG in Peace and War," Box 1, National Archives, College Park, Maryland.

Stueck, William. *The Korean War: An International History.* Princeton: Princeton University Press, 1995.

________. *Rethinking the Korean War: A New Diplomatic and Strategic History.* Princeton: Princeton University Press, 2002.

U.S. Department of the Army, Office of the Chief of Military History. *History of the United States*

Armed Forces in Korea. Washington D.C.: Library of Congress, 1978.

Westad, Odd A. ed., *Brothers in Arms: The Rise and Fall of the Sino-Soviet Alliance, 1945-1963.* Washington, D.C.: Woodrow Wilson Center Press, 1998

Zhang, Shu Guang. *Mao's Military Romanticism: China and the Korean War, 1950-1953.* Lawrence: University Press of Kansas, 1995.

군사작전을 통해 본 **6·25전쟁**

초판 인쇄 2018년 8월 20일
5쇄 발행 2026년 1월 31일

저　　자 나 종 남
발 행 자 신 대 영
발 행 처 양 서 각

주소 : 경기도 가평군 청평면 소돌말길 7-6
전화 : 010-2063-5489
FAX : 0502-0991-1700

등 록 : 1992년 4월 30일 제3-412호

ISBN 978-89-5568-483-4 [정가 30,000원]